# Perfezionamento dello spagnolo
Collana Perfezionamenti

di
David Tarradas Agea

**Adattamento italiano di
Silvia Bottinelli**

Illustrazioni di J.-L. Goussé

Casella Postale 80, 10034 Chivasso - TO
+390119131965 - info@assimil.it
www.assimil.it

© Assimil Italia 2018
ISBN 978-88-96715-74-1

I nostri metodi

Disponibili anche con l'audio su **CD** o in **Mp3**

Scoprili anche in versione **E-Metodo** su **assimil.it** e sui principali store on line

Senza Sforzo
Arabo, Cinese, Ebraico, Francese, Giapponese, Greco moderno, Greco antico, Inglese, Inglese americano, Latino, Neerlandese, Persiano, Polacco, Portoghese, Portoghese brasiliano, Russo, Spagnolo, Svedese, Tedesco, Turco, Ungherese

Perfezionamenti
Francese, Inglese, Russo, Spagnolo, Tedesco

Affari
Inglese

E-Metodo
Francese
Inglese
Inglese americano
Perfezionamento dell'inglese
Spagnolo
Perfezionamento dello spagn
Tedesco
Perfezionamento del tedesco

Titolo dell'edizione originale francese:
Perfectionnement espagnol © Assimil France 2015

Sommario

Introduzione VII

Lezioni

1. Un idioma con futuro 1
2. Vacaciones relajantes 9
3. La cabra siempre tira al monte 15
4. Retraso por causas "naturales" 23
5. Una procesión movida 29
6. Rumbo al Nuevo Mundo 35
7. *Repaso* 41
8. La vida bucólica en el campo 49
9. Un genio de la pintura 59
10. En tiempos de Maricastaña 67
11. ¡Bienvenidos al mundo real! 75
12. "Lo importante no es ganar, sino participar" 83
13. El arte de combinar lo útil con lo agradable 91
14. *Repaso* 99
15. Antes se pilla a un mentiroso que a un cojo 107
16. Simulador de entrevista de trabajo 113
17. Una manifestación involuntaria 121
18. Una agenda muy apretada 129
19. Unamos el gesto a la palabra 137
20. ¡Esto hay que celebrarlo! 145
21. *Repaso* 153
22. Cambio radical de look 165
23. Seguir las instrucciones para montar un mueble en kit ... 173
24. ¡Boom!... ¡Plof! 181
25. Borrón y cuenta nueva 189
26. En la buena dirección 197
27. ¡Taxi, por favor! 203
28. *Repaso* 211

29	¡Rayos, truenos y centellas!	221
30	Caravana de mujeres, una historia de cine	229
31	Las reglas de la etiqueta	237
32	¡Qué bestia!	243
33	La vida de color verde	251
34	Cada cosa en su sitio	257
35	*Repaso*	265
36	Con pelos y señales	273
37	Parte "amistoso"	279
38	Los cacos hacen su agosto	287
39	Una visita inesperada	295
40	¡Fuego! ¡Bomberos!	303
41	Crónica diaria	309
42	*Repaso*	317
43	La cesta de la compra	327
44	Con las manos en la masa	335
45	El cliente es el rey	343
46	Aún queda mucho camino por recorrer…	351
47	Condiciones excepcionales	357
48	Un método poco ortodoxo	363
49	*Repaso*	371
50	A toda prueba	377
51	A ciencia cierta	385
52	Literatura de bolsillo	393
53	El arte del chasco	401
54	¡Con la música a otra parte!	407
55	Una sobremesa animada	415
56	*Repaso*	423
57	¿Qué estás inventando?	431
58	La nueva escritura jeroglífica	437
59	Un as de la informática	445
60	No hay rosas sin espinas…	453
61	Atrapada por la Red	459
62	El beneficio de la duda	467
63	*Repaso*	475
64	Un crisol de culturas	485
65	A rey muerto, rey puesto	493

66	Si ves lo que quiero decir… 503
67	Un sentimiento triste que se baila con pasión… 513
68	Consumidos por el frenesí 523
69	Haciendo castillos en el aire… 531
70	¿Y ahora qué? 541

Indice grammaticale 552
Indice delle espressioni 564
Bibliografia 570
Lessico spagnolo-italiano 574

Introduzione

Desiderate migliorare il livello del vostro spagnolo? Sia che abbiate acquisito le basi della lingua sui banchi di scuola oppure utilizzando il nostro *Spagnolo* nella collana Senza Sforzo, questo *Perfezionamento dello spagnolo* è fatto per voi. Vi aiuteremo a lasciarvi andare, a parlare con spigliatezza, a leggere e anche a migliorare la comprensione dei film e delle serie spagnole in lingua originale; in breve, a perfezionare il vostro livello e ad acquisire una familiarità crescente con la lingua e la cultura spagnole.

La lingua che vi è stata presentata finora riguardava principalmente lo spagnolo letterario, cosa che limita il vostro vocabolario di uso quotidiano. Adesso vi offriamo la possibilità di ampliare i vostri orizzonti e, al contempo, di scoprirne di nuovi.

Grazie al *Perfezionamento dello spagnolo* approfondirete il vostro apprendimento della lingua di Cervantes scoprendo altri registri e altri aspetti dell'espressione orale. Nei film o nella vita di tutti i giorni si utilizza un linguaggio molto diverso da quello che si trova nei dialoghi dei manuali scolastici o accademici: l'accento, sicuramente, ma anche la velocità del discorso e le abbreviazioni rendono a volte incomprensibile la lingua.

Con il nostro metodo vi proponiamo di tornare su questi aspetti; così vi sentirete ben presto a vostro agio in qualunque situazione linguistica. Vi metteremo anche in contatto con alcuni lessici specialistici, propri di certe attività o certi settori: vi presenteremo, ad esempio, testi che rientrano nell'ambito dello spagnolo degli affari.

Chi dice spagnolo avanzato dice, tra le altre cose, assoluta padronanza dei tempi verbali. Durante le lezioni di questo corso affronteremo continuativamente quelle coniugazioni e quelle costruzioni che hanno bisogno di un approfondimento costante.

L'impostazione del metodo Assimil vi permetterà di comprendere nozioni complesse senza che vi rendiate conto della difficoltà.

Nel corso delle lezioni tratteremo, approfondendoli, argomenti grammaticali che vi sono già familiari e affronteremo attentamente i nuovi temi, a volte un po' ardui, andando a cogliere espressioni proprie della lingua spagnola. Scoprirete tutto questo grazie a dialoghi vivaci, spontanei e sottolineati da qualche nota umoristica.

Vi invitiamo a immergervi nella vita quotidiana iberica – professionale, culturale e pratica.

Come imparare con il *Perfezionamento dello spagnolo*

Il nostro metodo si basa sull'"apprendimento intuitivo", che vi permetterà di approfondire la vostra conoscenza dello spagnolo in pochi mesi e senza imparare niente a memoria. Seguite i nostri consigli e dedicate un po' di tempo tutti i giorni al vostro studio.
In effetti, tenete bene a mente che è la regolarità del vostro lavoro a condizionare la qualità del vostro apprendimento. Siate perseveranti!

L'importante è non perdere mai di vista quest'idea: mezz'ora tutti i giorni è molto più efficace di quattro ore in un colpo solo, una volta alla settimana. Non ve lo ripeteremo mai abbastanza: l'assiduità è la chiave del vostro successo.

Se le lezioni vi dovessero iniziare a sembrare complesse o se per qualsiasi motivo non avete tempo, rileggetene piuttosto una già affrontata o rivedete qualche Nota, ma per quanto possibile cercate di non interrompere il ritmo di una lezione al giorno.

I dialoghi sono costruiti a partire da situazioni reali della vita di tutti i giorni. Non contengono solamente nozioni grammaticali e sintattiche, ma anche informazioni culturali. Non sforzatevi di impararli a memoria – non è questo l'obiettivo. Ascoltate l'intonazione e la pronuncia spagnole, assimilate le frasi e ripetetele, vedrete che memorizzerete il vocabolario e le strutture senza neanche rendervene conto.

Le Note vi aiuteranno a comprendere i punti grammaticali e sintattici presenti nei dialoghi e chiariranno il senso o l'origine di certe parole. In esse vi verranno proposti anche degli esempi per capire meglio una spiegazione. Per questo motivo le Note sono molto importanti: vi consigliamo di leggerle con calma.

Le Note culturali vi forniscono utili informazioni sugli usi e costumi degli spagnoli e qualche nozione di storia, cosa che vi permetterà di conoscere la Spagna di ieri e di oggi e di cogliere anche certe particolarità della vita o della mentalità degli abitanti della penisola iberica.

Ricapitoliamo: ascoltate con attenzione la registrazione dei dialoghi col libro chiuso e ripetete subito le frasi a una a una, a voce alta, quante più volte vi è possibile.

Non cercate di tradurre le frasi parola per parola: spesso è semplicemente impossibile e a volte rischierete addirittura di stravolgere il senso della frase!

Passate alla traduzione in italiano. Siccome il vostro livello ci permette di farlo, il più delle volte la traduzione letterale, che normalmente aiuta a comprendere la costruzione della frase, è omessa a favore di una maggiore fluidità di traduzione. Siate fiduciosi, al vostro livello potete capire facilmente molte strutture anche senza conoscere ogni parola.

Notate che la traduzione letterale, quando c'è, viene proposta tra parentesi tonde ( ) ed è evidenziata in corsivo.
Inoltre, le parole assenti nella frase spagnola, ma che vengono aggiunte per perfezionare la traduzione in italiano, sono indicate tra parentesi quadre [ ].

Gli esercizi vi permettono di mettere in pratica il vocabolario e gli argomenti grammaticali che avete acquisito nelle lezioni e di consolidare le vostre conoscenze.

Dopo aver letto e ripetuto una lezione, confrontato la traduzione italiana, studiato le particolarità grammaticali grazie alle Note a esse associate, vi invitiamo a svolgere l'esercizio di traduzione e l'esercizio di completamento, che vi permettono di controllare il vostro livello di conoscenza.

Se qualcosa non vi sembra abbastanza chiaro, non preoccupatevi, tornate alla lezione precedente, rileggetela e, se necessario, ascoltate di nuovo il dialogo: prendetevi il tempo di assaporare la lingua spagnola e finirete per assimilare tutto.

Ogni sei lezioni vi viene proposta una lezione di ripasso. I punti importanti, grammaticali o lessicali, affrontati nelle sei lezioni precedenti sono rivisti, se necessario schematizzati, e spesso sviluppati e spiegati.

Alla fine del libro trovate un indice grammaticale che comprende la sintesi degli argomenti affrontati nelle lezioni e nel quale viene segnalato dove trovarle.

Nel lessico ritroverete la maggior parte delle parole nuove introdotte nel libro, di cui vi viene fornita la traduzione così come è stata utilizzata e un rimando al testo di riferimento, per permettere di contestualizzarla.

A partire dalla metà del manuale vi proponiamo di consolidare le vostre conoscenze. In che modo? Oltre a studiare la lezione quotidiana ritornate alla prima lezione e, a partire dal testo italiano, traducete il dialogo o l'esercizio di traduzione in spagnolo. Confrontate la vostra traduzione con il testo originale. Ascoltate la melodia della lingua e abituatevi alle particolarità della costruzione degli enunciati. Questo esercizio supplementare vi permetterà di rafforzare quanto avete appreso (in particolare la grammatica e il lessico) e di ripassare nozioni che potreste aver dimenticato.

Il *Perfezionamento dello spagnolo* è stato concepito perché possiate migliorare il vostro spagnolo senza alcuno stress, mantenendo il buon umore, quindi affrontate il vostro percorso con il giusto stato d'animo: in questo modo i vostri progressi saranno evidenti e duraturi.

Infine, affinché l'avventura al nostro fianco sia utile e vi sembri efficace, non esitate, dopo aver terminato lo studio, a riprendere in mano il manuale e a rileggere qualche frase, di tanto in tanto. L'apprendimento di una lingua è paragonabile alla pratica di uno sport: per mantenere il suo livello bisogna allenarsi regolarmente.

¡Ánimo y adelante!

La varietà dello spagnolo insegnato

Una lingua parlata da così tante persone – lo spagnolo è la lingua ufficiale in 21 Paesi e, in un futuro non troppo lontano, sarà parlato da 500 milioni di persone – non può essere completamente omogenea.

Tuttavia, nella pratica, l'intercomprensione è sempre possibile, nonostante le diverse varietà locali (spesso chiamate "dialetti"). In questo manuale vi insegniamo essenzialmente e quasi esclusivamente la lingua della penisola iberica nella sua versione standard. Questo non impedisce che, soprattutto negli ultimi capitoli, si dia uno spazio importante alla lingua che si parla in America latina.

Per quanto riguarda le registrazioni, la nostra linea è stata la stessa. Le lezioni del libro sono state registrate utilizzando una lingua standard, in modo da facilitare la vostra comprensione. Tuttavia i dialoghi riguardanti gli accenti dell'America latina sono stati registrati da locutori nativi di quei Paesi.

Lección primera

Un idioma con futuro

1 Así pues, ¿has decidido [1] mejorar tu español? ¡Enhorabuena, has elegido bien!
2 Pero, ¿para qué aprender español hoy en día?
3 Numerosas y varias razones pueden empujarte a hacerlo, tanto de índole personal, intelectual, e [2] incluso sentimental,
4 como de carácter práctico o profesional, puesto que el idioma español se está convirtiendo [3] rápidamente en una necesidad para los negocios.
5 Hablada actualmente por casi 400 millones de personas, número que no deja de [4] aumentar y que podría superar, durante el siglo XXI [5], los 500 millones,

Note

[1] In Spagna **el tuteo**, *darsi del tu*, è molto più naturale e frequente che in Italia.

[2] Ricordatevi che davanti alle parole che cominciano per **i-** o per **hi-**, la congiunzione **y**, *e*, diventa **e**: **Habla francés e inglés**, *Parla francese e inglese*.

[3] Il verbo italiano *diventare* si traduce in modi diversi in spagnolo; per saperne di più l'appuntamento è alla lezione di ripasso!

[4] Conoscete sicuramente la costruzione **dejar de** + infinito, che serve a indicare la fine di un'attività e che corrisponde all'italiano *smettere di*: **¡Deja de molestar!**, *Smetti di dar fastidio!*; **Hace tres meses que dejé de fumar**, *Ho smesso di fumare tre mesi fa*.

Prima lezione

Una lingua con [un] futuro

1 E così *(Così dunque)* hai deciso di migliorare il tuo spagnolo? Congratulazioni, hai fatto la scelta giusta *(hai scelto bene)*!
2 Ma perché imparare lo spagnolo oggi *(oggigiorno)*?
3 Numerose e varie ragioni possono spingerti a farlo, tanto di tipo personale, intellettuale e perfino sentimentale,
4 come di tipo *(carattere)* pratico o professionale, dato che la lingua spagnola sta diventando rapidamente una necessità per [il mondo degli] affari.
5 Parlata attualmente da quasi 400 milioni di persone, numero che non smette di aumentare e che potrebbe superare, nel corso del XXI secolo, i 500 milioni,

---

5 Notate che in spagnolo la parola **el siglo**, *il secolo*, è seguita da un numero cardinale. Questo uso contrasta con l'italiano, nel quale la parola *secolo* è sempre preceduta da un numero ordinale. Così la frase *Questa cappella risale al XII (dodicesimo) secolo* si traduce in spagnolo **Esta capilla data del siglo XII (doce)**.

6 es la tercera lengua más hablada del mundo (detrás del inglés y el mandarín),
7 y la segunda (después del mandarín) en número de hablantes para quienes es su lengua materna.
8 En el siglo XV el español todavía era el castellano, hablado principalmente en los reinos de Castilla y Aragón.
9 Su presencia actual en varios continentes la debe, en gran parte, al antiguo imperio colonial español donde nunca se ponía el sol [6].
10 Es la lengua oficial de 21 países, a saber, de España, de la mayoría de países de Latinoamérica, así como de Guinea Ecuatorial.
11 Asimismo, millones de personas de las comunidades hispanoparlantes de los Estados Unidos, sobre todo en los estados del suroeste, hablan español, o mejor dicho, "spanglish".
12 Es asimismo uno de los idiomas oficiales de la Organización de las Naciones Unidas, y se encuentra en el pelotón de cabeza de las lenguas utilizadas en Internet.
13 ¿Es el español más fácil que otros idiomas de primer orden, como el inglés, el francés, el alemán, el chino o el árabe?
14 Probablemente sí. Por supuesto, a quienes hablan o conocen otras lenguas románicas les cuesta [7] menos aprenderlo.

Prima lezione / 1

6 è la terza lingua più parlata al mondo (dopo l'inglese e il [cinese] mandarino),

7 e la seconda (dopo il mandarino) per numero di parlanti per i quali è la loro lingua madre.

8 Nel XV secolo, lo spagnolo era ancora il castigliano, parlato principalmente nei regni di Castiglia e Aragona.

9 [La] sua attuale presenza in diversi continenti la deve, in gran parte, all'antico impero coloniale spagnolo sul quale non tramontava mai il sole.

10 È la lingua ufficiale di 21 Paesi, vale a dire, della Spagna, della maggior parte dei Paesi dell'America latina, e della Guinea Equatoriale.

11 Anche milioni di persone delle comunità ispanofone degli Stati Uniti, soprattutto negli stati del Sudovest, parlano spagnolo, o meglio *(meglio detto)* "spanglish".

12 È anche una delle lingue ufficiali dell'Organizzazione delle Nazioni Unite, e si trova nel gruppo di testa delle lingue utilizzate in Internet.

13 Lo spagnolo è più facile delle altre lingue principali *(di prim'ordine)* come l'inglese, il francese, il tedesco, il cinese o l'arabo?

14 Probabilmente sì. Certamente coloro che parlano o conoscono altre lingue romanze fanno meno fatica a impararlo.

Note

6 Le parole **sol**, **tierra** e **luna** si scrivono con la prima lettera maiuscola in contesto astronomico (nei testi scientifici), al di fuori di tale contesto si scrivono con la minuscola.

7 Notate la costruzione particolare del verbo **costar**, *costare*: **Me cuesta entenderte**, (lett. mi costa capirti) → *Faccio fatica a capirti*.

cuatro • 4

15 Para algunos, la pronunciación puede resultar una pesadilla, con la zeta, la jota y la erre, que son el coco de muchos estudiantes extranjeros…

16 Con todo, el español escrito es casi totalmente fonético y, mirando cualquier palabra, puedes saber cómo se pronuncia.

17 Aunque dominar a la perfección la gramática española es un gran reto [8], la gramática básica es lo bastante sencilla como para poder comunicarse rápidamente de manera rudimentaria.

18 Otra de las ventajas del idioma español es su relativa uniformidad, sobre todo si se tiene en cuenta que lo hablan millones de personas en un continente entero.

19 Bienvenidos, pues, a esta apasionante aventura que nos llevará a adentrarnos en los recovecos de la lengua de Cervantes.

Note

8 Un sinonimo perfetto di **el reto** è **el desafío**, *la sfida*. I verbi corrispondenti sono **retar** e **desafiar**, *sfidare*. Nello spagnolo dell'America meridionale (soprattutto in Argentina, Cile, Uruguay e Paraguay), il verbo **retar** significa *rimproverare*.

15 Per alcuni la pronuncia può essere un incubo, con la "zeta", la "jota" e la "erre", che sono lo spauracchio di molti studenti stranieri...

16 Tuttavia lo spagnolo scritto è quasi totalmente fonetico e, guardando qualunque parola, puoi sapere come si pronuncia.

17 Sebbene dominare la grammatica spagnola alla perfezione sia una grande sfida, la grammatica di base è semplice a sufficienza *(abbastanza semplice come)* da poter comunicare rapidamente in modo rudimentale.

18 Un altro dei vantaggi della lingua spagnola è la sua relativa uniformità, soprattutto se si tiene conto del fatto *(si tiene in conto)* che la parlano milioni di persone in un continente intero.

19 Benvenuti, dunque, in questa appassionante avventura che ci porterà ad addentrarci nei meandri della lingua di Cervantes.

Osservazioni sulla pronuncia
Il numero che precede la nota rimanda al numero della frase del dialogo.

(15) Si ottiene il suono della **zeta** (rappresentata da **z** oppure da **c** davanti alle vocali **e** o **i**) mettendo la punta della lingua tra gli incisivi e soffiando. In certe regioni della Spagna, così come nelle Americhe, la *z* si pronuncia come la *s* in *pasta* (mai come la *s* in *casa*).

Si ottiene il suono della **jota** (rappresentata da **j** oppure da **g** davanti a **e** o **i**) emettendo una specie di raschiamento in fondo alla gola. La **g** non si pronuncia mai come la *g* di *giardino*.

La **r** semplice ha suono identico all'italiano, così come la doppia **rr** (es. *caro - carro*), ma prestando attenzione al fatto che quest'ultima si può trovare anche a inizio di parola, senza variazioni fonetiche.

1 / Lección primera

Ejercicio 1 – Traduzca

❶ ¿Alguien te ha enseñado a hacer esto o bien lo has aprendido sola? ❷ Creo que el inglés no es tan complicado como el español. ❸ Para algunas personas, la gramática española y la pronunciación de algunas palabras puede resultar una pesadilla. ❹ No dejo de pensar en ti. ❺ Me cuesta pronunciar ciertos sonidos españoles difíciles.

***

Ejercicio 2 – Complete
Ogni puntino corrisponde a un carattere.

❶ Al tuo professore dai del Lei o del tu?
A tu ...., ¿le ...... de ..... o bien lo ......?

❷ Varie ragioni di ordine professionale mi spingono a imparare lo spagnolo e per me è una grossa sfida.
Numerosas .... de ...... profesional me .... a aprender .... y para .. es un gran .... / ....

❸ Lo spagnolo ha tante difficoltà come qualunque altra lingua.
El español presenta ...... dificultades .... cualquier otro ....

❹ Il metodo è semplice e presenta numerosi vantaggi.
.... es .... y presenta numerosas ....

❺ Faccio fatica a seguire una conversazione, non padroneggio ancora abbastanza bene la lingua.
Me .... una ...., todavía no ...... lo bastante bien el ....

Prima lezione / 1

Soluzioni dell'esercizio 1

❶ Qualcuno ti ha insegnato a fare questo o l'hai imparato [da] sola? ❷ Credo che l'inglese non sia così complicato come lo spagnolo. ❸ Per certe persone la grammatica spagnola e la pronuncia di alcune parole possono rivelarsi un incubo. ❹ Non smetto di pensare a te. ❺ Faccio fatica a pronunciare certi suoni spagnoli difficili.

***

Soluzioni dell'esercizio 2

❶ – profesor – hablas – usted – tuteas ❷ – razones – índole – empujan – español – mí – reto/desafío ❸ – tantas – como – idioma ❹ El método – sencillo – ventajas ❺ – cuesta seguir – conversación – domino – idioma

PARA ALGUNOS, LA PRONUNCIACIÓN PUEDE RESULTAR UNA PESADILLA.

2

Lección segunda

Vacaciones relajantes

1 – Hombre [1], todo depende del destino, las fechas, el presupuesto [2], sus actividades de ocio, si viajan [3] solos...
2 A ver, ¿quieren viajar al extranjero?
3 – Mi empresa cierra en agosto, y como este año no está el horno para bollos, vamos a quedarnos a visitar nuestro magnífico país con los niños...
4 – Bueno, en España pues. Y, ¿en qué tipo de alojamiento? Porque no es lo mismo si pasan su estancia en un parador nacional [4] que si van a un camping.
5 – ¿Tienen apartamentos para alquilar?
6 – ¡Que te crees tú eso, guapo [5]! ¡Faltaría más!

Osservazioni sulla pronuncia
(3) Attenzione alla pronuncia della parola **magnífico** (o di altre come **digno**, *degno*; **ignorar**, *ignorare* ecc.): i due suoni del grafema **gn** si pronunciano sempre distintamente, prima la *[g]* poi la *[n]*, diversamente da come si farebbe per la combinazione italiana *gn* di *gnomo*.

Note

1 Si usa l'appellativo **¡hombre!** o **¡mujer!** per apostrofare qualcuno con enfasi. Di solito non si traduce: **No llores, mujer**, *Dai, non piangere*; **¡Hombre, Gabriel, tú por aquí!**, *Ehi, Gabriel, cosa fai da queste parti?*

2 **El presupuesto** significa *il budget*, ma anche *il preventivo*: **¿Puede hacerme un presupuesto de la reparación?**, *Mi può fare un preventivo per la riparazione?*

Seconda lezione

Vacanze rilassanti

1 – Ebbene *(Uomo)*, tutto dipende dalla destinazione, dalle date, dal budget, dalle vostre attività ricreative, se viaggiate da soli...
2 Vediamo *(A vedere)*, volete viaggiare all'estero?
3 – [La] mia azienda chiude in agosto, e siccome quest'anno tira una brutta aria *(il forno non è pronto per le brioches)*, resteremo a visitare il nostro magnifico Paese con i bambini...
4 – Bene, in Spagna dunque. E in che tipo di alloggio? Perché non è la stessa cosa *(lo stesso)* soggiornare in un "parador" *(nazionale)* o in un campeggio.
5 – Avete appartamenti da *(per)* affittare?
6 – Ma cosa credi *(Che ti credi tu quello)*, bello mio! [Ci] mancherebbe altro *(più)*!

3 La forma di cortesia al plurale, che in spagnolo corrisponde a **Ustedes**, *Loro*, in italiano è obsoleta. Viene usata al suo posto la 2ª persona plurale "voi".

4 **Los paradores nacionales o de turismo** sono una catena di alberghi di lusso a prezzo abbordabile di proprietà dello Stato spagnolo. La maggior parte è situata in edifici di interesse storico e artistico.

5 Notate qui il senso ironico di **guapo/a**. Questo aggettivo serve a interpellare (¡Oye, guapo!, pero ¿quién te has creído que eres?, *Senti un po', ma chi ti credi di essere?*) o a dare ironicamente del coraggioso a qualcuno (**A ver quién es el guapo que se queja al jefe**, *Vediamo chi avrà il coraggio di lamentarsi con il capo*).

diez • 10

2 / Lección segunda

7   Mira, ya te puedes quitar de la cabeza eso del apartamento **⁶**,
8   que si vamos de vacaciones no es para que yo acabe haciendo **⁷** la comida, fregando los platos, y pasando el aspirador como cuando estamos en casa.
9 – ¡Vale, vale, no te pongas **⁸** así, hecha una fiera…!
10 – Van al hotel, pues. Y, ¿qué prefieren, mar o montaña?
11 – ¡Mar!
12 – ¡Montaña!
13 – ¡Bueno, bueno, tengamos la fiesta en paz! **⁹**
14 Si les gusta el buceo, tomar el sol, el ambiente estival y turístico,
15 tenemos ofertas interesantísimas… espere, esto es perfecto, un chollo, y en la Costa Dorada…
16 – Huy, no sé. Para el pequeño, por qué no, pero la mayor, que está en la edad del pavo, deberemos **¹⁰** estar vigilándola todo el santo día,
17 que si quiero ir a la discoteca, que si quiero salir con los amigos…

Note

6 I termini **el piso** e **el apartamento** significano entrambi *l'appartamento*. Il secondo designa maggiormente un *piccolo appartamento* o un *appartamento situato al mare*. In America latina *l'appartamento* si chiama **el departamento**.

7 Ricordatevi di questa struttura: **acabar** o **terminar** + gerundio, che si traduce con *finire per* + infinito. **Terminaron cediendo**, *Finirono per cedere*.

8 Ecco di nuovo il verbo *diventare* in un'altra delle sue traduzioni – scopritele tutte nella lezione di ripasso!

Seconda lezione / 2

7 Guarda, puoi toglierti dalla testa questa storia dell'appartamento *(quello dell'appartamento)*,
8 perché *(che)* se andiamo in vacanza non è perché io finisca per far da mangiare *(facendo il pasto)*, lavare *(lavando)* i piatti e passare *(passando)* l'aspirapolvere come quando siamo a casa.
9 – Va bene, va bene, non fare così, non infuriarti *(fatta una furia)*…!
10 – Allora andate in hotel… E cosa preferite, mare o montagna?
11 – Il mare!
12 – La montagna!
13 – Ok, ok, manteniamo la calma *(teniamo la festa in pace)*!
14 Se vi piace fare immersioni, prendere il sole, l'ambiente estivo e turistico,
15 abbiamo [delle] offerte interessantissime… aspetti, questo è perfetto, un affarone, e sulla Costa Dorada…
16 – Oh, non so. Per il piccolo, perché no, ma la maggiore, che è in un'età difficile *(nell'età del tacchino)*, la dovremmo sorvegliare tutto il santo giorno *(dovremmo stare sorvegliandola)*,
17 che *(se)* voglio andare in discoteca, che *(se)* voglio uscire con gli amici…

9 *Tener la fiesta en paz*, veicola l'idea di non affrontare un argomento che potrebbe far arrabbiare qualcuno o nuocere al positivo sviluppo di un avvenimento.

10 Il verbo **deber** è uno dei modi per esprimere l'obbligo in spagnolo - constaterete nella lezione di ripasso che le sfumature dell'obbligo sono più numerose in spagnolo che in italiano.

doce • 12

2 / Lección segunda

18 Si vamos a la sierra [11], podemos hacer senderismo, excursiones…
19 – Si lo que buscan son espacios naturales, tienen donde elegir.
20 Tomen, les doy folletos de todo y así lo pueden mirar todo tranquilamente en casa…
21 – Por cierto, cariño, ¿te he dicho que le he prometido a mamá que este año la llevábamos [12] de vacaciones con nosotros?

Note

[11] Per fare riferimento alla *montagna*, per parlare di una *regione montagnosa*, si utilizzano allo stesso modo **sierra** e **montaña**: **Los fines de semana vamos a la sierra**, *I fine settimana andiamo in montagna*.

***

Ejercicio 1 – Traduzca

❶ – A ver, ¿qué hay que hacer? – Pues hay que hacer la comida, fregar los platos y pasar el aspirador. ❷ Mi mujer prefiere el hotel, yo el camping, y al final acabamos alquilando un apartamento. ❸ No insistas, no tengo nada que decir. ❹ Carmen está en la edad del pavo y se pasa todo el santo día con los amigos. ❺ ¡Qué chollo! ¡Es baratísimo y además tienes donde elegir!

***

La Spagna possiede più di 3500 chilometri di costa. **La Costa Brava**, la Costa Selvaggia, *conosciuta per le sue spiagge di sabbia fine che si alternano a selvagge baie rocciose, beneficia della fama maggiore. Detto questo, tutte le spiagge della costa mediterranea possiedono un fascino particolare: che siano situate su* **la Costa Dorada**, *la Costa Dorata, che si estende in tutta la provincia di Tarragona, su* **la Costa del Azahar**, *la Costa della Zagara, dove le pianure verdi delle province di Castellón e di Valencia sono ricoperte da distese di aranceti fioriti, su* **la Costa Blanca**, *la Costa Bianca, famosa per la sua luce molto particolare, o su* **la Costa del Sol**, *la Costa del Sole, che*

Seconda lezione / 2

18 Se andiamo in montagna possiamo fare trekking, escursioni...
19 – Se quello che cercate sono spazi naturali avete [posti] tra cui *(dove)* scegliere.
20 Prendete, vi do gli opuscoli di tutto e così [li] potete guardare *(tutto)* tranquillamente a casa...
21 – A proposito, caro, ti ho detto che ho promesso a [mia] mamma che quest'anno la portavamo in vacanza con noi?

12 Il verbo **llevar** sottintende l'idea di spostamento, ma *portare* non è il suo unico significato. Approfondiremo la sua conoscenza nella lezione di ripasso.

***

Soluzioni dell'esercizio 1

❶ – Vediamo, cosa c'è da fare? – Beh, c'è da far da mangiare, lavare i piatti e passare l'aspirapolvere. ❷ Mia moglie preferisce l'hotel, io il campeggio, e alla fine finiamo per affittare un appartamento. ❸ Non insistere, non ho niente da dire. ❹ Carmen è adolescente e passa tutto il santo giorno con gli amici. ❺ Che affarone! È molto economico e inoltre hai una [buona] scelta!

***

comprende le coste di Málaga, Granada e Almería e dove si trovano la turistica città di Torremolinos e l'esclusiva ed elegante Marbella. Sulla costa atlantica, sebbene l'acqua sia più fredda, le spiagge non mancano di fascino: a sud **la Costa de la Luz**, *la Costa della Luce, che corrisponde al litorale atlantico andaluso; a nord le profonde insenature marine chiamate* **rías** *in Galizia,* **la Costa Verde**, *la Costa Verde, la costa asturiana, che sbalordisce per la bellezza dei suoi paesaggi naturali e più a nord, nei dintorni di Santander, per le spiagge rocciose. C'è di che passare delle vacanze stupende!*

Ejercicio 2 – Complete
Ogni puntino corrisponde a un carattere.

❶ La destinazione e le date mi vanno bene, ma il prezzo non corrisponde al mio budget.
El .... y las ...... me van bien, pero el ...... no .... a mi ....

❷ Devi sorvegliare i bambini, altrimenti finiranno per fare una sciocchezza.
.... a los niños, si no .... una tontería.

❸ Se vuoi ti porto all'hotel, è molto vicino a qui.
Si quieres, te ..... al ....., está .... de aquí.

❹ D'estate faccio immersioni e d'inverno vado in montagna a fare trekking.
En ...... hago ..... y en .... voy a la ...... para hacer ....

3

Lección tercera

La cabra siempre tira al monte [1]

1 – Lo mío [2] es el aire libre. El asfalto, la muchedumbre, el bullicio, no están hechos para mí.
2   A la que [3] puedo, me escapo al campo [4] o a la montaña.

Note

[1] Letteralmente questa espressione significa *La capra vuole sempre andare verso il monte*, intendendo che in qualunque occasione avrà sempre la tendenza a tornare alle sue radici, alla sua natura.

[2] **Lo mío, lo tuyo** ecc., formato dall'articolo neutro **lo** e da un pronome possessivo, rimanda a ciò che si possiede, a quello che è la specialità o la preferenza del soggetto. La traduzione in italiano

Terza lezione / 3

❺ Si arrabbia quando qualcuno tocca questo tema.
 ...... furioso cuando .... aborda este tema.

> ¿TE HE DICHO QUE LE HE PROMETIDO A MAMÁ QUE ESTE AÑO LA LLEVÁBAMOS DE VACACIONES CON NOSOTROS?

Soluzioni dell'esercizio 2
❶ – destino – fechas – precio – corresponde – presupuesto ❷ Debes vigilar – acabarán haciendo – ❸ – llevo – hotel – muy cerca – ❹ – verano – buceo – invierno – sierra – senderismo ❺ Se pone – alguien –

Terza lezione

Il lupo perde il pelo ma non il vizio

1 – Il mio ambiente *(Il mio)* è l'aria aperta. L'asfalto, la folla, il chiasso non sono fatti per me.
2 Appena posso scappo in campagna o in montagna.

può variare: "ciò che è mio", "ciò che mi appartiene", "ciò in cui sono bravo", "ciò che mi è congeniale" o, in termini più colloquiali, "è il mio pane": **Lo suyo es el teatro**, *Il suo posto è il teatro*.

3 **A la que** seguito da una frase esprime la volontà di fare subito quello che viene detto, e corrisponde a locuzioni come **tan pronto como**, *appena*: **A la que cobre el dinero que me deben, te invito**, *Appena avrò i soldi che mi devono ti invito*.

4 Attenzione ai falsi amici: **campo** significa *campagna*.

dieciséis • 16

3 / Lección tercera

3 Cojo la mochila, la tienda, el saco de dormir, la cantimplora,
4 y, ¡hale!, a patear el país, buscando nuevos paisajes, la sensación de libertad...
5 – Bueno, en invierno voy siempre a esquiar a los Pirineos...
6 – Playa o estaciones de esquí, tanto monta, monta tanto [5]:
7 gente por todas partes, colas de espera interminables, avalanchas de turistas, ¡es lo mismo!
8 – Pero es que ¡el campo es tan aburrido! ¡No hay nada que hacer!
9 – ¡Eso eres tú quien lo dice! [6] Puedes hacer senderismo, trekking, practicar deportes extremos como barranquismo, rafting, puenting [7]...
10 en definitiva, que si quieres, puedes estar ocupado haciendo actividades las veinticuatro horas del día.

Note

[5] L'espressione completa è **Tanto monta, monta tanto, Isabel como Fernando**. Isabella di Castiglia e Ferdinando d'Aragona, i Re Cattolici, avevano un potere e un'autorità equivalenti.

[6] Diversamente dall'italiano, in spagnolo si utilizza il pronome relativo **quien**, *chi*, che si accorda alla 3ª persona singolare, mentre noi utilizziamo *che* e la persona verbale di chi compie l'azione: **Normalmente soy yo quien cocina**, *Di solito sono io che cucino* (lett. normalmente sono io chi cucina).

Terza lezione / 3

3 Prendo lo zaino, la tenda, il sacco a pelo, la borraccia,
4 e via, a percorrere il Paese, cercando nuovi paesaggi, la sensazione di libertà...
5 – Beh, in inverno vado sempre a sciare sui Pirenei...
6 – Spiaggia o stazione sciistica, se non è zuppa è pan bagnato:
7 gente dappertutto, code d'attesa interminabili, valanghe di turisti, [dappertutto] è la stessa cosa!
8 – Ma *(è che)* la campagna è così noiosa! Non c'è niente da fare!
9 – Questo lo dici tu *(Questo sei tu chi lo dice)*! Puoi fare escursionismo, trekking, praticare sport estremi come canyoning, rafting, bungee jumping...
10 in conclusione *(in definitiva)*, *(che)* se vuoi, puoi essere occupato a fare *(facendo)* attività ventiquatt'ore al giorno *(le ventiquattro ore del giorno)*.

7 Mentre l'italiano accoglie facilmente termini stranieri, lo spagnolo forma spesso neologismi di sonorità ispanica, come qui **el barranquismo**, *il canyoning*, a partire da **el barranco**, che indica *il burrone, il precipizio*, e **el puenting**, *il bungee jumping*, a partire da **el puente**, *il ponte*, anche se spesso si salta da una gru o da una teleferica.

11 – Digamos que, si un día me decido, empezaría por algo más tranquilito [8], menos violento.

12 Buscaría una casa rural con piscina y daría paseos por los alrededores.

13 – No eres un chico muy aventurero que se diga…

14 – Espero llegar a viejo, eso es todo.

15 – No sé, para iniciarte podrías empezar probando una Vía verde [9], créeme, algunas son una pasada [10].

16 – Francamente, lo de andar solo en medio del bosque no me llama demasiado.

17 – Unos amigos míos [11] eran como tú, y el año pasado quedaron encantados con el Camino de Santiago.

18 Recorren esta ruta miles de peregrinos provenientes de todo el mundo.

19 Algunos van por la dimensión espiritual, pero a la mayor parte le [12] interesa solo [13] el aspecto artístico, histórico y turístico…

20 – Sí…, interesante, por qué no… ¿Y se puede hacer el camino en coche?

Note

[8] Notate l'uso del suffisso diminutivo **-ito/a** dove l'italiano preferisce un'altra costruzione. A volte il diminutivo in **-ito/a** ha un senso ironico.

[9] **Las Vías Verdes**, *le Vie verdi*, sono delle antiche sedi ferroviarie riconvertite in sentieri e piste ciclabili.

[10] **Una pasada** è un'espressione colloquiale che non ha traduzione letterale. Indica qualcosa di straordinario: **Tiene una pasada de ordenador**, *Ha un computer fenomenale*.

[11] Ricordatevi che gli aggettivi possessivi hanno una forma atona e una forma tonica. Vedere la lezione di ripasso.

[12] Notate la costruzione con il complemento di termine, in cui è necessario introdurre il pronome **se** la costruzione inizia con il complemento stesso. **A mí me gusta bailar**, *A me piace ballare*; **A nosotros nos interesa tu opinión**, *A noi interessa la tua opinione*.

Terza lezione / 3

11 – Diciamo che se un giorno mi decidessi, comincerei con qualcosa di un po' più tranquillo, meno violento.
12 Cercherei un agriturismo con piscina e farei *(darei)* passeggiate nei dintorni.
13 – Non sei un ragazzo molto avventuroso, si direbbe *(che si dica)*...
14 – Spero di diventare vecchio, ecco *(quello è)* tutto.
15 – Non so, per lanciarti potresti cominciare provando una Via verde, credimi, certe sono il massimo.
16 – Francamente andare da solo in mezzo al bosco non mi attira molto.
17 – Alcuni miei amici erano come te e l'anno scorso sono rimasti incantati dal Cammino di Santiago.
18 Migliaia di pellegrini provenienti da tutto il mondo percorrono questa via.
19 Alcuni [ci] vanno per la dimensione spirituale, ma alla maggior parte interessa solo l'aspetto artistico, storico e turistico...
20 – Sì..., interessante, perché no... E si può fare il cammino in macchina?

13 Dal 2010 non è più obbligatorio accentare alcune parole come l'avverbio **sólo**, *solo*, o il pronome dimostrativo **éste**, *questo*. L'accento resta necessario solo in caso di ambiguità: **Vino sólo para verme**, *È venuto solo per vedermi* ≠ **Vino solo para verme**, *È venuto da solo per vedermi*.

veinte • 20

3 / Lección tercera

▶ Ejercicio 1 – Traduzca

❶ Lo suyo son los museos y ha quedado encantada con El Prado. ❷ Si un día me decido, haré puenting. ❸ Una vecina mía ya me había dicho que los paisajes eran una pasada. ❹ Me encanta mi ciudad y, a la que puedo patear sus calles, lo hago. ❺ Pasar las vacaciones en una casa rural no me llama mucho.

Ejercicio 2 – Complete

❶ Non dimenticare lo zaino, la tenda e il sacco a pelo.
 . . . . la . . . . , la . . . . . . , ni el . . . .

❷ Nella stazione sciistica c'erano delle code interminabili.
 En la . . . . había . . . . interminables.

❸ Sono avventurosa e amo gli sport estremi.
 Soy . . . . y . . . . los . . . .

***

Il celebre **Camino de Santiago**, *Cammino di Santiago, affollato ogni anno dai piedi di migliaia di pellegrini spagnoli e stranieri, inizia tradizionalmente dal Passo del Somport o da Roncisvalle, nei Pirenei. Gli escursionisti percorrono i circa 800 chilometri fino a Santiago di Compostela, in Galizia, dove si trova la tomba dell'apostolo Giacomo il Maggiore (Giacomo di Zebedeo). La via è lunga, ma costellata di numerose chiese, monumenti e alloggi di ogni tipo. Un'occasione per i turisti alla ricerca di spiritualità e/o di scoperte storiche! Come piccolo extra notate che* **el Año Santo**, *l'Anno Santo compostellano, ha luogo ogni volta che la festa dell'apostolo Giacomo, celebrata il 25 luglio, cade di domenica.*

Soluzioni dell'esercizio 1

❶ I musei sono il suo pane, ed è restata incantata dal Prado. ❷ Se un giorno mi deciderò, farò bungee jumping. ❸ Una mia vicina mi aveva già detto che i paesaggi erano una meraviglia. ❹ Adoro la mia città e appena posso percorrere le sue strade lo faccio. ❺ Passare le vacanze in un agriturismo non mi attira molto.

❹ Certi negozi sono aperti ventiquattr'ore su ventiquattro.
.... están ....

❺ La gente pensa che sia tu che l'hai fatto.
.... que ...... quien lo ....

Soluzioni dell'esercizio 2

❶ No olvides – mochila – tienda – saco de dormir ❷ – estación de esquí – colas de espera – ❸ – aventurera – me gustan – deportes extremos ❹ Algunas tiendas – abiertas las veinticuatro horas del día ❺ La gente cree – eres tú – ha hecho

***

Quando un'espressione o una costruzione idiomatica spagnola ha più traduzioni possibili, ve le presenteremo senza appesantire troppo le note. Così, l'espressione italiana utilizzata in uno degli esercizi, ad esempio, può essere leggermente diversa da quella utilizzata in nota. E il vostro vocabolario si arricchirà a poco a poco...

4

Lección cuarta

Retraso por causas "naturales"

1 – Rosa, tienes mal aspecto, pareces cansada. ¿Estás enferma?
2 – No creo. Es que últimamente estoy agobiada de trabajo y duermo muy mal por las noches.
3   Además, no soy muy madrugadora [1] y lo de levantarme a las cinco de la mañana para coger el avión me mata…
4 – ¡Escucha! ¿Qué están diciendo por megafonía? No se oye nada [2] con todo este ruido.
5 – No lo sé, lo único que veo es que nuestro vuelo lleva retraso.
6 – Siempre igual, y luego se extrañan de que [3] los pasajeros estén descontentos y de mal humor, y se quejen,
7   y es que cuando no es un problema técnico, están en huelga, o bien hacen desalojar el aeropuerto por culpa de una amenaza de bomba…

Note

[1] **La madrugada** corrisponde al periodo che si estende da mezzanotte all'alba: **Nos acostamos a las tres de la madrugada**, *Siamo andati a dormire alle tre del mattino*. Nella stessa famiglia il verbo **madrugar** significa *alzarsi molto presto*: **Al que madruga, Dios le ayuda**, proverbio il cui equivalente sarebbe *Il mattino ha l'oro in bocca*; **No por mucho madrugar, amanece más temprano**, che equivale a dire *Bisogna lasciare tempo al tempo*.

[2] La forma impersonale più comune si costruisce in spagnolo con **se** + verbo alla 3ª persona singolare (**Aquí no se puede fumar**, *Qui non*

Quarta lezione

Ritardo per cause "naturali"

1 – Rosa, hai una brutta cera *(cattivo aspetto)*, **sembri stanca. Sei malata?**
2 – Non credo. È che ultimamente sono oberata di lavoro e dormo molto male di notte.
3 Inoltre non sono molto mattiniera e il fatto di alzarmi alle cinque del mattino per prendere l'aereo mi uccide...
4 – Ascolta! Cosa stanno dicendo con l'altoparlante? Non si sente niente con tutto questo rumore.
5 – Non lo so, l'unica cosa che vedo è che il nostro volo è in *(porta)* ritardo.
6 – Sempre uguale, e poi si stupiscono che i passeggeri siano scontenti e di malumore, e si lamentino,
7 ma quando non è un problema tecnico sono in sciopero o fanno evacuare l'aeroporto a causa *(per colpa)* di un allarme bomba *(minaccia di bomba)*...

si può fumare) oppure con il verbo alla 3ª persona plurale (vedere frase 7), esattamente come in italiano. Nel secondo caso la forma impersonale traduce anche un'eventualità: **Dicen que la gasolina va a subir**, *Si dice/Dicono che la benzina aumenterà*.

3 Quando un verbo o aggettivo si costruiscono con la preposizione **de**, il **de** rimane anche se è seguito da una frase completiva che comincia per **que**: **Estoy seguro de que estás de acuerdo conmigo**, *Sono sicuro che tu sei d'accordo con me*.

4 / Lección cuarta

8 ¡Estoy harto! ¡Cuando uno [4] llega al aeropuerto, nunca sabe qué desagradable sorpresa le espera!
9 – Ya te dije yo que más valía [5] ir en tren: es más práctico y rápido.
10 – Sí, sí, o a pie, o en bicicleta… ¿Sabes, Rosa? Cuando las cosas se tuercen, poco podemos hacer.
11 Mira el panel, ¡han cancelado todos los vuelos!
12 – Bueno, ¿y qué hacemos [6] ahora?
13 Yo tengo cita [7] con un proveedor a las diez y a las dos he quedado [8] con Gustavo para almorzar.
14 – Yo tengo una cita con un cliente, pero creo que voy a anularla y regresar al despacho.
15 – ¿Puedes quedarte [9] aquí un momento vigilando mis cosas? Voy al lavabo y luego tomamos un taxi.
…
16 – ¿Alguna novedad?

Note

4 L'uso di **uno/a** + verbo coniugato alla 3ª pers. singolare, è un altro esempio di forma impersonale. In realtà **uno** e **una** designano pudicamente *yo*, *io*: ¡**Uno no sabe qué hacer en estos casos!**, *Non si sa cosa fare in questi casi!*, sottintende, *Io non so cosa fare in questi casi!*

5 **Más vale** significa *è meglio*. Lo si ritrova in un detto molto noto: **Más vale pájaro en mano que ciento volando**, *Meglio un uovo oggi che una gallina domani*. Ispirandosi a questa frase il celebre rivoluzionario messicano Emiliano Zapata avrebbe detto: "**Más vale morir de pie que vivir de rodillas**", "*Meglio morire in piedi che vivere in ginocchio*".

6 Anche la 1ª persona plurale può avere senso impersonale. Per approfondire l'argomento, l'appuntamento è alla lezione di ripasso.

7 **La cita**, *l'appuntamento*, si usa sia nel settore professionale che nell'ambito di un appuntamento galante. Quando si va dal parrucchiere, dal medico o dal dentista si dice **tener hora** (lett. *avere ora*), *avere un appuntamento*, o ancora **pedir hora**, *chiedere* o *fissare un appuntamento*.

Quarta lezione / 4

8   Sono stufo! Quando uno arriva all'aeroporto non sa mai che sgradevole sorpresa lo aspetta!
9 – Ti avevo detto che era meglio *(valeva di più)* andare in treno: è più pratico e rapido.
10 – Sì, sì, o a piedi o in bicicletta... Sai, Rosa? Quando le cose girano male *(si torcono)*, si può fare ben poco *(poco possiamo fare)*.
11   Guarda il tabellone, hanno cancellato tutti i voli!
12 – Bene, *(e)* cosa si fa adesso?
13   Io ho [un] appuntamento con un fornitore alle dieci e alle due mi sono accordata con Gustavo per pranzare.
14 – Io ho un appuntamento con un cliente, ma credo che lo annullerò e tornerò in studio.
15 – Puoi restare qui un momento a controllare le mie cose? Vado in bagno e poi prendiamo un taxi.
   ...
16 – Qualche novità?

8   Per gli appuntamenti tra amici si usa il verbo **quedar**: **Hemos quedado delante del cine**, *Abbiamo appuntamento davanti al cinema*; **¿Cómo quedamos?**, *Come restiamo d'accordo?*

9   Attenzione a non confondersi con il verbo **quedar**. **Quedarse** significa essenzialmente *restare, rimanere*: **Este fin de semana nos hemos quedado en casa**, *Questo fine settimana siamo rimasti a casa*.

4 / Lección cuarta

17 – No se sabe nada [10]. Ninguna llegada ni ninguna salida están previstas. ¡Vámonos! ¿Estás lista [11]?
18 – ¿Sabes? Yendo a los servicios, averigüé el motivo de la interrupción de todo el tráfico aéreo:
19 se ha roto una valla del aeropuerto y ¡un rebaño de ovejas ha invadido las pistas de aterrizaje! □

Osservazioni sulla pronuncia
(18) Notate l'uso della dieresi sulla ü per indicare che in questa parola la *u* va pronunciata.

Note
10 Esattamente come in italiano, quando parole che esprimono una negazione (come **nadie**, *niente*; **nunca**, *mai*; **ningún**, *nessuno* ecc.)

***

Ejercicio 1 – Traduzca
❶ A causa de la nevada han cancelado todos los vuelos.
❷ ¡Aquí uno no puede estar tranquilo ni un momento!
❸ Estoy aburrido, pero no me quejo. **❹** Más vale quedar directamente en el restaurante. **❺** ¿Me puedes vigilar las cosas un momento?

Ejercicio 2 – Complete
❶ Il cliente è di malumore ed è stufo di attendere.
El cliente . . . . y . . . . de . . . .

❷ Domani mi devo alzare presto, ho appuntamento con un fornitore.
Mañana . . . . , ... con un . . . .

❸ In questo hotel non si può dormire bene la notte con tutto questo rumore.
En este hotel, ... no . . . . bien con todo este . . . .

17 – [No,] non si sa niente. Nessun arrivo e nessuna partenza sono previsti. Andiamocene! Tu sei pronta?
18 – Sai? Mentre andavo ai servizi ho scoperto la causa dell'interruzione di tutto il traffico aereo:
19 si è rotta una recinzione dell'aeroporto e un gregge di pecore ha invaso le piste di atterraggio!

---

si trovano dopo il verbo, si usa la particella **no** davanti al verbo: **No le da miedo nada**, *Non le fa paura niente.* Ma se la parola di senso negativo è posizionata davanti al verbo, la particella **no** viene soppressa: **Nada le da miedo**, *Niente la fa paura.*

11 Vedrete nella lezione di ripasso il cambiamento di senso degli aggettivi a seconda che li si usi con **ser** o **estar**.

***

Soluzioni dell'esercizio 1
❶ A causa della nevicata hanno cancellato tutti i voli. ❷ Qui non si può star tranquilli un solo momento! ❸ Mi annoio, ma non mi lamento. ❹ È meglio darsi appuntamento direttamente al ristorante. ❺ Puoi controllare le mie cose un momento?

❹ Si dice che dei passeggeri scontenti abbiano invaso la pista d'atterraggio.
..... que unos .... han .... la .....
....

❺ – Qualche novità? – No, nessuno sa niente.
–¿ .... ? – No, ...

Soluzioni dell'esercizio 2
❶ – está de mal humor – está harto – esperar ❷ – debo madrugar, tengo cita – proveedor ❸ – por la noche – se puede dormir – ruido ❹ Dicen – pasajeros descontentos – invadido – pista de aterrizaje ❺ – Alguna novedad – nadie sabe nada

5

Lección quinta

Una procesión movida

1 – ¡Señor, échese a un lado, por favor, que no es transparente! ¡Ay, me ha pisado [1]! ¡Pedazo de [2] animal!
2 – Tranquilo, Manuel, no armes un escándalo como cada vez…
3 – ¡Claro, tú desde allí arriba lo ves todo! ¡Qué suerte tienes [3] de ser tan alto!
4 El año que viene miraremos la procesión desde el balcón de mi casa.
5 Oye, tú que ves, ¿qué están haciendo?
6 – Pues por el momento están parados. No sé qué esperarán [4]… Ahora arrancan.
7 – Ah, sí, percibo a lo lejos unos estandartes que se acercan a nosotros.
8 – Sí, ya llegan. Acaban de doblar la esquina y suben la cuesta de la iglesia.

Note

1 **Pisar** significa *calpestare*. Ritroviamo questo stesso verbo nei cartelli che vietano di camminare sul prato dei parchi pubblici: **Prohibido pisar el césped**, *Vietato calpestare l'erba* (lett. vietato calpestare il prato).

2 **Pedazo de** + nome è una costruzione colloquiale e peggiorativa che permette di intensificare i propri propositi. **¡Pedazo de idiota!**, *Razza di idiota!*; **¿Quién es ese pedazo de alcornoque?**, *Chi è quella testa di rapa* (lett. pezzo di sughero)?

Quinta lezione

Una processione movimentata

1 – Signore, si faccia da parte, per favore, non è trasparente! Ahi, mi ha pestato [il piede]! Razza *(pezzo)* di animale!
2 – Calma *(Tranquillo)*, Manuel, non fare una scenata *(armare uno scandalo)* come tutte le volte *(ogni volta)*…
3 – Certo, tu da lì sopra vedi tutto! Come sei fortunato a essere *(Che fortuna hai di essere)* così alto!
4   L'anno prossimo guarderemo la processione dal balcone di casa mia.
5   Senti, tu che puoi vedere *(vedi)*, cosa stanno facendo?
6 – *(Beh)* Per il momento sono fermi. Non so cosa stiano aspettando… Adesso partono.
7 – Ah, sì, distinguo in lontananza alcuni stendardi che si avvicinano a noi.
8 – Sì, ormai arrivano. Hanno appena girato l'angolo e salgono il pendio della chiesa.

---

3 Per le esclamazioni lo spagnolo utilizza spesso la struttura **qué** + complemento + verbo, e ci sono modi diversi per rendere questa idea in italiano: ¡**Qué calor hace**!, *Come fa caldo!/Che caldo (che fa)!* ¡**Qué rápido va este coche**!, *Come va veloce questa macchina!*

4 In questa frase il tempo futuro non esprime l'avvenire, ma la probabilità. In italiano si può tradurre con il futuro semplice o con il verbo potere al condizionale, poiché entrambi veicolano l'idea di possibilità: ¿**Qué edad tendrá su marido**?, *Che età avrà/potrebbe avere suo marito?*; ¿**Qué habrá pasado**?, *Cosa sarà successo?*

5 / Lección quinta

9 – ¿Ves a Jacinto? Me dijo que estaría con su hermandad [5].

10 – ¡Tienes cada cosa! ¿Cómo quieres que lo reconozca, si lleva un capirote?

11 – Ah, ¿va vestido de nazareno? Perdona, pero no lo sabía.

12 Ya están aquí, veo algo, como la cabeza de una Virgen, eso debe de ser [6] el paso [7], sí... ¿Qué está pasando?

13 ¡Cómo se tambalea la estatua! No me extraña, ¡eso debe de pesar un montón [8]!

14 – ¡Apártate, Manuel, que va a caerse [9], que se nos va a caer encima!

15 ¡Huy, por poco [10] morimos aplastados! ¡Qué susto me he llevado!

16 ¡Qué raro! Ahora que lo pienso, durante las fiestas de San Fermín estábamos también juntos,

17 y se escapó un toro y estuvo a punto de [11] pillarnos.

18 Y en Valencia también, por San José, me cayó una chispa y mi vestido prendió fuego,

Note

5 **Hermandad**, *confraternita*: un termine che rimanda a feste religiose. Un attimo di pazienza, la nota culturale a fine lezione vi fornirà tutte le spiegazioni che desiderate!

6 La costruzione **deber de** + infinito denota probabilità (v. anche frase 13). Da non confondere con **deber** + infinito che esprime l'obbligo.

7 In ambito religioso **los pasos**, *le stazioni*, sono le immagini che rappresentano gli episodi della passione di Gesù.

8 **Un montón** (lett. *un mucchio*), è un modo colloquiale di dire *enormemente*, come l'italiano *un sacco*: **Tengo un montón de trabajo**, *Ho un sacco di lavoro*; **Esta novela policíaca me gusta un montón**, *Questo poliziesco mi piace un sacco*.

Quinta lezione / 5

9 – Riesci a vedere *(Vedi)* Jacinto? Mi aveva detto che sarebbe stato con la sua confraternita.
10 – Hai delle idee *(ogni cosa)*! Come vuoi che lo riconosca se indossa un cappuccio?
11 – Ah, è *(va)* vestito da penitente? Scusami, *(ma)* non lo sapevo.
12 Sono già qui, vedo qualcosa, come la testa di una Madonna, quello deve essere la stazione, sì... [Ma] cosa sta succedendo?
13 Come traballa la statua! Non mi stupisce, deve pesare un sacco!
14 – Spostati, Manuel, che sta per cadere, sta per caderci addosso *(sopra)*!
15 Uff, per poco [non] morivamo schiacciati! Che paura ho avuto *(mi sono portato)*!
16 Che strano! Adesso che ci penso, anche durante le feste di San Fermín eravamo insieme,
17 e scappò un toro e stava per prenderci.
18 E a Valencia *(anche)*, per San José, mi cadde una scintilla e il mio vestito prese fuoco,

---

9 Per parlare di un avvenimento o di un'azione che avrà luogo in un futuro prossimo, si usa la struttura **ir** (presente) **a** + infinito. In italiano si può rendere con *stare* (presente) *per* + infinito: **El cielo está nublado, va a llover**, *Il cielo è coperto, sta per piovere*.

10 **Por poco**, *per poco*, in spagnolo è seguito dal verbo affermativo, mentre in italiano è seguito dal verbo nella forma negativa.

11 **Estar** (imperfetto) **a punto de** + infinito, come l'espressione **por poco**, *per poco*, esprime qualcosa che non ha avuto luogo e in italiano si può rendere con *stare* (imperfetto) *per* + infinito: **Estaba a punto de salir, cuando sonó el teléfono**, *Stavo per uscire, quando è suonato il telefono*; **Estuvieron a punto de ganar**, *Stavano per vincere*.

5 / Lección quinta

19 y casi me transformo yo en una falla...
20 Oye, Manuel, ¿no serás tú un poco gafe [10] por casualidad?

Note

[10] Attenzione ai falsi amici, **gafe**, è *una persona che porta iella*. Una *gaffe* si dice in spagnolo **una plancha** o una **metedura de pata**, *fare una gaffe* si traduce con **meter la pata**. **Estar gafado**, infine, significa *essere iellato*. **El proyecto está gafado desde el principio**, *Il progetto è iellato dall'inizio*.

***

Ejercicio 1 – Traduzca

❶ No la molestes, está durmiendo la siesta. ❷ ¿Quién será el hombre que está con Jorge? ¿De qué hablarán? ❸ La adaptación de este clásico de la literatura al cine no solo es difícil, además el rodaje parece gafado. ❹ ¡Qué tradición tan interesante! ¡Me gusta un montón! ❺ Por poco nos pilla un toro.

Ejercicio 2 – Complete

❶ Distinguo in lontananza la processione, si avvicina alla chiesa.
.... a .... la procesión, ... la iglesia.

❷ Le macchine erano ferme ad aspettare, e quando il semaforo è diventato verde, sono partite.
Los coches estaban .... y, cuando el semáforo se puso ....., ...

❸ – Perché fai una scenata? – Per poco non mi calpesti!
–¿Por qué ....? – ¡....... me .....!

Quinta lezione / 5

19 e quasi mi trasformo io in una "falla"...
20 Senti, Manuel, non è che per caso sei un po' [un] menagramo?

***

Soluzioni dell'esercizio 1
❶ Non disturbarla, sta facendo la siesta. ❷ Chi sarà l'uomo che è con Jorge? Di cosa staranno parlando? ❸ Non solo l'adattamento di questo classico della letteratura per il cinema è difficile, ma per di più le riprese sembrano essere iellate. ❹ Che tradizione interessante! Mi piace un sacco! ❺ Per poco un toro non ci incorna.

❹ Hai letto questo poliziesco, per caso? La storia è molto strana...
¿Has leído esta ...., ...? La .... es muy ....

❺ Come sempre hai appena fatto una gaffe!
Como ...., ¡acabas de ....!

Soluzioni dell'esercizio 2
❶ Percibo – lo lejos – se acerca a – ❷ – parados esperando – verde, arrancaron ❸ – armas un escándalo – Por poco – pisas ❹ – novela policíaca, por casualidad – historia – rara ❺ – cada vez – meter la pata

In Spagna la tradizione delle feste popolari e religiose è molto viva. In generale questi avvenimenti hanno luogo d'estate, ma cercando bene troverete sempre una celebrazione da qualche parte!
Il mese di febbraio è chiaramente segnato dal **carnaval***. In marzo, per le* **Fallas** *di Valencia, si costruiscono statue gigantesche di cartapesta, destinate a essere bruciate durante le celebrazioni in cui il fuoco e la pirotecnica la fanno da padroni. La* **Semana Santa***, che*

Lección sexta

Rumbo al Nuevo Mundo

1 De Cristóbal Colón, navegante y explorador, no se conoce con exactitud ni la fecha de nacimiento ni los orígenes [1],
2 aunque la mayor parte de los historiadores cree que nace [2] en Génova hacia 1451.
3 En esta época, los portugueses [3] van a la India [4] bordeando la costa africana.
4 Está convencido [5] de encontrar una ruta más corta viajando por Occidente.

Note

1 **El origen** è maschile in spagnolo. Al plurale, come tutte le parole in cui l'accento tonico cade sulla terzultima sillaba, prende l'accento grafico sulla vocale accentata, in questo caso la **i**, indipendentemente da come termina la parola: **orígenes**.

2 Notate qui l'uso del presente narrativo, utilizzato, come in italiano, invece di un passato per dare più attualità e vivacità al racconto.

3 I nomi degli abitanti di un Paese o di una regione in spagnolo, come in italiano, si scrivono in minuscolo: **Se dice que los españoles son orgullosos y muy juerguistas**, *Si dice che gli spagnoli siano orgogliosi e molto festaioli*.

non ha mai una data fissa, è l'occasione per le processioni religiose, durante le quali nelle città e nei villaggi vengono esposte le statue del Cristo e della Madonna. La **Feria de Abril** *ha luogo a Siviglia, due settimane dopo Pasqua. Durante la notte tra il 23 e il 24 di giugno si festeggia* **San Juan***, per celebrare il solstizio d'estate. In luglio a Pamplona si svolgono* **las fiestas de San Fermín** *che hanno il loro culmine nell'***encierro***, il rilascio dei tori per le strade della città.*

Sesta lezione

Verso il Nuovo Mondo

1 Di Cristoforo Colombo, navigatore ed esploratore, non si conoscono con esattezza né la data di nascita né le origini,
2 sebbene la maggior parte degli storici ritiene che sia nato a Genova verso [il] 1451.
3 In quest'epoca i portoghesi vanno in India costeggiando la costa africana.
4 [Lui] è convinto di trovare una via più breve viaggiando verso Occidente.

---

4 Lo spagnolo non utilizza l'articolo determinativo davanti ai nomi dei Paesi o delle regioni, con alcune eccezioni: **(la) India**, *l'India*; **(el) Perú**, *il Perù*; **(el) Japón**, *il Giappone*… Si ritrova l'articolo determinativo anche quando il nome è formato da un nome e da un aggettivo o se è accompagnato da un complemento di specificazione: **la República Dominicana**, *la Repubblica Dominicana*.

5 Quando un participio passato indica un risultato e non un processo si usa con il verbo **estar**: **La puerta está pintada**, *La porta è dipinta*. Con il verbo **ser**, dunque in forma passiva, si insiste sull'azione in sé: **Este cuadro fue pintado por Velázquez**, *Questo quadro è stato dipinto da Velázquez*.

6 / Lección sexta

5 Los Reyes Católicos [6], particularmente la reina Isabel, deciden ayudarlo en su empresa y financian su expedición.
6 Cristóbal Colón parte del puerto de Palos de la Frontera, en Cádiz, el 3 de agosto de 1492 [7],
7 con tres carabelas y 120 hombres, que viajan en condiciones muy duras.
8 El 12 de octubre desembarcan en la isla de Guanahaní, cuya [8] exacta localización es discutida,
9 pero muchos la identifican con la isla de San Salvador, en las Bahamas.
10 Aquel día, sin saberlo, Colón descubre una nueva tierra: América.
11 Posteriormente realiza tres viajes más al continente americano
12 y muere en 1506 sin saber que ha llegado a un continente desconocido por Europa,
13 continente que llevará el nombre de otro, el de Américo Vespucio [9].
14 En 1913 las conmemoraciones del descubrimiento de América se convierten en la "Fiesta de la Raza",
15 celebrada oficialmente por primera vez el 12 de octubre de 1914 en toda España.

Note

[6] **Isabel**, *Isabella* (regina di Castiglia dal 1474 al 1504) e suo marito **Fernando**, *Ferdinando* (re d'Aragona dal 1479 al 1516) sono chiamati **los Reyes Católicos**, *I Re Cattolici*. Si sposano in segreto nel 1469 e nel 1474 le corone di Castiglia e Aragona vengono unite. Il 1492, anno mirabile del loro regno, simboleggia l'inizio dell'egemonia spagnola in Europa.

Sesta lezione / 6

5 I Re Cattolici, in particolare la regina Isabella, decidono di aiutarlo nella sua impresa e finanziano la *(sua)* spedizione.

6 Cristoforo Colombo parte dal porto di Palos de La Frontera, a Cadice, il 3 agosto 1492,

7 con tre caravelle e 120 uomini, che viaggiano in condizioni molto dure.

8 Il 12 ottobre sbarcano sull'isola di Guanahani, la cui esatta localizzazione è oggetto di discussione *(è discussa)*,

9 ma molti la identificano con l'isola di San Salvador, nelle Bahamas.

10 Quel giorno, senza saperlo, Colombo scopre una nuova terra: l'America.

11 In seguito compie altri tre viaggi *(tre viaggi più)* verso il continente americano.

12 e muore nel 1506, senza sapere di essere arrivato su un continente sconosciuto all'Europa,

13 continente che porterà il nome di un altro, quello di Amerigo Vespucci.

14 Nel 1913, le commemorazioni della scoperta dell'America diventarono la "Festa della Razza",

15 celebrata ufficialmente per la prima volta il 12 ottobre 1914 in tutta [la] Spagna.

---

7 Ricordiamo che in spagnolo, nelle date, si utilizza la preposizione **de** tra le cifre del giorno e del mese e tra quelle del mese e dell'anno: **Picasso nació el 25 de octubre de 1881**, *Picasso è nato il 25 ottobre 1881*.

8 **Cuyo**, *di cui*, stabilisce un rapporto tra un antecedente e il nome di cui è complemento, cioè il nome che lo segue. La lezione di ripasso vi aiuterà a vederci più chiaro.

9 L'umanista Martin Waldseemüller propose di chiamare il nuovo continente *America* in onore del navigatore e geografo fiorentino Amerigo Vespucci (1454-1512), apparentemente il primo ad affermare che Colombo era approdato su un continente sconosciuto agli europei.

6 / Lección sexta

16 Poco a poco se abre paso la idea de reemplazar [10] la palabra "Raza" por "Hispanidad".
17 Con el "Día de la Hispanidad" se conmemora en España e Hispanoamérica [11] el encuentro de dos mundos.
18 En algunos países y comunidades, esta celebración sigue siendo [12] objeto de controversia,
19 puesto que, al fin y al cabo, ¿quién descubrió a quién [13]?

Note

[10] Alcune parole composte dal prefisso **re-** e da una parola che comincia per **e-**, hanno una doppia scrittura: **reemplazar/remplazar**, *rimpiazzare*; **reencontrarse/rencontrase**, *ritrovarsi* ecc.

[11] Anche se a volte si utilizzano questi termini come sinonimi, essi si rifanno a realtà distinte: **Latinoamérica** o **América latina**, *America latina* fanno riferimento alla parte del continente americano dove si

Ejercicio 1 – Traduzca

❶ Cristóbal Colón muere convencido de haber llegado a Asia por Occidente. ❷ Es alguien muy juerguista cuya única ambición es divertirse. ❸ Estaremos en el bar en cuya terraza nos encontramos siempre. ❹ La nacionalidad del famoso navegante es objeto de controversia. ❺ Sigo pensando que te equivocas.

Sesta lezione / 6

16 A poco a poco si fa strada l'idea di rimpiazzare la parola "Razza" con "Ispanità".
17 Con la "Giornata dell'Ispanità", si commemora in Spagna e nell'America latina ispanofona l'incontro di due mondi.
18 In alcuni Paesi e comunità questa celebrazione continua a essere oggetto di controversia,
19 in quanto, in fin dei conti *(alla fine e al capo)*, chi ha scoperto chi?

parlano delle lingue romanze, cioè derivate dal latino: lo spagnolo nella maggior parte dei Paesi, ma anche il portoghese (in Brasile) e il francese (nella Guyana francese). **Iberoamérica**, *America iberica*, designa le nazioni americane che fanno parte delle ex colonie spagnole e portoghesi. **Hispanoamérica** o **América Hispana**, *America ispanica*, designano l'insieme dei Paesi americani dove si parla solo lo spagnolo.

12 Per esprimere la continuità di un'azione si ricorre alla perifrasi **seguir** o **continuar** + gerundio, *continuare a* + infinito: **El acusado sigue diciendo que es inocente**, *L'accusato continua a dire di essere innocente*. Nella forma negativa non si usa il gerundio, bensì **sin**, *senza* + infinito: **Siguen sin llegar a un acuerdo**, *Continuano a non giungere a un accordo*.

13 Conoscete già la caratteristica dello spagnolo che consiste nel far precedere il complemento oggetto che indica una persona dalla preposizione **a**. Questa regola si applica anche ai pronomi che rappresentano un essere umano: **¿A quién esperas?**, *Chi aspetti?*; **No vimos a nadie**, *Non abbiamo visto nessuno*.

***

Soluzioni dell'esercizio 1
❶ Cristoforo Colombo muore convinto di essere arrivato in Asia passando da Occidente. ❷ È uno molto festaiolo, la cui unica ambizione è divertirsi. ❸ Saremo al bar sulla cui terrazza ci incontriamo sempre. ❹ La nazionalità del famoso navigatore è oggetto di controversia. ❺ Continuo a pensare che ti sbagli.

Ejercicio 2 – Complete

❶ Nessuno conosce con esattezza la localizzazione di questo luogo.
Nadie ...... con .... la .... de este ....

❷ Si dice che gli spagnoli siano molto orgogliosi, maschilisti, passionali e festaioli.
..... que los .... son muy .... , machistas, apasionados y ....

❸ È qualcuno molto rispettato da tutti e di cui ammiro la sincerità.
Es .... muy .... por ..... y .... admiro.

***

*La data del 12 ottobre si commemora in modo diverso a seconda che ci si trovi da una parte o dall'altra dell'Atlantico. Scoperta per gli uni, invasione e genocidio per gli altri, il fatto incontestabile resta l'incontro dei due mondi. In Spagna è un giorno festivo e coincide con la festa della Vergine **del Pilar**; lo si chiama **Día de la Hispanidad**, Giornata dell'Ispanità. Spesso è un giorno festivo anche in America latina, conosciuto generalmente con il nome di **Día de la Raza**, Giornata della Razza, che insiste sulla nascita di una identità*

Lección séptima

Repaso – Ripasso

In questa lezione ricapitoleremo e approfondiremo i principali argomenti grammaticali di cui avete già avuto un assaggio nel corso delle sei lezioni precedenti.
Non imparate a memoria, leggete in modo attento ma rilassato e, se ne sentite il bisogno, tornate alla lezione pertinente, poi continuate.
È assolutamente normale che vi vengano dei dubbi: è un buon segno. Non cercate di padroneggiare tutto al primo colpo; abbiate fiducia in noi e, soprattutto, abbiate fiducia in voi stessi. Non dimenticate mai che la cosa più importante non è conoscere le regole, ma sapervi esprimere.

❹ La porta del bagno è rotta, bisogna sostituirla.
  La ...... del ...... de baño ... ..., hay que ....

❺ Non capisco l'oggetto di questa controversia e continuo a non vedere dov'è il problema.
  No entiendo el ...... de esta .... y ....
  dónde .... el ....

Soluzioni dell'esercizio 2
❶ – conoce – exactitud – localización – lugar ❷ Dicen – españoles – orgullosos – juerguistas ❸ – alguien – respetado – todos – cuya sinceridad – ❹ – puerta – cuarto – está rota – remplazarla ❺ – objeto – controversia – sigo sin ver – está – problema

***

uscita dall'incontro degli Indios e degli Europei. L'Uruguay chiama quel giorno **Día del Descubrimiento de América**, *Giornata della Scoperta dell'America. Dal 2000, si chiama* **Día del Descubrimiento de Dos Mundos**, *Giornata della Scoperta di due mondi, in Cile. E nel 2002 il Venezuela l'ha ribattezzata* **Día de la Resistencia Indígena**, *Giornata della Resistenza Indigena, in onore della lotta costante di quei popoli per la loro dignità.*

Settima lezione

1 Darsi del tu

Bisogna **tutear**, *darsi del tu*, o piuttosto **hablar de usted**, *dare del Lei*? In Spagna **el tuteo**, *il darsi del tu*, è naturale e frequente come in Italia. Non serve a determinare il grado di intimità con qualcuno e non deve essere percepito come un segnale di familiarità. I commessi o i camerieri spesso apostrofano i loro clienti dando loro del **tú**, *tu*, e del **vosotros**, *voi*, (plurale informale) in modo assolutamente disinvolto. **Usted** e **ustedes**, che corrispondono rispettivamente a *Lei* (identico all'italiano) e a *Loro/Voi* come forme di cortesia, si rifanno rispettivamente alla 3ª persona singolare e plurale; ci si avvale di questa forma per rivolgersi a persone anziane o a dei superiori, per sottolineare una certa deferenza.

7 / Lección séptima

Notate che in America latina e nelle isole Canarie al plurale non c'è alcuna differenza se si sta dando del tu o del Lei: in entrambi i casi infatti viene sempre utilizzato **ustedes**.

2 Il verbo

2.1 *ser* e *estar*

Sapete già che esistono due modi per tradurre il verbo *essere* in spagnolo: **ser** e **estar**.

• **Ser** esprime innanzi tutto l'idea di esistenza; si usa per definire persone e cose, per attribuirne le caratteristiche essenziali, intrinseche, al di là della possibilità di cambiamento.

Si utilizza il verbo **ser**, dunque, per parlare dell'identità (**Soy Carlos**, *Sono Carlos*), della nazionalità (**Javier es argentino**, *Javier è argentino*), della professione, o ancora della forma, del colore, dei materiali (**La mesa es de cristal**, *Il tavolo è di cristallo*).

Indica anche il possesso (**Este es el coche de Manuel**, *Questa è la macchina di Manuel*) e si usa per indicare l'ora (**Son las seis**, *Sono le sei*), un prezzo (**¿Cuánto es?**, *Quant'è?*) o con i numeri (**En la fiesta éramos cincuenta**, *Alla festa eravamo in cinquanta*).

Ser è anche il verbo che si utilizza per formare la voce passiva: **Las inundaciones fueron provocadas por las fuertes tormentas**, *Le inondazioni furono provocate dalle forti tempeste*.

• **Estar** si usa essenzialmente per descrivere l'eventuale cambiamento; esprime uno stato transitorio, ciò che riguarda le circostanze e che non fa riferimento alle caratteristiche intrinseche, bensì a quelle temporanee: **Mis hijos están enfermos**, *I miei figli sono ammalati*.

Indica anche la posizione (nel tempo, nello spazio, fisica e morale) sia permanente che passeggera: **Figueras está cerca de la frontera francesa**, *Figueras è vicino alla frontiera francese*; **Estamos en el siglo XXI**, *Siamo nel XXI secolo*.

Si usa, seguito dalla preposizione **a**, con i giorni della settimana o con le date: **estamos a lunes**, *è lunedì*; **estamos a 5 de marzo**, *è il 5 di marzo*.

Piccolo trucco: ogni volta che il verbo *essere* può essere sostituito da "trovarsi", potete usare **estar**: *Dove sono i bagni?*, **¿Dónde están los servicios?**

Si usa il verbo **estar** con il gerundio per indicare che un'azione si sta svolgendo nel momento in cui si parla: **Está trabajando en la oficina**, *Sta lavorando nel suo ufficio*.
Si usa con il participio passato quando si vuole esprimere il risultato di un'azione precedente: **La puerta está cerrada**, *La porta è chiusa*.
• Certi aggettivi cambiano di senso a seconda che si usino con **ser** o **estar**; di seguito qualche esempio:
ser aburrido, *essere noioso* ≠ **estar aburrido**, *essere annoiato*
ser atento, *essere premuroso* ≠ **estar atento**, *essere attento*
ser bueno, *essere (moralmente) buono / saggio* ≠ **estar bueno**, *essere delizioso / in buona salute / fico* (colloq.)
ser listo, *essere sveglio* ≠ **estar listo**, *essere pronto*
ser malo, *essere cattivo* ≠ **estar malo**, *non stare bene di salute*.

2.2 Il presente indicativo

In generale il presente indicativo ha gli stessi usi del tempo in italiano. Lo si usa per descrivere azioni che si sviluppano nel momento in cui si parla (**Ahora vive en el campo**, *Adesso vive in campagna*), per esprimere delle abitudini (**Los sábados hago la colada**, *Di sabato faccio il bucato*) e delle verità generali (**Las ballenas comen plancton**, *Le balene mangiano plancton*). Si può usare questo tempo anche per descrivere un avvenimento passato per dargli più intensità, più rilievo. Si parla allora di presente storico o di presente narrativo: **En el año 711, los árabes invaden la Península Ibérica**, *Nel 711 gli arabi invadono la penisola iberica*.

2.3 Il futuro

Non c'è necessariamente bisogno del futuro per parlare dell'avvenire!
• Possiamo utilizzare il presente indicativo, a condizione di accompagnarlo con un avverbio o con una locuzione di tempo: **El año que viene cambio de trabajo**, *L'anno prossimo cambio lavoro*.
• Esistono anche delle perifrasi per esprimere l'idea di futuro, come **pensar** + infinito, che comunica l'idea di un progetto nell'avvenire con il senso di *avere l'intenzione di*: **¿Piensas decírselo?**, *Pensi di dirglielo?*
• Un'altra perifrasi molto usata è formata da **ir a** + infinito, che esprime un futuro prossimo: **Vamos a organizar una gran fiesta**, *Stiamo organizzando una grande festa*.

- Il futuro propriamente detto non presenta difficoltà (solo una decina di verbi è irregolare). Il suo uso è identico all'italiano (parlare di un avvenimento più o meno incerto, fare dei progetti, delle previsioni, delle promesse), proprio come la sua formazione: infinito del verbo + desinenza (**é**, **ás**, **á**, **emos**, **éis**, **án**). Un esempio: **Vendremos a verte por Navidad**, *Verremo a trovarti per Natale*.

Questo stesso futuro si usa anche per esprimere una probabilità, come in italiano, anche se a volte si preferisce usare il verbo *potere* al condizionale, o ancora introdurre avverbi come *probabilmente* o *senza dubbio*: **¿Quién llamará a estas horas?**, *Chi potrebbe chiamare a quest'ora?*; **Hoy no ha venido a trabajar, estará enferma**, *Oggi non è venuta al lavoro, probabilmente è malata*.

2.4 Verbi con una costruzione particolare

Certi verbi come **gustar**, *piacere*; **doler**, *far male*, si costruiscono come in italiano, con il soggetto che è in realtà "ciò che piace" o "ciò che fa male". In spagnolo però è frequente la ridondanza del pronome complemento, tonico o atono, nella stessa frase, che l'italiano non ammette. **A mí me gusta viajar**, *A me piace viaggiare*; **A ella le duele el estómago**, *Le fa male lo stomaco*. Rientra in questo gruppo anche **costar**, *far fatica*: **Me cuesta aprender el francés** → *Faccio fatica a imparare il francese*.

3 Esprimere l'obbligo

In spagnolo si possono comunicare diversi tipi di obbligo:
- Quando si tratta di un obbligo di tipo morale si ricorre al verbo **deber**: **Deberías ayudarla**, *Dovresti aiutarla*; **Debemos decírselo**, *Dobbiamo dirglielo*.
- Quando si tratta di un obbligo imposto dall'esterno, più vincolante, si usa **tener que** + infinito, *dovere* + infinito: **Para ir a Cuba tienes que sacarte un visado**, *Per andare a Cuba devi ottenere un visto*.
- Infine, quando si tratta di un obbligo impersonale, ma di tipo vincolante, si usa **hay que** + infinito, *bisogna* + infinito: **Hay que pagar los impuestos**, *Bisogna pagare le tasse*.

4 I possessivi *mi, mío, tu, tuyo, su, suyo* ecc.

Come in italiano la forma degli aggettivi possessivi dipende dal possessore, dal genere e dal numero dell'oggetto posseduto:

Oggetto posseduto		Forma atona (davanti al nome)			
		singolare		plurale	
Possessore		m.	f.	m.	f.
sing.	1ª	mi		mis	
	2ª	tu		tus	
	3ª	su		sus	
pl.	1ª	nuestro	nuestra	nuestros	nuestras
	2ª	vuestro	vuestra	vuestros	vuestras
	3ª	su		sus	

Oggetto posseduto		Forma tonica (dopo il nome)			
		singolare		plurale	
Possessore		m.	f.	m.	f.
sing.	1ª	mío	mía	míos	mías
	2ª	tuyo	tuya	tuyos	tuyas
	3ª	suyo	suya	suyos	suyas
pl.	1ª	nuestro	nuestra	nuestros	nuestras
	2ª	vuestro	vuestra	vuestros	vuestras
	3ª	suyo	suya	suyos	suyas

I pronomi possessivi hanno la stessa forma degli aggettivi tonici e sono preceduti dall'articolo determinativo corrispondente: **el mío**, *il mio*; **la tuya**, *la tua*; **las suyas**, *le sue* ecc.

5 Le traduzioni delle forme impersonali

Esistono diversi modi per costruire una frase alla forma impersonale in spagnolo.

• Un primo modo è utilizzando la 3ª persona plurale. Questa costruzione permette di presentare degli avvenimeni attribuendoli a un soggetto indeterminato: **Te han llamado de la oficina**, *Ti hanno chiamato dall'ufficio*; **Dicen que es una excelente película**, *Dicono che questo film è eccellente*. In modo ironico si utilizza a volte questa struttura anche conoscendo perfettamente il soggetto dell'azione: **¿Qué te han hecho en el pelo?**, *Cosa ti hanno fatto ai capelli?* (loro = il parrucchiere).

Lo spagnolo preferisce questa struttura alla forma passiva, più macchinosa: **Me han robado la cartera**, *Mi è stato rubato il portafogli*.

• Un secondo modo è utilizzando **se**. Se il verbo è intransitivo o è usato in modo intransitivo il verbo si coniuga alla 3ª persona singolare: **En este restaurante se come muy bien**, *In questo ristorante si mangia molto bene*.

Quando **se** accompagna un verbo transitivo con un complemento, il verbo spagnolo si accorda con il complemento, come in italiano: **Se vende casa**, *Casa in vendita*; **Se alquilan habitaciones**, *Si affittano camere*.

• Si può utilizzare la 1ª persona plurale, come in italiano; in questo caso la persona che parla si sente coinvolta nell'azione: **¿Qué hacemos?** *Cosa si fa?* (lett. che facciamo).

• Si utilizza **uno/a**, con il verbo alla 3ª persona singolare. Sotto un'apparenza di impersonalità, di un vago *qualcuno*, il reale soggetto è **yo**, *io*: **En esta empresa uno no puede dar su opinión**, *In questa azienda uno non può dire la propria opinione!* (= *io non posso dire la mia opinione!*).

6 Vocabolario

6.1 Il verbo "diventare" e le sue traduzioni

Anche se esiste in spagnolo il verbo **devenir**, *diventare*, questo si utilizza molto poco. Bisognerà allora rendere il senso del verbo italiano con degli equivalenti. Attenzione comunque alle sfumature di ciascuno!

– **volverse**, quando si tratta di un cambiamento definitivo: **Se ha vuelto loco**, *È diventato pazzo*.

– **hacerse**, se si tratta di un cambiamento voluto: **Se ha hecho budista**, *È diventato buddista*.
– **llegar a ser** introduce l'idea di successo e lo si usa quando un cambiamento ha implicato uno sforzo: **Empezó como secretaria y llegó a ser directora**, *Ha cominciato come segretaria ed è diventata direttrice*.
– **ponerse**, dà l'idea di un cambiamento improvviso e passeggero: **Se pone histérica**, *Diventa isterica*.
– **quedarse**, indica un cambiamento involontario, spesso brusco e improvviso, e permanente o di lunga durata: **Se ha quedado ciego**, *È diventato cieco*; **Se quedó embarazada**, *È restata incinta*.
– **convertirse en**, esprime un cambiamento radicale nella natura del soggetto: **El vino se convierte en vinagre**, *Il vino diventa aceto*.
Come avete potuto constatare la traduzione di *diventare* non è sempre immediata.

6.2 Il verbo *llevar*

Llevar esprime un'idea di movimento e di trasporto e si traduce con *portare*, ma nel senso di "portare in un luogo diverso da quello in cui si trova il parlante". Sottintende anche altre sfumature di significato come *trasportare* e *accompagnare*: **Lleva a su hijo en brazos**, *Porta suo figlio in braccio*; **¿Quieres que te lleve a casa?**, *Vuoi che ti porti a casa?*
Si usa anche con il significato di *indossare*: **Llevaba una falda muy bonita**, *Portava una gonna molto bella*.

6.3 Le traduzioni del pronome relativo *cuyo*

In generale **cuyo**, **cuya** ecc. traduce *il/la cui*: **Se trata de un factor cuya importancia es difícil de determinar**, *Si tratta di un fattore la cui importanza è difficile da determinare*. Questo pronome si accorda in genere e numero con il suo antecedente.
Cuyo, **cuya**, può essere preceduto da una preposizione: **Elegimos la habitación desde cuyas ventanas se podía ver el mar**, *Scegliemmo la camera dalle cui finestre si poteva vedere il mare*. **Marta, a cuya hermana conozco muy bien, es mi mejor amiga**, *Marta, la cui sorella conosco molto bene, è la mia migliore amica*.

Diálogo de revisión – Dialogo di ripasso

1 – ¿Qué tal, Pedro? Oye, ¿qué te parece Julián, el nuevo? Es simpático, ¿no crees?
2 – No sé. El otro día le enseñé el funcionamiento del sistema informático. Aprende rápido.
3   Pero tengo la impresión de que le cuesta integrarse en el equipo.
4 – Es normal, acaba de llegar. Además, aquí la gente está agobiada de trabajo y él no tiene todavía casi nada que hacer.
5 – Para ser sincero, estoy harto de él. Lo encuentro orgulloso, y siempre llega tarde… ¡Lo suyo no es madrugar!
6 – ¡No te pongas así!
7 – Además, lo llevé a una cita con un cliente y por poco perdemos el contrato, por culpa de sus intervenciones…
8   Míralo, está allí en la máquina de café con el director. ¿De qué hablarán? Nos ha visto y nos saluda…

Lección octava

La vida bucólica en el campo

1 – ¡Dios mío, Lola! ¡Qué alegría! ¡Dichosos los ojos que te ven! ¡No has cambiado nada, se te ve siempre tan guapa!
2 – ¡Hola, Sara! Gracias por el cumplido. Por ti tampoco pasan los años…

9 – Ahí viene, se acerca a nosotros... ¡Julián! Pedro, te presento a Julián, un muy buen amigo mío...
10 – ¡Creo que acabo de meter la pata!

Traduzione

1 Come va, Pedro? Senti, cosa ne pensi di Julián, il nuovo? È simpatico, non trovi? **2** Non lo so. L'altro giorno gli ho spiegato il funzionamento del sistema informatico. Impara in fretta. **3** Ma ho l'impressione che faccia fatica a integrarsi nella squadra. **4** È normale, è appena arrivato. Inoltre qui la gente è oberata di lavoro e lui non ha ancora quasi niente da fare. **5** Ad essere sincero, mi ha stancato. Lo trovo vanitoso, e arriva sempre in ritardo... Alzarsi presto non è nelle sue corde! **6** Non fare così! **7** E poi l'ho portato a un appuntamento con un cliente e per poco perdiamo il contratto, per colpa dei suoi interventi... **8** Guardalo, sta lì, alla macchina del caffè con il direttore. Di cosa parleranno? Ci ha visto e ci saluta... **9** Arriva, si sta avvicinando... Julián! Pedro, ti presento Julián, un mio buon amico... **10** Penso di aver appena fatto una gaffe!

Ottava lezione

La vita bucolica in campagna

1 – Mio Dio, Lola! Che gioia! Come sono contenta di vederti *(Felici gli occhi che ti vedono)*! **Non sei cambiata per niente, sei** *(ti si vede)* **sempre così bella!**
2 – Ciao, Sara! Grazie per i complimenti. Neanche per te passano gli anni...

3 – Calla, calla... Oye, ¿y cuándo habéis llegado [1] al pueblo?

4 – Hemos llegado esta mañana. Como cada año, voy a quedarme aquí todo el verano con los niños.

5 Paco va a venir el mes de agosto, pero el resto del tiempo va a estar de Rodríguez [2].

6 – Ya sabes que a mí no me gusta inmiscuirme [3] en la vida de los demás, pero sabiendo cómo son los hombres, yo no sé si haces bien en confiar en él...

7 – ¡Tú siempre tan desconfiada! Por cierto, cuando venía, me he cruzado con la del colmado. ¡No sabía que estuviera embarazada de gemelos!

8 – Sí, chica, sí. Y lo [4] más fuerte es que se niega a decir quién es el padre.

9 – ¿En serio? ¡Me dejas de piedra!

Note

1 **Habéis llegado**, *siete arrivati*, è il passato prossimo del verbo **llegar**. Il passato prossimo è molto usato in questo dialogo, ci torneremo dettagliatamente nella lezione di ripasso.

2 In una coppia, quando uno dei due si diverte mentre il suo partner lavora si dice di quest'ultimo che lui o lei **está de Rodríguez**. Questa espressione risale agli anni '60-'70, quando le donne andavano in vacanza con i bambini e i loro mariti restavano in città a lavorare e prende spunto dal protagonista di un film dell'epoca in cui si raccontava un'esperienza simile.

3 Notate che il prefisso **in-** che si lega a una parola che comincia per **m-** non si trasforma in **im-**. Altri esempi: **inmortal**, *immortale*; **inmóvil**, *immobile* ecc.

3 – Basta, basta *(Taci, taci)*... Senti, *(e)* quando siete arrivati in paese?

4 – Siamo arrivati stamattina. Come ogni anno mi fermerò qui tutta l'estate con i bambini.

5 Paco arriverà nel mese di agosto, ma [per] il resto del tempo rimarrà a lavorare in città.

6 – Sai *(già)* che non mi piace immischiarmi nella vita degli altri, ma conoscendo *(sapendo)* come sono gli uomini, non so se fai bene a fidarti di lui...

7 – Sei sempre così diffidente! A proposito, mentre venivo [qui] ho incrociato *(mi sono incrociata con)* la [tipa del] negozio di alimentari. Non sapevo che fosse incinta di gemelli!

8 – Eh sì, mia cara *(ragazza)*, sì. E la cosa più sorprendente *(forte)*, è che rifiuta di dire chi è il padre.

9 – Davvero? Mi lasci senza parole *(di pietra)*!

4 L'articolo neutro **lo** può servire a sostantivare una frase. In questo caso si traduce con *questo*, *quello*, *ciò* o *la cosa che*: **Coge lo que quieras**, *Prendi quello che vuoi*. Troverete altri usi dell'articolo neutro nella lezione di ripasso.

10 – La que tampoco se queda corta es la Martirio [5], la hija del notario, ¿te acuerdas de ella? Pues esa le ha estado poniendo los cuernos a su marido desde el día de la boda.

11 Pero un día volvió él de improviso a casa y la pilló in fraganti [6], cogió una escopeta

12 y, suerte que se encasquilló, que si no [7], ¡tenemos un drama! Ahora quieren divorciarse [8]...

13 – ¡Qué horror! Y eso que ella parece que no ha roto un plato en su vida...

14 – Otra: Joaquín, el hijo de los Gálvez, siempre tan de misa ellos... Pues se acaba de casar... ¡con un hombre!

15 – ¡Válgame Dios! ¡Menudo [9] disgusto se habrán llevado!

: Note

5 **La Martirio**, *la Martirio*: come in italiano, in certi ambienti o regioni, l'uso dell'articolo davanti a nome proprio o cognome non è raro per indicare una persona conosciuta da tutti gli interlocutori. Rivela un registro di lingua colloquiale.

6 Per dire *prendere con le mani nel sacco*, si dice anche **pillar con las manos en la masa**.

7 **Si no** corrisponde all'italiano *altrimenti*: **No llegues tarde, que si no no te dejaré salir más**, *Non arrivare tardi, altrimenti non ti lascerò più uscire*. Da non confondere con **sino**, *ma, bensì*; ci torneremo.

Ottava lezione / 8

10 – Quella che non resta indietro *(neanche resta corta)* è Martirio, la figlia del notaio, te la ricordi *(ti ricordi di lei)*? Beh, ha cominciato a mettere *(è stata mettendo)* le corna a suo marito fin dal giorno delle nozze.
11 Ma un giorno lui è tornato a casa all'improvviso e l'ha colta sul fatto, ha preso un fucile
12 e per fortuna che si è inceppato, altrimenti ci sarebbe stato un dramma! Adesso vogliono divorziare...
13 – Che orrore! E dire *(E quello)* che lei ha una faccia da angioletto *(sembra che non abbia rotto un piatto in vita sua)*...
14 – E senti questa *(Altra)*: Joaquín, il figlio dei Gálvez, *(sempre)* [persone] così di chiesa, loro... Beh, si è appena sposato... con un uomo!
15 – Mio Dio *(Che Dio mi protegga)*! Che gran dispiacere avranno avuto *(avranno portato)*!

8 In generale i verbi pronominali in spagnolo lo sono anche in italiano. Qualche eccezione: **divorciarse**, *divorziare*; **quedarse**, *restare*; **descansar**, *riposarsi*...

9 **Menudo/a** ha il senso di *minuto/a, piccolo/a*. Tuttavia, quando precede il sostantivo nelle frasi esclamative intensifica il senso: ¡Menudo gol!, *Bel gol!*; ¡Menudo susto me has dado! *Che bello spavento mi hai dato!*

16 – Y poca cosa más. Ah, sí, la viuda de Garrido, que rondará los cincuenta pero que todavía está de muy buen ver, la que dicen que envenenó a su marido porque la [10] pegaba,

17 se va a casar en segundas nupcias con un hombre treinta años mayor que ella. Eso sí, ¡inmensamente rico!

18 Yo no soporto los marujeos [11], pero es un secreto a voces que se beneficia [12] al hijo del zapatero, que apenas tiene veinte años…

19 – Bueno, aparte todo esto, ¿cómo va todo?, ¿qué es de tu vida?

20 – Nada, hija, ya sabes que aquí, en este pueblo, nunca pasa nada… □

Note

[10] La persona che parla commette un errore molto comune, conosciuto come **laísmo**, che consiste nell'usare come pronome indiretto la forma **la** (che corrisponde in realtà al pronome diretto) invece di **le**. Per saperne di più, appuntamento alla lezione di ripasso!

[11] **Maruja** deriva da **María** (nome molto frequente in Spagna); **una maruja** designa una casalinga che va matta per i pettegolezzi e li va a spifferare in continuazione… Da cui il verbo **marujear**, *spettegolare*, e il sostantivo **el marujeo** per indicare *il fatto di spettegolare*.

***

Ejercicio 1 – Traduzca

❶ Guarda el dinero, soy yo quien invita, que si no me voy a enfadar… ❷ No niego que me gustan los cumplidos, pero desconfío de los aduladores. ❸ ¡Menuda sorpresa cuando me crucé ayer en la calle con mi exnovio! ❹ Se llevó un disgusto tremendo cuando descubrió aquel terrible secreto de familia. ❺ No soporto a la gente que se inmiscuye en la vida de los demás.

Ottava lezione / 8

16 – E poco altro *(poca cosa più)*. Ah sì, la vedova di Garrido, che sarà intorno ai cinquanta, ma che ha ancora un gran bell'aspetto *(è ancora di molto buon vedere)*, quella che dicono che abbia avvelenato suo marito perché la picchiava,
17 si sposa [di nuovo], in seconde nozze, con un uomo che ha trent'anni più di lei. [Ma] quello sì, immensamente ricco!
18 Io non sopporto i pettegolezzi, ma è un segreto di Pulcinella *(a voci)* che [lei] si fa il figlio del calzolaio, che ha solo vent'anni...
19 – Bene, [e] a parte *(tutto)* questo, come va [il resto] *(tutto)*? **Cosa fai tu** *(Cosa è della tua vita)*?
20 – [Ma] niente, cara *(figlia)*, lo sai *(già)* che qui, in questo paese, non succede mai niente...

---

12 Beneficiarse de algo vuol dire *approfittare di qualcosa, beneficiare*: **Todas las empresas se beneficiarán de las nuevas medidas**, *Tutte le aziende beneficeranno delle nuove misure*. Tenete presente che la struttura **beneficiarse a alguien**, familiarmente significa *avere dei rapporti sessuali con qualcuno*.

***

Soluzioni dell'esercizio 1

❶ Metti via i tuoi soldi, offro io, altrimenti mi arrabbio... ❷ Non nego che mi piacciono i complimenti, ma non mi fido degli adulatori. ❸ Pensa che sorpresa quando ieri per strada ho incrociato il mio ex fidanzato! ❹ Ebbe un dispiacere tremendo quando scoprì quel terribile segreto di famiglia. ❺ Non sopporto la gente che si immischia nella vita degli altri.

8 / Lección octava

Ejercicio 2 – Complete

❶ Alcuni amici sono arrivati a casa stamattina all'improvviso, e resteranno una settimana.
Unos .... esta .... a ...., y se ... a ...... una ....

❷ Senza farlo apposta ho rotto il bel piatto di porcellana che mi avevi regalato per il mio compleanno.
...... sin querer aquel precioso ..... de .... que me .... para mi ....

❸ Lei era talmente diffidente e gelosa che ha divorziato, convinta che suo marito le metteva le corna.
Era tan .... y ......, que ...., convencida de ... su ...... le ponía los ....

❹ Si rifiutava di accettare il fatto che era la sua gentile vicina che avvelenava i cani e i gatti del quartiere.
Se .... que ... su amable ...... quien .... los ...... y ..... del ....

*I nomi spagnoli sono modificabili, sia grazie ai diminutivi (**Juan → Juanito**), sia con l'espediente dei soprannomi (**Dolores → Lola; María Isabel → Maribel; Francisco → Paco; Concepción → Concha**). Non è sempre facile riconoscere il nome da cui provengono! Il caso di **Pepe**, soprannome usato per le persone che si chiamano **José**, è esemplare! Per comprenderlo bisogna risalire a Gesù e Giuseppe, suo padre putativo, **padre putativo** in spagnolo. Riprendete le iniziali di questa espressione e avrete "PP", che in spagnolo si pronuncia "pepe". La spiegazione vi sembra chiara?! Inoltre nei Paesi*

Ottava lezione / 8

5 Il professore ha mandato i gemelli nell'ufficio del preside perché picchiavano gli altri allievi.
El .... a los .... al .... del .... porque .... a los demás ....

Soluzioni dell'esercizio 2

1 – amigos han llegado – mañana de improviso – casa – van – quedar – semana **2** He roto – plato – porcelana – regalaste – cumpleaños **3** – desconfiada – celosa – se divorció – que – marido – cuernos **4** – negaba a aceptar – era – vecina – envenenaba – perros – gatos – barrio **5** – profesor ha enviado – gemelos – despacho – director – pegaban – alumnos

*ispanofoni la gente ha due cognomi, quello del padre e quello della madre. Tradizionalmente il primo è quello del padre (**apellido paterno**) e il secondo quello della madre (**apellido materno**), ma le leggi sull'uguaglianza dei sessi hanno autorizzato ad avere un ordine diverso, a condizione che tutti i figli portino i due nomi nello stesso ordine. Notate infine che la terminazione **-ez**, che si ritrova spesso nei cognomi spagnoli, indica il patronimico e significa originariamente figlio di: **Rodríguez** (figlio di Rodrigo).*

9

Lección novena

Un genio de la pintura

1. Francisco de Goya y Lucientes nació en 1746 en Fuendetodos, un pueblecito cerca de Zaragoza.
2. Tras haber dado sus primeros pasos [1] como pintor en Zaragoza y haber viajado a Italia, en 1771 se trasladó a Madrid,
3. y en 1775 contrajo matrimonio [2] con la hermana de Francisco Bayeu, pintor de la Corte.
4. Durante esta época trabajó en la elaboración de cartones para tapices y pintó casi exclusivamente escenas costumbristas.
5. En 1789 fue nombrado pintor de cámara del rey Carlos IV [3], y la proximidad con la familia real lo convirtió en el retratista de moda de la aristocracia.
6. Hacia 1790 padeció una grave enfermedad que lo dejó sordo, lo que [4] tuvo un enorme influjo en la obra posterior del artista;
7. así es, la sordera lo condujo a aislarse, lo que dio paso a una percepción negativa de su entorno social.

Note

1. **Dar los primeros pasos**, *fare i primi passi*. La parola **paso** è all'origine di altre espressioni: **dar paso a algo** (frase 7), *fare posto a qualcosa*. E anche, **con el paso de los años** (frase 14), *col passare degli anni*.
2. Si parla di **contraer una enfermedad**, *contrarre una malattia*, e di **contraer deudas**, *contrarre debiti, indebitarsi*. Ma anche di **contraer matrimonio con alguien**, *sposarsi con qualcuno*.

Nona lezione

Un genio della pittura

1 Francisco de Goya y Lucientes nacque nel 1746 a Fuendetodos, un piccolo villaggio vicino a Saragozza.
2 Dopo aver fatto i suoi primi passi come pittore a Saragozza e aver viaggiato in Italia, nel 1771 si trasferì a Madrid,
3 e, nel 1775, si sposò *(contrasse matrimonio)* con la sorella di Francisco Bayeu, pittore di Corte.
4 Durante questo periodo lavorò all'elaborazione di cartoni per arazzi e dipinse quasi esclusivamente scene di vita popolare.
5 Nel 1789 fu nominato pittore di camera del re Carlo IV, e la vicinanza con la famiglia reale lo fece diventare il ritrattista di moda dell'aristocrazia.
6 Verso il 1790 contrasse una grave malattia che lo rese *(lasciò)* sordo, cosa che influì enormemente *(ebbe un enorme influsso)* sulle opere posteriori dell'artista.
7 In effetti la sordità lo spinse a isolarsi, fatto che diede il via a una percezione negativa del suo ambiente sociale.

---

3 Per designare i re, gli imperatori e i papi si usano i numeri ordinali fino a dieci: **Carlos IV (cuarto)**, Juan Pablo II **(segundo)**. A partire dall'undici invece si usano i cardinali: **Alfonso XIII (trece)**, Juan **XXIII (veintitrés)**.

4 Alcune frasi sono precedute dall'articolo neutro **lo** (frasi 7 e 12), *ciò, quello*. Questo serve a sostantivare la frase: **No entiendo lo que me dices** (= **eso**), *Non capisco quello che mi dici* (consultate la lezione di ripasso).

8 En aquella época pintó las primeras obras conocidas como *Los caprichos* [5], que constituyen una crítica feroz de la sociedad civil y religiosa;

9 personajes extraños y macabros, seres de pesadilla, feos, deformes, repulsivos e inhumanos pululan en estos grabados.

10 Al mismo tiempo [6] continuó cumpliendo sus encargos de retratista y en 1800 ejecutó *La familia de Carlos IV*, una de sus muchas obras maestras.

11 La invasión de España por las tropas napoleónicas en 1808 supuso para Goya una experiencia sumamente [7] traumatizante

12 lo que intensificó su veta pesimista y crítica, y que plasmó en la serie "Los desastres de la guerra" algunos años más tarde.

13 Por haber trabajado [8] para José Bonaparte, el artista cayó en desgracia tras la restauración de Fernando VII, y en 1815 prefirió retirarse de la vida pública.

14 De esta época datan las "pinturas negras" que tanto han contribuido con el paso de los años al reconocimiento de su genio [9],

Note

[5] **Un capricho** è *un capriccio*. Tuttavia i "Capricci" di cui si parla qui sono una serie di 80 incisioni satiriche, che includono commenti sottili o espliciti, nei quali Goya condanna i vizi sociali della sua epoca.

[6] Un'espressione simile è l'avverbio **simultáneamente**. L'avverbio italiano "contemporaneamente" non esiste in spagnolo.

[7] L'avverbio **sumamente**, di uso soprattutto letterario, deriva dall'aggettivo **sumo/a**, *supremo*, *sommo* (**El sumo representante de la**

Nona lezione / 9

8 In quell'epoca dipinse le sue prime opere conosciute come "I capricci", che costituiscono una critica feroce della società civile e religiosa;

9 queste incisioni pullulano di personaggi strani e macabri, esseri da incubo, brutti, deformi, ripugnanti e inumani.

10 Contemporaneamente *(Allo stesso tempo)*, continuò a svolgere i suoi incarichi di ritrattista e nel 1800 eseguì "La famiglia di Carlo IV", uno dei suoi numerosi capolavori.

11 L'invasione della Spagna da parte delle truppe napoleoniche nel 1808 fu *(implicò)* per Goya un'esperienza estremamente traumatizzante,

12 cosa che intensificò la sua vena pessimistica e critica, e che egli raffigurò nella serie "I disastri della guerra", alcuni anni più tardi.

13 Per aver lavorato con Giuseppe Bonaparte, l'artista cadde in disgrazia dopo la restaurazione di Ferdinando VII e nel 1815 preferì ritirarsi dalla vita pubblica.

14 A *(Di)* questo periodo risalgono le "pitture nere" che tanto hanno contribuito, col passare degli anni, al riconoscimento del suo genio,

---

Iglesia católica, *Il sommo rappresentante della chiesa cattolica)*, ma anche *estremo* (**Coge el jarrón con sumo cuidado**, *Prendi il vaso con estrema attenzione*).

8 Notate qui l'uso dell'infinito composto o passato, **haber** + participio passato (vedere anche frase 2). Per saperne di più sull'uso di questa forma dell'infinito andate alla lezione di ripasso.

9 Genio designa *un genio*, qualcuno che ha del talento, ma anche il *genio*, il *talento* stesso. Notate che parliamo anche di **genio** per il *carattere*, soprattutto per il brutto carattere…: **tener mal genio** vuol dire *avere un pessimo carattere*; **estar de mal genio**, *essere di cattivo umore*.

sesenta y dos • 62

15 tanto por su originalidad temática como por su técnica pictórica de pincelada amplia y suelta.

16 Goya decidió abandonar España como consecuencia de la represión absolutista y se instaló en Burdeos [10], donde residió hasta su muerte en 1828.

17 Fue el artista europeo más importante de su época, y un visionario precursor de corrientes pictóricas muy posteriores a su tiempo:

18 el Romanticismo supo captar su gran sentido del color y su inconformismo;

19 el Realismo mostró un idéntico interés que él en describir lo feo y lo sórdido [11];

20 el Impresionismo apreció su habilidad para traducir los matices cambiantes de las cosas;

21 y el Expresionismo y el Surrealismo quedan esbozados ya en sus "pinturas negras".

Note

10 Burdeos è un esonimo (nome utilizzato in una lingua per designare una città o un luogo di un Paese straniero) che indica *Bordeaux*... La differenza con i nomi locali può essere minima, **Milán** per *Milano*, o più importante: **Florencia** per *Firenze* ecc.

15 sia per la loro originalità tematica, sia per la loro tecnica pittorica fatta di pennellate ampie e sciolte.
16 A causa *(come conseguenza)* della repressione assolutista, Goya decise di abbandonare la Spagna e si stabilì a Bordeaux, dove risiedette fino alla sua morte, nel 1828.
17 Fu l'artista europeo più importante della sua epoca, un visionario precursore di correnti pittoriche che appariranno molto tempo dopo *(molto posteriori al suo tempo)*:
18 il Romanticismo seppe cogliere il suo gran senso del colore e il suo anticonformismo;
19 il Realismo mostrò un identico interesse nel descrivere il brutto e il sordido;
20 l'Impressionismo apprezzò la sua abilità nel tradurre le sfumature cangianti delle cose;
21 e l'Espressionismo e il Surrealismo sono già abbozzati nelle sue "pitture nere".

---

11 Gli aggettivi preceduti dall'articolo neutro **lo** equivalgono a dei nomi astratti; l'italiano li esprime spesso con *ciò che*: **Solo lo difícil resulta estimulante**, *Solo ciò che è difficile risulta stimolante* (vedere la lezione di ripasso).

***

*Il **Goya** è un premio, assegnato ogni anno dall'Accademia spagnola delle arti e delle scienze cinematografiche, destinato a ricompensare le migliori produzioni del cinema spagnolo. Questo premio è l'equivalente del David di Donatello italiano. Il trofeo è un busto in bronzo che rappresenta il celebre pittore e incisore aragonese.*

9 / Lección novena

▶ Ejercicio 1 – Traduzca

❶ La antigua estrella del fútbol, Cholo, ha dado sus primeros pasos como entrenador del equipo nacional. ❷ Tras haber contraído matrimonio, se trasladaron a un pueblo en el que residieron hasta su muerte. ❸ ¿Has cumplido el encargo que te di? Es sumamente importante. ❹ Aquel proyecto dio paso a una estrecha amistad y a una colaboración artística muy fructífera. ❺ Para convertirse en un clásico, una obra tiene que tratar de lo local y lo universal, de lo individual y lo colectivo.

Ejercicio 2 – Complete

❶ Se ho tanto sonno è perché dormo molto male e perché tutte le notti ho degli incubi.
Si ..... tanto ..... es .... muy ... y todas las ...... tengo ....

❷ La sordità non ha impedito a Beethoven di essere *(che fosse)* un genio della musica e di comporre *(che componesse)* dei capolavori.
La .... no .... que Beethoven fuera un ..... de la ...... y que compusiera ....

❸ Nel 1808 le truppe napoleoniche invasero la penisola iberica, il re Carlos IV abdicò e l'Imperatore mise sul trono spagnolo suo fratello Giuseppe.
En 1808 las .... la ...., el ... Carlos IV ..... y el .... en el ..... español a su .... José.

Soluzioni dell'esercizio 1

❶ La vecchia stella del calcio, Cholo, ha fatto i suoi primi passi come allenatore della nazionale. ❷ Dopo essersi sposati si trasferirono in un paese nel quale risiedettero fino alla loro morte. ❸ Hai eseguito l'incarico che ti avevo dato? È estremamente importante. ❹ Quel progetto diede il via a una forte amicizia e a una collaborazione artistica molto fruttuosa. ❺ Per diventare un classico, un'opera deve trattare del locale e dell'universale, dell'individuale e del collettivo.

❹ Se preferisco isolarmi non è per capriccio, è perché faccio fatica a concentrarmi con il rumore.

Si .... no es por ...., es porque me cuesta .... con el ....

❺ Tutta la famiglia reale assistette alla cerimonia di benvenuto celebrata in onore del presidente messicano.

.... la .... a la .... de ....
.... en ..... del presidente ....

Soluzioni dell'esercizio 2

❶ – tengo – sueño – porque duermo – mal – noches – pesadillas ❷ – sordera – impidió – genio – música – obras maestras ❸ – tropas napoleónicas invadieron – Península Ibérica – rey – abdicó – Emperador puso – trono – hermano – ❹ – prefiero aislarme – capricho – concentrarme – ruido ❺ Toda – familia real asistió – ceremonia – bienvenida celebrada – honor – mexicano

10

Lección décima

En tiempos de Maricastaña [1]

1 – ¡Hola, cielo [2]! ¿Qué tal [3] la escuela hoy? ¿Qué os ha enseñado la maestra? ¡Ven, que te he preparado la merienda!

2 – ¡Gracias, abue! ¿Qué estabas haciendo cuando llegué? ¿Qué son todas esas fotos esparcidas ahí sobre la mesa?

3 – Estaba mirando viejas fotos que encontré en el desván y recordando [4] mis años mozos... ¡Cómo echo de menos aquella época!

4 – Déjame ver... ¿Por qué [5] en esta foto mamá y yo vamos vestidas tan raras? No me acuerdo de ese vestido...

Note

[1] Non è certo che il personaggio di **Maricastaña** sia esistito... E d'altra parte non sappiamo bene perché questa eroina galiziana del XIV secolo sia associata a un'epoca lontana. Lo spagnolo possiede molte espressioni per dire la stessa cosa: **del año de la pera/nana** o anche **del año catapún**!

[2] **Cielo** (lett. cielo) fa pienamente parte di tutte quelle parole che si usano per rivolgersi a qualcuno in modo affettuoso, sia bambino che adulto. Tra i più comuni troviamo: **mi vida** (lett. mia vita); **corazón** (lett. cuore); **nene/nena** (lett. piccolo/a); **amor** (lett. amore); **cariño** (lett. affetto). Da rendere di volta in volta con la traduzione più appropriata: *caro/a, angelo mio* ecc.

[3] L'espressione **¿qué tal?**, *come va?*, sottintende il verbo **estar**: **¿Qué tal (estás)?**, *Come stai?* ma **¿qué tal...?** serve anche per chiedere un parere a qualcuno (**¿Qué tal la película?**, *Com'era il film?*) e a fare delle proposte (**¿Qué tal si quedamos el sábado?**, *Cosa ne dici se ci troviamo sabato?*).

Decima lezione

Ai tempi che Berta filava

1 – Ciao, tesoro *(cielo)*! Com'è andata a scuola oggi? Cosa vi ha insegnato la maestra? Vieni che ti ho preparato la merenda!
2 – Grazie, nonnina! Cosa stavi facendo quando sono arrivata? Cosa sono tutte quelle foto sparpagliate lì sul tavolo?
3 – Stavo guardando [delle] vecchie foto che ho trovato in soffitta e [stavo] ricordando gli anni della mia giovinezza. Che nostalgia ho di quel periodo!
4 – Fammi *(Lasciami)* vedere… Perché in questa foto io e la mamma siamo vestite in modo così strano? Non mi ricordo di quel vestito…

---

4 I verbi **recordar** e **acordarse** (frase 4), *ricordarsi*, hanno una leggera differenza di significato: **recordar** implica un atto volontario e si riferisce di solito a un ricordo piacevole: **Prefiero recordar los buenos momentos**, *Preferisco ricordare i bei momenti*. **Acordarse de** indica un atto della memoria più involontario: **No me acuerdo de su nombre**, *Non mi ricordo il suo nome*. Anche la costruzione è diversa: **acordarse** è riflessivo ed è seguito da **de**.

5 Ricordatevi la differenza tra **por qué**, *perché*, in due parole e con l'accento, utilizzato nelle frasi interrogative e **porque** (frase 13), *perché*, in una sola parola e senza accento, per le risposte. Senza dimenticare il sostantivo **el porqué**, *il perché, il motivo, la ragione*, in una sola parola e con l'accento: **Ignoro el porqué de su indignación**, *Ignoro il motivo della sua indignazione*. Da non confondere con la preposizione **por** seguita dal pronome relativo **que**: **Conozco la verdadera razón por que lo has hecho**, *Conosco la vera ragione per la quale l'hai fatto*.

10 / Lección décima

5 – Es que no sois tu mamá y tú quienes salís en la foto, sino [6] que somos tu mamá y yo [7]...

6 – ¿La niña es mamá y la señora eres tú? ¡No me lo [8] puedo creer! ¿Tú también has sido joven, abue?

7 – ¡Pues claro, cariño! Del mismo modo que un día tú serás viejita [9] como yo [10]...

8 – ¿Yo? ¡Qué va! Pero cuéntame, ¿qué hacías de niña?

9 – Mi infancia transcurrió feliz en una granja con muchos animales; viví allí hasta que me casé.

10 Recuerdo que por las tardes, después del colegio [11], como yo era la mayor de siete hermanos, tenía que cuidar de ellos.

11 La familia estaba muy unida y guardo [12] muy gratos recuerdos de aquella época.

12 – Mamá me ha dicho que ella no tenía videojuegos cuando era niña. ¿Tú tampoco?

Note

6 **Sino**, dopo un verbo negativo che introduce una opposizione totale, corrisponde a *bensì, ma, piuttosto*: **La reunión no es el martes sino el miércoles,** *La riunione non è martedì, bensì mercoledì.* Attenzione a non confondere questo **sino** con il **si no** della lezione 8!

7 Quando si nominano varie persone e il parlante è incluso nell'elenco, è norma dettata dalla cortesia quella di lasciare per ultimo il pronome **yo**, anche se non sarebbe grammaticalmente scorretto inserirlo al primo posto. Per correggere chi si dimentica di questa regola della buona educazione si usa il detto **el burro por delante**.

8 Sapete che il pronome avverbio *ne* non esiste in spagnolo. Lo stesso vale anche per *ci*, in questo caso rimpiazzato dal verbo pronominale **creerse**. Molto spesso niente sostituisce i pronomi avverbio nella frase spagnola, come è il caso dell'esempio seguente, dato che il contesto rende inutile la sua traduzione. **Han abierto un nuevo centro**

Decima lezione / 10

5 – Perché *(È che)* **non siete tu e tua mamma** *(chi uscite)* **nella foto, ma siamo io e tua mamma...**

6 – **La bambina è mamma e la signora sei tu? Non ci** *(me lo)* **posso credere! Anche tu sei stata giovane, nonnina?**

7 – **Naturalmente, angelo mio! Allo stesso modo in cui** *(che)* **tu un giorno sarai vecchia come me...**

8 – **Io? Macché! Ma raccontami, cosa facevi da bambina?**

9 – **La mia infanzia trascorse felice in una fattoria con molti animali; vissi lì finché non mi sposai.**

10 **Ricordo che di pomeriggio, dopo la scuola, siccome ero la maggiore di sette fratelli, dovevo occuparmi di loro.**

11 **La famiglia era molto unita e conservo ricordi molto piacevoli di quel periodo.**

12 – **La mamma mi ha detto che lei non aveva videogiochi quando era bambina. Neanche tu?**

---

comercial. Voy a menudo, *Hanno aperto un nuovo centro commerciale. Ci vado spesso.* Questo punto sarà esaminato più in dettaglio nella prossima lezione di ripasso.

9 **Viejita** (lett. vecchietta): si tratta di un diminutivo. Si aggiunge **-ito, -illo, -ico** o **-uelo** (per esprimere l'affetto, il disprezzo, la giovinezza, o per sottolineare le ridotte dimensioni) alle parole plurisillabe: **casa,** *casa* → **casita**. Nel caso di parole monosillabiche si aggiunge il suffisso **-ecito**: **luz,** *luce* → **lucecita** (attenzione agli adattamenti!). La scelta di un suffisso rispetto a un altro deriva spesso dalla regione di provenienza del parlante.

10 **Como yo...** *come me:* in italiano si usa la forma tonica del pronome personale mentre in spagnolo si utilizza il pronome personale soggetto.

11 Le parole **el colegio** e **la escuela** (frase 1) si riferiscono in generale a qualsiasi istituto scolastico elementare e si usano indifferentemente in Spagna.

12 Attenzione ai falsi amici: il verbo **guardar** in spagnolo non traduce *guardare,* bensì *conservare*.

setenta • 70

10 / Lección décima

13 – Antaño la vida era muy diferente y dura, porque en el pueblo no había [13] electricidad, ni agua corriente, ni chismes como el teléfono...

14 ¡A los treinta años fui por vez primera a la playa, figúrate! No te puedes imaginar el choque que aquello supuso. ¡Nunca antes había visto [14] el mar!

15 Pero a menudo, con la perspectiva, si bien es verdad que teníamos menos cosas que vosotros, me pregunto si no éramos más felices...

16 – ¿Y al abuelito cómo lo [15] conociste? ¿Por Internet?

17 – ¡Qué cosas se te ocurren [16]! A tu abuelo lo conocí en una verbena [17]. En aquel entonces era un joven y apuesto soldado.

18 Me estuvo cortejando durante meses y meses y, finalmente, se decidió a pedirme la mano. Estuvimos prometidos durante dos años.

19 Y cuando hubo terminado [18] el servicio militar, nos casamos y fuimos de luna de miel a Mallorca en barco...

20 – ¡Guau, en barco! Y ahora, abue, cuéntame: ¡¿cómo eran los dinosaurios?!

☐

Note

[13] **Había**, *c'erano*: l'imperfetto di **hay** traduce *c'era* e *c'erano*.

[14] **Había visto**, *avevo visto*: ecco un trapassato prossimo che funziona come in italiano... Appuntamento alla lezione di ripasso.

[15] Notate che il pronome diretto di persona maschile è reso qui con **lo**, tuttavia si può anche renderlo con **le**. Questo fenomeno si chiama **leísmo** (vedere la lezione di ripasso).

[16] **Ocurrírsele algo a alguien** indica che *qualcosa è venuto in mente a qualcuno*: **Se me ha ocurrido algo**, *Ho avuto un'idea*; **No se me**

Decima lezione / 10

13 – Un tempo la vita era molto diversa e [più] dura [rispetto a oggi], perché in paese non c'erano [né] l'elettricità, né l'acqua corrente, né aggeggi come il telefono…

14 A trent'anni sono andata per la prima volta al mare *(alla spiaggia)*, figurati! Non ti puoi immaginare che impressione mi ha fatto *(che quello implicò)*. **Non avevo mai visto il mare prima!**

15 Ma spesso, col senno di poi *(con la prospettiva)*, anche se è vero che avevamo meno cose di voi, mi chiedo se non fossimo più felici…

16 – E il nonnino come l'hai conosciuto? Su *(Per)* Internet?

17 – Cosa ti salta in mente! Tuo nonno l'ho conosciuto a una sagra. All'epoca era un soldato giovane e bello.

18 Mi corteggiò per mesi e mesi e, alla fine, si decise a chiedermi la mano. Restammo fidanzati per due anni.

19 E quando ebbe finito il servizio militare ci sposammo e andammo in luna di miele a Maiorca, in nave.

20 – Uau, in nave! E adesso, nonnina, dimmi: com'erano i dinosauri!?

---

ocurre ninguna solución, *Non mi viene in mente nessuna soluzione*; Dije lo primero que se me ocurrió, *Ho detto la prima cosa che mi è passata per la testa*.

17 **Una verbena** è una festa popolare all'aperto, quasi sempre legata ai festeggiamenti per un santo patrono. Solitamente cominciano di pomeriggio, ma si svolgono soprattutto la sera.

18 Come in italiano, il trapassato remoto indica l'anteriorità nel passato di un evento rispetto a un altro (al **pretérito indefinido** in spagnolo): **Tan pronto como hubimos comido, nos levantamos de la mesa**, *Non appena avemmo pranzato, ci alzammo da tavola* (vedere la lezione di ripasso).

10 / Lección décima

Ejercicio 1 – Traduzca

❶ ¡Esperadme, yo también quiero salir en la foto! Es para tener un recuerdo... ❷ Guardo todos los chismes viejos e inservibles en el desván. ❸ ¡Este nuevo aparato es fantástico! No entiendo por qué a nadie se le había ocurrido la idea antes. ❹ Recuerdo que en aquel entonces, en el colegio, cuando el profesor entraba, teníamos que ponernos de pie porque, si no, nos castigaban. ❺ Con la perspectiva, me doy cuenta de que a menudo mis padres tenían razón.

Ejercicio 2 – Complete

❶ Mi ricordo perfettamente la storia del film, ma non mi ricordo il nome degli attori.

.... la .... de la .... no ..
.... del ...... de los ....

❷ Quando ebbi compreso ciò che era successo, era già troppo tardi per reagire.

.... lo que ...., ya era ....
para ....

❸ Ti puoi occupare dei bambini oggi pomeriggio? Gli dai la merenda e puoi lasciarli giocare con i videogiochi...

¿Puedes .... los ..... esta .....? Les das la ....
y los puedes .... con los ....

❹ Da giovane non ero estroverso come ora, bensì timido. Detto questo, conservo ricordi piacevoli di quei tempi.

...... yo no ... extravertido como ....., ... más
bien .... Pero ...... muy .... de aquella
..... .

❺ I dinosauri popolarono la Terra milioni di anni fa e si ignora la causa della loro scomparsa.

Los .... la ...... hace .... de .... y
.... el porqué de su ....

Decima lezione / 10

Soluzioni dell'esercizio 1

❶ Aspettatemi, anch'io voglio esserci nella foto! È per avere un ricordo... ❷ Conservo tutti gli aggeggi vecchi e inutilizzabili in soffitta. ❸ Questo nuovo apparecchio è fantastico! Non capisco come mai a nessuno sia venuta in mente [questa] idea prima. ❹ Ricordo che a quel tempo, a scuola, quando il professore entrava, dovevamo alzarci in piedi, perché altrimenti ci punivano. ❺ Col senno di poi mi rendo conto che spesso i miei genitori avevano ragione.

Soluzioni dell'esercizio 2

❶ Recuerdo perfectamente – historia – película pero – me acuerdo – nombre – actores ❷ Cuando hube comprendido – había pasado – demasiado tarde – reaccionar ❸ – cuidar de – niños – tarde – merienda – dejar jugar – videojuegos ❹ De joven – era – ahora, sino – tímido – guardo – gratos recuerdos – época ❺ – dinosaurios poblaron – Tierra – millones – años – se ignora – desaparición

La famiglia tradizionale continua a essere alla base della società spagnola, ma negli ultimi 25 anni l'evoluzione della mentalità ha consentito la nascita di nuovi modelli familiari: famiglie allargate, genitori soli, matrimoni gay ecc. Allo stesso modo sono cambiate la struttura e le dimensioni delle abitazioni: le persone vivono più a lungo, hanno meno figli e meno persone vivono sotto lo stesso tetto (anche se i figli lasciano sempre più tardi la casa dei genitori). Ovviamente l'emancipazione femminile, la contraccezione e la legalizzazione del divorzio (datata 1982) hanno contribuito molto al cambiamento.

Lección once

¡Bienvenidos al mundo real!

1 – Perdón por el retraso. ¿Hace mucho que esperas? Me he liado [1] a bajar música de Internet y no he visto pasar el tiempo...
2 – No pasa nada. Pero como estos sitios de encuentros están llenos de mitómanos, ya creía que me habías dado plantón.
3 – Lo siento de verdad. Pero aquí me tienes. Oye, así, en carne y hueso, ¡eres todavía más guapa que en las fotos que me habías enviado!
4 – Gracias. Tú, en cambio [2], pareces haber engordado un poco y haber perdido bastante pelo desde que te sacaste las fotos...
5 En fin... En general, antes de dar cita a alguien, suelo [3] hablar horas y horas en el chat para conocernos mejor.
6 Es preferible, pero ¡tú parecías tener tanta prisa por que nos viéramos!

Note

1 **Liarse a hacer algo** indica che qualcuno si è lanciato in un'attività nella quale è poi rimasto invischiato: **Se lio a poner en orden los libros y se pasó toda la tarde en eso**, *Si è messo a riordinare i libri e ha passato tutto il pomeriggio a farlo*.

2 **En cambio** esprime un'opposizione, un contrasto completo e significa *invece, al contrario*: **Debería estar agotado y en cambio estoy en plena forma**, *Dovrei essere sfinito, invece mi sento in piena forma*.

Undicesima lezione

Benvenuti nel mondo reale!

1 – Scusa per il ritardo. Aspetti da tanto *(Fa tanto che aspetti)*? Mi sono perso a scaricare musica da Internet e non mi sono accorto *(ho visto)* che passava il tempo...

2 – Non fa niente. Ma siccome questi siti di incontri sono pieni di mitomani, *(già)* credevo che mi avessi dato buca.

3 – Mi spiace davvero. Ma eccomi qui *(Qui mi hai)*! Sai *(Senti)*, così in carne e ossa sei ancora più bella che nelle foto che mi avevi mandato!

4 – Grazie. Tu invece sembri essere un po' ingrassato e aver perso qualche capello da quando hai fatto le foto...

5 Insomma... In generale prima di dare un appuntamento a qualcuno ho l'abitudine di parlare ore e ore in chat per conoscerlo meglio.

6 È preferibile, ma tu sembravi avere così fretta di vedermi *(perché ci vedessimo)*!

3 **Soler hacer algo**, *Soler/Essere soliti fare qualcosa* o *Avere l'abitudine di fare qualcosa*. In italiano si può rendere anche coniugando il verbo e aggiungendo alla frase *di solito* o *generalmente*: **En otoño aquí suele llover mucho**, *Di solito qui piove molto in autunno*.

11 / Lección once

7 – Las relaciones virtuales me agobian [4]. ¡No hay nada como el verse cara a cara!
8 – Tienes toda la razón. Creo que estamos en la misma onda. Vamos, háblame de ti. ¿Qué te gusta?
9 – Me chifla [5] viajar, la aventura, y me pirro por los deportes extremos. Me mola también salir con los colegas [6]…
10 – ¡Ah! Yo soy muy hogareña, me gusta quedarme en casa leyendo una buena novela de amor o viendo una película de esas con sentimientos…
11 – Pero, ¿cuál es tu color preferido? ¿Quiénes son tu actor y tu actriz favoritos? ¿Qué tipo de música te gusta?
12 ¿Qué haces en tu tiempo libre? ¿Qué pasatiempos tienes? ¿Qué te apasiona? ¿Qué aborreces?
13 Temo que [7] te esté atosigando con todas estas preguntas a quemarropa, pero quiero saberlo todo de ti… ¡todo!
14 – No, no, pregunta. ¿Qué decir? Me intereso por [8] todo. Tengo una naturaleza curiosa y con gustos muy eclécticos…

Note

[4] **Agobiar**, *sfinire, stancare,* sottintende l'idea di una certa angoscia. **Agobiarse** vuol dire *angosciarsi, stressarsi*: **Me agobia que me digan todo el rato lo que tengo que hacer**, *Mi stressa che mi dicano sempre quello che devo fare*; **¡No te agobies!**, *Non ti angosciare!*

[5] **Chiflar**, così come **molar**, hanno la stessa costruzione di **gustar** (lezione 7), ma sono più colloquiali. Li si traduce con *andare matto*, o *impazzire per*: **Me mola cantidad esa tía**, *Mi piace un sacco quella tipa.* Sono sinonimi di **pirrarse por**: **Me pirro por el jamón**, *Vado matto per il prosciutto*.

Undicesima lezione / 11

7 – Le relazioni virtuali mi stressano! Non c'è niente [di meglio] che vedersi faccia a faccia!

8 – Hai perfettamente ragione *(Hai tutta la ragione)*. Credo che siamo sulla stessa [lunghezza] d'onda. Dai, parlami di te. Cosa ti piace?

9 – Adoro viaggiare, l'avventura, e vado matto per gli sport estremi. Mi piace un sacco anche uscire con gli amici…

10 – Ah! Io sono molto casalinga, mi piace restare a casa a **leggere** *(leggendo)* un bel romanzo d'amore o a vedere un film sentimentale *(di quelli con sentimento)*…

11 – Ma qual è il tuo colore preferito? Chi sono il tuo attore e la tua attrice favoriti? Che tipo di musica ti piace?

12   Cosa fai nel tuo tempo libero? Che passatempi hai? Cosa ti appassiona? Cosa detesti?

13   **Temo di assillarti** *(che ti sto assillando)* **con** tutte queste domande a bruciapelo, ma voglio sapere tutto di te… tutto!

14 – [Ma] no, *(no)* chiedi. Cosa dire? M'interesso di tutto. Sono curiosa per natura e ho gusti molto eclettici…

---

6 La parola **el/la colega** indica, nel mondo del lavoro, qualcuno che fa lo stesso mestiere o professione. Non si tratta necessariamente delle persone con le quali si lavora quotidianamente, che si chiamano **los compañeros de trabajo**, ma piuttosto di vostri *pari*: **El abogado consultó a un colega suyo**, *L'avvocato consultò un suo collega*. In un registro colloquiale, **colega** significa *amico, compagno*: **¡Qué majos son tus colegas!**, *Come sono simpatici i tuoi amici!*

7 Come in italiano, il verbo **temer** esprime un timore e regge il congiuntivo: **Temo que la comida esté un poco salada**, *Temo che il cibo sia un po' troppo salato*.

8 La preposizione che accompagna il verbo **interesarse**, *interessarsi*, è **por** e non **de**: **Siempre se ha interesado por la política**, *Si è sempre interessato di politica*.

setenta y ocho • 78

11 / Lección once

15 – Oye, dime, y ¿tú crees en [9] el flechazo [10]?, ¿y en el amor eterno del que dura toda la vida?

16 – ¡Reconozco ser una romántica incorregible! Es probablemente mi principal defecto... ¡Todavía estoy esperando a mi príncipe azul!

17 Y a pesar de que ya me he llevado varios chascos, como soy una optimista empedernida, ¡no escarmiento!

18 – Sí, claro... ¿Sabes que me fascinan tus labios? Me muero por [11] besarte... ¿No quieres que vayamos a un lugar más tranquilo?

19 – ¡Alto ahí! Bien, ¿qué estaba diciendo? Ah, sí, ¿te gustan los niños? Estoy convencida de que serías un padre maravilloso...

20 – Sí... ¡Dios mío! ¡Qué tarde es, no había visto la hora! Había olvidado [12] que tengo algo muy urgente que hacer...

21 Bueno, ha sido un placer. Me tengo que ir pitando. Nos llamamos un día de estos, ¿vale? ¡Chao!

Note

9 La preposizione che accompagna il verbo **creer**, *credere*, è sempre **en**: **Aún cree en Papá Noel**, *Crede ancora a Babbo Natale*.

10 **El flechazo** (lett. la frecciata, intendendo quella di Cupido!), ha il senso figurato del *colpo di fulmine*. Si parla anche di **amor a primera vista**, *amore a prima vista*.

11 **Morirse por hacer algo** è un modo di dire, un po' colloquiale, che indica la voglia smisurata di fare qualcosa e corrisponde a *morire dalla voglia di*: **Se muere por conseguir este puesto**, *Muore dalla voglia di avere questo posto*.

Undicesima lezione / 11

15 – Ascolta, dimmi, e tu credi nel colpo di fulmine? E nell'amore eterno che dura tutta la vita?
16 – Riconosco di essere un'incorreggibile romantica! È probabilmente il mio principale difetto... Sto ancora aspettando il mio principe azzurro!
17 E nonostante abbia avuto diverse delusioni, siccome sono un'incallita ottimista, non ho ancora imparato la lezione *(non imparo)*!
18 – Sì, certo... Sai che le tue labbra mi affascinano? Muoio dalla voglia di baciarti... Non vuoi andare in un posto più tranquillo?
19 – Ehi, fermo là! Bene, cosa stavo dicendo? Ah, sì, ti piacciono i bambini? Sono convinta che saresti un padre meraviglioso...
20 – Sì... O santo cielo! Com'è tardi, non avevo visto l'ora! Mi ero dimenticato che ho una cosa molto urgente da fare...
21 Beh, è stato un piacere. Devo scappare *(andare fischiando)*. Ci sentiamo un giorno di questi, va bene? Ciao!

12 Ricordate che si può dire **olvidar algo** o **olvidarse de algo**: Olvidé que era su cumpleaños = Me olvidé de que era su cumpleaños, *Mi sono dimenticato che era il suo compleanno*.

11 / Lección once

▶ Ejercicio 1 – Traduzca

❶ Nos liamos a hablar y no vi la hora que era... ¡Me tuve que ir pitando! ❷ ¡Menudo chasco me he llevado! Tenía una cita, pero me han dado plantón. ❸ Ella me dijo a quemarropa: "Aborrezco el tabaco". Empezaba mal la relación, pues soy un fumador empedernido. ❹ La mayor parte de mis colegas se pirran por el rap pero a mí me mola más el heavy metal. ❺ A pesar de que he engordado y de que no debería, ¡me muero por comer un helado!

Ejercicio 2 – Complete

❶ Da quando ho avuto l'incidente mi è servito da lezione e guido con molta più prudenza, anche quando ho fretta.
Desde que .... el .... y .... con mucha más ...., incluso ....

❷ Mi opprime restare a casa senza fare niente, non sono per niente casalingo, detesto l'inattività.
.... en .... sin ...., no soy .... para nada, ... la inactividad.

❸ Ho una memoria fotografica, non mi dimentico mai un viso; invece dimentico spesso il nome delle persone.
...., ... me ...... de una ....; en cambio, ... el ...... de la ....

❹ Non credo al principe azzurro, né al colpo di fulmine, né a tutte queste stupidaggini romantiche.
Yo .... el ...., ni en el ...., ni en ..... estas tonterías ....

❺ Sono convinto che è appassionato di cavalli e che si interessa anche di sport, come me.
Estoy .... de que .... los .... y de que .... el .... como ... .

Undicesima lezione / 11

Soluzioni dell'esercizio 1

❶ Ci siamo messi a parlare e non ho visto che ora si era fatta… Sono dovuto scappare! ❷ Che delusione ho preso! Avevo un appuntamento ma mi hanno dato buca. ❸ Lei mi ha detto a bruciapelo: "Detesto il tabacco". La relazione cominciava male visto che sono un fumatore incallito. ❹ La maggior parte dei miei amici sono fanatici del rap, ma a me piace di più l'heavy metal. ❺ Nonostante sia ingrassato e che non dovrei, muoio dalla voglia di mangiare un gelato!

Soluzioni dell'esercizio 2

❶ – tuve – accidente he escarmentado – conduzco – prudencia – cuando tengo prisa ❷ Me agobia quedarme – casa – hacer nada – hogareño – aborrezco – ❸ Tengo memoria fotográfica, nunca olvido – cara – a menudo olvido – nombre – gente ❹ – no creo en – príncipe azul – flechazo – todas – románticas ❺ – convencido – le apasionan – caballos – también se interesa por – deporte – yo

Lección doce

"Lo importante no es ganar, sino participar"

1. A la una y media de la tarde del 17 de octubre de 1986, el presidente del Comité Olímpico Internacional [1], Juan Antonio Samaranch,
2. anunciaba oficialmente en Lausana el resultado de la votación para elegir la sede de los XXV Juegos Olímpicos: "À la ville de... Barcelona".
3. Aquellas palabras provocaron una gran explosión de júbilo [2] en todo el país.
4. Así pues, del 25 de julio al 9 de agosto de 1992, la capital catalana se convirtió en la capital mundial del deporte.
5. Y no defraudó, ya que aún hoy se siguen considerando estos Juegos unos de los mejor organizados de la historia.
6. La candidatura de la ciudad contó con [3] un gran apoyo institucional y de toda la población,
7. prueba de ello es que incluso antes de la designación como ciudad olímpica

Osservazioni sulla pronuncia

(1), **(2)**, **(6)** Quando c'è un dittongo, come nelle parole **internacional**, o **anunciaba**, le vocali che lo formano si pronunciano separatamente

Note

[1] I nomi degli avvenimenti, degli organismi, dei trattati ecc. in spagnolo si scrivono con l'iniziale di sostantivi e aggettivi in maiuscolo: **el Fondo Monetario Internacional**, *il Fondo monetario internazionale*; **la Declaración de los Derechos del Hombre y del Ciudadano**, *la Dichiarazione dei diritti dell'uomo e del cittadino* ecc.

Dodicesima lezione

"L'importante non è vincere ma partecipare"

1. Alle tredici e trenta del 17 ottobre 1986, il presidente del Comitato Olimpico Internazionale, Juan Antonio Samaranch,
2. annunciava ufficialmente a Losanna il risultato della votazione per scegliere la sede dei XXV Giochi Olimpici: "Alla città di... Barcellona".
3. Quelle parole provocarono una grande esplosione di giubilo in tutto il Paese.
4. Così *(dunque)*, dal 25 luglio al 9 agosto 1992, la capitale catalana divenne la capitale mondiale dello sport.
5. E non tradì le aspettative, visto che ancora oggi si continua a considerare *(considerando)* [che] questi Giochi [siano stati] tra i meglio *(alcuni dei meglio)* organizzati della storia.
6. La candidatura della città contò su un grande appoggio delle istituzioni e di tutta la popolazione,
7. la prova *(prova di ciò)* fu che anche prima della designazione come città olimpica

e distintamente: **oficialmente** *[i-a]*, *ufficialmente*; **institucional** *[i-o]*, *istituzionale*; **ciudad** *[i-u]*, *città*.

2 **El júbilo** designa *il giubilo*, *l'allegria*, *la gioia*. La parola spagnola **la jubilación**, invece, significa *la pensione*, **jubilado** è il *pensionato* e **jubilarse** non è *gioire* ma *andare in pensione*!

3 Il verbo **contar** è seguito dalla preposizione **con**.

8 60.000 personas estaban ya dispuestas a ser voluntarios para la organización del evento.
9 La ceremonia de inauguración fue espectacular y el himno cantado a dúo por Montserrat Caballé y Freddy Mercury resuena todavía en los oídos [4] de millones de españoles.
10 Para la ocasión se remodeló de arriba abajo [5] el Estadio de Montjuic y se construyeron numerosos pabellones deportivos.
11 Los Juegos dieron a la ciudad el espaldarazo [6] definitivo para darse a conocer internacionalmente
12 como una urbe [7] cosmopolita y de marcado carácter cultural.
13 La Ciudad Condal [8] experimentó enormes cambios tanto por lo que se refiere a su estructura urbanística como a la oferta turística.
14 La Olimpiada de Barcelona batió récords de organización, ya que participaron en ella [9] 10.000 atletas de 165 Comités Olímpicos Nacionales.

Note

[4] La parola **el oído** fa riferimento all'*udito* e la si ritrova in espressioni come **ser todo oídos**, *essere tutto orecchi*. Ma notate che designa anche *l'orecchio* (anche se esiste la parola **la oreja**): **Me duelen los oídos**, *Mi fanno male le orecchie*; **abrir los oídos**, *aprire le orecchie*; **hacer oídos sordos**, *fare orecchie da mercante*.

[5] **De arriba abajo**, significa qui *da cima a fondo* ma prende a prestito a volte il senso di *dall'inizio alla fine* (**Lee las instrucciones de arriba abajo**, *Leggi le istruzioni da cima a fondo*) o *da capo a piedi* (**Nos miró de arriba abajo con desdén**, *Ci guardò da capo a piedi con disprezzo*).

[6] **Espaldarazo** (lett. colpo di schiena), fa riferimento al colpo di spada dato sulla schiena dei cavalieri armati. Il suffisso **-azo** è un accre-

Dodicesima lezione / 12

8 60.000 persone si erano già proposte come *(erano già disposte a essere)* volontari per l'organizzazione dell'evento.

9 La cerimonia di inaugurazione fu spettacolare e l'inno cantato dal duo Montserrat Caballé e Freddy Mercury risuona ancora nelle orecchie di milioni di spagnoli.

10 Per l'occasione si rinnovò da cima a fondo lo stadio di Montjuic e si costruirono numerosi impianti sportivi.

11 I Giochi diedero alla città la spinta definitiva per farsi conoscere *(darsi a conoscere)* [a livello] internazionale *(internazionalmente)*

12 come una città cosmopolita e con una forte identità culturale.

13 La Città comitale sperimentò enormi cambiamenti per quanto riguarda sia la sua struttura urbanistica sia la sua offerta turistica.

14 Le Olimpiadi di Barcellona hanno battuto [tutti i] record di organizzazione, dato che vi parteciparono 10.000 atleti di 165 comitati olimpici nazionali.

---

scitivo. Si usa anche per indicare *un colpo di...*, in senso proprio e figurato, e insiste sulla violenza o sull'emozione improvvisa suscitata dall'azione: **un cabezazo**, *un colpo di testa*; **un vistazo**, *un colpo d'occhio* ecc.

7 **Urbe** è sinonimo di **ciudad**, *città*, in particolare se questa è grande e importante. La stessa radice si ritrova nelle parole **el urbanismo**, *l'urbanismo*, o ancora **la urbanización**, *l'urbanizzazione*.

8 **La Ciudad Condal**, *la città comitale*. Avrete capito che si tratta di Barcellona. In effetti durante il Medio Evo fu per lungo tempo capitale del contado di Barcellona, prima di essere una delle città principali della Corona d'Aragona.

9 Il verbo **participar** è seguito dalla preposizione **en**.

15 Fue asimismo la primera vez desde Múnich 1972 en los que ningún país llamó al boicot.
16 El deporte español, que en toda la historia solo había conseguido 26 medallas olímpicas, dio por primera vez la talla [10]
17 y cosechó un buen puñado de medallas, 22 en total:
18 13 de oro (atletismo, ciclismo, fútbol, hockey sobre hierba femenino, judo, natación, tiro con arco y vela),
19 7 de plata (atletismo, boxeo, gimnasia rítmica, tenis – individual y dobles –, vela y waterpolo) y 2 de bronce (atletismo y tenis).
20 Para España, los Juegos marcaron un antes y un después no solo a nivel deportivo sino también económico y social.

Osservazioni sulla pronuncia

(18) Attenzione alla pronuncia di alcune parole di origine straniera: **hockey** si pronuncia con la h aspirata, quasi come se fosse una **jota**, **judo** si può pronunciare anche come se iniziasse per **y** e la **w** iniziale di **waterpolo** si pronuncia come una **g**.

***

Ejercicio 1 – Traduzca

❶ Los habitantes de las grandes urbes baten récords de estrés. ❷ No estaba satisfecho con el primer borrador del texto, así que lo cambió todo de arriba abajo. ❸ Abre bien los oídos y oirás los pájaros cantar a lo lejos. ❹ Presentó su candidatura para trabajar en la sede pero no dio la talla para desempeñar ese puesto. ❺ Tras haber cosechado numerosas victorias, se jubiló.

Dodicesima lezione / 12

15 Fu anche la prima volta dopo Monaco 1972 in cui nessun Paese boicottò *(chiamò al boicottaggio)* [i Giochi].
16 Lo sport spagnolo, che in tutta la [sua] storia aveva ottenuto solo 26 medaglie olimpiche, per la prima volta fu all'altezza
17 e raccolse un bel pugno di medaglie, 22 in totale:
18 13 d'oro (atletica, ciclismo, calcio, hockey su prato femminile, judo, nuoto, tiro con l'arco e vela),
19 7 d'argento (atletica, boxe, ginnastica ritmica, tennis – individuale e doppio –, vela e pallanuoto) e 2 di bronzo (atletica e tennis).
20 Per la Spagna i Giochi segnarono un prima e un dopo, non solo a livello sportivo, ma anche economico e sociale.

Note

10 Dar la talla (lett. dare la taglia), *essere all'altezza* è un'espressione che ha origine nel mondo militare. Per entrare nel servizio di leva era necessario superare un'altezza (**talla**) minima stabilita. **Dar la talla** si usa dunque per indicare che qualcuno è idoneo a fare qualcosa, o ha le capacità per portare a termine una attività.

***

Soluzioni dell'esercizio 1

❶ Gli abitanti delle grandi città battono i record di stress. ❷ Non era soddisfatto della prima bozza del testo, così lo cambiò da cima a fondo. ❸ Apri bene le orecchie e sentirai gli uccelli cantare lontano. ❹ Presentò la sua candidatura per lavorare in sede, ma non fu all'altezza di ricoprire quel posto. ❺ Dopo aver raccolto numerose vittorie andò in pensione.

Ejercicio 2 – Complete

❶ Sperimentò un misto di soddisfazione e fierezza quando gli annunciarono che era stato scelto per far parte della squadra nazionale.

.... una ...... de .... y .... cuando le .... que lo habían .... para .... en el ....

❷ Se continui a tenere questo ritmo non arriverai alla pensione.

Si ...... llevando este ....., no ... a ...... a la ....

❸ Il nuovo prodotto è un successo, si vende molto bene, e tuttavia non c'è stata nessuna campagna pubblicitaria per farlo conoscere.

El nuevo .... es un ....., se ..... muy ...., y sin embargo .... publicitaria para .....
....

❹ C'è stato un prima e un dopo Picasso nella storia universale della pittura.

Picasso ..... un ..... y un .... en la .... de la ....

❺ Non ti deluderò, puoi contare sul mio totale appoggio.

No ... a ...., puedes .... mi total ......

***

La corrispondenza tra la forma scritta e la pronuncia è una caratteristica dello spagnolo. Questa regola non è sempre del tutto vera con i termini di origine straniera. Si possono allora incontrare diversi casi.
Per quelle parole che si sono ormai imposte a livello internazionale si possono mantenere contemporaneamente la grafia e la pronuncia di origine: **ballet**, **blues**, **jazz** *o* **software**. *Per alcuni termini si può adattare la pronuncia oppure la grafia: così* **airbag** *si pronuncia*

Soluzioni dell'esercizio 2

❶ Experimentó – mezcla – satisfacción – orgullo – anunciaron – elegido – participar – equipo nacional ❷ – sigues – ritmo – vas – llegar – jubilación ❸ – producto – éxito – vende – bien – no ha habido ninguna campaña – darlo a conocer ❹ – marcó – antes – después – historia universal – pintura ❺ – voy – defraudarte – contar con – apoyo

***

[aïrbag] e **master** *si scrive con l'accento* **máster**; *queste parole non rappresentano comunque un problema e come loro* **box**, **set** *ecc. Infine, l'ultima possibilità: si mantiene la pronuncia d'origine, ma si adatta in tutto e per tutto la parola straniera al sistema di scrittura spagnolo:* **boicot** *(da* **boycott***);* **béisbol** *(da* **baseball***);* **cruasán** *(da* croissant*);* **chalé** *(da* chalet*);* **líder** *(da* **leader***);* **espaguetis** *(da* ***spaghetti***); **güisqui** *(da* whisky*);* **bumerán** *(da* **boomerang***) e questi sono solo pochi tra gli innumerevoli esempi.*

Lección trece

El arte de combinar lo útil con lo agradable

1 – Con el buen tiempo que tuvimos, ¿qué hicisteis Arturo y tú este fin de semana?
2 – Pues como estoy en pleno periodo creativo, agarré el caballete, un lienzo y todos los bártulos, y nos fuimos al campo.
3   La luz es mejor al aire libre que en el taller. Los colores son más vivos, el resultado es más intenso [1]...
4 – ¿Dónde aprendiste?
5 – Digamos que soy autodidacta [2]. Adquirí las bases con un videotutorial y luego asistiendo a un cursillo [3],
6   pero el resto ha venido con la práctica, horas y horas, dale que dale [4] con el pincel...
7   ¿Y vosotros, Inés? ¿Antonio y tú también salisteis para disfrutar del sol?

Osservazioni sulla pronuncia
(2) La parola *periodo* si può scrivere in due modi diversi: **periodo** ma anche **período** (le grafie sono entrambe corrette). E lo stesso vale per

Note

1   Il comparativo di maggioranza si costruisce in spagnolo con **más... que**. Esistono diversi comparativi irregolari come **mejor** (= **más bueno**), *migliore*; **peor** (= **más malo**), *peggiore*, ecc.

2   Ricordatevi che molti nomi e aggettivi che finiscono in **-a**, possono essere sia maschili che femminili. In particolare è il caso delle parole formate grazie al suffisso **-ista**, come **artista**, *artista*, o **optimista**, *ottimista*, che si possono applicare sia a un uomo che a una donna.

Tredicesima lezione

L'arte di unire l'utile al dilettevole

1 – Con il bel tempo che c'è stato *(abbiamo avuto)*, cosa avete fatto tu e Arturo questo fine settimana?
2 – Oh, beh, siccome sono in pieno periodo creativo, ho preso il cavalletto, una tela e tutti i [miei] arnesi e siamo andati in campagna.
3   La luce è migliore all'aria aperta che nello studio. I colori sono più vivi e il risultato finale è più intenso...
4 – Dove hai imparato?
5 – Diciamo che sono un'autodidatta. Ho appreso le basi con un video tutorial e poi assistendo a un corso,
6   ma il resto è arrivato con la pratica, ore e ore, dai e dai con il pennello...
7   E voi, Inés? Anche tu e Antonio siete usciti approfittando del sole?

---

reuma o **reúma**, *reumatismo*; **cardiaco** o **cardíaco**, *cardiaco*; **policiaco** o **policíaco**, *poliziesco*; **zodiaco** o **zodíaco**, *zodiaco* ecc.

---

3 **Un cursillo** indica *uno stage* nel senso di formazione breve; quando si tratta di *uno stage* in azienda, si usa **unas prácticas**.
4 L'espressione **dale que dale** (o **dale que te pego**) esprime insistenza. Spesso indica qualcosa che non finisce e che dà fastidio: **Le dije que no quería hablar de este tema y él ¡dale que dale!**, *Gli avevo detto che non volevo parlare di questo argomento, e lui dai e dai!*

13 / Lección trece

8 – A decir verdad nos quedamos en casa. Aprovechamos para hacer limpieza general [5]:
9   limpiar las ventanas, sacudir las alfombras y los colchones, guardar la ropa de abrigo en el armario, lo típico…
10   Además, en una casa tan grande como la nuestra [6] siempre hay alguna que otra chapuza [7] que hacer…
11 – Ah, porque ¿Antonio es un manitas?
12 – ¡Qué manitas [8] ni qué niño muerto! [9] Antonio es un negado total para todo lo que es bricolaje [10] y cosas manuales.
13   En casa, quien se encarga de hacer agujeros, clavar clavos y reparar interruptores es mi menda [11].

Note

5 **Limpieza general** indica *le pulizie generali*, un po' come le pulizie di primavera, ma senza essere legati a un periodo specifico dell'anno.

6 Il comparativo di uguaglianza varia in spagnolo a seconda dell'elemento della frase che si compara: **tanto como** + verbo, verbo + *tanto quanto*; **tan** + aggettivo + **como**, **igual de** + aggettivo + **que**, *tanto* + aggettivo + *quanto, così* + aggettivo + *come*; **tanto/a** + nome + **como**, *tanto* + nome + *quanto*.

7 Una **chapuza** è *un lavoretto*, un lavoro o una riparazione di poca importanza. Ma molto spesso questa parola indica un lavoro mal fatto e compiuto alla bell'e meglio, dal *lavoro raffazzonato* al *pasticcio*!

8 Si chiama **un** o **una manitas**, qualcuno molto abile con le mani, che ha buona manualità. Si riconosce facilmente la parola **manos**, *le mani*. Se al posto del diminutivo **-ito** si aggiunge l'accrescitivo

8 – A dire la verità siamo restati in casa. Ne abbiamo approfittato per fare le pulizie generali:
9 pulire i vetri, sbattere i tappeti e i materassi, mettere via l'abbigliamento invernale, le solite cose *(il tipico)*…
10 Inoltre, in una casa così grande come la nostra c'è sempre qualche lavoretto da fare…
11 – Ah, perché Antonio è bravo nel bricolage?
12 – Ma che bravo e bravo *(Che bravo né che bambino morto)*! Antonio è completamente negato per tutto quanto è bricolage e lavori manuali.
13 In casa chi fa i buchi, pianta chiodi e ripara gli interruttori è la sottoscritta.

-azo, si ottiene **un** o **una manazas**, vale a dire il contrario: una persona imbranata e maldestra.

9 Questa macabra espressione si usa per indicare il disprezzo e anche per rafforzare una negazione: **¡Qué fantasma ni qué niño muerto!**, *Ma che fantasma e fantasma!*; **¡Qué enfermedad ni qué niño muerto! Lo que tiene es mucho cuento…**, *Figurati se è malato! Fa finta…*

10 Non è sempre facile sapere se bisogna scrivere una parola che contiene il suono della **jota** con una **g** o con una **j**. Ma c'è almeno una costante: le parole che finiscono per **-aje**, come **bricolaje**, si scrivono sempre con una **j**! Ad esempio: **lenguaje**, *linguaggio*; **garaje**, *garage*; **aterrizaje**, *atterraggio* ecc.

11 **Menda** è l'espressione che usa la persona che parla per designare sé stessa, ma questo termine fa anche riferimento a qualcuno di cui ignoriamo l'identità: **¿Quién era ese menda con el que viniste?**, *Chi era quel tipo con cui sei arrivata?*

13 / Lección trece

14 – A mí, solo de pensarlo se me hace una montaña. Y las mujeres somos menos fuertes que los hombres [12]...

15 – Lucía, lo del sexo débil, que si patatín, que si patatán, ¡son todo pamplinas! ¡Más vale maña que fuerza!

16 Fíjate, incluso en fontanería me las arreglo [13] muy bien. El otro día teníamos un escape de agua y, en un santiamén [14], lo arreglé.

17 Es menos difícil de lo que la gente cree...

18 Y también me ocupo del jardín, me entretiene [15] mucho. Así que, si un día se te estropea algo, ya lo sabes...

19 – Te agradezco [16] la propuesta. Oye, ¿habéis previsto algo Antonio y tú el domingo que viene?

20 Porque podríais venir a comer a casa y, si no ves ningún inconveniente, puedes traer la caja de herramientas...

Note

[12] Il comparativo di minoranza (vedi anche frase 17) si forma, come già sapete, con **menos... que**.

[13] Notate la costruzione dell'espressione **arreglárselas**: **No te preocupes, ya me las arreglo**, *Non preoccuparti, me la cavo*. Si dice anche **apañárselas**. Ritroviamo il verbo **arreglar** anche qualche frase dopo, ma con il senso di *riparare*: **Tengo que llevar la tele a arreglar**, *Devo portare il televisore a riparare*.

[14] Alla fine delle preghiere, nelle messe in latino i fedeli facevano il segno della croce recitando: "**In nomine Patris et Filii et Spiritus Sancti. Amen.**" Le persone un po' di fretta storpiavano la frase e in-

Tredicesima lezione / 13

14 – Solo a pensarci mi sento male *(mi si fa una montagna)*. E le donne sono meno forti degli uomini...
15 – Lucía, questa storia del sesso debole, com'è e come non è, sono tutte baggianate! Val più l'ingegno che la forza!
16 Guarda, me la cavo molto bene anche nell'idraulica. L'altro giorno avevamo una perdita d'acqua e in un battibaleno l'ho aggiustata.
17 È meno difficile di quanto la gente creda...
18 E mi occupo anche del giardino, mi distrae molto. Così, se un giorno ti si guasta qualcosa, [adesso] lo sai...
19 – Ti ringrazio per l'offerta. Senti, avete qualcosa in programma tu e Antonio per domenica prossima?
20 Perché potreste venire da noi a pranzo e se non hai niente in contrario *(vedi nessun inconveniente)*, puoi portare la tua cassetta degli attrezzi...

---

vece di "**Spiritus Sancti. Amen.**" dicevano **santiamén**, da cui questa espressione per parlare di qualcosa che si fa molto rapidamente.

15 **Entretener** è un falso amico che significa *distrarre, ritardare, divertire*. *Intrattenere* si dice **mantener**.

16 **Agradecer**, *ringraziare*, regge il complemento oggetto: **me agradecieron el regalo**, *mi ringraziarono per il regalo*. *Ringraziare* si traduce anche con **dar las gracias**: **Me dieron las gracias por el regalo**, *Mi hanno ringraziato per il regalo*.

noventa y seis • 96

13 / Lección trece

Ejercicio 1 – Traduzca
❶ No sé si apuntarme a ese cursillo de inglés, soy un negado para los idiomas. ❷ Este niño es un manazas y estropea todos los juguetes. ❸ Todo el año trabajando, dale que dale, para obtener al final un resultado tan mediocre… ❹ No necesito la ayuda de nadie, me las arreglo perfectamente yo solo. ❺ Tenía tanta hambre que se tragó el bocadillo en un santiamén.

Ejercicio 2 – Complete
❶ Questo materiale non è tanto resistente quanto il metallo, ma è molto meno caro.
Este …….. no es ……………… el ……, pero resulta mucho ………….

❷ Si sentiva talmente debole che ha avuto paura ed è tornato a casa a sdraiarsi.
Se …… tan ….. que ……… y ………… para ……….

❸ Conosci un bravo calzolaio? Voglio far riparare queste scarpe, hanno un buco nella suola.
¿ ……. un buen …….? Quiero …… estos …….. a ………, ….. un ……. en la suela.

❹ La riparazione che ho fatto al rubinetto è solo un rattoppo per farlo funzionare qualche giorno in più fino all'arrivo dell'idraulico.
La ………. del ….. que …… es solo una ……. para que …….. unos …. más hasta que llegue el ……….

❺ Ti ringrazio per i tuoi consigli, ne terrò conto.
Te ………. tus …….., los ………….

Tredicesima lezione / 13

Soluzioni dell'esercizio 1

❶ Non so se iscrivermi a quel corso di inglese, sono negato per le lingue. ❷ Questo bambino è maldestro e rovina tutti i giocattoli. ❸ Tutto l'anno a lavorare, dai e dai, per ottenere alla fine un risultato così mediocre… ❹ Non ho bisogno dell'aiuto di nessuno, me la cavo perfettamente da solo. ❺ Aveva così fame che ingoiò il panino in un battibaleno.

Soluzioni dell'esercizio 2

❶ – material – tan resistente como – metal – menos caro ❷ – sentía – débil – tuvo miedo – volvió a casa – acostarse ❸ Conoces – zapatero – llevar – zapatos – arreglar, tienen – agujero – ❹ – reparación – grifo – he hecho – chapuza – funcione – días – fontanero ❺ – agradezco – consejos – tendré en cuenta

AGARRÉ EL CABALLETE, UN LIENZO Y TODOS LOS BÁRTULOS, Y NOS FUIMOS AL CAMPO.

Lección catorce

Repaso – Ripasso

Avete imparato molte cose durante la seconda settimana, non è vero? Abbiamo passato in rassegna certi punti della sintassi o della grammatica (i passati, ad esempio), per assicurarci che li padroneggiate alla perfezione. Avete l'impressione di non averli assimilati del tutto? Non vi preoccupate: questa lezione di ripasso vi aiuterà a definire le cose e grazie al vostro impegno regolare nel quotidiano incontro con la lingua assimilerete anche le sottigliezze. Lasciatevi guidare.

1 L'articolo neutro *lo*

In spagnolo i nomi sono maschili o femminili, il genere neutro non esiste. Eppure la lingua spagnola possiede un articolo neutro, **lo**; quest'ultimo però non determina i nomi e non ha quindi le caratteristiche del "lo" italiano.

Si usa spesso con degli aggettivi o dei participi passati per designare un'idea generale o astratta. In italiano **lo** si traduce generalmente con *la cosa*: **Lo normal es que cada uno pague su parte**, *La cosa normale è che ognuno paghi la sua parte*; **Yo quiero lo mismo**, *Io voglio la stessa cosa*.

Può anche servire a sostantivare delle frasi e si traduce normalmente con *ciò che, quello che*: **Siempre dice lo que piensa**, *Dice sempre quello che pensa*.

Quando si usa per sostantivare i gruppi nominali introdotti dalla preposizione **de**, l'articolo neutro **lo** si traduce in italiano con *la storia, la questione ecc.*: **Lo del avión que ha desaparecido no tiene explicación**, *La storia dell'aereo scomparso non ha spiegazioni*.

2 I pronomi

L'uso popolare dei pronomi è uno degli errori più frequenti in spagnolo, e sono gli stessi spagnoli che commettono queste inesattezze.

Quattordicesima lezione

2.1 Il *leísmo*

Normalmente i pronomi **le** e **les** sono i pronomi personali indiretti, si utilizzano sia per il maschile che per il femminile: **Le di un regalo**, *Gli/Le ho fatto un regalo*; **le**, dunque, può fare riferimento sia a un uomo che a una donna.

Tuttavia questi due pronomi possono rappresentare talvolta il complemento oggetto, così, invece di dire **A tus padres hace mucho tiempo que no los veo** si dice **A tus padres hace mucho tiempo que no les veo**, *I tuoi genitori... è molto tempo che non li vedo*. Si tratta di un fenomeno chiamato **leísmo**, che consiste nel rimpiazzare i corretti pronomi **lo** e **los** con **le** e **les**, quando il nome o il gruppo di nomi ai quali fanno riferimento sostituiscono un nome di persona maschile.

Sia quel che sia, si tratta di un uso scorretto dei pronomi personali. Questa pratica è però molto in uso in Spagna ed è accettata dalla **Real Academia Española**, un organismo il cui compito consiste nella normalizzazione della lingua spagnola.

2.2 Il *loísmo*

Succede anche che i pronomi personali **lo** e **los**, pronomi diretti maschili, siano utilizzati come pronomi indiretti maschili. Così non è raro sentire *****Lo han ofrecido un buen empleo** al posto di **Le han ofrecido un buen empleo**, *Gli hanno offerto un buon posto di lavoro*; *****Échalo un vistazo al documento** al posto di **Échale un vistazo al documento**, *Dai un'occhiata al documento*.

Ma, a differenza del fenomeno precedente, il **leísmo**, si tratta in questo caso di un errore da proibire assolutamente.

2.3 Il *laísmo*

Come quelli maschili a volte i pronomi diretti femminili di persona o di cosa, **la** e **las**, divergono dalla loro normale funzione e vengono

utilizzati come pronomi indiretti femminili: ***La dije a su madre que no se preocupara** al posto di **Le dije a su madre que no se preocupara**, *Dissi a sua madre di non preoccuparsi*.
Notate che questa struttura è scorretta e può dare luogo a errori di interpretazione: **La pegaba** si deve intendere come *La incollava* (= *Incollava qualcosa con l'adesivo*) mentre **Le pegaba** significa *La picchiava*.

2.4 La traduzione di "ci"

Il pronome avverbio non esiste in spagnolo, vediamo alcuni modi in cui si può tradurre e rendere.
Quando esprime un'idea di luogo corrisponde generalmente agli avverbi **aquí, acá, ahí, allí, allá**: **Conozco muy bien Granada, viví cinco años allí**, *Conosco molto bene Granada, ci ho vissuto cinque anni*. Notate che la traduzione di *ci* in spagnolo non è obbligatoria: **La fiesta promete ser extraordinaria, ¿voy o no voy?**, *La festa promette di essere straordinaria, ci vado o non ci vado?*
Corrisponde spesso alle espressioni **a él, a ella, a ellos, a ellas, a ello** ecc., quando sostituiscono un gruppo nominale introdotto dalla preposizione **a**, *a*: **Prefiero la antigua versión del programa, estoy acostumbrado a ella**, *Preferisco la vecchia versione del programma, ci sono abituato*.
Attenzione, le preposizioni rette da certi verbi non sono sempre le stesse in spagnolo e in italiano: **–¿Piensas en el examen? –Sí, pienso en él todo el rato**, *– Pensi all'esame? – Sì, ci penso sempre*.

2.5 La traduzione di "ne"

Come *ci* il pronome avverbio *ne* non esiste in spagnolo; anche questo si può tradurre e rendere in diversi modi.
– Con degli avverbi di luogo, *ne* indica la provenienza e corrisponde generalmente ai gruppi avverbiali **de aquí, de acá, de ahí, de allí, de allá**: – **Entré en la tienda y en seguida salí de allí**, *– Sono entrato nel negozio e ne sono uscito subito*.
– Corrisponde spesso alle espressioni **de él, de ella, de ellos, de ellas, de ello** ecc. quando sostituiscono un gruppo nominale introdotto dalla preposizione **de**, *di*: **Tiene reuma, se queja de ello constantemente**, *Ha i reumatismi, se ne lamenta costantemente*.

– Quando il *ne* italiano sostituisce un complemento introdotto da un articolo partitivo, in spagnolo si omette il pronome oppure si rende con il pronome **lo**, **la**, **los**, **las**: – **¿Tienes dinero? – No, no tengo**, – *Hai dei soldi? – No, non ne ho.*
– Ci sono poi alcune espressioni in cui in italiano viene usato il *ne*, e in spagnolo viene omesso: **No puedo más**, *Non ne posso più*; **No merece la pena**, *Non ne vale la pena* ecc.

3 Il verbo

3.1 Il passato prossimo

Il *passato prossimo*, **pretérito perfecto**, si usa per parlare di azioni o di avvenimenti che hanno avuto luogo nel passato ma in un periodo di tempo che, in un modo o nell'altro, si prolunga fino al presente.

Passato prossimo		
Uso	Marcatori temporali	Esempi
parlare di un'azione o avvenimento passato il cui riferimento temporale si prolunga fino al presente.	hoy, esta semana, este mes	**Este año ha llovido muy poco**, *Quest'anno ha piovuto molto poco.*
parlare di azioni o di situazioni passate da poco tempo.	hace poco, hace un momento, hace un rato, últimamente	**Ultimamente no he escrito nada en mi blog**, *Ultimamente non ho scritto niente sul mio blog.*
dare delle notizie recenti.		**Ha habido un nuevo atentado**, *C'è stato un nuovo attentato.*

evocare cose che si sono fatte nel corso della vita, senza dire quando.	alguna vez, nunca, hasta ahora, en mi vida	**¿Has estado (alguna vez en tu vida) en México?**, *Sei mai stato in Messico?*
parlare di azioni passate che hanno conseguenze sul presente.		**Estoy triste porque no has venido**, *Sono triste perché non sei venuto.*
parlare della realizzazione o della mancata realizzazione di un'azione fino al momento presente.	ya, todavía no, por fin	**Un minuto, por favor, que todavía no he terminado**, *Un minuto, per favore, non ho ancora finito.*

In certe zone della Spagna e nella maggior parte dell'America latina si usa il passato remoto invece del passato prossimo: **Este año varios huracanes azotaron la región del Caribe**, *Quest'anno diversi uragani si sono abbattuti sulla regione dei Caraibi.*

3.2 Il passato remoto

Il *passato remoto*, **pretérito perfecto simple** o **pretérito indefinido**, si usa per parlare di azioni o avvenimenti passati che hanno avuto luogo in un periodo di tempo passato (senza relazione con il presente), ad esempio **anoche, ayer, el domingo (pasado), la semana pasada, hace dos meses, el año pasado, en Navidad, en 2005** ecc.: **Nos conocimos durante las últimas vacaciones**, *Ci siamo conosciuti durante le ultime vacanze.*

Di fatto si usa molto nelle narrazioni e nelle biografie: **Picasso nació en Málaga en 1881 y murió en Francia en 1973**, *Picasso nacque a Malaga nel 1881 e morì in Francia nel 1973.*

Notate che lo spagnolo utilizza questo tempo molto più spesso che l'italiano.

3.3 L'imperfetto

Generalmente *l'imperfetto indicativo*, **el imperfecto de indicativo**, si usa, come in italiano, per parlare di un'abitudine o di una

ripetizione nel passato: **Cuando era pequeño, mi abuela me venía a buscar cada día a la salida de la escuela**, *Quando ero piccolo mia nonna veniva a prendermi ogni giorno all'uscita della scuola*.
Si usa anche per descrivere, nel passato:
– persone, cose, luoghi: **Cuando conocí a Jorge, estaba muy delgado**, *Quando conobbi Jorge era molto magro*.
– delle circostanze o il contesto di una narrazione: **Era una tarde apacible, se oían los pájaros cantar...**, *Era una sera tranquilla, si sentivano gli uccelli cantare...*

3.4 Il trapassato prossimo

Il *trapassato prossimo*, **el pluscuamperfecto de indicativo**, si usa per indicare l'anteriorità nel passato, il tempo trascorso tra i due avvenimenti descritti: **Cuando la policía llegó, los ladrones ya habían huido**, *Quando arrivò la polizia i ladri erano già scappati*.
Di fatto lo si utilizza per far vedere i risultati o le conseguenze di un'azione o di una situazione passate, nel passato: **Me pusieron una multa porque no había visto la señal de prohibido aparcar**, *Mi diedero una multa perché non avevo visto il cartello di divieto di sosta*.

3.5 Il trapassato remoto

Il *trapassato remoto*, **el pretérito anterior**, si usa per indicare l'anteriorità in relazione a un'azione passata generalmente espressa dal passato remoto: **Cuando hubo terminado de limpiar los cristales, empezó a quitar el polvo**, *Quando ebbe finito di pulire i vetri cominciò a spolverare*.

3.6 L'infinito passato

L'infinito passato, **el infinitivo compuesto**, si forma in modo molto semplice (**haber** + participio passato) e può esprimere:

– l'anteriorità di un avvenimento in relazione a un altro:
Me quedé más tranquilo después de haberle confesado la verdad, *Sono stato più tranquillo dopo averle confessato la verità*;

– il rimprovero:
– **Prefería ir al cine... – ¡Pues haberlo dicho antes!**, – *Preferirei andare al cinema... – Ah beh, se lo avessi detto prima!*

3.7 La costruzione del verbo *echar de menos*

Echar de menos in spagnolo è sempre un'espressione transitiva, anche quando in italiano si traduce con verbi intransitivi come *mancare*. Questa costruzione ha diverse traduzioni, ma implica

***

▶ Diálogo de revisión

1 – ¿Qué tal la boda? ¡Me muero por conocer todos los detalles! ¡Cuenta ya!

2 – ¿No sabes lo que ocurrió? ¡Por poco aquello no es un casamiento sino un entierro!

3 ¡Menuda pesadilla! Esa boda, la recordaré toda mi vida. Es uno de mis peores recuerdos...

4 – Pero, ¿por qué? No sabía que hubiera pasado nada particular... ¡Me tienes intrigadísima!

5 – ¿La ceremonia? No puedes imaginarte lo aburrida que fue. ¿La organización? Una chapuza...

6 – Al menos en las bodas se suele comer bien...

7 – ¡Eso fue lo peor! En pleno mes de agosto, se les ocurrió servir marisco, cócteles con mayonesa...

8 – ¡A mí me chiflan el marisco, las ostras y esas cosas!

9 – Sí, pero hacía un calor horrible y el aire acondicionado estaba estropeado,

10 así que ¡todos los invitados acabamos en el hospital, víctimas de una intoxicación alimentaria!

Quattordicesima lezione / 14

sempre l'idea di mancanza, di tristezza a causa di una assenza: **Te echo de menos**, *Mi manchi*; **Echo de menos sus consejos**, *Rimpiango i suoi consigli*; **Echaba de menos su infancia**, *Aveva nostalgia della sua infanzia.*

***

Traduzione
1 Com'è stato il matrimonio? Muoio dalla voglia di sapere i dettagli! Dai, racconta! **2** Non sai cos'è successo? Per poco non era un matrimonio ma un funerale! **3** Che incubo! Di questo matrimonio me ne ricorderò tutta la vita. È uno dei miei peggiori ricordi... **4** Ma perché? Non sapevo che fosse successo qualcosa di particolare... Mi incuriosisci al massimo! **5** La cerimonia? Non hai idea di quanto sia stata noiosa. L'organizzazione? Una porcheria... **6** Almeno nei matrimoni si mangia bene, di solito... **7** Quella è stata la cosa peggiore! In pieno agosto hanno avuto l'idea di servire frutti di mare, cocktails con la maionese... **8** Io vado matta per i frutti di mare, le ostriche e cose del genere! **9** Sì, ma faceva un caldo terribile e l'aria condizionata era guasta, **10** così alla fine tutti gli invitati sono finiti all'ospedale, vittime di un'intossicazione alimentare!

15

Lección quince

Antes se pilla a un mentiroso que a un cojo

1 – Su formación académica puede catalogarse cuando menos [1] de curiosa respecto de su experiencia profesional…

2 – Así es. Estudié económicas y soy diplomada universitaria en Administración y Dirección de empresas.

3 Fui primera de mi promoción con matrícula de honor [2].

4 Posteriormente, obtuve una beca para realizar un máster en dirección y gestión financiera en Estados Unidos.

5 Fui becaria [3] en un gran banco español. Terminadas las prácticas en empresa, me ofrecieron un puesto y me quedé.

6 Tras varios años allí y numerosos ascensos [4], contesté a una oferta de empleo para una empresa del sector farmacéutico.

Note

1 La locuzione avverbiale **cuando menos** può essere sostituita da **por lo menos** o anche da **como mínimo**, *almeno*, *come minimo*. Da non confondere con **cuanto menos** che fa riferimento alla quantità: **Cuanto menos hables, mejor**, *Meno parli meglio è*.

2 La griglia di valutazione in Spagna va da 0 a 10, **la matrícula de honor** corrisponde a un 10/10 ed equivale alla *lode*. Ottenere questo voto dà diritto a tasse d'iscrizione gratuite l'anno seguente.

Quindicesima lezione

Si riconosce prima un bugiardo che uno zoppo

1 – La sua formazione accademica può essere definita *(catalogarsi)* come minimo curiosa rispetto alla sua esperienza professionale.

2 – È vero. Ho studiato economia e mi sono laureata *(sono diplomata universitaria)* in amministrazione e gestione *(direzione)* d'impresa.

3 Sono stata prima del mio corso *(classe)* e laureata con lode.

4 Poi ho ottenuto una borsa di studio per frequentare un master in direzione e gestione finanziaria negli Stati Uniti.

5 Sono stata borsista in una grande banca spagnola. Alla fine del mio stage in azienda mi offrirono un posto [di lavoro] e rimasi.

6 Dopo molti anni *(lì)* e numerose promozioni, risposi a un'offerta di lavoro di un'azienda del settore farmaceutico.

3 Un *becario* è sia *un borsista*, vale a dire una persona che ha ottenuto **una beca**, *una borsa di studio*, che *uno stagista (in azienda)*.

4 Il verbo **ascender**, *salire*, appartiene alla stessa famiglia dei due sostantivi seguenti: **la ascensión**, *l'ascensione*, *la salita*, e **el ascenso**, *la promozione (professionale)*, ma anche *l'aumento*.

7 – Para la que trabajó cinco años... Pero veo que luego estuvo casi dos años sin trabajar [5] durante...

8 – En efecto, decidí alargar la baja [6] por maternidad y pedí un permiso parental.

9 Durante este periodo tuve tiempo para pensar bien en mi futuro y en mis expectativas.

10 Pensé en preparar unas oposiciones [7], pero luego, aprovechando una buena coyuntura económica,

11 fundé una empresa de servicios domésticos y asistencia domiciliaria.

12 Trabajé firme y duramente [8], pero a pesar de todo, la empresa quebró.

13 – ¿Y qué hizo entonces?

14 – Me apunté en una ETT [9] y durante una época estuve aceptando contrataciones cortas.

15 Acabé estableciéndome como autónoma. Actualmente trabajo como consultora para distintas empresas privadas

16 y tengo también algunos clientes de quienes gestiono los patrimonios personales o familiares.

Note

5 Il gerundio negativo esiste anche in spagnolo, **Has hecho bien no contestando**, *Hai fatto bene a non rispondere (= non rispondendo)*, ma nella maggior parte delle strutture, come ad esempio **llevar + gerundio**, la negazione si rende con **sin + infinito**: **Llevo años haciendo deporte**, *Sono anni che faccio sport*, ma **Llevo dos meses sin hacer deporte**, *Sono due mesi che non faccio sport*.

6 Uno dei sensi di **la baja** è *il congedo per malattia*. Pertanto **estar de baja** è *essere in malattia* e **darse de baja** indica il fatto di *mettersi in malattia*. Al contrario **dar el alta**, significa *dare l'autorizzazione a riprendere il lavoro*.

Quindicesima lezione / 15

7 – Per la quale ha lavorato cinque anni... Ma vedo che poi è restata quasi due anni senza lavorare, durante...
8 – In effetti ho deciso di prolungare il congedo di maternità e ho chiesto un congedo parentale.
9 Durante questo periodo ho avuto tempo per pensare bene al mio futuro e alle mie aspettative.
10 Ho pensato di preparare alcuni concorsi, ma poi, approfittando di una buona congiuntura economica,
11 ho fondato un'impresa di servizi domestici e assistenza domiciliare.
12 Ho lavorato energicamente *(fermamente)* e duramente, ma nonostante tutto, l'impresa fallì.
13 – E allora cosa ha fatto?
14 – Mi sono iscritta a un'agenzia interinale e per un certo tempo *(durante un'epoca)* ho accettato contratti brevi.
15 Ho finito per diventare *(stabilendomi)* [lavoratrice] autonoma. Al momento lavoro come consulente per diverse aziende private,
16 e ho anche dei clienti per i quali gestisco i patrimoni personali o familiari.

---

7 **Las oposiciones**, *le opposizioni*, è una parola che indica essenzialmente *il concorso pubblico*. Curiosamente, la parola **el concurso** esiste in spagnolo ma rimanda solitamente ai *concorsi letterari, di bellezza* o anche a un *gioco televisivo*. Esiste però **concurso-oposición** che è sinonimo di **oposición**.

8 Quando si incontrano due avverbi di fila che terminano in **-mente**, il primo perde il suo suffisso avverbiale (**-mente**): **Inspire lenta y profundamente**, *Inspiri lentamente e profondamente*.

9 **ETT** è la sigla di **empresa de trabajo temporal**, *agenzia interinale*; *lavoratore interinale* si dice **trabajador temporal**.

17 – ¡Qué curioso! ¡Me parece que es usted muy joven para haber podido hacer todo esto!
18 – Digamos que, como en el curriculum [10] todo el mundo miente,
19 yo también me sentí un poco obligada a hacerlo...
20 y me dije que, ya puestos, era mejor mentir acerca de mi edad que hacerlo en relación a algo mucho más importante...

***

Ejercicio 1 – Traduzca

❶ Se lastimó en un accidente vial y está de baja, pues todavía está un poco cojo del pie izquierdo. **❷** Encuentro al nuevo becario competente y formado, cuando menos en apariencia. **❸** Las prácticas en empresa son para el estudiante un medio de adquirir conocimientos y experiencia laboral. **❹** Me falta sal y tengo que ir al supermercado, así que, ya puestos, voy a hacer la compra de toda la semana. **❺** Este producto quita las manchas rápida y eficazmente.

***

La donna spagnola è ormai lontana dall'immagine della sottomessa "donna del focolare": la crescita del livello formativo delle donne e l'evoluzione della mentalità hanno contribuito, nel corso del XX secolo, a integrare la donna nel mondo del lavoro. Questo cambiamento fondamentale è stato incoraggiato dall'istituzione di un sistema di quote e di misure destinate a promuovere il lavoro delle donne, così le differenze tra uomo e donna in termini di salario e di attività sono diminuite. Anche i nomi delle professioni, dei titoli e delle cari-

Quindicesima lezione / 15

17 – Che strano! Mi sembra che lei sia molto giovane per aver potuto fare tutto questo!
18 – Diciamo che, siccome nel curriculum tutti mentono,
19 anch'io mi sono sentita un po' in dovere di farlo...
20 e mi sono detta che, già che c'ero, era meglio mentire sulla mia età piuttosto che farlo su *(in relazione a)* qualcosa di molto più importante...

Note

10 Curriculum, *curriculum vitae*. L'espressione latina è invariabile e si scrive senza accento: **el curriculum vitae, los curriculum vitae**. Si usa anche **el currículo**, con plurale **los currículos**: a volte le parole di origine latina sono assoggettate alle regole d'accentazione spagnola: **sui géneris**, *sui generis*; **vox pópuli**, *vox populi*.

***

Soluzioni dell'esercizio 1

❶ Si è fatto male in un incidente d'auto ed è in malattia perché zoppica ancora un po' dal piede sinistro. ❷ Trovo che il nuovo borsista sia competente e abbia una buona formazione, per lo meno in apparenza. ❸ Per gli studenti gli stage in azienda sono un mezzo per acquisire conoscenze ed esperienze lavorative. ❹ Mi manca il sale e devo andare al supermercato, per cui, già che ci sono, vado a far la spesa per tutta la settimana. ❺ Questo prodotto toglie le macchie rapidamente ed efficacemente.

***

che sono stati femminilizzati: **la jueza** *e* **la mecánica** *designano la giudice e la meccanica;* **el/la soldado** *indicano il soldato/la soldatessa. Andando incontro a questa tendenza, il governo di José Luis Rodríguez Zapatero (2004-2011) è stato il primo a raggiungere la parità uomo/donna. Tuttavia l'attività delle donne (più numerose nei lavori part time, ad esempio) resta più precaria di quella degli uomini e il loro tasso di disoccupazione più alto.*

ciento doce • 112

Ejercicio 2 – Complete

❶ Sebbene la crisi attuale non sia probabilmente il momento migliore per chiedere un aumento al capo, ci provo [comunque]...
...... la .... no ... probablemente el .....
.... para .... al ...., lo voy a ....

❷ Gli uomini spagnoli possono beneficiare di un congedo parentale di quattro settimane.
Los .... pueden .... de una ....
.... de ....

❸ È un anno che sono chiusa in casa senza uscire, studiando per preparare il concorso.
Llevo un año .... en ...., estudiando para .... unas ....

16
Lección dieciséis

Simulador de entrevista de trabajo

1 – Me llama la atención ¹ que haya cambiado tantas veces de empresa en los últimos años...
2 – No creo que mi trayectoria sea incoherente. Además, ello me ha permitido acceder a más responsabilidades, así como ganar un mejor sueldo.

Note

1 **Llamar la atención** esprime un opinione personale, e funziona dunque con il congiuntivo. Rivedremo le strutture che si costruiscono con il congiuntivo nella lezione di ripasso.

❹ L'azienda è fallita a causa di una cattiva gestione e della congiuntura economica.
   La .... por .... y a causa de ..
   ....

❺ Siamo molto orgogliosi di nostro figlio, ha preso la lode in tre materie.
   .... muy .... de ...., ha sacado ....
   .... en ....

Soluzioni dell'esercizio 2
❶ Aunque – actual crisis – sea – mejor momento – pedir un ascenso – jefe – intentar ❷ – hombres españoles – beneficiarse – baja por paternidad – cuatro semanas ❸ – encerrada – casa sin salir – preparar – oposiciones ❹ – empresa quebró – una mala gestión – la coyuntura económica ❺ Estamos – orgullosos – nuestro hijo – matrícula de honor – tres asignaturas

Sedicesima lezione

Simulatore di colloquio di lavoro

1 – *(Mi)* Richiama la mia attenzione il fatto che, negli ultimi anni, abbia cambiato azienda tante volte...
2 – Non credo che il mio percorso sia incoerente. Inoltre mi ha permesso di accedere a maggiori responsabilità e allo stesso tempo di avere *(guadagnare)* un salario migliore.

3 Sea como sea [2], estos cambios de empresa han contribuido positivamente al conocimiento que de la profesión poseo [3].

4 – Ya veo… ¿Por qué lo despidieron [4] en su último trabajo?

5 – Es cierto que en la empresa hubo un plan de reestructuración, pero no me despidieron, yo dimití. El trabajo se había vuelto muy rutinario, y yo necesito retos que me estimulen.

6 – En su carta de presentación no queda claro qué motivos le llevan a querer trabajar con nosotros…

7 – El compromiso [5] de calidad y de desarrollo sostenible de su compañía corresponde perfectamente a mis valores y expectativas.

8 – Cuénteme acerca del puesto de trabajo ideal para usted.

9 – Un trabajo en donde me guste lo que hago y en el que me realice [6], y que me permita compaginar vida profesional y personal.

10 – ¿Cuál es su mayor fortaleza y cuáles sus debilidades?

11 – Mi principal punto fuerte probablemente sea mi capacidad de resolución de problemas trabajando bajo presión.

Note

2 **Sea como sea**: questa espressione, che sicuramente conoscete già, esprime la concessione ed è rappresentativa della ripetizione del verbo al congiuntivo. Questo tipo di costruzione non è rara in spagnolo; la vedrete nella lezione di ripasso.

3 Ricordate che in spagnolo, come in italiano, la posizione degli elementi in una frase non è fissa: **Suben las temperaturas = Las temperaturas suben**, *Le temperature si alzano = Si alzano le temperature*.

Sedicesima lezione / 16

3 Sia come sia, questi cambiamenti di azienda hanno contribuito positivamente alla conoscenza che ho *(possiedo)* della mia professione.

4 – *(Già)* vedo... Perché è stato licenziato dal suo ultimo impiego?

5 – È vero che l'azienda ha subìto *(avuto)* un piano di ristrutturazione, ma non mi hanno licenziato, [mi] sono dimesso io. Il lavoro era diventato molto di routine, e io ho bisogno di sfide che mi stimolino.

6 – Nella sua lettera di presentazione non è chiaro quali motivi la spingano *(portano)* a voler lavorare con noi...

7 – L'impegno nella qualità e nello sviluppo sostenibile della vostra ditta corrisponde perfettamente ai miei valori e aspettative.

8 – Mi dica qual è il posto di lavoro ideale secondo lei.

9 – Un lavoro nel quale mi piaccia quello che faccio e nel quale mi realizzi e che mi permetta di conciliare la vita professionale e quella personale.

10 – Qual è il suo principale punto di forza e quali [sono] le sue debolezze?

11 – Il mio principale punto di forza probabilmente è la mia capacità di risolvere problemi lavorando sotto pressione.

---

4 **Despedir** significa anche *prendere congedo da*. **La despedida** vuol dire *l'arrivederci, l'addio*; **el despido** invece indica *il licenziamento*.

5 **Compromiso** può significare *compromesso*, ma indica generalmente un *impegno*. Notate che **comprometer** significa *compromettere*, ma **comprometerse**, *impegnarsi*. Attenzione ai falsi amici: **empeñarse** significa *ostinarsi*.

6 **Realizarse** corrisponde al nostro *realizzarsi*, qualunque sia il vostro settore di realizzazione: *Me realizo en lo que hago*, *Mi realizzo in ciò che faccio*.

ciento dieciséis • 116

12 ¿Mis defectos? Quizás sufra a veces una falta de liderazgo [7], pero estoy trabajando en ello para superarlo.

13 – ¿Por qué deberíamos contratarle?

14 – Creo que correspondo perfectamente al perfil del puesto y satisfago [8] los requerimientos que su organización necesita.

15 – Bueno, perfecto, creo que esto es todo. Le llamaremos dentro de unos días para darle una respuesta. Venga provisto [9] de...

16 – No, gracias, pero no vale la pena. El trabajo que me proponen no me interesa lo más mínimo...

17 – ¿Perdón? ¿Cómo? ¿Cuál es el problema? ¿El salario? ¿Las condiciones laborales [10]?

18 Estamos buscando [11] un candidato que tenga experiencia, que esté motivado, que disponga de vehículo propio,

Note

[7] Il suffisso **-azgo**, poco comune, indica la qualità o la situazione: è il caso di **liderazgo**, *leadership*, e ancora di **noviazgo**, *fidanzamento*; può richiamare anche l'azione e l'effetto, ad esempio **hallazgo**, *ritrovamento*, *scoperta*; esprime anche il titolo o la carica, come **almirantazgo**, *ammiragliato*. Vedremo nel dettaglio i suffissi nella prossima lezione di ripasso.

[8] **Satisfacer** segue lo stesso tipo di coniugazione di **hacer**, basta sostituire la **h** con la **f**. Nella maggior parte delle parole spagnole la **f** di derivazione latina (che altre lingue romanze hanno spesso mantenuto) si è evoluta in una **h**: **harina**, *farina*; **huir**, *fuggire*; **rehusar**, *rifiutare*; **higo**, *fico* ecc.

Sedicesima lezione / 16

12 I miei difetti? Può darsi che risenta a volte di una mancanza di leadership, ma ci sto lavorando per superarlo.
13 – Perché dovremmo assumerla?
14 – Credo di corrispondere perfettamente al profilo ricercato *(del posto)* e soddisfo i requisiti *(le richieste)* di cui la vostra organizzazione ha bisogno.
15 – Bene, perfetto, credo che sia tutto. La chiameremo entro qualche giorno per darle una risposta. Venga con *(provvisto di)*...
16 – No, grazie, ma non ne vale la pena. Il lavoro che mi proponete non mi interessa per niente *(il più minimo)*...
17 – Scusi? Come? Qual è il problema? Il salario? Le condizioni di lavoro?
18 Noi cerchiamo un candidato che abbia esperienza, che sia motivato, che sia automunito,

---

9 **Provisto** è il participio passato irregolare del verbo **proveer** che ha anche un participio passato regolare: **proveído**. Nella lezione di ripasso troverete altri verbi che possiedono un doppio participio e capirete l'utilità di entrambi.

10 **Laboral** serve a indicare tutto ciò che ha un rapporto con il lavoro: **accidente laboral**, *incidente sul lavoro*; **derecho laboral**, *diritto del lavoro* ecc.

11 In spagnolo un complemento oggetto che designa una persona è preceduto dalla preposizione **a**. Notate che ci sono alcune eccezioni a questa regola: quando non si conosce la persona, di solito **a** non si utilizza con il verbo **buscar**, *cercare*; **encontrar** o **hallar**, *trovare*; **necesitar**, *aver bisogno di*: **Necesitamos (a) un fontanero**, *Abbiamo bisogno di un idraulico*. Inoltre con **tener**, *avere*, non si mette mai **a** davanti al complemento oggetto: **Tiene muchos amigos**, *Ha molti amici*.

19 y que esté disponible inmediatamente y usted cumple todos los requisitos. ¡Nunca en mi larga carrera de cazatalentos [12] había visto semejante cosa!

20 – A decir verdad, mañana tengo una entrevista muy importante para un trabajo que me interesa realmente, y he venido solo para ensayar… □

Note

[12] Nonostante le apparenze **cazatalentos** non si usa solo nel mondo dello show-business; indica un *cacciatore di teste* in un qualunque

***

Ejercicio 1 – Traduzca

❶ Los primeros pasos de los jóvenes en el mercado laboral no son siempre fáciles. **❷** Han previsto despedir a la mitad de la plantilla para reducir costes. **❸** Quizás te parezca ingenuo, pero nunca había imaginado semejante cosa. **❹** El hallazgo de una calavera corrobora la existencia de un yacimiento arqueológico en la zona. **❺** Sea como sea, la decisión ya está tomada y no es posible dar marcha atrás.

***

L'orario di lavoro in Spagna è di 40 ore settimanali e non può superare le 9 ore al giorno. I lavoratori dipendenti godono di un buon numero di giorni festivi, infatti gli spagnoli ironizzano spesso sui loro 36 giorni di ferie pagate all'anno: **"En este país de fiesta, siempre hay algo que festejar"***,* "*In questo Paese di feste c'è sempre qualcosa da festeggiare". I giorni di vacanza sono divisi tra religiosi e non religiosi, nonché in giorni nazionali e regionali. Sebbene*

19 e che sia disponibile immediatamente e lei soddisfa tutti i requisiti. Non ho mai visto una cosa simile nella mia lunga carriera di cacciatore di teste!

20 – A dire il vero domani ho un colloquio molto importante per un lavoro che mi interessa davvero, sono venuto solo per provare...

---

settore di attività. Notate che nelle parole composte da un verbo e un nome, il nome è sempre al plurale: **abrelatas**, *apriscatole*; **sacacorchos**, *cavatappi ecc.*

***

Soluzioni dell'esercizio 1

❶ I primi passi dei giovani nel mercato del lavoro non sono sempre facili. ❷ Hanno previsto di licenziare la metà dell'organico per ridurre i costi. ❸ Forse ti sembrerò ingenuo, ma non avrei mai immaginato una cosa simile. ❹ Il ritrovamento di un teschio conferma l'esistenza di un sito archeologico nella zona. ❺ Sia come sia, la decisione è già presa e non è possibile fare marcia indietro.

***

le cose comincino a cambiare, non c'è molta flessibilità nella scelta delle date delle vacanze, che sono "imposte" a tutti a Natale, per la Settimana santa (vacanze di Pasqua) e nel mese di agosto (o talvolta di luglio) per le vacanze estive.
I salari sono spesso pagati su 14 o 15 mesi (la paga è doppia a Natale e in estate) e le imposte sono trattenute alla fonte (come in Italia, vengono versate direttamente dal datore di lavoro).

17 / Lección diecisiete

Ejercicio 2 – Complete

① Sono sicuro che è possibile conciliare la nostra qualità della vita attuale con uno sviluppo sostenibile rispettoso dell'ambiente.
.... de que es .... la .... de vida ...... con un .... respetuoso con el ....

② Mi ha contattato un cacciatore di teste, un'azienda gli ha chiesto di trovare qualcuno con il mio profilo e la mia esperienza.
Me .... un ...., una ...... le ha ...... que .... alguien con mi ...... y mi ....

③ Dopo l'ultima partita la squadra ha dimostrato la sua indiscussa leadership in questi campionati.
Después del ...., el ...... ha .... su .... en estos ....

17

Lección diecisiete

Una manifestación involuntaria

1 – Oye, chica, sí, tú, ven, ayúdame con la pancarta, y canta a coro con nosotros: "¡El pueblo, unido, jamás será vencido!"
2 – Pero si yo solo…
3 – Sí, sí, que la situación no puede continuar así.
4 Estamos hartos de que [1] no se respeten los derechos legales de los trabajadores,
5 y de que lo único que importe sea ganar más y más dinero.

Note

[1] **Estar harto/a de que**, allo stesso modo di **es imprescindible que** (frase 13), esprime un'opinione oppure un sentimento. La co-

❹ Lo scopo della lettera di presentazione è di attirare l'attenzione della persona che fa la selezione e fargli buona impressione.
El .... de la .... es ....
de la .... que .... la .... y .... una buena
....

❺ Per non ingrassare è meglio evitare i cibi fritti e l'alcol.
Para no .... es .... los .... y el ....

Soluzioni dell'esercizio 2
❶ Estoy convencido – posible compaginar – calidad – actual – desarrollo sostenible – medio ambiente ❷ – ha contactado – cazatalentos – empresa – pedido – encuentre – perfil – experiencia ❸ – último partido – equipo – confirmado – liderazgo indiscutible – campeonatos ❹ – objetivo – carta de presentación – llamar la atención – persona – hace – selección – causarle – impresión ❺ – engordar – mejor evitar – alimentos fritos – alcohol

Diciassettesima lezione

Una manifestazione involontaria

1 – Senti, *(ragazza)*, sì, tu, vieni, aiutami con lo striscione e canta in coro con noi: "Il popolo, unito, non sarà mai vinto!"
2 – Ma se solo…
3 – Sì, sì, perché la situazione non può continuare così.
4   Siamo stufi che non vengano rispettati i diritti legali dei lavoratori,
5   e che la sola cosa importante sia guadagnare sempre più soldi.

struzione di entrambi prevede l'uso di un verbo al congiuntivo. Ritorneremo sull'argomento nella lezione di ripasso.

6 Por eso exigimos que las condiciones de trabajo sean dignas,
7 y que nos propongan contratos fijos, curros [2] estables, para acabar con la precariedad del empleo…
8 Queremos sobre todo que nos paguen un sueldo decente. ¡Cobramos [3] una miseria! ¡Es indignante!
9 ¡No vamos a permitir que nos sigan explotando para que banqueros y fondos de pensiones se enriquezcan a nuestra costa!
10 – Sí, claro, visto así… No es normal que unos trabajen y que sean otros los que se forren, pero…
11 – ¡Ni peros ni peras! [4] ¡Es un escándalo que siempre sean los mismos quienes corten el bacalao [5]…!
12 ¡Hasta que algún día se vuelva la tortilla [6] y entonces ya veremos! ¡El que ríe el último, ríe mejor!
13 ¡Es imprescindible que el pueblo se conciencie de lo que está pasando y se rebele!

Note

2 El **curro** è la parola colloquiale per indicare *il lavoro*. Nella stessa famiglia di parole troviamo **un currante**, *un lavoratore*, e anche il verbo **currar**, *lavorare*: **Este fin de semana me toca currar**, *Questo fine settimana mi tocca lavorare*.

3 Parlando di soldi **cobrar** vuol dire *riscuotere*, ma indica anche il fatto di *essere pagati* (**Este mes todavía no he cobrado**, *Questo mese non mi hanno ancora pagato*) e ancora ha il significato di *incassare*, *far pagare*. **Camarero, ¿me cobra, por favor?**, *Cameriere, il conto, per favore*.

Diciassettesima lezione / 17

6 Per quello esigiamo che le condizioni di lavoro siano degne,
7 e che ci propongano contratti a tempo indeterminato, lavori stabili, per finirla con la precarietà dell'impiego...
8 Vogliamo soprattutto che ci paghino un salario decente. Guadagniamo una miseria! È rivoltante!
9 Non permetteremo che continuino a sfruttarci affinché bancari e fondi di pensione si arricchiscano sulla nostra pelle!
10 – Sì, certo, visto così... Non è normale che alcuni lavorino e che siano altri ad arricchirsi, ma...
11 – Non c'è ma che tenga! È uno scandalo che siano sempre gli stessi ad avere il coltello dalla parte del manico *(taglino il baccalà)*...!
12 [Ma] *(Finché)* un giorno girerà la ruota *(si giri la frittata)* e allora vedremo! Ride bene chi ride ultimo *(chi ride l'ultimo ride meglio)*!
13 È fondamentale che il popolo prenda coscienza di quello che sta succedendo e si ribelli!

---

4 **Pero**, *ma*, significa anche *obiezione*: **tener muchos peros**, *presentare molte obiezioni*; **sin poner peros**, *senza sollevare obiezioni*; **encontrar peros**, *trovare da ridire*. Notate che l'espressione **ni peros ni peras**, *non c'è ma che tenga*, serve a spazzar via qualunque obiezione, così come **no hay peros que valgan**, *niente se e niente ma*.

5 **Cortar el bacalao**, conta dei sinonimi in campo musicale, **llevar la batuta** (lett. tenere la bacchetta [del direttore d'orchestra]), e culinario, **tener la sartén por el mango** (lett. tenere il tegame per il manico). In ogni caso si parla di qualcuno che padroneggia la situazione, imponendo la propria legge.

6 **Tortilla** in Spagna designa una *frittata*, mentre in Messico è una specie di "piadina" di mais. L'espressione **volverse la tortilla** è molto visiva: fa riferimento al fatto che il vento gira e le cose sono destinate a cambiare.

ciento veinticuatro

14 Y fíjate que digo el pueblo, y no solo los parados [7] o los mileuristas [8]... Los activos, los jubilados... ¡todos!

15 Todo el mundo se queja de que no haya justicia, pero ha llegado el momento de que actuemos.

16 – Dada la actual coyuntura económica, me temo [9] que el margen de maniobra tanto del gobierno como de las empresas para negociar no sea muy grande...

17 Y, si las negociaciones no llegan a buen puerto, ¿qué pensáis hacer?

18 – ¿No estás al corriente? Hemos convocado una huelga general a partir de mañana, que podría convertirse en una huelga indefinida...

19 Ojalá [10] no tengamos que llegar a esos extremos... Por cierto, ¿a qué sindicato estás afiliada?

20 – ¿Yo? ¡A ninguno! Vivo en esta plaza, y había bajado a por pan [11] cuando me has pedido que sostuviera la pancarta...

Note

7 Parar vuol dire *fermare*. Quando si richiama il fatto di smettere di lavorare per mancanza di lavoro, si dice **estar parado/a** o **en el paro**, *essere disoccupato*, **el/la parado/a**, *il/la disoccupato/a*.

8 Questo neologismo, nel quale si riconoscono facilmente le parole **mil** e **euro**, designa quegli spagnoli il cui salario mensile non supera i 1.000 €. In particolare fa riferimento a uno spagnolo tra i 25 e i 40 anni, generalmente laureato, che dopo aver svolto alcuni stage, ha trovato soltanto un lavoro pagato 1.000 € al mese.

9 **Temer** esprime il timore, sentimento soggettivo: dunque si impone il congiuntivo! Il sostantivo corrispondente è **el temor**, *il timore*.

10 Nella parola **ojalá**, potete riconoscere la parola **Alá**, *Allah, Dio* (la presenza araba in Spagna durò quasi 8 secoli). Con un congiuntivo

Diciassettesima lezione / 17

14 E guarda che dico il popolo, e non solo i disoccupati o i sottopagati... [Anche] gli attivi, i pensionati... tutti!

15 Tutti si lamentano che non ci sia giustizia ma è arrivato il momento di agire *(che attuiamo)*.

16 – Data l'attuale congiuntura economica temo che il margine di manovra per negoziare, sia del governo che delle aziende, non sia molto ampio...

17 E se i negoziati non vanno in porto *(non arrivano a buon porto)* cosa pensate di fare?

18 – Non lo sai *(non sei al corrente)*? Abbiamo convocato uno sciopero generale, a partire da domani, che potrebbe trasformarsi in uno sciopero illimitato *(indefinito)*...

19 Speriamo di non dover arrivare a questi estremi... A proposito, a che sindacato appartieni?

20 – Io? A nessuno! Abito in questa piazza ed ero scesa per prendere il pane *(a per pane)* quando mi hai chiesto di tenere lo striscione...

---

presente, **ojalá**, *che Dio voglia*, esprime un augurio: **Ojalá gane nuestro equipo**, *Che vinca la nostra squadra*; con un congiuntivo imperfetto esprime un rammarico, e si traduce con *se solo, magari*: **Ojalá estuvieras aquí conmigo**, *Magari fossi qui con me*.

11 Con i verbi di movimento come **ir**, *andare*, **venir**; *venire*; **volver**, *tornare*; **salir**, *uscire*, la preposizione **por** ha spesso il senso di *alla ricerca di*: **Ha ido a por pan**, *È andato a prendere il pane*. L'uso della preposizione **a** davanti a **por**, facoltativa, è molto frequente in Spagna e ha il vantaggio di togliere qualunque ambiguità in frasi come **Voy por mi hijo**, che significa *Vado a prendere mio figlio* o *[Ci] Vado al posto di mio figlio*.

17 / Lección diecisiete

▶ Ejercicio 1 – Traduzca

❶ En la segunda parte del partido, la tortilla se volvió, y el equipo visitante remontó el marcador. ❷ Actúa de modo que todos sepan que es él quien tiene la sartén por el mango. ❸ Me extrañó, pero la compañía de seguros aceptó pagar los daños provocados por el incendio sin poner ningún pero. ❹ Dijo que iba a por tabaco, y no regresó. Y nadie supo nunca más de él. ❺ Ojalá que no tenga que currar el próximo fin de semana, y encima para cobrar un sueldo de miseria. ¡Estoy harta!

Ejercicio 2 – Complete

❶ Dopo diversi lavori precari gli hanno proposto un contratto fisso e lo pagano molto bene *(prende un salario molto buono)*.
Tras varios ...., le han .... un .... en el que ..... un muy ....

❷ Prima di iscriverti è imprescindibile che tu legga e accetti le condizioni generali.
..... de .... es .... que .... y .... las ....

❸ Ha aperto un'attività di import e vendita di mobili di design e si sta arricchendo.
Ha .... un .... de .... y ..... de .... de ...... y se está ....

❹ L'entrata al museo è gratuita per gli studenti, i disoccupati e i pensionati.
La .... al ..... es .... para ...., ... y ....

❺ I clienti si lamentano del cattivo servizio e del fatto che la ditta si arricchisca sulla loro pelle e minacciano di rescindere il contratto.
Los .... del .... y de que la .... se .... a ...., y .... con rescindir su ....

Soluzioni dell'esercizio 1

❶ Nella seconda parte della partita il vento è cambiato e la squadra ospite ha recuperato lo svantaggio. ❷ Agisce in modo che tutti sappiano che è lui che tiene il coltello dalla parte del manico. ❸ Mi stupì ma la compagnia di assicurazioni accettò di pagare i danni provocati dall'incendio senza fare nessuna obiezione. ❹ Disse che andava a prendere il tabacco e non tornò. E nessuno seppe più niente di lui. ❺ Speriamo di non dover lavorare il prossimo fine settimana e per di più per guadagnare una miseria di salario. Sono stufa!

Soluzioni dell'esercizio 2

❶ – curros precarios – propuesto – contrato fijo – cobra – buen sueldo ❷ Antes – inscribirte – imprescindible – leas – aceptes – condiciones generales ❸ – montado – negocio – importación – venta – muebles – diseño – forrando ❹ – entrada – museo – gratuita – estudiantes, parados – jubilados ❺ – clientes se quejan – mal servicio – compañía – enriquezca – su costa – amenazan – contrato

18

Lección dieciocho

Una agenda muy apretada

1 – Oye, Alicia, ¿qué planes tenéis para mañana? ¿Os apetece venir a cenar a casa? Algo simple [1], sin ceremonias...

2 Con este buen tiempo, podemos hacer una barbacoa en la terraza. ¡Es la gran ventaja de vivir en un ático [2]!

3 – ¡Es una idea estupenda! ¡Aceptamos con mucho gusto esta propuesta tan tentadora!

4 ¿Queréis que llevemos algo para comer o para beber? De postre puedo hacer un pastel de fresas, me salen de rechupete [3]...

5 Imagino que no hay que ir vestido de ninguna manera especial... Pero, ¿dónde tendré la cabeza? Últimamente no paramos ni un momento.

6 Mañana nos han invitado los Herrera, perfectos anfitriones [4], por cierto. Lo siento, desgraciadamente no podemos. ¿Entonces otro día?

Note

1 Notate che non c'è la preposizione **de** tra il pronome indefinito **algo** e **simple**. Non c'è mai preposizione neanche con il pronome indefinito **nada** (frase 9). **Por mi cumpleaños no hice nada especial**, *Per il mio compleanno non ho fatto niente di speciale*.

2 Siccome non piove mai moltissimo in Spagna, di solito i tetti degli immobili sono piatti: in generale servono da terrazza in comune per tutti gli inquilini, ma possono anche essere utilizzati solamente dagli abitanti degli **áticos**, *attici*.

Diciottesima lezione

Un'agenda molto piena

1 – Dimmi *(Ascolta)*, Alicia, che progetti avete per domani? Vi andrebbe *(avete voglia)* di venire a cena [da noi] *(a casa)*? Qualcosa di semplice, senza formalità...
2 Con questo bel tempo possiamo fare un barbecue in terrazza. È il grande vantaggio di vivere in un attico!
3 – È un'idea stupenda! Accettiamo con molto piacere una *(questa)* proposta così allettante!
4 Volete che portiamo qualcosa da mangiare o da bere? Posso fare una torta di fragole come dessert, mi vengono benissimo...
5 Immagino che non si debba venire vestiti in nessun modo particolare... [Oh], ma dove ho la testa? Ultimamente non stiamo mai fermi *(neanche un momento)*.
6 Domani ci hanno invitato gli Herrera, a proposito, perfetti padroni di casa *(anfitrioni)*. Mi spiace, purtroppo non possiamo. Allora un altro giorno?

3 Nell'espressione **de rechupete** si riconosce il prefisso **re-**, che esprime una ripetizione, e **chupar**, *succhiare* e che si applica al cibo. Un'altra espressione, ancora più visiva, è **está para chuparse los dedos**, *è da leccarsi le dita*!

4 Due parole in spagnolo per indicare *l'ospite*: **el anfitrión**, colui che invita, e **el huésped**, colui che è invitato. **Una casa de huéspedes** corrisponde a *una pensione*.

7 – Pues pasado mañana también estamos libres...

8 – ¡Qué lástima!, tampoco es posible, ya hemos quedado...

9 – ¿Y si organizáramos algo para el próximo fin de semana? Nosotros no tenemos nada previsto.

10 – Es que semana sí, semana no [5], vamos al chalé de la sierra...

11   El próximo no nos toca, pero es la comunión de mi ahijado. Ya sabes, las dichosas [6] obligaciones familiares...

12 – Ya veo. Mira, de hoy en ocho montamos una rifa para recaudar fondos para una ONG que financia escuelas en África, si queréis uniros a nosotros...

13 – ¡Qué mala pata! [7] Ese día, a última hora de la tarde es la fiesta de despedida de un compañero de trabajo,

14   y por la noche empalmamos [8] con un cóctel para la inauguración de la exposición de un amigo escultor...

15   La semana siguiente Carlos anda de viaje de negocios, y la semana después recibimos a unos familiares argentinos que no conocen España.

Note

5 Per indicare che una cosa si fa una volta ogni due lo spagnolo può utilizzare la parola **cada** o un'espressione più idiomatica: **Nos llamamos cada dos días** o **día sí, día no**, *Ci chiamiamo ogni due giorni*.

6 **Dichoso/a** è un sinonimo di **feliz**, *contento/a*. Tuttavia, nel linguaggio familiare, può anche fare riferimento a qualcosa che irrita: **¡Apaga la dichosa tele!**, *Spegni quella maledetta televisione!*; **Me ha vuelto a hablar del dichoso asunto**, *È tornato a parlarmi del dannato problema*.

Diciottesima lezione / 18

7 – Beh, siamo liberi anche dopodomani...
8 – Che peccato, neanche [dopodomani] è possibile, abbiamo già un impegno...
9 – E se organizzassimo qualcosa per il prossimo fine settimana? Noi non abbiamo niente in programma *(previsto)*.
10 – È che una settimana sì e una no andiamo alla casa in montagna...
11 La prossima non ci andiamo *(non ci tocca)*, ma c'è la comunione del mio figlioccio. Sai, gli insopportabili obblighi familiari...
12 – Capisco *(Vedo)*. Guarda, tra otto giorni organizziamo una lotteria per raccogliere fondi per una ONG che finanzia scuole in Africa, se volete unirvi a noi...
13 – Che scalogna! Quel giorno nel tardo pomeriggio *(nell'ultima ora del pomeriggio)* c'è la festa di addio di un collega,
14 e a seguire, la sera, andremo a un cocktail per l'inaugurazione della mostra di un amico scultore...
15 La settimana dopo Carlos è in viaggio d'affari e la settimana seguente ospitiamo *(riceviamo)* alcuni parenti argentini che non conoscono la Spagna.

---

7 **Tener mala pata** vuol dire *avere sfortuna*. Ma altre espressioni familiari contengono la parola **pata**, *zampa*: **meter la pata**, *fare una gaffe*; **estirar la pata**, *tirare le cuoia*; **poner a alguien de patas en la calle**, *buttar fuori di casa qualcuno* ecc.

8 **Empalmar** indica il fatto di far seguire nel tempo due cose senza discontinuità. È anche il termine utilizzato per fare riferimento alla successione di due mezzi di trasporto, *essere in coincidenza*.

ciento treinta y dos • 132

16 Y luego nos tomamos quince días de merecido descanso, así que zarpamos para un crucero de lujo por el Caribe.

17 – ¡Qué vida tan ajetreada lleváis! Pues cuando os vaya bien nos avisáis... ¡Espero [9] que consigamos vernos pronto!

18 – Nada nos gustaría más a Carlos y a mí que organizar algo juntos. En cuanto tengamos un hueco en la agenda, os damos un toque...

19 – ¿Y vosotros creéis que encontraréis un momento libre antes de que termine la década [10] en curso?

Note

9 Ricordate che il verbo **esperar**, *sperare*, si costruisce con il congiuntivo e che **cuando** richiede il congiuntivo quando esprime il futuro, a meno che non sia in una domanda (allora regge il futuro indicativo): – **¿Cuándo vendrás? – Cuando tenga tiempo**, – *Quando verrai? – Quando avrò tempo*.

***

Ejercicio 1 – Traduzca

❶ Desgraciadamente ya hemos quedado para el viernes, pero el sábado no tenemos nada previsto. **❷** Esta paella te ha quedado de rechupete, ¡tienes que darme sin falta la receta! **❸** Teníamos que coger un vuelo de madrugada, así que fuimos de marcha y empalmamos directamente con el avión. **❹** Soy enfermera y semana sí, semana no, trabajo en el turno de noche. **❺** Sois nuestros huéspedes, así que poneos cómodos, y haced como si estuvierais en vuestra propia casa.

Diciottesima lezione / 18

16 E poi ci prendiamo quindici giorni di meritato riposo, quindi partiamo *(salpiamo)* per una crociera di lusso ai Caraibi.

17 – Che vita *(così)* movimentata che avete! Beh, quando vi va bene avvisateci... Spero che riusciremo a vederci presto!

18 – Niente piacerebbe di più, a me e a Carlos, che organizzare qualcosa insieme. Appena abbiamo un buco in agenda vi facciamo sapere *(diamo un tocco)*...

19 – E credete che troverete un momento libero prima che termini il decennio in corso?

10 Non confondete **la década**, un periodo di dieci anni che va da una decina all'altra (**La década de los 80 fue una década de gran creatividad**, *Gli anni '80 sono stati un decennio di grande creatività*), con **el decenio**, un periodo di dieci anni (**Trabajé en esa empresa durante un decenio**, *Ho lavorato in quella azienda per dieci anni*).

***

Soluzioni dell'esercizio 1

❶ Sfortunatamente venerdì abbiamo già un appuntamento, ma sabato non abbiamo niente in programma. ❷ Questa paella ti è venuta benissimo, devi assolutamente darmi la ricetta! ❸ Dovevamo prendere un volo la mattina presto, così siamo andati a divertirci e poi abbiamo preso direttamente l'aereo. ❹ Sono infermiera e una settimana sì e una no faccio il turno di notte. ❺ Siete nostri ospiti, per cui mettetevi comodi e fate come se foste a casa vostra.

ciento treinta y cuatro • 134

Ejercicio 2 – Complete

❶ I nostri ospiti ci hanno ricevuto molto calorosamente e conserviamo un ricordo molto piacevole di questo soggiorno.

Nuestros ………… nos ………… muy ………… y ……… un muy grato ……… de esta ……… .

❷ Organizziamo un fine settimana tra amici nella nostra casa di montagna. Vi va di venire con noi?

………… un ………… entre …… en nuestro …… de la ……¿ ……… venir …………?

❸ A scuola gli alunni hanno organizzato una lotteria per raccogliere soldi per il loro viaggio di fine anno e il primo premio è un prosciutto.

En ……………… han ……… una …. para ……… dinero para el ………… curso, y el ………… es .. …… .

❹ Che scalogna! Non possiamo salpare a causa di una tempesta. Spero che il tempo migliori presto!

¡Qué ………! No ………… a causa de una ……… . ¡ …… que ………… pronto!

❺ Il mio figlioccio di 10 anni verrà *(viene)* tre giorni a casa, devo trovare qualcosa da fargli fare che lo distragga.

Mi ……. de ………… a pasar ……… a …., tengo que ………………… para …… .

***

Per indicare le parti di una giornata lo spagnolo usa le espressioni **a primera hora de la mañana/tarde**, *di prima mattina/nel primo pomeriggio;* **a media mañana/tarde**, *a metà mattina/pomeriggio;* **a última hora de la mañana/tarde**, *nella tarda mattinata/nel tardo pomeriggio. Invece, per parlare della settimana, del mese, dell'anno, si dice* **a principios de año**, *a inizio anno;* **a mediados de semana/junio**, *a metà settimana/a metà giugno;* **a finales de invierno**, *a fine inverno.*

Diciottesima lezione / 18

Soluzioni dell'esercizio 2

❶ – anfitriones – recibieron – calurosamente – guardamos – recuerdo – estancia ❷ Organizamos – fin de semana – amigos – chalé – sierra – Os apetece – con nosotros ❸ – la escuela los alumnos – montado – rifa – recaudar – viaje de fin de – primer premio – un jamón ❹ – mala pata – podemos zarpar – tormenta – Espero – el tiempo mejore – ❺ – ahijado – diez años viene – tres días – casa – encontrarle algo distraído – hacer

***

Per quanto riguarda l'organizzazione delle giornate, gli impiegati statali lavorano la mattina dalle 8:00 alle 15:00. Di pomeriggio la maggior parte degli uffici pubblici è chiusa. Per quanto riguarda le aziende private, gli uffici aprono il pomeriggio dalle 16:00 alle 19:00, gli esercizi commerciali dalle 16:30/17:00 alle 20:00. Inoltre, d'estate, molte aziende effettuano una **jornada intensiva**, *orario continuato, dalle 8:00 alle 15:00: questo permette ai dipendenti di disporre del pomeriggio libero. Da qualche anno diversi organismi economici e alcuni politici hanno cercato di allineare gli orari della penisola con quelli del resto del continente, per ora senza successo.*

Lección diecinueve

Unamos el gesto a la palabra

1 – ¿Cuánto hace que vives en España, Fabrice? Tengo la impresión de que te has adaptado bien al estilo de vida de aquí...

2 – Hace ya prácticamente [1] cinco años. Al principio el choque cultural fue brutal, pero aquí estoy, completamente integrado.

3   Digamos que, para no sentirme extranjero [2], cumplí aquel dicho de "donde fueres, haz lo que vieres" [3].

4   No fue fácil adoptar los horarios españoles. Lo de tomarse dos horas para el almuerzo y el comer tan tarde ¡me costó [4] lo suyo!

5 – ¿Tuviste alguna sorpresa desagradable?

6 – A decir verdad, había leído un artículo acerca del proceso de aclimatación a este país.

7   Al parecer primero hay una etapa de fascinación, ya que las gentes, el clima y las costumbres atraen poderosamente a la gente de fuera.

Note

1 **Prácticamente**, è una di quelle parole trabocchetto che sotto un aspetto simile a quello delle parole italiane, nascondono in realtà delle lievi differenze di scrittura che possono causare problemi: prá**c**tico, *pratico*; **respeto**, *rispetto*; **propio**, *proprio*; **orquesta**, *orchestra*; **cocodrilo**, *coccodrillo*...

2 Notate la differenza tra **el extranjero**, *lo straniero* che viene da un altro Paese, e **el forastero**, *il forestiero* che non è nativo del luogo

Diciannovesima lezione

Uniamo il gesto alla parola

1 – Da quanto tempo vivi in Spagna, Fabrice? Ho l'impressione che tu ti sia adattato bene allo stile di vita di qui...
2 – Sono praticamente già cinque anni. All'inizio lo choc culturale è stato violento *(brutale)*, ma eccomi qui *(qui sono)*, completamente integrato.
3 Diciamo che per non sentirmi uno straniero ho rispettato il *(quel)* detto "quando sei a Roma, fai come i romani" *(ovunque tu sia, fai quello che vedrai)*.
4 Non è stato facile adottare gli orari spagnoli. Ho fatto una fatica immane [ad abituarmi] a usare *(prendere)* due ore per il pranzo e a mangiare così tardi!
5 – Hai avuto qualche sorpresa sgradevole?
6 – A dire la verità avevo letto un articolo sul processo di adattamento a questo Paese.
7 A quanto sembra, prima c'è una fase di attrazione, dato che la gente, il clima e le abitudini attirano fortemente le persone che vengono da fuori *(di fuori)*.

---

in cui si trova, ma che può venire o da un Paese diverso oppure da un'altra regione dello stesso Paese.
3 Il tempo verbale utilizzato in questo detto è il congiuntivo futuro, ormai molto raro. Ne parleremo nella lezione di ripasso.
4 Il verbo **costar** si costruisce allo stesso modo dei verbi **gustar** o **doler**: *Me cuesta levantarme temprano*, Faccio fatica ad alzarmi presto. L'espressione **me costó lo suyo** + verbo, significa colloquialmente *ho fatto una fatica d'inferno a* + verbo.

8 Muchas cosas son diferentes, la vida parece fácil, se hacen amigos como churros [5], los horarios no importan...

9 Para los que vienen aquí, en este país no solo todo es posible, sino que ¡es jauja! [6]

10 Pero sigue una fase de desesperación, cuando empiezan a detectar comportamientos raros, a saber,

11 que el piso que quieren alquilar no está listo en la fecha prometida o que el certificado de residencia se retrasa más de lo previsto.

12 Descubren que las normas no se cumplen o se reinventan [7] cada día y que nadie es responsable de nada.

13 La última fase, la de la hispanización, la desarrollan al parecer cuando regresan a su país de origen.

14 Allí han de enfrentarse con la racionalidad, la puntualidad y la seriedad. Pero ya no las soportan.

15 En su país no hay lugar para la sorpresa ni la improvisación... Como puedes ver, ¡vine prevenido! [8]

Note

5 I **churros** sono delle frittelle lunghe e cilindriche, cosparse di zucchero. Li conoscete? Capirete allora perché si chiama **churro** qualcosa che non assomiglia a niente: **Tu dibujo es un churro**, *Il tuo disegno non assomiglia a niente!* Notate anche queste espressioni: **hacer algo como churros**, *fare qualcosa con grande facilità e in grande quantità*; **Se venden como churros**, *Si vendono come il pane*, e **¡Vete a freír churros!**, *Vai a quel paese!*

6 **Jauja** indica un luogo ideale dove tutti i desideri saranno esauditi. È un'allusione a Jauja, villaggio e provincia del Perù, rinomati per

Diciannovesima lezione / 19

8 Molte cose sono diverse, la vita sembra facile, si fanno amici in quantità *(come churros)*, gli orari non hanno importanza...

9 Per quelli che vengono qui, in questo Paese non solo tutto è possibile, ma è anche una pacchia!

10 [Poi] però segue una fase di disperazione, quando cominciano a scoprire comportamenti strani, cioè

11 che l'appartamento che vogliono affittare non è pronto per la data convenuta o che il certificato di residenza ritarda più del previsto.

12 Scoprono che le regole non si rispettano o si reinventano ogni giorno e che nessuno è responsabile di niente.

13 L'ultima fase, quella della ispanizzazione, la sviluppano, pare, quando tornano al loro Paese di origine.

14 Là devono fare i conti con la razionalità, la puntualità e la serietà. Ma non le sopportano più.

15 Nel loro Paese non c'è posto per la sorpresa né per l'improvvisazione... Come vedi *(puoi vedere)*, sono arrivato preparato *(avvisato)*!

---

il loro splendido clima e le loro ricchezze. In italiano si parlerebbe di *paese della cuccagna* o *di Bengodi*: **¡Esto no es Jauja!**, *Non è il paese di Bengodi!*

7 Sebbene il prefisso **re-** esista in spagnolo per indicare la ripetizione (**revender**, *rivendere*; **reaparecer**, *riapparire*; **reorganizar**, *riorganizzare* ecc.), pochi verbi lo ammettono. Si usa preferibilmente **de nuevo**, *di nuovo*, o la struttura **volver a** + l'infinito: **Se ha vuelto a casar** *o* **Se ha casado de nuevo**, *Si è risposato*. Vedremo più in dettaglio la questione dei prefissi nella lezione di ripasso.

8 Allusione al proverbio **Hombre prevenido, vale por dos**, *Uomo avvisato mezzo salvato*.

16 – Interesante análisis, sí... En cualquier caso, hablas perfectamente español y eso ha debido de [9] ser decisivo...

17 – Bueno, al llegar [10] ya hablaba bien, pero ello no me salvó de diferentes malentendidos, situaciones graciosas y hasta vergonzosas.

18 Una vez, no recuerdo exactamente qué le conté a un amigo y se puso el índice en la parte inferior del ojo, tirando ligeramente hacia abajo.

19 ¡Obviamente me ofendí porque pensé que expresaba su incredulidad ante lo que le estaba diciendo! ¡La mala cara que le puse [11]!

20 Más tarde comprendí que solo había querido avisarme del peligro...

Note

[9] Ricordatevi la differenza tra il verbo **deber** da solo, che esprime l'obbligo (**Deberías pedirle perdón**, *Dovresti chiederle scusa*) e **deber** seguito da **de**, che esprime l'ipotesi (**Deben de ser las seis**, *Devono essere le sei*).

[10] La costruzione **al** + infinito, equivale a una proposizione temporale che indica la simultaneità di due azioni: **Me encontré con Juan al llegar**, *Mentre arrivavo mi sono incrociato con Juan*; **Llámame al llegar**, *Chiamami quando arrivi*.

***

La maggior parte dei gesti italiani e spagnoli hanno lo stesso significato. Esiste tuttavia qualche differenza da un Paese all'altro. In Spagna tamburellare leggermente la guancia con la mano, a dita unite, significa avere la faccia tosta e mimare il fatto di far rimbalzare la palla serve a indicare l'azione di lustrare gli stivali a qualcuno perché la parola **pelota**, *palla, ha anche il senso di* ruffiano. *Altri gesti possono creare dei potenziali fraintendimenti: per mostrare di essere al verde si sfregano due dita (indice e medio) sulla superfi-*

Diciannovesima lezione / 19

16 – Analisi interessante, sì... In ogni caso, parli perfettamente spagnolo e questo è sicuramente stato *(ha dovuto essere)* decisivo...
17 – Beh, quando sono arrivato parlavo già bene, ma questo non mi ha salvato da diversi malintesi, situazioni buffe e [a volte] perfino vergognose.
18 Una volta, non ricordo esattamente cosa avevo raccontato a un amico e [lui] si mise l'indice sulla parte inferiore della palpebra e tirò leggermente verso il basso.
19 Ovviamente mi risentii perché pensavo che stesse esprimendo la sua incredulità per quello che stavo dicendo. Gli misi un muso!
20 In seguito ho capito che aveva solo voluto mettermi in guardia dal pericolo...

11 Cara, *viso*, appare in numerose espressioni colloquiali: **poner mala cara**, *fare il muso*; **tener buena/mala cara**, *avere una bella/brutta faccia*; **tener (mucha) cara**, *essere una faccia tosta ecc.*

***

cie del viso, partendo da sotto gli occhi; per dire che qualcuno è pazzo gli spagnoli girano il loro indice, formando dei cerchi nel vuoto perpendicolarmente alla testa; per dire che un luogo è affollato gli spagnoli stendono le dita quindi le uniscono e le separano più volte, un gesto che gli italiani usano per esprimere la paura. Infine un'altra curiosità: gli spagnoli contano cominciando dal dito indice mentre gli italiani cominciano dal pollice.

19 / Lección diecinueve

▶ Ejercicio 1 – Traduzca

❶ Picasso pintaba cuadros como churros, existen miles de obras suyas en los museos o circulando en colecciones particulares… ❷ Su comportamiento me pareció muy raro; no sé por qué, pero tuve la impresión de que nos ponía mala cara. ❸ Las fiestas de nuestro pueblo gozan de mucho renombre y atraen cada año a miles de forasteros. ❹ Sé un poco más realista y deja de pedir imposibles, que esto no es Jauja. ❺ Cuando regresamos de las vacaciones tuvimos la desagradable sorpresa de que se había producido un escape de agua en el salón y hemos tenido que volver a pintarlo.

Ejercicio 2 – Complete

❶ Faccio fatica a credere che tanti luoghi comuni, pregiudizi e false credenze continuino a esistere nella maggioranza dei [nostri] concittadini.
Me ………… que tantos ……., ………. y …… ………… ……… todavía en ………. de ………….

❷ Sia come sia, accettando la mia proposta sapeva in cosa si impegnava.
………….., al ……. mi ………., …. a lo que .. ………….

❸ Immagina la sua indignazione quando gli comunicarono che il prezzo era superiore a quanto concordato e che avrebbe ricevuto la merce più tardi del previsto.
……. su ………. cuando le ………. que ……. era …….. al pactado y que ………. la ………. más ………. ……….

❹ Dopo aver aspettato un mese, devo andare a prendere il certificato di residencia.
……. de un mes ………, ………… el ………… ………….

Diciannovesima lezione / 19

Soluzioni dell'esercizio 1

❶ Picasso dipingeva quadri con una facilità impressionante, esistono migliaia di sue opere nei musei o nelle collezioni private... ❷ Il suo comportamento mi sembrò molto strano; non so perché ma ho avuto l'impressione che ci mettesse il muso. ❸ Le feste del nostro paese godono di molta fama e attraggono ogni anno migliaia di forestieri. ❹ Sii un po' più realista e smettila di chiedere l'impossibile, non siamo nel paese di Bengodi. ❺ Quando siamo tornati dalle vacanze, abbiamo avuto la sgradevole sorpresa di scoprire che c'era stata una perdita d'acqua in sala e abbiamo dovuto ridipingerla.

❺ L'ho offesa e ho fatto fatica a convincerla che si trattava solo di un malinteso.
La ...... y me costó convencerla de que .... solo de ....

Soluzioni dell'esercizio 2

❶ – cuesta creer – tópicos, prejuicios – falsas creencias perduren – la mayoría – los conciudadanos ❷ Sea como sea – aceptar – propuesta, sabía – se comprometía ❸ Imagina – indignación – anunciaron – el precio – superior – iba a recibir – mercancía – tarde de lo previsto ❹ Después – de espera, tengo que ir a buscar – certificado de residencia ❺ – ofendí – se trataba – un malentendido

Lección veinte

¡Esto hay que celebrarlo!

1 – ¿Dónde está el camarero? Ah, míralo, ahí viene... Oye, Manolo, ¿me cobras? ¿Cuánto te debo?
2   He tomado un bocata [1] de tortilla, una cerveza y un carajillo.
3 – Deja, deja, Elena, no seas ridícula, que me toca [2] invitar a mí.
4 – No, no, Pablo. Mira, la verdad es que prefiero pagar a escote [3] y todos tan amigos.
5   Porque siempre hay el gorrón de turno que quiere escaquearse a la hora de pagar.
6   Como yo he dicho siempre: "Las cuentas claras y el chocolate espeso". [4]
7 – Pues yo con mis amigos dividimos la cuenta y pagamos a tanto por barba.
8   Por ejemplo, si lo que hemos tomado cuesta cien euros y somos cuatro, pues pagamos veinticinco euros cada uno, y sanseacabó [5].

Note

[1] Esiste una differenza tra **un bocadillo** (o nella sua forma abbreviata e colloquiale, **un bocata**), *un panino* che si fa con del pane, e **un sándwich**, che viene confezionato con il pane in cassetta.

[2] Quando il verbo **tocar** comporta l'idea di una distribuzione (di ruoli, di turni ecc.), può essere tradotto in diversi modi in italiano: **Te toca jugar**, *È il tuo turno di gioco*; **No le toca a usted hacerlo**, *Non tocca a lei farlo*.

[3] **El escote** indica *la scollatura*; si chiama **escotado/a** un vestito *scollato*. Il secondo significato della parola **escote** deriva dal francone

Ventesima lezione

Questo bisogna festeggiarlo!

1 – Dov'è il cameriere? Ah, guarda, eccolo *(là viene)*… Ascolta Manolo, mi fai il conto? Quanto ti devo?
2   Ho preso un panino con la frittata, una birra e un caffè corretto.
3 – Lascia, lascia, Elena, non essere ridicola, *(che mi)* tocca a me offrire.
4 – No, no, Pablo. Guarda, la verità è che preferisco che ognuno paghi il suo così siamo tutti contenti *(e tutti così amici)*.
5   Perché c'è sempre lo scroccone di turno che vuole filarsela al momento di pagare.
6   Come dico sempre *(ho sempre detto)*: "Patti chiari, amicizia lunga" *(I conti chiari e la cioccolata densa)*.
7 – Beh, io coi miei amici divido il conto e paghiamo alla romana *(per barba)*.
8   Ad esempio, se quello che abbiamo preso costa cento euro e siamo in quattro, paghiamo venticinque euro ciascuno e basta.

"skot", *tributo, tassa*, con particolare riferimento a un tributo che doveva essere pagato da tutti (cfr. l'italiano "pagare lo scotto").

4 **El chocolate**, *la cioccolata*, nella quale si inzuppano generalmente i **churros**, per merenda o per la prima colazione, si serve molto densa in Spagna. Il detto del dialogo equivale a dire che se la cioccolata deve essere densa per essere buona, l'amicizia per essere sincera deve appoggiarsi su patti chiari, anzi, trasparenti.

5 **Sanseacabó** si usa per considerare un affare concluso o per tagliare corto una discussione o una risposta. Questa parola ha una nota di umorismo perché è composta da **san** (forma abbreviata di **santo**, *santo*) e da **se acabó**, *è finito*, la traduzione letterale potrebbe essere *santo-basta*!

9 – A mí ese sistema no me acaba de convencer. Siempre hay un listo que se pide un cubata [6] de güisqui cuando se divide la cuenta y una cerveza cuando se paga a escote…

10 Algunos piensan que ese dinero no es de nadie y gastan con mucha más alegría [7] que si solo saliese de sus bolsillos.

11 A mí no me gusta nada cuando salgo con una peña de amigotes y se divide toda la cuenta por el número de personas que hay.

12 El derrochador sale ganando y el ahorrador sale perdiendo.

13 Y tú que has pedido una cosilla normal, de pronto tienes que pagar también el caprichito [8] del otro.

14 Para evitar malos rollos [9], que cada uno pague lo suyo…

15 – Me parece fatal [10] lo de sacar la calculadora y comprobar exactamente qué cantidad corresponde a cada comensal abonar [11].

16 – ¡Qué gracia! En el País Vasco lo normal es poner un bote para salir de fiesta, digamos diez euros cada uno,

Note

6 **Cubata** è una forma colloquiale e abbreviata di **cubalibre** che indica il cocktail Coca e rum (sono naturalmente possibili numerose varianti: **cubalibre/cubata de ginebra**, *Coca e gin*; **cubalibre/cubata de güisqui**, *Coca e whisky* ecc.). Il suffisso **-ata** si usa molto per formare delle parole colloquiali: **bocata**, *panino*; **ordenata**, *PC*; **drogata**, *tossico*.

7 **Alegría** può avere il senso di *leggerezza, spensieratezza*.

8 **-ito/a** e **-illo/a** sono dei suffissi diminutivi. Li ritroverete nella lezione di ripasso.

Ventesima lezione / 20

9 – Non sono del tutto convinto da questo sistema *(questo sistema non finisce di convincermi)*. **C'è** sempre quello furbo che chiede un Coca e whisky quando si divide il conto e una birra quando ognuno paga la sua parte…

10 Alcuni pensano che quei soldi non siano di nessuno e spendono con molta più leggerezza che se uscissero solo dalle loro tasche.

11 A me non piace per niente quando esco con una banda di amiconi e si divide il conto per il numero di persone presenti.

12 Lo spendaccione vince *(esce vincendo)* e il risparmiatore perde *(esce perdendo)*.

13 E tu che hai chiesto una cosa normale, all'improvviso devi pagare anche il capriccio dell'altro!

14 Per evitare brutte situazioni, che ognuno paghi la sua parte *(il suo)*…

15 – Mi sembra orribile tirar fuori la calcolatrice e verificare esattamente la cifra che ogni commensale deve pagare *(che quantità da pagare corrisponde a ogni commensale)*.

16 – È buffo! Nei Paesi Baschi è normale fare cassa comune quando si esce *(per uscire)* a far festa, diciamo dieci euro ciascuno,

---

9 **Rollo** ha il senso primario di *rotolo*, ma il linguaggio colloquiale gli attribuisce altri significati: **ser un rollo**, *essere un mattone* o *essere pesante*; **aquí hay buen rollo**, *qui c'è una bella atmosfera*; **¡qué mal rollo!**, *che brutta cosa!*; **tener un rollo con alguien**, *avere una storia con qualcuno*…

10 **Fatal** come avverbio vuol dire *molto male*: **Lo pasamos fatal**, *Abbiamo passato un momento terribile*; **Me encuentro fatal**, *Mi sento malissimo*; **Su novio me cae fatal**, *Il suo fidanzato mi sta veramente antipatico*…

11 **Abonar** vuol dire *pagare* ma anche *concimare*. **Abonarse** significa *abbonarsi, fare un abbonamento*, o *aderire*, a seconda che si tratti di abbonarsi a una rivista, al teatro o a un club.

ciento cuarenta y ocho • 148

17 y pagamos las birras, los chupitos, las tapas y demás con ese dinero. Y cuando se acaba, ¡a poner más [12]!

18 Lo de pagar cada uno lo suyo es de ratas. Aquí se acostumbra a ir pagando por ronda. Así que invito yo y no se hable más.

19 – Chicos, poneos de acuerdo, por favor. Haced como os dé la real gana [13], pero pagadme a tocateja…

20 – ¡Vamos, vamos, amigos, y que no llegue la sangre al río! [14] ¡Hala, un brindis!

21 – ¡Pa'rriba [15], pa'bajo, pa'l centro y pa'dentro!

Note

[12] A volte si fa precedere l'infinito dalla preposizione **a** per esprimere un ordine o un invito a fare qualcosa: **¡A comer/dormir!**, *Andiamo a mangiare/dormire!*; **¡A aguantarse!**, *Bisogna sopportare!*

[13] **Gana** indica la *voglia*. Questa parola si usa anche nelle espressioni che indicano che la persona che parla fa di testa sua: **No me da la gana de hacerlo**, *Non ho voglia di farlo*, **¡Porque me da la (real) gana!**, *Perché ne ho proprio voglia!*

***

Ejercicio 1 – Traduzca

❶ ¿Cuánto cobran por la cancelación de una reserva? Es un caso de fuerza mayor, un fallecimiento… ❷ No me da la real gana de invitarle a otra birra, esta vez le toca pagar a él. ❸ Cuando hay que ayudar a realizar las tareas domésticas, ¡siempre se escaquea! ❹ Es muy derrochador, me asombra la alegría con la que gasta el dinero. ❺ Tuvo un rollo de verano con una chica, pero al terminar las vacaciones ella le dijo que sanseacabó.

Ventesima lezione / 20

17 e con quei soldi [ci] paghiamo le birre, i bicchierini, le tapas e altro. E quando finisce ne mettiamo altri *(a mettere di più)*!
18 Che ognuno paghi la sua parte è da tirchi. Qui si è soliti pagare a turno. Quindi *(Così che)* offro io e non se ne parla più.
19 – Ragazzi, mettetevi d'accordo, per favore. Fate come volete *(come avete davvero voglia)*, ma pagatemi subito!
20 – Dai, dai, amici, ora basta, calmiamoci *(che non arrivi il sangue al fiume)*! Forza, facciamo un brindisi!
21 – In alto, in basso, al centro e dentro!

14 **No llegar la sangre al río** è un'espressione estremamente visiva. Esprime il desiderio che la situazione non degeneri e che non diventi una battaglia sanguinosa nella quale il sangue versato abbondantemente raggiunge il fiume! *La sangre no llegó al río*, Non si è andati oltre, gli spiriti si sono calmati.
15 **Para** nella lingua colloquiale e in un contesto molto informale si può abbreviare come **pa**. Notate che **pa** + **el** = **pal**.

***

Soluzioni dell'esercizio 1
❶ Quanto costa la cancellazione di una prenotazione? Si tratta di un caso di forza maggiore, un decesso… ❷ Non ho veramente voglia di offrirgli un'altra birra, questa volta tocca a lui pagare. ❸ Quando bisogna aiutare a fare i lavori di casa si defila sempre! ❹ È un grande scialacquatore, mi spaventa la facilità con cui spende i soldi. ❺ Ha avuto una storia con una ragazza, ma alla fine delle vacanze lei gli ha detto che era finita.

ciento cincuenta • 150

20 / Lección veinte

Ejercicio 2 – Complete

❶ Abbiamo preso un taxi insieme; ci è costato venti euro a testa.
.... un .... juntos; .... veinte euros ...
....

❷ Gli abbiamo organizzato una festa di addio e abbiamo fatto cassa comune per comprargli un regalo.
.... una ...... de .... y .... un .... para
....

❸ Che faccia tosta ha Javier! Non è un risparmiatore, è uno scroccone, lascia sempre che offrano gli altri e lui non paga mai.
¡ .... tiene Javier! No .. que ...., es que ..
un ......, ... por los ..... y él .....
..... .

❹ Trovo grottesco chiedere un credito, io preferisco pagare subito e in contanti.
Me .... lo de ..... un ...., yo prefiero .....
....

❺ Non sono veramente convinto dalle sue spiegazioni, anche se sembrano chiare e verosimili.
.... sus ...., aunque ....
...... y ....

LAS CUENTAS CLARAS Y EL CHOCOLATE ESPESO.

Ventesima lezione / 20

Soluzioni dell'esercizio 2

❶ Cogimos – taxi – nos tocó pagar – por barba ❷ Organizamos – fiesta – despedida – pusimos – bote – comprarle un regalo ❸ Qué cara – es – sea ahorrador – es – gorrón, siempre se deja invitar – demás – nunca paga ❹ – parece fatal – pedir – crédito – pagar a tocateja ❺ No me acaban de convencer – explicaciones – parezcan claras – verosímiles

***

Sebbene le cose siano un po' cambiate in questi ultimi tempi, è ancora frequente in Spagna che si paghi a turno quando si esce con gli amici – sia che si tratti di un caffè o di una consumazione molto più consistente! Scoprirete con stupore che non è sempre facile pagare: tutti desiderano offrire! Tuttavia, una volta o l'altra, imponendovi, bisognerà comunque aprire il portafogli!
Per festeggiare qualcosa si brinda dicendo **¡chinchín!** *o* **¡salud!**... *e alcuni hanno uno strano rituale: si mettono in cerchio, alzano i loro bicchieri e poi li abbassano, li tendono in avanti brindando e poi bevendo con un'aria decisa, il tutto mentre dicono* **"pa'rriba, pa'bajo, pal'centro y pa'dentro!"**.

***

Dall'inizio del corso stiamo compiendo insieme un lavoro intensivo a livello di vocabolario. In effetti esistono, tra la lingua di Dante e quella di Cervantes, delle sfumature importanti e potenzialmente all'origine di molti errori d'interpretazione. Questo costituisce uno degli scogli maggiori per chi desideri perfezionare la lingua: ecco perché cerchiamo di sensibilizzarvi a certe particolarità lessicali e di aiutarvi ad assimilare una parola o un'espressione con diversi significati. Presto vi renderete conto che tutto questo contribuisce ad arricchire notevolmente il vostro spagnolo!

Lección veintiuno

Repaso – Ripasso

Avrete notato che in quest'ultima settimana le cose si sono un po' accelerate… Abbiamo avuto l'occasione di dare un'occhiata al congiuntivo, che ovviamente conoscete, ma che forse non padroneggiate ancora. Avete forse l'impressione che vada tutto troppo in fretta? Niente panico: ci fermiamo un attimo per essere sicuri che tutte le sfumature della lingua che avete incontrato in questi giorni vengano ben assimilate.

1 Il congiuntivo presente

1.1 Coniugazione

Ricordatevi che per formare questo tempo dovete prendere la 1ª persona del presente indicativo (sia dei verbi regolari che dei verbi irregolari), togliere la **-o** e aggiungere le seguenti desinenze:

verbi in **-ar**	verbi in **-ir** e **-er**
-e	-a
-es	-as
-e	-a
-emos	-amos
-éis	-áis
-en	-an

Così, dunque: **trabaj-e**, **trabaj-es**; **com-a**, **com-as**; **viv-a**, **viv-as**; **hag-a**, **hag-as** ecc.
I verbi che dittongano funzionano allo stesso modo: **piens-e**, **piens-es**, **piens-e**, **pens-emos**, **pens-éis**, **piens-en**.
Qualche verbo irregolare: **ser → sea, seas**…; **estar → esté, estés**…; **haber → haya, hayas**…; **ir → vaya, vayas**…; **saber → sepa, sepas**…; **dar → dé, des**…

1.2 Gli usi del congiuntivo

In linea di massima il congiuntivo italiano traduce il congiuntivo spagnolo: **Deseo que todos tus deseos se cumplan**, *Ti auguro che tutti*

Ventunesima lezione

i tuoi desideri vengano esauditi; **Es normal que sus padres se enfaden**, *È normale che i suoi genitori si arrabbino*. Tenete presente però che in certi casi lo spagnolo usa il congiuntivo, mentre l'italiano preferisce una costruzione con l'infinito preceduto dalla preposizione *di*: **Dile que me avise**, *Digli di avvisarmi*; **Nos aconsejan que no lo hagamos**, *Ci consigliano di non farlo*; **Te sugiero que te lo compres**, *Ti suggerisco di comprarlo*. Del resto a un congiuntivo spagnolo non corrisponde necessariamente un congiuntivo italiano. Ad esempio, i verbi che esprimono un'opinione, come **creer**, **pensar** o **parecer que**, non sono seguiti da congiuntivo nella loro forma affermativa. **Creo que es inteligente**, *Credo che sia intelligente*; **Nos parece que es justo**, *Ci sembra che sia giusto*. Ci torneremo.

• **Dopo certi verbi**

Per esprimere	Esempi di verbi	Esempi
un ordine	**querer, ordenar, decir, encargar, mandar**	**Quiero que me digas la verdad**, *Voglio che tu mi dica la verità.*
un'interdizione	**prohibir**	**Te prohíbo que me hables así**, *Ti proibisco di parlarmi così.*
un desiderio	**desear, esperar**	**Espero que tengas mucho éxito**, *Spero che tu abbia molto successo.*
una preghiera	**rogar, pedir, suplicar**	**Le ruego que me dé una pronta respuesta**, *La prego di darmi una risposta immediata.*
un sentimento (sorpresa, stupore, gioia, timore, rimpianto ecc.)	**asombrar, sorprender, alegrar, temer, tener miedo de, sentir**	**Tengo miedo de que sea demasiado tarde**, *Ho paura che sia troppo tardi.*

una preferenza, un gusto	gustar, encantar, preferir, parecer	**Me gusta que la gente se vista bien**, *Mi piace che la gente si vesta bene.*
un consiglio	aconsejar, persuadir	**Te aconsejo que vayas a este restaurante**, *Ti consiglio di andare in questo ristorante.*
un invito, un incoraggiamento	animar a, incitar a, invitar a, convidar a	**Les incitamos a que adopten una conducta ecológica**, *Li incitiamo ad adottare una condotta ecologica.*
un'opinione negativa	no + creer/pensar/ parecer/opinar	**No creo que sea la mejor solución**, *Non credo che sia la soluzione migliore.*

- **Dopo alcune congiunzioni**

	Espressioni	Esempi
scopo	para que, a fin de que, con objeto de que, de manera que, de modo que, hasta que	**Te lo digo para que lo sepas**, *Te lo dico perché tu lo sappia.*
restrizione	a no ser que, a menos que, con que, con tal (de) que, siempre que, siempre y cuando, a condición de que, por poco que	**Nos vemos mañana, a menos que ocurra algún imprevisto**, *Ci si vede domani, a meno che non ci sia un imprevisto.*
causa	por miedo a que, por temor a que, en caso de que	**No le he preguntado nada por miedo a que se ofenda**, *Non gli ho chiesto niente per timore che si offendesse.*

| concessione * | aunque, por más que, por mucho que, cuanto más, de ahí que | **Por más que insistas, no cederé,** *Per quanto tu insista non cederò.* |

* Nel caso della concessione si usa l'indicativo per riferirsi a una azione realizzata e il congiuntivo per riferirsi a un'azione che non si è realizzata e resta ipotetica: **Iremos de excursión aunque llueve** (piove in questo momento), *Andremo a fare un'escursione anche se piove*; **Iremos de excursión aunque llueva** (nel caso piovesse), *Anche se piovesse andremo a fare un'escursione*.

• **Dopo alcune interiezioni**
Per esprimere un augurio, ad esempio: **ojalá** + congiuntivo presente
¡Ojalá no sea demasiado tarde!, Speriamo che *non sia troppo tardi!*
Notate che **ojalá** ha tutt'altro senso con il congiuntivo imperfetto. In questo caso esprime il rimpianto: **¡Ojalá fuera verdad!**, Se soltanto *fosse vero!*

• **Dopo alcuni avverbi**
Si usa il congiuntivo dopo gli avverbi **probablemente, posiblemente, quizá(s), tal vez, acaso**: **Probablemente sea un error**, *Probabilmente è un errore*; **Quizás no sea la mejor solución**, *Forse non è la soluzione migliore*.
Questi avverbi, quando sono posti davanti al verbo, sono seguiti dal congiuntivo: in questo modo viene rafforzata l'idea del dubbio, dell'azione non compiuta. Queste espressioni possono essere sostituite da **puede ser que** o **puede que**, sempre seguite dal congiuntivo.

• **Dopo le locuzioni di tempo**
Dopo **cuando, en cuanto, tan pronto como, mientras, mientras que, en tanto que, siempre que, conforme, antes de que, después de que, como, hasta que, a medida que, según** ecc., si usa il congiuntivo per esprimere un'azione nel futuro. In italiano si preferisce l'indicativo futuro: **Llámame tan pronto como llegues**, *Chiamami appena arriverai*.

21 / Lección veintiuno

• **Dopo le locuzioni di modo**
Nelle proposizioni subordinate di modo, introdotte da **como, de modo que** ecc., che esprimono un'idea di futuro, lo spagnolo usa il congiuntivo: **Haz como quieras**, *Fai come vuoi*.

• **Nelle proposizioni relative e subordinate**
Il congiuntivo è usato per sottolineare un'incertezza o un'irrealtà, mentre l'indicativo denota certezza: **Busco un hotel que esté cerca del mar**, *Cerco un hotel che sia vicino al mare* (per il momento è una fantasia e forse non esiste neanche) ≠ **Busco un hotel que está cerca del mar**, *Cerco un hotel vicino al mare* (un hotel così esiste e ho intenzione di trovarlo).

Quando queste proposizioni relative e subordinate sono introdotte da **donde, cuanto, como, lo que, el que, la que, los que, las que, quien(es), cualquiera que, cualesquiera que, quienquiera que, quienesquiera que**, l'uso del congiuntivo è obbligatorio per esprimere un'azione che non si è realizzata, e solamente in quel caso. Anche qui lo spagnolo usa il congiuntivo mentre l'italiano usa il futuro: **Haremos lo que tú digas**, *Faremo quello che ci dirai*; **¡Sentaos donde podáis!**, *Sedetevi dove potete!*

• **Dopo le forme impersonali che esprimono un'opinione**
Si usa sempre il congiuntivo con le costruzioni:
– **Es** + aggettivo/nome + **que** + verbo: **Es lógico que estés preocupado**, *È logico che tu sia preoccupato*; **Es una mala idea que le prestes dinero**, *È una cattiva idea prestargli dei soldi*.
– **Parece** + aggettivo/nome + **que** + verbo: **¡Parece increíble que no estés al corriente!**, *È incredibile che tu non ne sia al corrente!*

1.3 Ripetizione del congiuntivo

La concessione si può esprimere in spagnolo con una forma idiomatica che consiste nel ripetere due volte lo stesso verbo al congiuntivo: **Pon entusiasmo en todo lo que haces, sea lo que sea**, *Mettici dell'entusiasmo in quel che fai, succeda quel che succeda*; **Sea quien sea, no lo dejes entrar**, *Chiunque sia non lasciarlo entrare*; **Haga lo que haga, me critican**, *Qualunque cosa faccia mi criticano*; **Fuéramos adonde fuéramos, nos encontraban**, *In qualunque posto andassimo, ci incontravano*; **Cómpralo, cueste lo que cueste**,

Cómpralo, qualunque sia il prezzo; **Avisadnos cuando lleguéis, sea la hora que sea**, *Avvisateci quando arrivate, a qualunque ora*.

1.4 Il congiuntivo futuro

Si usa la forma verbale chiamata **el futuro de subjuntivo** o **futuro hipotético de subjuntivo** soprattutto nella lingua giuridica. Questo tempo si forma a partire dalla 3ª persona del **pretérito perfecto simple**, al quale si toglie la desinenza **-ron**, e si aggiunge **-re, -res, -re, -remos, -reis** e **-ren**.

Appare anche in alcune forme cristallizzate: **Sea cual fuere el resultado del voto, no cambiaré de opinión**, *Qualunque sia il risultato del voto, non cambierò opinione*.

Oggigiorno questo congiuntivo futuro è sostituito dal congiuntivo presente o dal passato prossimo: **Si la mercancía estuviere dañada (= estuviera dañada), se podrá devolver**, *Se la merce fosse danneggiata si potrà restituire*; **Si no hubiere pagado (= ha pagado), se le pedirá una penalización por el retraso**, *Se non ha pagato, gli si applicherà una sanzione per il ritardo*.

2 I verbi con il doppio participio

Qualche verbo possiede due participi, uno regolare e l'altro irregolare: **imprimir**, *stampare* (**imprimido/impreso**); **proveer**, *provvedere* (**proveído/provisto**); **freír**, *friggere* (**freído/frito**). Entrambi i participi sono corretti e si usano indistintamente per formare i tempi composti e la forma passiva: **Hemos imprimido/impreso veinte ejemplares de esto**, *Ne abbiamo stampati venti esemplari*; **El pescado debe ser freído/frito en aceite**, *Il pesce deve essere fritto in olio*. Tuttavia la forma irregolare di questi participi si impone quando sono utilizzati come aggettivo: **los documentos impresos**, *i documenti stampati*; **huevos fritos**, *uova fritte*.

Attenzione! Questi participi irregolari non hanno niente a che vedere con gli aggettivi, molto numerosi, provenienti dai participi latini come, tra gli altri, **abstracto**, *astratto*; **confuso**, *confuso*; **correcto**, *corretto*, che corrispondono ai verbi **abstraer**, *astrarre*; **confundir**, *confondere*, **corregir**, *correggere*, e i cui rispettivi participi passati sono **abstraído**, **confundido** e **corregido**.

3 I prefissi e i suffissi

3.1 I prefissi

I prefissi precedono una parola o un gruppo di parole per modificarne il senso. La maggior parte dei prefissi spagnoli sono simili ai prefissi italiani; dovreste già conoscerli. Eccone alcuni:

Prefisso	Significato	Esempio
ante-	davanti, che precede	**antesala**, *anticamera*
bi-/bis-/biz-	doppio	**bisnieto**, *bisnipote*
de-/des-	privazione	**degradar**, *degradare*; **desacuerdo**, *disaccordo*
ex-	che non è più	**exalumno**, *ex allievo*
in-/im-/i-	privazione	**inútil**, *inutile*; **improbable**, *improbabile*; **irresponsable**, *irresponsabile*
mono-	uno	**monodosis**, *monodose*
pro-	per, in favore di	**procorrida**, *pro corrida*
semi-	metà	**semidiós**, *semidio*
seudo-	falso	**seudónimo**, *pseudonimo*
sobre-/super-	superiore	**sobrehumano**, *sovrumano*; **superdotado**, *superdotato*
supra-	sopra	**suprarrenal**, *surrenale*
trans-/tras-	attraverso	**transporte**, *trasporto*

I prefissi sono sempre uniti alle parole alle quali si legano, anche se, a volte, con qualche aggiustamento: **antiadherente**, *antiaderente*; **antirrobo**, *antirapina*; **posventa**, *postvendita*; **prepago**, *prepagamento*; **proamericano**, *proamericano*; **supercomplicado**, *supercomplicato* ecc. Quando diversi prefissi coabitano davanti a una parola, si applica la stessa regola: **antiposmodernista**, *antipostmodernista*; **requetesuperinteresante**, *estremamente interessante* ecc.

Ci sono tuttavia due eccezioni:
– quando la parola interessata comincia con una maiuscola (ad es. un nome proprio oppure una sigla) si lega al prefisso con un trattino: **anti-OGM**, *anti OGM*; **pro-Obama**, *pro Obama* ecc.

– se si tratta di un gruppo di parole il prefisso è separato dalla prima parola da uno spazio (come avviene in italiano): **anti pena de muerte**, *anti pena di morte*; **pro derechos humanos**, *pro diritti umani*.
Notate che il prefisso **ex** rispetta ormai le stesse regole: **exnovio**, *ex fidanzato*; **expresidente**, *ex presidente*; **ex primer ministro**, *ex primo ministro* ecc.

3.2 I suffissi diminutivi

I diminutivi indicano una dimensione più piccola, segnalano la giovinezza (a **señora**, *signora*, si aggiunge **-ita** per indicare **una señorita**, *una signorina*), o apportano una sfumatura affettiva. Il loro uso, molto frequente, varia a seconda della parola (numero di sillabe, desinenze), e della zona dialettale (regione, ambiente rurale o altro) dove sono utilizzati. I diminutivi si applicano più spesso ai sostantivi, ma anche agli aggettivi e meno spesso agli avverbi (**tempranito**, *molto presto*). Sono formati soprattutto a partire dalle desinenze **-ito/a**, **-illo/a**, **-ete/a**, **-ín/a** e **-uelo/a** (queste ultime tre hanno a volte una sfumatura peggiorativa): **un pisito**, *un appartamentino*; **un perrito**, *un cagnolino*.

Notate infine come regole generali:
– si aggiunge una **c** alle parole che terminano con una vocale (**una puerta → una puertecita**), in **n** o in **r** (**un corazoncito**, *un cuoricino*; **el calorcito**, *il calduccio*)
– davanti a **-ito/a** e **-illo/a** compare un **ec** nel caso delle parole monosillabiche: **pez → pececito**, *pesciolino*; **tren → trenecito**, *trenino*.

I suffissi più frequenti:

Suffisso	Esempi
-ito/a, **-cito/a**, **-ecito/a**	**gordo**, *grasso* → **gordito**, *grassottello*; **flaco**, *magro* → **flaquito**, *magrolino*; **toque**, *colpo* → **toquecito**, *colpettino*; **luz**, *luce* → **lucecita**, *lucina*
-ico/a	**majo**, *carino* → **majico**, *molto carino*
-illo/a	**conejo**, *coniglio* → **conejillo**, *coniglietto*
-ín, **-ino/a**	**pelo**, *pelo* → **pelín**, *un pelino*

-ete/a	**amigo**, *amico* → **amiguete**, *amichetto*
-uelo/a	**pillo**, *furbo, birbante* → **pilluelo**, *furbetto*
-zuelo/a, -ezuelo/a	**ladrón**, *ladro* → **ladronzuelo**, *ladruncolo*
-izno/a	**lluvia**, *pioggia* → **llovizna**, *pioggerella*

Molti diminutivi costituiscono ormai delle parole di per sé e non sono più considerati diminutivi: **pollo**, *pollo*, e **polluelo**, *pulcino*; **mesa**, *tavolo*, e **mesilla**, *tavolino*, o ancora **cebolla**, *cipolla* e **cebollino**, *cipollotto*.

3.3 I suffissi accrescitivi

Servono per aumentare la dimensione o la portata del termine in questione (ad esempio, **hombretón** indica un *omone*, e **guapetón** aggiunge intensità al semplice aggettivo **guapo**).

Suffissi	Significato	Esempi
-ón/ona	di grande dimensione	**cabeza**, *testa* → **cabezón**, *che ha la testa grossa, testardo*
-ote/a	può presentare una sfumatura peggiorativa, ma non sempre	**grande**, *grande* → **grandote**, *molto grande*; **amigo**, *amico* → **amigote**, *amicone*
-azo/a	grande e cattivo	**perro**, *cane* → **perrazo**, *cagnaccio*

Notate che alcune parole, formate con i suffissi, sono entrate nel dizionario: **tazón**, *scodella* (formato a partire da **taza**, *tazza*).

***

3.4 Altri suffissi

Tra i suffissi alcuni comportano una connotazione peggiorativa e negativa: se si aggiunge **-astro** alla parola **poeta**, *poeta*, si indica un *poeta mediocre*!

Suffisso	Esempi
-acho/a, -ucho/a	**pueblo**, *paese* → **poblacho**, *villaggio sperduto*; **casa**, *casa* → **casucha**, *topaia*
-astro/a	**cómico**, *comico* → **comicastro**, *comico da strapazzo*
-azo/a	**pelma**, *rompiscatole* → **pelmazo**, *persona estremamente pesante*
-uzo/a	**gente**, *gente* → **gentuza**, *gentaglia*
-ete/a	**mozo**, *ragazzo* → **mozalbete**, *giovanotto*
-aco/a	**libro**, *libro* → **libraco**, *libraccio*
-rro/a	**tinto**, *vino rosso* → **tintorro**, *vino rosso scadente*

Alcune di queste parole indicano ormai delle realtà concrete e hanno perso il loro primario senso peggiorativo, come nel caso di **portezuela**, *sportello*, o di **serrucho**, *sega*.

***

21 / Lección veintiuno

▶ Diálogo de revisión

1 – Dígame lo que sepa del señor Fuentes. Cuénteme acerca de sus relaciones con él.
2 – Bueno, pues yo llevo diez años trabajando en la empresa, me ocupo de la gestión financiera...
3 – ¿Hay alguien que no quiera a su director? ¿Ha habido amenazas?
4 – En este sector de actividad hay mucha competencia, mucho dinero en juego,
5 y es cierto que uno se hace enemigos como churros.
6 – Corre el rumor de que su director tiene un rollo con la becaria...
7 – A mí no me interesan esas cosas y, además, conociendo al señor Fuentes, me cuesta creerlo de él.
8 – ¿Ha notado algo raro, algún comportamiento sospechoso o fuera de lo normal?
9 – No.
10 – Un compañero de trabajo suyo dice haberlos oído discutir en el despacho del señor Fuentes.
11 – Aprovechando que él tenía un hueco en la agenda, le pedí una cita, y fui a pedirle un ascenso y un aumento de sueldo,
12 pues considero que no cobro lo suficiente, visto el trabajo que hago. Espero que me crea, inspector...
13 – Sea como sea, usted es la última persona que lo ha visto con vida...

Ventunesima lezione / 21

Traduzione
1 Mi dica ciò che sa del signor Fuentes. Mi racconti dei suoi rapporti con lui. **2** Beh, io lavoro da dieci anni in azienda, mi occupo della gestione finanziaria... **3** C'è qualcuno che non ama il suo direttore? Ci sono state minacce? **4** In questo settore di attività c'è molta competizione, molti soldi in gioco, **5** ed è vero che uno si fa moltissimi nemici. **6** Gira la voce che il suo direttore abbia una storia con la stagista... **7** A me non interessano queste cose, e poi, conoscendo il signor Fuentes, faccio fatica a credere che possa riguardare lui. **8** Ha notato qualcosa di strano, qualche comportamento sospetto o fuori del normale? **9** No. **10** Un suo collega dice di avervi sentiti discutere nell'ufficio del signor Fuentes. **11** Approfittando del fatto che lui aveva un buco in agenda, gli ho chiesto un appuntamento e sono andato a chiedergli una promozione e un aumento di salario, **12** poiché ritengo di non guadagnare abbastanza, visto il lavoro che faccio. Spero che mi creda, ispettore. **13** Comunque sia, lei è l'ultima persona ad averlo visto in vita...

Lección veintidós

Cambio radical de look

1 – Buenos días, ¿qué desea?
2 – Hola, soy Marta Molina, de la empresa Hogar [1] y Decoración S. A.
3 – Pero, oiga, ¿adónde va usted? ¡Sin avasallar!
4 – Si mal no recuerdo, por lo que hablamos por teléfono, quisiera usted reformar [2] su interior siguiendo las últimas tendencias, ¿no es eso?
5   Ha hecho bien llamándonos. La gente cree que puede hacer estas cosas sola, pero ¡llame a un profesional, no se arrepentirá! [3]
6   A ver, ¿por dónde empezamos? Uy, aquí todo se amontona, no se respira… ¡Qué sensación de agobio [4]!
7   Hay que cambiar la decoración de arriba abajo. ¡Nada pega [5], nada se salva de la quema!

Note

1 **Hogar** significa *focolare*; ma questo termine si usa molto di più che in italiano nel senso di *casa* o *domicilio*: **artículos para el hogar** sono gli *articoli per la casa*; **un sin hogar** è *un senzatetto, un senza fissa dimora*; infine, l'espressione **hogar, dulce hogar** corrisponde a *casa dolce casa*.

2 Si usa più volentieri **reformar** che **renovar** per indicare la ristrutturazione di un alloggio. Così il cartello "**Cerrado por reformas**" indica degli interventi di miglioria in un esercizio commerciale, "*Chiuso per rinnovo locali*".

3 Vedete qui che l'imperativo può servire a esprimere una condizione. Faremo il punto nella lezione di ripasso.

Ventiduesima lezione

Cambiamento radicale del look

1 – Buongiorno, desidera?
2 – Buongiorno, sono Marta Molina, della ditta Hogar y Decoración S.A.
3 – Ma, senta, dove va? Non spinga *(Senza calpestare)*!
4 – Se non ricordo male, riguardo a quello *(per quello)* [di cui] abbiamo parlato per telefono, lei voleva ristrutturare gli interni secondo le ultime tendenze, non è così?
5 Ha fatto bene a chiamarci. La gente crede di poter fare queste cose da sola, ma chiami un professionista [e] non se ne pentirà!
6 Vediamo, da dove cominciamo? Oh, [ma] qui è tutto ammucchiato, non si respira... Che sensazione di oppressione!
7 Bisogna cambiare la decorazione da cima a fondo. Non c'è niente che si intoni, non si salva niente dal rogo!

---

4 **Agobio** vuol dire *soffocamento* ma designa anche una sorta di pressione, di mescolanza tra la fatica e l'angoscia. **Agobiarse** significa dunque *stressarsi*; **agobiar** vuol dire *stressare* o anche *opprimere*: **Tanto trabajo me agobia**, *Così tanto lavoro mi stressa*; **Me agobias con todas tus preguntas**, *Mi opprimi con tutte le tue domande*.

5 **Pegar**, *incollare*, *picchiare*, può a volte avere il senso di *andare insieme* o *intonarsi*: **Estos dos colores no pegan**, *Questi due colori non stanno bene insieme*; **El bolso no pega con estos zapatos**, *La borsa non si intona con queste scarpe*. **Casar** è un sinonimo: **Este edificio tan moderno no casa en este barrio**, *Questo edificio così moderno stona in questo quartiere*.

8 ¡Si hasta hay tapetes [6] encima del televisor! ¡Este piso es un museo dedicado al mal gusto!

9 Mire, deshagámonos [7] cuanto antes y sin sentimentalismos de todos esos horripilantes muebles y cachivaches [8]...

10 ¡Fuera, ese sofá desvencijado, esa mesita de centro tan hortera [9], esos sillones ajados, esos souvenirs tan cutres [10] de las estanterías...!

11 ¡Quítenme de la vista esos horrores! Y esa lámpara ofende la estética... ¡es de juzgado de guardia [11]! ¡Todo a la basura!

12 – No, la lámpara no, déjela, que me la regaló mi suegra... Pero, ¿anda usted mal de la azotea [12] o qué? ¿Quién demonios...?

13 – Es que no sé por dónde empezar. Remplazaremos esas antiguallas por muebles de diseño, sí...

Note

6 **El tapete** è un falso amico che indica *il centrino*. In spagnolo *il tappeto* si dice **la alfombra**.

7 **Mire, deshagámonos cuanto antes (...)**, *Guardi, disfiamoci subito (...)*: **usted** (vedere anche la frase 12), come **nosotros** e **ustedes** (frase 11) non hanno una forma imperativa propria in spagnolo. In questo caso, come sapete, per formare l'imperativo si prende a prestito il congiuntivo presente. Un piccolo riepilogo vi aspetta nella lezione di ripasso.

8 **Cachivache** e **chisme** corrispondono alle parole *roba, aggeggio*, che anche in spagnolo vengono rese più comunemente con **cosa**: **¿Para qué sirve este chisme/esta cosa?**, *A cosa serve questa roba?*; **Tengo algo/una cosa que decirte**, *Ho una cosa da dirti*. Notate infine che **un trasto** corrisponde a *una cosa inutile, una cianfrusaglia*.

Ventiduesima lezione / 22

8 Ci sono perfino dei centrini sopra il televisore! Questo appartamento è un museo dedicato al cattivo gusto!
9 Guardi, disfiamoci subito e senza sentimentalismi di tutti questi orripilanti mobili e cianfrusaglie…
10 Fuori quel divano sgangherato, quel tavolino tanto kitsch, quelle poltrone stravecchie, quei souvenir così squallidi sui ripiani…!
11 Toglietemi dalla vista quegli orrori! E quella lampada offende l'estetica. È da denuncia! Tutto nella spazzatura!
12 – No, la lampada no, la lasci, me l'ha regalata mia suocera… Ma a lei manca qualche rotella? Che diavolo…?
13 – Non so da dove cominciare. Rimpiazzeremo queste anticaglie con mobili di design, certo…

---

9 **Hortera** serve a qualificare qualcosa come *brutta* e di *cattivo gusto*, spesso *volgare*, un misto di *kistch* e di *fuori moda*. Attribuito a una persona questo aggettivo indica un *cafone*.

10 **Cutre** vuol dire *squallido/a*, *misero/a*, talvolta con un aspetto *schifoso*: **Nos llevó a un bar muy cutre**, *Ci ha portato in un bar molto squallido*. **Cutre** può anche qualificare una persona, in questo caso significa *tirchio/a*: **No seas cutre e invítame**, *Non essere tirchio e offri tu*. Un altro falso amico: **escuálido** significa *molto magro*.

11 **Un juzgado de guardia**, *un tribunale di guardia/di turno*; l'espressione **ser de juzgado de guardia** si usa, sia in senso proprio che in senso figurato, per indicare un'azione o una situazione che si considera intollerabile al punto che il suo autore merita il carcere.

12 **La azotea** è *la terrazza* che si trova in cima a un edificio; nel linguaggio colloquiale questo termine indica *la testa*. Di conseguenza, **estar mal de la azotea** significa *mancare di una rotella*, *non avere le rotelle a posto*.

14 Y este papel pintado es mortal de necesidad [13]. Vamos a arrancarlo y pintarlo todo con tonos suaves y cálidos [14].

15 Para obtener un ambiente aún más acogedor elegiremos tejidos con colores y estampados a juego [15] con las paredes.

16 Una buena iluminación permitirá realzar o atenuar efectos decorativos y hasta intensificar el valor de los muebles…

17 Le prometo que cuando acabemos, este cuchitril se habrá transformado en un suntuoso palacio…

18 (Suena el móvil de la interiorista).

19 Perdone, me llaman… ¿Sí, dígame? ¿Cómo que dónde estoy y que me están esperando? ¡Si estoy en su casa…!

20 Cuando he llamado por el portero automático y me ha abierto abajo, ¿no me ha dicho el tercero cuarta?

21 Ah, era el cuarto tercera… Pues nada, ahora subo, que me he equivocado y estaba en casa de sus amables vecinos…

Note

[13] **De necesidad** indica che qualcosa non ha rimedio. Così, **mortal de necesidad** vuol dire *fatale*: **La herida fue mortal de necesidad**, *La ferita è stata fatale*.

[14] Non confondete **cálido/a**, *caloroso/a*, o a seconda del contesto *caldo/a*, con **caliente**, *caldo/a*: **una cálida acogida**, *un'accoglienza calorosa*; **un clima cálido**, *un clima caldo*.

[15] **A juego** significa *intonato*: **Las cortinas van a juego con el sofá**, *Le tende sono intonate al divano*. L'espressione **hacer juego** ha un significato simile al nostro *essere coordinato*, *intonarsi*: **Este bolso hace juego con tus zapatos**, *Questa borsa è coordinata alle tue scarpe*.

Ventiduesima lezione / 22

14 E questa carta da parati è terribile! La strappiamo e dipingiamo con tonalità morbide e calde.

15 Per ottenere un ambiente ancora più accogliente sceglieremo tessuti con colori e fantasie intonati alle pareti.

16 Una buona illuminazione permetterà di mettere in risalto o attenuare gli effetti decorativi e addirittura di valorizzare *(intensificare il valore dei)* i mobili...

17 Le prometto che quando avremo finito, questo tugurio si sarà trasformato in un suntuoso palazzo...

18 (Suona il cellulare della decoratrice d'interni).

19 Scusi, mi chiamano... Sì, pronto? Come dove sono e che mi state aspettando? Se sono a casa sua...!

20 Quando ho suonato al citofono e mi ha aperto di sotto, non mi ha detto terzo piano, quarta porta?

21 Ah, era il quarto piano, terza porta... Vabbè, niente, adesso salgo, perché mi ero sbagliata ed ero a casa dei suoi gentili vicini...

22 / Lección veintidós

▶ Ejercicio 1 – Traduzca

❶ Todos los vecinos del edificio tienden la ropa en la azotea. ❷ Muchos hogares están equipados con este cachivache tan hortera. ❸ El precio de los alquileres en la capital es de juzgado de guardia. ❹ Déjame en paz, no me agobies, ya te avisaré cuando haya terminado. ❺ La tendencia de la temporada viene marcada por uñas a juego con el maquillaje de ojos o labios.

Ejercicio 2 – Complete

❶ L'immobile è stato rinnovato da cima a fondo ed è stato installato un citofono.
El .... ha sido .... y han ....
un ....

❷ Con la nuova carta da parati e i tessuti che hanno scelto, sono riusciti a creare un ambiente caldo.
Con el nuevo .... y los .... elegidos han
.... un ....

❸ Dopo il suo divorzio, i problemi per lui hanno cominciato ad accumularsi.
Tras ...., los .... se le .... a ....

❹ Per sbarazzarsi rapidamente di un raffreddore non c'è niente di meglio che mettersi a letto per sudare.
Para .... de un ...., no hay ....
..... que .... en la .... para ....

***

Anche in Spagna si indica l'indirizzo comunicando il nome della via seguito dal numero civico: **calle Goya n°57**. *Ecco qualche abbreviazione importante da conoscere:* **c/** = **calle**, *via;* **Avda.** = **avenida**, *viale;* **P°** = **paseo**, *corso;* **pl., pza.** = **plaza**, *piazza;* **Pje.** = **pasaje**, *passaggio;* **Ctra.** = **carretera**, *strada;* **s/n** = **sin número**, *senza numero civico. Si indica anche sempre il piano e la porta con numeri ordinali o lettere:* **Vivo en el primero segunda**, *Vivo al primo piano,*

171 • **ciento setenta y uno**

Ventiduesima lezione / 22

Soluzioni dell'esercizio 1
❶ Tutti gli inquilini dell'immobile stendono i panni in terrazza. ❷ Molte case sono fornite di questa robaccia così kitsch. ❸ Il prezzo degli affitti nella capitale è da criminali. ❹ Lasciami in pace, non stressarmi, ti avviserò quando avrò finito. ❺ La tendenza della stagione è contraddistinta da unghie intonate al trucco degli occhi e delle labbra.

❺ I loro mobili seguono le ultime tendenze e si trovano in tutti i negozi di design.
Sus .... las .... y se .... en todas las .... de ....

Soluzioni dell'esercizio 2
❶ – edificio – reformado de arriba abajo – instalado – portero automático ❷ – papel pintado – tejidos – conseguido crear – ambiente cálido ❸ – su divorcio – problemas – empezaron – amontonar ❹ – deshacerse rápidamente – resfriado – nada mejor – meterse – cama – transpirar ❺ – muebles siguen – últimas tendencias – encuentran – tiendas – diseño

***

seconda porta. *Su una busta si scrive sempre:* **c/ Paz n° 27 1° 2ª**. *A volte i piani hanno nomi specifici (***bjs.** = **bajos**, pianterreno; **entlo.** = **entresuelo**, ammezzato; **pral., ppal.** = **principal**, primo piano; **át.** = **ático** *(v. lezione 18);* **s/át.** = **sobreático**, superattico *e possiamo anche dare indicazioni che riguardano il pianerottolo (***dcha.** = **derecha**, destra; **izq., izqda.** = **izquierda**, sinistra*).*

Lección veintitrés

Seguir las instrucciones para montar un mueble en kit [1]

1. Vete [2] a la tienda y compra un mueble: es algo imprescindible para llevar a cabo el propósito final.
2. Apáñatelas como puedas para llevarlo hasta tu casa, meterlo dentro y buscar una habitación donde armar el rompecabezas [3].
3. Para elegir el lugar idóneo, suma el tamaño del paquete (multiplicado por dos [4], para cuando lo abras),
4. el espacio que necesitas tú con todas tus extremidades moviéndose, lo que ocupan las herramientas necesarias para montar el mueble
5. y entre 5 y 10 metros cuadrados más (según lo que te puedas permitir), para no darte golpes si te entra un ataque de histeria.
6. Cuando tengas el paquete abierto, busca las instrucciones y, ¡atención!, ¡no olvides leerlas [5]!

Note

[1] **Seguir las instrucciones**, *seguire le istruzioni*: come in italiano si può ricorrere all'infinito per dare ordini o istruzioni. Torneremo su questo punto nella lezione di ripasso.

[2] **Vete**, *vai*, come molti verbi del brano anche questo è all'imperativo. Ricordate che il pronome personale si posiziona dopo il verbo ed è unito a esso. Ci torneremo nella lezione di ripasso.

[3] Quando è composto da più pezzi piatti che si incastrano, **un rompecabezas** si dice anche **un puzle**, *un puzzle*.

Ventitreesima lezione

Seguire le istruzioni per montare un mobile in kit

1 Vai al negozio e compra un mobile: è *(qualcosa)* fondamentale per realizzare l'obiettivo finale.
2 Sbrogliatela come puoi per trasportarlo fino a casa tua, portarlo dentro e trovare una stanza dove montarlo *(il rompicapo)*.
3 Per scegliere il luogo adatto somma le dimensioni del pacco (moltiplicato per due per quando lo apri),
4 lo spazio di cui hai bisogno tu con tutte le tue estremità in movimento, quello che occupano gli attrezzi necessari per montare il mobile
5 e tra [i] 5 e [i] 10 metri quadri in più (a seconda di quanto ne hai a disposizione) per non urtare [contro niente] se ti prende *(entra)* una crisi isterica.
6 Quando avrai aperto il pacco cerca le istruzioni e, attento! Non dimenticarti di leggerle!

---

4 Multiplicado por dos, *moltiplicato per due*; le operazioni aritmetiche si possono enunciare in due modi: **dos (multiplicado) por dos, cuatro**, o **dos (multiplicado) por dos (es) igual a cuatro**, *due per due uguale a quattro*; **dos y dos, cuatro** o **dos más dos (es) igual a cuatro**, *due più due uguale a quattro* ecc.

5 ¡**No olvides leerlas!**, *Non dimenticarti di leggerle!*: sapete che alla forma negativa non è sempre sufficiente far precedere l'imperativo affermativo da un **no** per ottenere un imperativo negativo; per tutte le persone (**tú, usted, nosotros, vosotros, ustedes**) si prendono in prestito le forme del congiuntivo presente (v. lezione di ripasso).

7 Sí, eso es, como lo oyes, hay que leerlas. No vas a ser menos listo por ello, ni vas a quedar mal [6].

8 De hecho, si lo haces, hasta es posible que seas capaz de montar el mueble bien a la primera. No es una leyenda.

9 Es probable que al primer vistazo todo te parezca complicadísimo e ininteligible, pero debes saber que se pasa [7].

10 Familiarízate con las cosas: coge, por ejemplo, el paquete de los chirimbolos, ábrelo y, mirando a uno fijamente,

11 dile en voz alta y sin perder los nervios: "solo eres un vulgar [8] tornillo, aunque tengas un nombre raro... no vas a poder conmigo [9]".

12 Puede parecer ridículo, pero es que son un poco como los perros: huelen [10] tu miedo. Sé firme y demuéstrales que controlas la situación.

Note

[6] **Quedar bien/mal** se si riferisce a una persona vuol dire *fare buona/cattiva impressione*: **Regaló flores a la anfitriona para quedar bien**, *Offrì dei fiori alla padrona di casa per fare buona impressione*; **Si no vas, quedarás fatal**, *Se non vai farai una bruttissima impressione*. Quando ci si riferisce ai vestiti, le espressioni **quedar bien/mal** si traducono con *stare bene/male*: **Estos pantalones te quedan muy bien**, *Questi pantaloni ti stanno molto bene*.

[7] Attenzione al verbo **pasarse**, *passare*! Quando indica la fine di qualcosa in spagnolo è pronominale: **Se me ha pasado el dolor**, *Mi è passato il dolore*. In cambio quando ha il senso di *accadere*, *succedere*, non è pronominale: **¿Qué pasa?**, *Cosa succede?*

[8] **Vulgar** significa *volgare* ma anche *banale*, *ordinario*: **A menudo me confunden con otro, debo de tener una cara muy vulgar**, *Spesso mi scambiano per un'altra persona, devo avere un viso molto comune*; **Se murió de una vulgar gripe**, *È morto per una banale influenza*.

Ventitreesima lezione / 23

7 Sì, è così, hai capito bene *(come lo senti)*, bisogna leggerle. Non vuol dire che sei *(sarai)* meno sveglio, né che fai una cattiva impressione.

8 In realtà *(Di fatto)*, se lo fai, è perfino possibile che tu sia in grado di montare bene il mobile al primo colpo *(alla prima)*. Non è una leggenda!

9 È probabile che a prima vista ti sembri tutto complicatissimo e inintelliggibile, ma devi sapere che passa.

10 Familiarizzati con le cose: prendi, ad esempio, il pacchetto degli attrezzi, aprilo, e guardandone fisso uno,

11 digli a voce alta e senza perdere la calma *(i nervi)*: "sei solo una banale vite, anche se hai un nome strano... non riuscirai a farmela *(non potrai con me)*".

12 Può sembrare ridicolo, ma sono un po' come i cani: sentono la tua paura. Sii fermo e dimostragli che controlli la situazione.

---

9 **Poder con** comporta l'idea di efficacia, di riuscita. Lo si traduce con *farcela, riuscire a*: **Este detergente puede con todo tipo de manchas**, *Questo detergente riesce a togliere qualunque tipo di macchia*; **No puedo con el trabajo y los niños**, *Non ce la faccio con il lavoro e i bambini*. Notate che **poder con** può voler dire *sopportare*: **No puedo con mi suegra**, *Non sopporto mia suocera*.

10 **Huelen**, *odorare, annusare*: lo spagnolo non ha nessuna parola che comincia per **ue**. Qui si fanno precedere da una **h-** le forme del dittongo del verbo **oler**, *odorare*. Così, certe parole che appartengono alla stessa famiglia hanno un'ortografia diversa: **óseo/a**, *osseo/a*, ma **el hueso**, *l'osso*; **ovíparo/a**, *oviparo* ma **el huevo**, *l'uovo*.

13 Sigue las instrucciones paso a paso, nada de saltarse un par de páginas "porque no son importantes" ni de seguir tu intuición.

14 Fíjate bien en los dibujitos y ten en cuenta que, si se han molestado en recalcar algo no es porque los autores son así de guays [11], sino porque es importante.

15 Analiza la pieza que tengas que usar en ese momento preciso y asegúrate de que es esa antes de colocarla...

16 Da igual [12] que para conseguirlo tengas que darle un montón de vueltas al dibujo o incluso examinar la pieza bajo todos los ángulos...

17 Haz lo que sea necesario porque, si te equivocas, vas a tener que desmontarlo todo.

18 Si todo ha salido como debería, ya tendrás [13] el mueble montado.

19 Y con un poco de suerte no lo habrás hecho en una habitación de la que tienes que sacarlo

20 y cuya puerta no es lo suficientemente grande. A veces pasa...

Note

[11] L'aggettivo **guay** qualifica in modo colloquiale qualcosa che è molto buono o eccellente: **¡Qué ordenata tan guay!**, *Che computer fantastico!*; **Tiene unos padres muy guays**, *I suoi genitori sono forti*, o, in modo umoristico, **Es guay del Paraguay**, *È grande!* L'avverbio **guay** conferisce la stessa sfumatura positiva al verbo: **En la fiesta lo pasamos guay**, *Ci siamo divertiti alla festa*.

Ventitreesima lezione / 23

13 Segui le istruzioni passo passo, non esiste che tu salti un paio di pagine "perché non sono importanti" né che tu segua il tuo intuito.

14 Fai [molta] attenzione ai disegnini e considera che se si son presi la briga di sottolineare qualcosa non è perché gli autori sono dei grandi *(così di fantastici)*, ma perché è importante.

15 Analizza il pezzo che devi usare in quel momento preciso e assicurati che sia [proprio] quello prima di posizionarlo…

16 Fa lo stesso che per farlo tu debba girare il disegno un sacco di volte o addirittura analizzare il pezzo da tutti i lati *(sotto tutti gli angoli)*…

17 Fai ciò che è necessario perché, se ti sbagli, devi smontarlo tutto.

18 Se tutto è andato come doveva, avrai *(già)* il mobile montato.

19 E con un po' di fortuna non lo avrai fatto in una stanza dalla quale devi farlo uscire

20 e la cui porta non è sufficientemente grande. A volte succede…

---

12 Dar/ser igual indica l'*indifferenza*: **Me da igual lo que piensen los demás**, *Non mi interessa quello che pensano gli altri*; –¿**Comemos en casa o en el restaurante? –Me es igual**, – *Mangiamo in casa o al ristorante? – Per me è lo stesso.*

13 Tener si usa spesso come semiausiliare seguito da un participio passato per insistere sull'idea di risultato, e si traduce generalmente con *avere*: **Tengo leído medio libro**, *Ho letto metà del libro*, **Tenemos una mesa reservada**, *Abbiamo prenotato un tavolo*. Ci torneremo nella lezione di ripasso.

ciento setenta y ocho

21 Si lo logras, date una palmadita en la espalda [14] y descorcha una botella de cava [15].

Note

[14] **Si lo logras, date una palmadita**, *Se ci sei riuscito, congratulati con te stesso*: ecco una struttura di frase condizionale che presenta un'ipotesi realizzabile, il **si** è dunque seguito da un verbo al presente. Troverete più informazioni sulle strutture delle subordinate condizionali nella lezione di ripasso.

***

Ejercicio 1 – Traduzca

❶ Los montañeros se salvaron de la muerte gracias a un vulgar encendedor. ❷ Aunque parezca ridículo, es imprescindible disponer de esta herramienta para hacer bricolaje. ❸ ¿Crees que quedará mal si le escribo directamente? ❹ Pasó una época fatal y estuvo al borde de la depresión, pero ya se le pasó… ❺ – Tenemos ahorrados más de quinientos euros para ir de vacaciones. – ¡Qué guay!

Ejercicio 2 – Complete

❶ È un luogo idoneo per riposarsi e godere di vacanze in famiglia.
Es un ………… para ……… y ……… de unas ……… en ……… .

❷ Anche seguendo le istruzioni passo passo non sono stato capace di montare l'armadio al primo colpo. È un vero rompicapo!
Incluso ……… las ………… a …., no ……… de …… el ……… a la ……… ¡Es un ……………… !

❸ Il direttore ha insistito sulla necessità di aumentare la produttività dell'azienda.
El ………… la ……… de ……… la ………… en la ……… .

21 Se [ci] sei riuscito, datti una pacca sulla spalla e stappa una bottiglia di spumante!

> **15** **El cava** è uno *spumante*, prodotto principalmente in Catalogna, comparabile allo champagne dato che viene prodotto secondo il metodo champenoise.

***

Soluzioni dell'esercizio 1
❶ Gli alpinisti si salvarono dalla morte grazie a un semplice accendino. ❷ Sebbene sembri ridicolo, è necessario disporre di questo utensile per fare del bricolage. ❸ Credi che ci resterà male se gli scrivo direttamente? ❹ Ha passato un periodo terribile ed è stato sull'orlo della depressione, ma l'ha superato. ❺ – Abbiamo risparmiato più di cinquecento euro per andare in vacanza. – Fantastico!

❹ Ho rigirato la cartina un sacco di volte per orientarmi e familiarizzarmi con la città.
Le .. un montón de .... al .... para .... y .... con la ....

❺ Se non mi aiuti fa lo stesso, me la caverò da solo.
Si .. .., me .. .., me las .... solo.

Soluzioni dell'esercizio 2
❶ – lugar idóneo – descansar – disfrutar – vacaciones – familia ❷ – siguiendo – instrucciones paso – paso – fui capaz – montar – armario – primera – verdadero rompecabezas ❸ – director recalcó – necesidad – aumentar – productividad – empresa ❹ – di – vueltas – mapa – orientarme – familiarizarme – ciudad ❺ – no me ayudas – da igual – apañaré –

Lección veinticuatro

¡Boom!... ¡Plof!

1   Desde el año 1985 hasta principios de 2008 se creó una burbuja especulativa en el mercado inmobiliario en España.
2   Al gran sueño de la casa propia se unió la llegada masiva de inmigrantes pobres y ricos (jubilados y veraneantes [1] extranjeros),
3   junto con la fuerte disminución del tamaño de la unidad familiar (más solteros y divorciados que nunca).
4   Otros factores como la expansión económica (en parte debida al propio boom inmobiliario) y la consiguiente caída del desempleo estimularon la demanda de viviendas.

Da qualche anno la Spagna (e in particolare Barcellona) è nota per essere un Paese che crea tendenza ed è molto rinomata per i suoi mobili di design, contraddistinti da una grande originalità. Eppure tradizionalmente gli spagnoli, che passano molto tempo fuori casa e amano molto uscire, non si prendevano troppa cura dei loro interni. Le case spagnole presentano qualche particolarità. Le cose stanno cominciando a cambiare, ma i monolocali o i bilocali non sono ancora molto comuni in Spagna. La struttura classica degli appartamenti e delle case è la seguente: un ingresso, una sala da pranzo, una cucina e alcune camere. Sul pavimento sono le piastrelle, **las baldosas**, *a predominare; la moquette è molto rara, il parquet poco più frequente. Con grande sollievo dei visitatori italiani, nei bagni troneggia spesso un oggetto che in altri Paesi è sconosciuto:* **el bidé**, *il bidet.*

Ventiquattresima lezione

Boom! Pluf!

1 Dal 1985 all'inizio del 2008 in Spagna si creò una bolla speculativa nel mercato immobiliare.
2 Al grande sogno di [avere] una casa di proprietà si unì l'arrivo massiccio di immigranti poveri e ricchi (pensionati e villeggianti stranieri),
3 insieme al forte ridimensionamento della struttura *(diminuzione delle dimensioni)* dell'unità familiare (più single e divorziati che mai).
4 Altri fattori come la crescita economica (in parte dovuta al boom immobiliare stesso) e il conseguente crollo *(caduta)* della disoccupazione, stimolarono la richiesta di abitazioni.

Note

1 **El verano**, *l'estate*, è un concetto alla base di molte parole spagnole: **el veraneante**, *il villeggiante*; **el veraneo**, *la villeggiatura*; **veranear**, *passare le vacanze estive*.

5 La reducción de los tipos de interés hipotecarios [2] tras la integración en el euro (del 11% en 1995 al 3,5% en 2003-2005) facilitó el crédito financiero a raudales.

6 La oferta respondió a la mayor demanda [3], pero no pudo satisfacerla completamente,

7 lo que dio lugar a un incremento anormal de los precios muy por encima del IPC [4],

8 debido, entre otros, a la falta de suelo edificable, los beneficios fiscales concedidos a la adquisición de viviendas,

9 la especulación y la recalificación de suelos, así como el exceso de crédito.

10 Entre 1976 y 2003 el precio de la vivienda en España se duplicó, mientras que [5] los salarios siguieron estables.

11 Pero como a lo largo de 70 años los precios inmobiliarios habían ido siempre al alza, se pensaba que los precios de la vivienda seguirían siempre en ascenso [6].

Note

2 La **hipoteca** è il termine solitamente impiegato per indicare *il mutuo*: **Este año acabaré de pagar la hipoteca**, *Quest'anno finirò di pagare il mutuo*.

3 Riprendendo i termini di questa frase potete ritrovare l'espressione comune **la ley de la oferta y la demanda**, *la legge della domanda e dell'offerta*.

4 **IPC** è la sigla del **índice de precios al consumo**, *indice dei prezzi al consumo*, che, come in Italia, serve a misurare l'evoluzione dei prezzi, dei beni e dei servizi utilizzati dalle famiglie durante un periodo di tempo in relazione a un periodo precedente.

Ventiquattresima lezione / 24

5 La riduzione dei tassi di interesse sui mutui dopo l'integrazione con l'euro (dall'11% nel 1995 al 3,5% nel 2003-2005) aiutò l'impennata del credito *(facilitò il credito finanziario in abbondanza)*.

6 L'offerta rispose all'accresciuta *(maggior)* domanda, ma non poté soddisfarla completamente,

7 e questo fatto provocò un incremento anomalo dei prezzi, molto al di sopra dell'indice dei prezzi al consumo,

8 dovuto, tra l'altro, alla mancanza di suolo edificabile, ai benefici fiscali concessi per l'acquisto delle abitazioni,

9 alla speculazione e alla riqualificazione dei terreni, così come all'eccesso di credito.

10 Tra il 1976 e il 2003 il prezzo delle abitazioni in Spagna raddoppiò, mentre i salari restarono *(continuarono)* stabili.

11 Ma siccome per 70 anni i prezzi degli immobili avevano continuato ad aumentare *(erano andati sempre al rialzo)*, si pensava che i prezzi delle abitazioni avrebbero continuato a crescere.

---

5 Attenzione a non confondere **mientras que**, che indica un'opposizione (*invece, mentre*: **Mi hija es muy buena en matemáticas mientras que a mi hijo le cuestan mucho**, *Mia figlia è molto brava in matematica, invece mio figlio fa molta fatica*), con **mientras**, *mentre, intanto che,* che indica invece una simultaneità nell'azione: **Lee el periódico mientras desayuna**, *Legge il giornale intanto che fa colazione*.

6 **El alza, el ascenso, la subida, el incremento**, *l'aumento*, sono spesso sinonimi. Non confondete solo **el ascenso** con **la ascensión**, *l'ascensione, la salita*: **la ascensión del Everest**, *la scalata all'Everest*.

12 Por eso era convenniente comprar hoy, dado que mañana el precio sería [7] mayor.

13 Uno de los principales efectos de esta situación fue el endeudamiento de los hogares españoles,

14 que se triplicó [8] en menos de diez años (en el año 1986 suponía un 34% de la renta disponible, en 2005 llegó al 105%).

15 Pero la explosión de la burbuja, provocada esencialmente por la incapacidad del mercado para absorber la enorme oferta de vivienda construida y vacía disponible,

16 supuso una brusca caída de la demanda y de los precios en el corto plazo.

17 Este prolongado e intenso desarrollo urbanístico se había financiado con la complicidad de las cajas de ahorro locales

18 y provocó la desaparición de la mayoría de ellas, arrasadas por el tsunami inmobiliario;

19 en el camino quedaron un reguero [9] de ayuntamientos quebrados, deudas impagadas que destruyeron el tejido empresarial local,

20 despidos masivos y miles de personas en el paro y un futuro dominado por una política de austeridad y de recortes.

Note

[7] In spagnolo il futuro nel passato si esprime con il condizionale presente, dove l'italiano utilizza invece il condizionale passato. **Dijo que vendría**, *Disse che sarebbe venuto* (v. anche lezione 42).

[8] **Triplicar** si traduce con *triplicare*, ma spesso significa *essere tre volte di più*. **Las exportaciones de trigo triplican las de maíz**, *Le esportazioni di frumento sono tre volte più importanti di quelle del mais*. Lo stesso per **duplicar** (o **doblar**), *duplicare*, solitamente tradotto con *raddoppiare, moltiplicare per due* (frase 10).

Ventiquattresima lezione / 24

12 Per quello era conveniente comprare oggi, dato che domani il prezzo sarebbe stato maggiore.

13 Uno dei principali effetti di questa situazione fu l'indebitamento delle famiglie spagnole,

14 che si triplicò in meno di dieci anni (nel 1986 rappresentava il 34% del reddito disponibile, nel 2005 arrivò [ad essere il] 105%).

15 Ma l'esplosione della bolla, provocata essenzialmente dall'incapacità del mercato di assorbire l'enorme offerta di abitazioni, costruite e vuote, disponibili,

16 rappresentò una brusca caduta della domanda e dei prezzi nel breve periodo.

17 Questo prolungato e intenso sviluppo urbanistico era stato finanziato con la complicità delle casse di risparmio locali

18 e provocò la scomparsa della maggior parte di esse, trascinate dallo tsunami immobiliare;

19 per strada restarono una scia di comuni falliti, debiti insoluti che distrussero il tessuto imprenditoriale locale,

20 licenziamenti di massa, migliaia di persone disoccupate e un futuro dominato da una politica di austerità e tagli.

9 Un **reguero** è *una scia* e **dejar un reguero de** significa *lasciare una scia di*: *El huracán dejó tras de sí un reguero de muertos, L'uragano lasciò dietro di sé una scia di morti*. La parola **reguero** si trova in altre espressioni, ad esempio **correr como un reguero de pólvora**, *spandersi a macchia d'olio*.

ciento ochenta y seis • 186

21 Las consecuencias fueron también dramáticas para unos diez millones de familias hipotecadas, que debían la friolera [10] de 3,25 billones [11] de euros a los bancos. ☐

Note

[10] **La friolera** indica colloquialmente e ironicamente una *enorme quantità* di qualcosa, in particolare di soldi: **Este collar cuesta la friolera de un millón de euros**, *Questa collana costa la bellezza di un milione di euro*.

***

Ejercicio 1 – Traduzca

❶ La avalancha de veraneantes crea atascos en las carreteras que van a la costa. ❷ La empresa quebró dejando un reguero de deudas con los proveedores. ❸ Por su trabajo de asesor ha cobrado la friolera de cien mil euros. ❹ Los precios de la vivienda siguen al alza. ❺ Las burbujas del champán hacen cosquillas en el paladar.

Ejercicio 2 – Complete

❶ La riduzione dei tassi di interesse dei mutui ha facilitato l'accesso alla proprietà per molti spagnoli che sono riusciti a realizzare il sogno di una casa propria.
La .... de los ..... de .... facilitó el ...... a la .... a muchos ...., que lograron .... el gran ..... de la ....

❷ Siccome le strade sono molto scoscese, ci si mette quasi lo stesso tempo per la discesa che per la salita.
.... los .... son muy ...., para el .... se ..... casi .... que para la ....

❸ A causa della sua grande dipendenza dal gioco è molto indebitato e gli viene proibito l'ingresso ai casinò.
A ..... de su gran .... al ..... anda muy .... y le han .... la .... en los ....

Ventiquattresima lezione / 24

21 Le conseguenze furono drammatiche anche per una decina di milioni di famiglie con mutui, che dovevano la bellezza di 3.250 miliardi di euro alle banche.

11 **Un billón** è un'unità di misura che non si usa in italiano e che corrisponde a un milione di milioni, cioè 1.000 miliardi (12 zeri); in cambio l'unità **un millardo**, *un miliardo*, è molto rara in spagnolo e gli si preferisce **mil millones**: **La empresa vale en bolsa 2.000 millones de euros**, *L'impresa vale in Borsa 2 miliardi di euro*.

***

Soluzioni dell'esercizio 1
❶ La valanga di villeggianti crea ingorghi sulle strade che portano alla costa. ❷ L'impresa fallì lasciando una scia di debiti con i fornitori. ❸ Per il suo lavoro di consulente ha guadagnato la bellezza di centomila euro. ❹ I prezzi delle abitazioni continuano a salire. ❺ Le bolle dello champagne fanno solletico al palato.

❹ L'offerta è tre volte più alta della domanda con la conseguente caduta dei prezzi .
La …… ha ………. la ……., con la ……………
de los ……… .

❺ La maggior parte delle persone conserva i suoi soldi in un conto corrente che tiene in una banca o in una cassa di risparmio.
La ……. de ………….. su …… en una ……
……… que tienen en un ….. o una ………….

Soluzioni dell'esercizio 2
❶ – reducción – tipos – interés hipotecarios – acceso – propiedad – españoles – realizar – sueño – casa propia ❷ Como – caminos – escarpados – descenso – tarda – lo mismo – ascensión ❸ – causa – afición – juego – endeudado – prohibido – entrada – casinos ❹ – oferta – triplicado – demanda – consiguiente caída – precios ❺ – mayoría – la gente guarda – dinero – cuenta corriente – banco – caja de ahorros

ciento ochenta y ocho

25
Lección veinticinco

Borrón y cuenta nueva

1 – Antes que nada quisiera agradecerle que nos haya concedido esta entrevista.
2 Una nueva campaña electoral está ya en marcha y, con ella, vuelven la demagogia electoral y las promesas quiméricas…
3 – Se refiere usted quizás a mis adversarios. Puedo prometer y prometo que lo que hoy digo no quedará en agua de borrajas.
4 – Entre las muchas asignaturas pendientes [1] de nuestro municipio, está la cuestión del urbanismo,
5 el preocupante deterioro del casco antiguo [2], la falta de zonas verdes o el intenso tráfico en algunas vías…
6 – Cada cosa en su momento. De salir elegido [3], construiría VPO [4];
7 aumentaría también las calles peatonales y el número de carriles-bici [5];

Note

[1] **Una asignatura** è *una materia*; **una asignatura pendiente** letteralmente significa *una materia da ripassare,* ma indica anche, in senso figurato, *un problema in sospeso* o *un vecchio sogno*, qualcosa che non è mai stato realizzato a causa delle circostanze. **Viajar a Irlanda es sin duda mi asignatura pendiente**, *Viaggiare in Irlanda è sicuramente il mio sogno nel cassetto.*

[2] **El casco antiguo** o **el casco histórico** indicano *la città vecchia, il centro storico.* Da non confondere con **el casco urbano**, *l'agglomerato urbano.*

Venticinquesima lezione

Voltiamo pagina
(Macchia e conto nuovo)

1 – Prima di tutto vorrei ringraziarla per averci concesso questa intervista.
2 Una nuova campagna elettorale è già partita *(in cammino)* e con essa tornano la demagogia elettorale e le promesse chimeriche...
3 – Lei fa riferimento forse ai miei avversari. Posso promettere e prometto che ciò che dico oggi non resterà lettera morta *(acqua di borragine)*.
4 – Tra i molti argomenti in sospeso del nostro comune c'è la questione urbanistica,
5 il preoccupante deterioramento della città vecchia, la mancanza di zone verdi o il traffico intenso in alcune vie...
6 – Ogni cosa a suo tempo. Se venissi eletto, costruirei case popolari;
7 aumenterei le strade pedonali e il numero delle piste ciclabili;

3 **De** + infinito, equivale a una proposizione subordinata condizionale. Il contesto temporale è indispensabile per sapere con quale tempo tradurlo: **De no ser así, no aceptaré**, *Se non è così, non accetterò*; **De no ser así, no aceptaría**, *Se non fosse così, non accetterei*; **De no ser así, no habría aceptado**, *Se non fosse stato così, non avrei accettato*. Torneremo sulle subordinate condizionali nella prossima lezione di ripasso.

4 **VPO** è la sigla di **Vivienda de Protección Oficial**, che corrisponde al nostro *IACP (Istituto Autonomo Case Popolari)*.

5 **El carril-bici** o **el bicicarril**, è il nome della *pista ciclabile* in Spagna; in America latina si preferiscono i termini **la ciclovía**, **la cicloruta** o **la bicisenda**.

8 embellecería la ciudad y acabaría con la contaminación [6] publicitaria que tanto afea nuestro espacio público.

9 – Están por resolver [7] problemas ligados a ciertos comportamientos incívicos y al vandalismo urbano...

10 – Así es. Promocionaría y potenciaría al máximo una campaña acerca del compromiso que se le debe exigir a todo ciudadano para con [8] su ciudad.

11 Un compromiso que va desde el papel o colilla que tiramos al suelo, pasando por la caquita del perro, cruzar indebidamente por las calzadas y el respeto de las normas.

12 – Muchos son los que se quejan de una degradación de los servicios públicos. En el supuesto de que saliera elegido, ¿qué medidas tomaría [9]?

13 – Haría de modo que todos los habitantes de esta ciudad gozaran de una buena calidad de servicios

14 y fomentaría la construcción de guarderías, escuelas, residencias para los mayores, polideportivos, bibliotecas, centros culturales, etc.

15 – Los múltiples escándalos que han ido estallando y que han salpicado a algunos concejales,

Note

[6] **La contaminación** è un falso amico che indica *l'inquinamento*. In spagnolo *la contaminazione* si dice **el contagio**.

Venticinquesima lezione / 25

8 abbellirei la città e la farei finita *(finirei)* con l'inquinamento pubblicitario che tanto deturpa il nostro spazio pubblico.

9 – Restano da risolvere alcuni problemi legati a certi comportamenti incivili e al vandalismo urbano...

10 – È vero *(Così è)*. Promuoverei e potenzierei al massimo una campagna sull'impegno che si deve esigere da tutti i cittadini nei confronti della loro città.

11 Un impegno [verso la città] che va dal [non] buttare cartacce o cicche per terra, passando per [raccogliere] le cacche del cane, [a non] attraversare indebitamente la carreggiata e [in generale] rispettare le regole.

12 – Sono molti coloro che si lamentano del degrado dei servizi pubblici. Nel caso fosse eletto, che misure adotterebbe?

13 – Farei in modo che tutti gli abitanti di questa città godessero di una buona qualità dei servizi

14 e incoraggerei la costruzione di asili, scuole, residenze per gli anziani, centri sportivi, biblioteche, centri culturali ecc.

15 – I molteplici scandali che sono scoppiati e che hanno infangato alcuni assessori,

---

7 **Estar por** seguito da infinito è la perifrasi che indica un'azione che non è ancora stata compiuta e che si è inclini a fare: **Los zapatos están aún por hacer**, *Le scarpe sono ancora da fare*; **Estoy por ir al cine**, *Sto per andare al cinema* (sono dell'umore di andare).

8 **Para con**, *con, nei confronti di*; lo spagnolo a volte può usare due preposizioni, una rafforzativa dell'altra: **Se metió por entre las llamas**, *Entrò in mezzo alle fiamme*; **No te preocupes, lo he quitado de en medio**, *Non preoccuparti, l'ho tolto di mezzo*.

9 È vero che per le costruzioni condizionali si usa molto la congiunzione **si**; esistono comunque altre congiunzioni e locuzioni congiuntive come qui: **en el supuesto de que**, *se mai, nel caso*. Ci torneremo nella lezione di ripasso.

ciento noventa y dos

25 / Lección veinticinco

16 los chanchullos inmobiliarios y las corruptelas [10] de todo tipo han minado la confianza de los electores...

17 – Si yo llevara las riendas, controlaría rigurosamente el gasto público y encargaría auditorías a entidades independientes para optimizar cada céntimo de impuestos que cada uno de nosotros pagamos.

18 En efecto, se ha criticado mucho la gestión del actual equipo, todos estos políticos desconectados de la realidad que no comprenden los problemas que aquejan hoy a nuestros conciudadanos;

19 y aprovecho para denunciar la corrupción de esos sinvergüenzas [11] que roban el dinero público. ¡Si yo ganara las elecciones, otro gallo nos cantaría [12], señores!

20 – Sí, solo que parece usted olvidar que es usted alcalde desde hace cuatro años y que ¡se está presentando para su reelección!

Note

[10] Se **la corrupción** significa *la corruzione*, **una corruptela** indica *una corruzione minore, un piccolo abuso*.

[11] **La vergüenza** è *la vergogna*, **un/a sinvergüenza** indica *uno/a sfacciato/a* e perfino *un/a delinquente*.

[12] **Otro gallo (me/te...) cantaría** (lett. un altro gallo mi/ti... canterebbe), equivale a dire che *sarebbe diverso* (in meglio), *sarebbe un'altra cosa, sarebbe un altro paio di maniche*.

Venticinquesima lezione / 25

16 gli intrallazzi immobiliari e le corruttele di ogni tipo hanno minato la fiducia degli elettori...

17 – Se tenessi io le redini, controllerei rigorosamente la spesa pubblica e darei incarico a società indipendenti [di eseguire] revisioni contabili per ottimizzare ogni centesimo delle imposte che ognuno di noi versa.

18 In effetti la gestione dell'attuale squadra [di governo] è stata molto criticata, tutti questi politici slegati dalla realtà che non capiscono i problemi che affliggono oggi i nostri concittadini;

19 e ne approfitto per denunciare la corruzione di quelle canaglie che rubano il denaro pubblico. Se vincessi le elezioni sarebbe un'altra storia *(un altro gallo ci canterebbe)*, signori [miei]!

20 – Sì, solo che sembra che lei abbia dimenticato che da quattro anni è lei il sindaco, e che si sta presentando per la rielezione!

25 / Lección veinticinco

Ejercicio 1 – Traduzca

❶ La promesa electoral de construir más VPO ha quedado en agua de borrajas. ❷ No te dejes engañar por estos sinvergüenzas, que siempre andan metidos en chanchullos. ❸ De seguir así las cosas, tendremos que encontrar una solución. ❹ La depresión es un mal que aqueja cada vez a más personas. ❺ Pasó un coche por el charco y me salpicó de barro.

Ejercicio 2 – Complete

❶ Bisognerebbe prendere misure per migliorare la gestione del comune, per ridurre o eliminare le spese superflue e denunciare quelli che rubano il denaro pubblico...

...... que tomar .... para .... la .... del ...., ... o .... los ...... superfluos, y .... a aquellos que ..... el ....

❷ Se tu attraversi indebitamente la carreggiata ti possono dare una multa.

Si .... por la ...., te pueden ..... una ..... .

❸ I lavori attuali non sono solamente destinati a prevenire il deterioramento delle installazioni, ma anche ad abbellire i parchi pubblici.

Las actuales ..... no están solo .... a .... el .... de las ...., ... también a .... los ....

❹ Le autorità sanitarie temono una recrudescenza dell'epidemia e per evitare qualunque contagio raccomandano di lavarsi le mani più volte al giorno.

Las .... un recrudecimiento de la .... y, para ...... cualquier ...., ... las ..... varias ..... al .... .

Soluzioni dell'esercizio 1

❶ La promessa elettorale di costruire più case popolari è restata lettera morta. ❷ Non lasciarti ingannare da questi sfacciati che sono sempre immischiati in qualche intrallazzo. ❸ Se le cose continuano così, dovremo trovare una soluzione. ❹ La depressione è un male che colpisce sempre più persone. ❺ Una macchina è passata nella pozzanghera e mi ha schizzato di fango.

❺ La campagna è destinata a incoraggiare i comportamenti civili e a far cessare gli atti di vandalismo.
La .... está .... a .... los ....
.... y acabar ... los ..... de ....

Soluzioni dell'esercizio 2

❶ Habría – medidas – mejorar – gestión – municipio, reducir – suprimir – gastos – denunciar – roban – dinero público ❷ – cruzas indebidamente – calzada – poner – multa ❸ – obras – destinadas – prevenir – deterioro – instalaciones, sino – embellecer – parques públicos ❹ – autoridades sanitarias temen – epidemia – evitar – contagio, recomiendan lavarse – manos – veces – día ❺ – campaña – destinada – fomentar – comportamientos cívicos – con – actos – vandalismo

Una delle maggiori sfide che si possono incontrare durante un lavoro di perfezionamento linguistico è riconoscere i riferimenti culturali quotidiani, che non vengono quasi mai spiegati perché immediatamente comprensibili da tutti. Ovviamente in un libro come questo non possiamo pretendere di essere esaustivi, ma ricordatevi la frase **Puedo prometer y prometo...**, *Posso promettere e prometto...: si tratta di una frase che è diventata di moda negli anni '80 perché pronunciata dal presidente del governo della coalizione di centro UCD (**Unión de Centro Democrático**), Adolfo Suárez.*

Lección veintiséis

En la buena dirección

1 – Buenos días, señoras, perdonen que las interrumpa, pero no soy de aquí y estoy un poquito desorientado.

2 Ando buscando [1] la estación y, la verdad, no sé hacia dónde tengo que dirigirme. ¿Me pueden decir ustedes cómo ir?

3 – Sí, mire, no es muy complicado. Tome esta calle todo recto hasta llegar a una plaza. La cruza [2] y siempre recto.

4 Pasará por un paso subterráneo y, al salir, tuerza a la derecha; no muy lejos está la estación, ya la reconocerá. ¡No tiene pérdida!

5 – No, no, escúcheme a mí. Usted sigue recto por esta calle, y a unos trescientos metros, donde hay una farmacia, gira a la derecha.

6 Luego siga todo recto hasta el segundo semáforo. Gire a la izquierda y camine unos cinco minutos. Cruce el puente que pasa por encima del río

Note

1 **Ando buscando**, *sto cercando*; **andar** si usa spesso come semiausiliare seguito da un gerundio per evocare lo svolgersi di un'azione che si sviluppa lentamente: **Andaba hablando mal de su exmujer**, *Parlava male della sua ex moglie*; **Anda arreglándose en el cuarto de baño**, *Si sta preparando in bagno* (v. lezione di ripasso).

2 **La cruza**, *la attraversa*; come in italiano, l'indicativo presente a volte si può usare per dare un ordine o un'istruzione al posto dell'imperativo: **Es fácil, preguntas a un policía, seguro que él lo sabe**, *È facile, tu chiedi a un poliziotto, lo sa sicuramente*.

Ventiseiesima lezione

Nella giusta direzione

1 – Buongiorno, signore, scusate se vi interrompo, ma non sono di qui e sono un po' disorientato.
2 Cerco la stazione e davvero non so da che parte andare *(dirigermi)*. Mi potete dire come arrivarci *(andare)*?
3 – Sì, guardi, non è molto complicato. Prenda questa strada [e vada] sempre diritto fino a che arriva a una piazza. La attraversa e [poi] sempre diritto.
4 Passerà per un sottopassaggio e, una volta uscito *(uscendo)* dall'altra parte, volti a destra; la stazione non è distante, la riconoscerà. Non si può sbagliare *(Non ha perdita)*!
5 – No, no, ascolti me. Continui diritto per questa strada, dopo trecento metri, dove c'è una farmacia, giri a destra.
6 Poi continui sempre diritto fino al secondo semaforo. Giri a sinistra e cammini per cinque minuti. Attraversi il ponte che passa sopra il fiume,

7 y allí enfrente, en la otra orilla, verá un parque. Pues gire a mano izquierda [3], luego coja la tercera a la derecha y habrá llegado a la estación.

8 – ¡Pero qué dices! ¡No líes [4] al pobre señor! El itinerario que le indicas le va a alargar el camino y va a acabar extraviándose.

9 – Quizás, pero así conoce el barrio de la famosa calle de las Flores,

10 y ve sus pintorescas ventanas con celosías y llenas de tiestos de geranios.

11 ¡Sería un crimen que se perdiera algo tan típico de aquí!

12 – ¡Sí, pero quizás el caballero [5] tiene prisa y un tren que coger,

13 y no puede darse el lujo [6] de estar paseando por ahí para matar el tiempo!

14 – ¡No se pongan así, señoras, que no era mi intención meter cizaña entre ustedes dos...!

Note

[3] Per indicare un indirizzo o per orientare si usa spesso l'espressione **a mano derecha/izquierda** che si traduce *sulla destra/sinistra* o semplicemente *a destra/sinistra*. **Ser la mano derecha de alguien** significa *essere il braccio destro di qualcuno*; **tener mano izquierda** vuol dire *saperci fare*.

[4] All'origine del verbo **liar**, *confondere*, si trova il nome **el lío**, *un imbroglio, un pasticcio*, che ritroviamo in parecchie espressioni: **El formulario de matrícula es un lío**, *Il modulo di iscrizione è un rompicapo*; **Estoy hecho un lío, no sé qué hacer**, *Sono veramente confuso, non so cosa fare*; **Tiene tantos alumnos que siempre se arma un lío con sus nombres**, *Ha così tanti alunni che fa sempre confusione con i loro nomi*.

Ventiseiesima lezione / 26

7 e lì di fronte, sull'altra sponda vedrà un parco. Dunque giri a sinistra, poi prenda la terza a destra e sarà arrivato alla stazione.

8 – Ma cosa dici? Non confondere questo povero signore! La strada *(L'itinerario)* che gli hai indicato gli fa allungare il tragitto e va a finire che si perde.

9 – Forse, ma così vede *(conosce)* il quartiere della famosa via de las Flores,

10 e vede le sue pittoresche finestre con le gelosie e piene di vasi di gerani.

11 Sarebbe un delitto se si perdesse una cosa così tipica di qui!

12 – Sì, ma forse il signore ha fretta e [ha] un treno da prendere,

13 e non può permettersi di passeggiare da queste parti per ammazzare il tempo!

14 – Non fate così, signore, non era mia intenzione seminare zizzania tra voi due...!

---

5 **El caballero** significa *il cavaliere*, ma non è per niente un termine desueto. Si usa in formule fisse come **Damas y caballeros**, *Signore e signori*, o per rivolgersi a uno sconosciuto, in un negozio: **¿Qué desea, caballero?**, *Cosa desidera, signore?* Sempre nelle attività commerciali si parla di **la sección de caballeros**, *il reparto uomo*, di **la ropa para caballeros**, *l'abbigliamento da uomo*, e sulle porte dei bagni degli uomini si trova la scritta "**Caballeros**".

6 **El lujo**, *il lusso*, ritorna in parecchie espressioni comuni: **un invitado de lujo**, *un invitato di lusso*; **con todo lujo de detalles**, *con enormità di dettagli*. Si definisce **un lujo asiático** un lusso raffinato e a tratti eccessivo: **Todo un lujo asiático al alcance de tu bolsillo**, *Un lusso esagerato alla portata delle tue tasche*.

15 ¡Si lo hubiera sabido, no les hubiera preguntado nada! [7]

16 Miren, tengo un chisme en el móvil para orientarse, con un callejero [8] basado en la geolocalización o no sé qué, al parecer muy útil.

17 Hasta ahora no me había tomado el tiempo de mirar cómo funcionaba esa aplicación,

18 pero creo que ha llegado el momento de estrenarla [9]. Gracias por todo y ¡adiós!

Note

[7] Nelle proposizioni che esprimono un'ipotesi non realizzata, si può usare il congiuntivo trapassato al posto del condizionale passato anche nella principale, oltre che nella subordinata (v. lezione di ripasso).

[8] **Un callejero**, *uno stradario*, può essere anche aggettivo. In questo caso **callejero/a** significa *di strada* o *randagio/a*: **el teatro callejero**, *il teatro di strada*; **la venta callejera**, *la vendita ambulante*. Quando indica una persona, fa riferimento a qualcuno che ama ciondolare per le strade: **Es un chico muy callejero**, *È uno sfaccendato*.

***

Ejercicio 1 – Traduzca

❶ No pude llamarte porque extravié el móvil en el que tenía tu número. ❷ Mi hijo tiene un chisme de esos con auriculares para escuchar música. ❸ Está muy bien señalizado y, si sigues mis indicaciones, no tiene pérdida. ❹ Perdone, este centro comercial es tan grande que estoy un poco desorientado. ¿Dónde está el servicio de caballeros, por favor? ❺ Toma esta cafetera, todavía no la he estrenado, te la regalo.

Ventiseiesima lezione / 26

15 Se l'avessi saputo non vi avrei chiesto niente!
16 Guardate, ho un aggeggio nel cellulare per orientarmi, con uno stradario basato sulla geolocalizzazione o non so che, a quanto pare molto utile.
17 Fino ad ora non avevo avuto tempo di guardare come funzionava questa applicazione,
18 ma credo che sia arrivato il momento di inaugurarla. Grazie di tutto e arrivederci!

---

9 **Estrenar** significa *utilizzare per la prima volta, inaugurare*: **Me cuesta andar, estreno zapatos**, *Faccio fatica a camminare, è la prima volta che metto queste scarpe/queste scarpe sono nuove*. Il nome, **el estreno**, indica *la prima rappresentazione/proiezione pubblica di uno spettacolo*: **Al estreno de la película asistieron todos los actores**, *Alla prima del film assisterono tutti gli attori*.

***

Soluzioni dell'esercizio 1
❶ Non ho potuto chiamarti perché ho perso il cellulare dove avevo il tuo numero. ❷ Mio figlio ha uno di quegli aggeggi con l'auricolare per ascoltare la musica. ❸ È segnalato molto bene e se segui le mie indicazioni non ti puoi sbagliare. ❹ Mi scusi, questo centro commerciale è così grande che sono un po' disorientato. Dove sono i servizi per gli uomini, per favore? ❺ Prendi questa caffettiera, non l'ho ancora usata, te la regalo.

doscientos dos • 202

Ejercicio 2 – Complete

❶ Con il mio stipendio e con mia moglie disoccupata, non posso permettermi il lusso di rifiutare questa proposta.
Con mi ...... y mi ..... en el ...., no .... el ....
de .... esta ....

❷ Continui diritto per questa strada finché arriva a un semaforo, giri a sinistra e lì troverà la zona commerciale.
.... por esta ..... hasta que ...... a un ....,
.... a la .... y .... está la ....

❸ Siccome il nostro volo è molto in ritardo, abbiamo fatto il giro dei negozi dell'aeroporto per ammazzare il tempo.
.... nuestro ..... lleva mucho ...., hemos ido de
.... en el .... para ..... el ....

Lección veintisiete

¡Taxi, por favor!

1 – ¡Hola, buenas! ¡Vaya [1] tiempo que nos está haciendo últimamente! ¡Lleva días lloviendo [2] chuzos de punta!

2 – Mala cosa, esto del clima... Y como con este chaparrón no se ve ni jota [3], hace un momento por poco atropello a un peatón... ¿Adónde vamos?

3 – A la calle Covarrubias número ciento veinte.

Note

1 **Vaya** è una particella che si trova in certe espressioni nelle quali, collocata davanti a un sostantivo, dà un senso superlativo alle qualità o ai difetti di una cosa o di una persona; il contesto e l'intonazione vi daranno l'idea del senso (positivo o negativo). **Qué** e **menudo** si usano allo stesso modo: **¡Vaya/Qué/Menudo coche tan chulo!**, *Caspita, che bella macchina!*

❹ Invece di seminare zizzania tra loro, cerca di farli riconciliare.
En ..... de .... entre ....., ... que se ....

❺ Con questo stradario interattivo sei posizionato in ogni momento e disponi anche di foto satellitari di tutte le città spagnole.
Con este .... estás .... en todo .... y .... de ..... de .... de todas las ....

Soluzioni dell'esercizio 2

❶ – sueldo – mujer – paro – puedo darme – lujo – rechazar – propuesta ❷ Siga recto – calle – llegue – semáforo, gire – izquierda – allí – zona comercial ❸ Como – vuelo – retraso – tiendas – aeropuerto – matar – tiempo ❹ – lugar – meter cizaña – ellos, intenta – reconcilien ❺ – callejero interactivo – situado – momento – dispones incluso – fotos – satélite – ciudades españolas

---

27

Ventisettesima lezione

Taxi, per favore!

1 – Buongiorno! Che tempo sta facendo ultimamente! Sono giorni che piove come Dio la manda!
2 – Brutta cosa il clima… E siccome con questo acquazzone non si vede un tubo, un attimo fa per poco non investivo un pedone… Dove andiamo?
3 – Al centoventi di via Covarrubias.

---

2 **Lleva días lloviendo**, *sono giorni che piove*: ricordatevi che la costruzione **llevar** + durata + gerundio serve a indicare il momento dal quale un'azione si sviluppa o si è sviluppata: **Llevo diez minutos esperando**, *Sono dieci minuti che aspetto*.

3 **Ni jota** è un'espressione colloquiale che vuol dire *per niente*: **no entender ni jota**, *non capire un'acca*; **no ver ni jota** oppure **no ver tres en un burro** (lett. non vedere tre su un asino) significa *non vederci niente*.

27 / Lección veintisiete

4 – Perdone mi curiosidad pero, ¿no es allí donde está...?
5 Y que conste [4] que no soy un metomentodo [5] ni uno de esos taxistas que meten baza en las conversaciones de los clientes, pero...
6 – Sí, allí es... Y ¿hoy se circula bien o hay mucho tráfico? Es que no me gustaría llegar tarde.
7 – ¡Pues tómeselo con tranquilidad que hay para rato, porque es la hora punta!
8 Además, no sé lo que pasa hoy, pero... entre [6] la lluvia, los atascos y las prisas [7] de los clientes...
9 – Eso es buena señal, ya que significa que para usted, ¡los negocios van viento en popa!
10 – Eso es lo que mucha gente cree, pero... ¿Qué hace ese tío? ¿Ha visto cómo ha adelantado?
11 (El taxista toca el claxon repetidamente y saca la cabeza por la ventanilla.)

Note

4 L'espressione **(y) que conste** serve a preparare un'eventuale reazione di stupore, o un'obiezione, e si potrebbe tradurre con *contrariamente a quanto può pensare, non è*: **Y conste que no habíamos ensayado**, *E sia chiaro che non avevamo provato*.

5 **Metomentodo** è una parola composta a partire dal verbo **meterse**, *mettersi, immischiarsi, ficcare il naso* e dal complemento di luogo **en todo**, *dappertutto*. **Meterse en los asuntos de los demás**, *impicciarsi degli affari degli altri*; **¡Métete en tus asuntos!**, *Fatti gli affari tuoi!*

Ventisettesima lezione / 27

4 – Perdoni la mia curiosità, ma non è là dove c'è...?
5 *(E)* **G**uardi *(tenga presente)* che non sono un impiccione né uno di quei taxisti che ficcano il naso nelle conversazioni dei clienti, ma...
6 – Sì, è là... *(E)* oggi si circola bene o c'è molto traffico? Perché *(È che)* mi spiacerebbe arrivare tardi.
7 – Eh, se la prenda con calma, ce n'è per un po', perché è l'ora di punta!
8   Inoltre non so cosa succede oggi, ma... tra la pioggia, gli ingorghi e la fretta dei clienti...
9 – È un buon segno, *(visto che)* vuol dire che per lei gli affari hanno il vento in poppa!
10 – È quello che credono in tanti *(che tanta gente crede)* ma... Cosa fa questo tizio? Ha visto come [mi] ha superato?
11   (Il taxista suona il clacson ripetutamente e sporge la testa dal finestrino.)

---

6 **Entre**, *tra, fra*. Questa preposizione evoca a volte un'idea di riunione tra persone, fattori, situazioni ecc.: in questo caso assume il senso di *con* o di *noi due, tre, quattro*... **Entre familiares y amigos éramos una treintena**, *Tra famigliari e amici eravamo una trentina*; **Lo haremos entre los tres**, *Lo faremo noi tre*.

7 **La prisa**, *la fretta*, è un nome che conoscete già bene e che si trova in numerose espressioni. Al plurale, **las prisas** può indicare *il precipitarsi*; peraltro **tener prisa** significa *avere fretta* e **darse prisa**, *sbrigarsi*.

doscientos seis • 206

12 ¡Apartaos [8], domingueros [9]! ¿Os dieron el carné de conducir en una tómbola o qué?
13 ¿Qué le decía? Ah, sí, que los negocios andan solo a medias. Cada vez hay más circulación y, durante el día, por el centro de la ciudad, no se circula a veces ni siquiera a 15 por hora [10].
14 – Mejor para ustedes.
15 – Es lo que piensa mucha gente que no conoce la profesión.
16 Pero de donde sacamos mayor beneficio es de la bajada [11] de bandera, por lo que lo más interesante son las carreras cortas y rápidas.
17 – También están las propinas…
18 – No crea, con la dichosa crisis… ¡Y el precio de la gasolina, es subida tras subida! Aunque, a decir verdad, de los aumentos ya estamos curados de espanto [12].
19 ¡Y no hablemos de los atracos, las agresiones y la inseguridad! ¡Ya no es como antes!
20 Y no soy de esos nostálgicos que se pasan el día despotricando contra el gobierno, pero bueno, ¡esto pasa de castaño oscuro!

Note

[8] Ricordatevi che nei verbi riflessivi, quando si aggiunge il pronome **os** alla 2ª persona plurale dell'imperativo, la **-d** della desinenza sparisce. Troverete maggiori informazioni nella lezione di ripasso.

[9] L'aggettivo **dominguero/a**, *domenicale, della domenica*, rimanda di solito a qualcosa di positivo: **un vestido dominguero**, *un vestito da festa*. Tuttavia, sostantivata, questa parola sfoggia una sfumatura peggiorativa: indica un amatore di un qualunque settore o campo che può fare pratica solo la domenica. La stessa immagine esiste in italiano nell'espressione *guidatore della domenica* e in altre simili!

Ventisettesima lezione / 27

12 Spostatevi, guidatori della domenica! Avete trovato la patente nell'uovo di Pasqua *(Vi hanno dato la patente a una tombola)* **o cosa?**
13 Cosa le stavo dicendo *(dicevo)*? Ah, sì, che gli affari vanno solo a metà. C'è sempre più traffico e durante il giorno, in centro città, a volte non si va nemmeno a 15 all'ora.
14 – Meglio per voi.
15 – È quello che pensa molta gente che non conosce il mestiere.
16 Ma [in realtà] *(da dove)* ricaviamo più profitto *(è)* dall'inizio corsa sul tassametro, per cui le più interessanti sono le corse brevi e veloci.
17 – Ci sono anche le mance…
18 – Non creda, con [questa] maledetta crisi… E il prezzo della benzina che cresce continuamente *(è cresciuta dopo crescita)*! Anche se a dire la verità siamo vaccinati *(siamo curati dallo spavento)* per gli aumenti.
19 E non parliamo delle rapine, delle aggressioni e dell'insicurezza! Non è [più] come una volta *(come prima)*!
20 E non sono di quei nostalgici che passano le giornate inveendo contro il governo, ma insomma, questo oltrepassa ogni limite *(di bruno scuro)*!

---

10 Si usa la preposizione **por** per indicare la velocità: **Conducía a cien por hora**, *Guidava a cento all'ora*.

11 La **bajada** è *la discesa*, ma anche *il calo*. L'espressione **la bajada de bandera** indica *l'inizio corsa sul tassametro* di un taxi.

12 Un **espanto** è *uno spavento*, **estar curado/a de espanto(s)** significa *non meravigliarsi di niente, essere vaccinato*.

doscientos ocho • 208

21 ¿Adónde va ese otro? ¿Se cree que el intermitente [13] está de adorno? ¡Vaya día! Bueno, ya hemos llegado. Son 25 euros.

22 – Tenga y quédese con la vuelta [14]. Y deséeme suerte, porque la voy a necesitar...

Note

[13] Notate il carattere visivo della parola **el intermitente**, *la freccia*, *l'indicatore di direzione*, che evoca il funzionamento del dispositivo.

***

Ejercicio 1 – Traduzca

❶ Con las prisas me olvidé las gafas para leer en casa y luego no veía ni jota. ❷ Mi hermana es punk y mi hermano gay, así que mis padres ya están curados de espantos. ❸ El incremento de ciclistas domingueros en las carreteras representa un peligro para los conductores. ❹ Iba a ochenta por hora y todos los coches lo adelantaban. ❺ Pagó y dijo al camarero que podía quedarse con la vuelta.

Ejercicio 2 – Complete

❶ Pioveva come Dio la mandava, il guidatore non vide la freccia e investì un ciclista.

.... de ....., el .... no ... el .... y
....

❷ Anche se non conosceva quasi niente sull'argomento, ha messo il becco nel dibattito.

...... lo desconocía .... acerca del ...., ...
en el ....

❸ L'inizio corsa sul tassametro costa 3 euro e c'è una maggiorazione di 2 euro a partire dal quarto passeggero adulto e/o la seconda valigia.

La ...... de .... 3 ..... y hay un recargo de 2
..... a partir del .... y/o la ....

Ventisettesima lezione / 27

21 [Ma] dove va quello *(altro)*? Crede che le frecce siano lì come ornamento? Che giornata! Bene, siamo arrivati. Sono 25 euro.
22 – Ecco, e tenga il resto. E mi auguri buona fortuna perché ne avrò bisogno...

14 **La vuelta** indica *il resto*, **dar la vuelta** significa *dare il resto*. Da non confondere con **dar una vuelta**, *fare un giro*, **darse la vuelta**, *voltarsi*, o ancora **darle la vuelta a algo**, *girare qualcosa*.

***

Soluzioni dell'esercizio 1
❶ Nella fretta mi ero dimenticato gli occhiali da lettura a casa e così non vedevo un tubo. ❷ Mia sorella è punk e mio fratello gay, per cui i miei genitori non si meravigliano più di niente. ❸ L'aumento dei ciclisti della domenica sulle strade rappresenta un pericolo per i guidatori. ❹ Andava a ottanta all'ora e tutte le macchine lo superavano. ❺ Pagò e disse al cameriere che poteva tenersi il resto.

❹ Ha passato tutta la riunione inveendo contro i suoi colleghi.
..... toda la .... sus .... de
....

❺ Ho visto Ana con il suo fidanzato e la loro relazione va col vento in poppa.
.. a Ana con su ..... y la .... parece ....

Soluzioni dell'esercizio 2
❶ Llovían chuzos – punta – conductor – vio – intermitente – atropelló a un ciclista ❷ Aunque – casi todo – tema, metió baza – debate ❸ bajada – bandera cuesta – euros – euros – cuarto pasajero adulto – segunda maleta ❹ Se pasó – reunión despotricando contra – compañeros – trabajo ❺ Vi – novio – relación – ir viento en popa

doscientos diez • 210

È abbastanza facile trovare un taxi in Spagna. Il loro colore è deciso direttamente dall'amministrazione di ciascuna città da cui dipendono. Per esempio, i taxi madrileni sono di colore bianco e barrati da una diagonale rossa sormontata dallo stemma della città sulle portiere anteriori; quelli di Barcellona sono invece gialli e neri. Le tariffe vengono indicate sul lunotto posteriore del veicolo e restano sempre ragionevoli. Una luce verde sul tetto indica che il taxi è libero. Non si

Lección veintiocho

Repaso – Ripasso

1 Esprimere la condizione

Le proposizioni condizionali esprimono una condizione preliminare e l'azione principale dipende da questa per potersi realizzare.

1.1 Le subordinate condizionali con *si*

- **Il periodo ipotetico del 1° tipo**

In questi periodi, l'azione della principale si produrrà se la condizione si realizza. Nella subordinata, introdotta dalla congiunzione **si**, lo spagnolo ammette soltanto il presente indicativo (a differenza dell'italiano, che permette anche il futuro); il verbo della principale, come nella nostra lingua, può essere all'indicativo presente o futuro, oppure all'imperativo.

– **si** + indicativo presente; indicativo presente:

Si llueve, nos quedamos en casa, *Se piove, restiamo in casa*.

Questo tipo di struttura corrisponde spesso a un'abitudine o a una constatazione e spesso si può sostituire **si** con **cuando**:

Cuando llueve, nos quedamos en casa, *Se piove, restiamo in casa*.

– **si** + indicativo presente; futuro presente o anteriore:

Si engordo, el vestido no me cabrá, *Se ingrasso, non entrerò nel vestito*. **Si logras ese objetivo, habrás ganado el respeto de todos**, *Se raggiungi quell'obiettivo, avrai guadagnato il rispetto di tutti*.

– **si** + indicativo presente; imperativo:

Si necesitas a un amigo, llámame, *Se hai bisogno di un amico, chiamami*.

usa lasciare una mancia al guidatore, ma gli spagnoli hanno l'abitudine di lasciare il resto al conducente. In America latina, invece, sono molto comuni i taxi collettivi, che permettono alle persone di muoversi nelle città e sono un'opzione interessante anche per collegare i villaggi. Spesso sono dei minibus: non sono cari, ma è sempre preferibile negoziare e fissare il prezzo prima della corsa, perché spesso la tariffa viene calcolata senza tassametro.

Ventottesima lezione

- **Il periodo ipotetico del 2° tipo**

In queste costruzioni, l'azione della principale potrebbe accadere se la condizione si realizzasse, nel presente o nel futuro, ma è associato un grado di incertezza maggiore rispetto al 1° tipo. Vi sono anche casi in cui la condizione è decisamente irrealizzabile a livello logico, ma i tempi verbali sono comunque gli stessi e sono sempre quelli dell'italiano.

– si + congiuntivo imperfetto; condizionale presente:
Si tuviera mucho dinero, daría la vuelta al mundo, (= adesso non ho molti soldi, ma potrei averne in futuro), *Se avessi molti soldi, farei il giro del mondo*; **Si fuera Presidenta del Gobierno, tomaría medidas más justas**, (= niente mi impedisce di poter diventare un giorno Presidente del Consiglio), *Se fossi Presidente del Consiglio, adotterei misure più giuste*; **Si pudieramos, te ayudaríamos**, (= ma non possiamo), *Se potessimo, ti aiuteremmo*; **Si estuviera soltero, te acompañaría**, (= ma non lo sono), *Se fossi single, ti accompagnerei*; **Si yo fuera tú, se lo diría**, (= ma non sarò mai veramente al tuo posto), *Se fossi in te, glielo direi*.

- **Il periodo ipotetico del 3° tipo**

Questa costruzione riguarda il passato, infatti sappiamo già che la condizione non si è realizzata e quindi l'azione della principale non ha avuto luogo. Di norma i tempi verbali sono quelli degli analoghi periodi italiani: congiuntivo trapassato (o imperfetto, a seconda degli effetti dell'azione sul presente o della sua durata) nella subordinata, condizionale passato (o presente, a seconda degli effetti dell'azione sul presente o della sua durata) nella principale. Lo spagnolo, tuttavia, può usare il congiuntivo trapassato in entrambe le proposizioni del periodo, quindi anche nella principale in sostituzione del condizionale.

– si + congiuntivo trapassato; condizionale presente o passato: **Si me hubieras escuchado, ahora no tendrías tantos problemas**, (= ma tu non l'hai fatto), *Se mi avessi ascoltato, adesso non avresti così tanti problemi*; **Si hubieran aceptado la oferta, habrían hecho el negocio de su vida**, (= ma non l'hanno fatto), *Se avessero accettato l'offerta, avrebbero fatto l'affare della loro vita*.

– si + congiuntivo trapassato; condizionale passato: **Si leyera atentamente mis mensajes, se habría dado cuenta de mis sentimientos para con ella**, (= ma di solito lei non lo fa), *Se leggesse con attenzione i miei messaggi, si sarebbe resa conto dei miei sentimenti verso di lei*.

– si + congiuntivo trapassato; congiuntivo trapassato: **Si hubierais estado aquí, os hubiera podido explicar la situacíon**, *Se foste stati qui, avrei potuto spiegarvi la situazione*.

Congiunzioni e locuzioni congiuntive	Esempi
con tal de que	**Te dejo ir a la fiesta con tal de que estés de vuelta antes de las doce**, *Ti lascio andare alla festa a condizione che rientri prima di mezzanotte.*
con que	**Con que tenga wifi, cualquier hotel me va bien**, *Se ha il wi-fi, qualunque hotel mi va bene.*
en (el) caso de que	**En caso de que salga, te avisaré**, *Nel caso io esca ti avviserò.*
en el supuesto de que	**¿Qué harías en el supuesto de que no viniera?**, *Cosa faresti nel caso io non venissi?*
a menos que	**Te acompañaré, a menos que prefieras ir sola**, *Ti accompagnerò, a meno che tu preferisca andare da sola.*
a no ser que	**No diré nada a no ser que esté presente mi abogado**, *Non dirò niente, a meno che non sia presente il mio avvocato.*

como no sea que	**Como no sea que haga referencia a su exjefe, no sé de quién está hablando**, *A meno che non si stia riferendo al suo ex capo, non so di chi sta parlando.*
salvo que	**Nos veíamos cada jueves, salvo que hubiera algún imprevisto**, *Ci vedevamo tutti i giovedì, salvo quando c'era qualche imprevisto.*

1.2 Altri modi di esprimere la condizione

Nelle costruzioni condizionali esiste una condizione che viene introdotta solitamente da **si** (o **cuando**, come abbiamo appena visto). Tuttavia esistono altre strutture con lo stesso valore.

• *De* + infinito

In questo caso, il tempo verbale italiano della subordinata dipende da quello della principale (v. lezione 25, frase 6): **De estudiar más, aprobarías los exámenes**, *Se studiassi di più, passeresti gli esami*; **De habernos avisado, habríamos venido a buscaros al aeropuerto**, *Se ci aveste avvisato, saremmo venuti a prendervi all'aeroporto.*

• Gerundio

È un modo di esprimere la condizione che sicuramente conoscete già e che funziona come in italiano: **Saliendo pronto, no encontraremos atascos**, *Uscendo presto, non troveremo ingorghi.*

2 Il modo imperativo

L'imperativo è un modo verbale che serve a esprimere un ordine o un desiderio con diverse sfumature.

2.1 I valori dell'imperativo

Come in italiano l'imperativo si usa per esprimere un ordine, un invito, una richiesta, una preghiera, un desiderio, per fare una raccomandazione o per esprimere la difesa o il divieto. Ecco qualche esempio: **¡Arreglad vuestro cuarto, niños!** *Riordinate la vostra stanza, bambini!*; **Háganos llegar el cheque antes del 31 de enero**, *Ci faccia pervenire l'assegno prima del 31 gennaio*; **¡Vuelve pronto!**, *Torna presto!*; **¡No habléis con la boca llena!**, *Non parlate con la bocca piena!*

Inoltre l'imperativo si trova anche in frasi in cui esso esprime una supposizione o una condizione, dove potrebbe essere sostituito da **si** (v. lezione 22, frase 5): **¡Hazlo, y no te vuelvo a hablar!** (= **Si lo haces...**), *Fallo, e non ti parlerò più!*

2.2 Le persone dell'imperativo

Come in italiano l'imperativo spagnolo non esiste per tutte le persone: in effetti è impossibile dare un ordine a sé stessi.

2.3 L'imperativo affermativo

L'imperativo affermativo spagnolo, come quello italiano, ha soltanto due persone propriamente dette: la 2ª persona singolare (**tú**) e la 2ª persona plurale (**vosotros/as**); le forme mancanti (la 1ª persona plurale **nosotros/as** e le due forme di cortesia **usted/ ustedes**) sono prese in prestito dal congiuntivo: **¡Conduce más despacio!**, *Guida più lentamente!*; **¡Decid lo que pensáis de esto!**, *Dite cosa ne pensate!*; **¡Haga algo!**, *Faccia qualcosa!*

2.4 L'imperativo negativo

A differenza dell'italiano, lo spagnolo forma l'imperativo negativo prendendo in prestito tutte le persone del congiuntivo presente e aggiungendo un **no** davanti a ogni forma verbale (v. lezione 23, frase 6): **¡No conduzcas tan despacio!**, *Non guidare così piano!*; **¡No digáis lo que pensáis de esto!**, *Non dite cosa ne pensate!*; **¡No haga nada!**, *Non faccia niente!*

2.5 Dove mettere il pronome

Quando un verbo all'imperativo affermativo è accompagnato da pronomi riflessivi o complementi (diretti e indiretti), questi si mettono dopo il verbo al quale sono uniti, come in italiano (lezione 23): **¡Llámame cuando tengas un momento!**, *Chiamami quando hai un momento!*
– Al contrario, in una frase negativa che comporta dei pronomi e un verbo all'imperativo, i pronomi si mettono davanti al verbo: **¡No me llames al trabajo!**, *Non chiamarmi sul lavoro!*
– Per i verbi riflessivi, quando si aggiunge il pronome **os** alla 2ª persona plurale, la **-d** sparisce: **Lavad la ropa**, *Lavate i panni!* → **¡Lavaos!**, *Lavatevi!*; **¡Vestid al niño!**, *Vestite il bambino!* → **¡Vestíos!**, *Vestitevi!*

Attenzione! La forma normativa per il verbo **irse** è **idos** (non perde la **-d** come gli altri verbi), ma non è praticamente mai usata, né nella forma scritta, né in quella orale. La forma **íos** è obsoleta. Oralmente si usano di solito delle forme non normative come **iros**. Per evitare di usare queste forme, nello scritto si cambia semplicemente il verbo: **marcharse**, che fa **marchaos** (v. lezione 27, frase 12).

2.6 Altri tempi e modi per dare ordini

– Spesso il presente indicativo può essere usato per esprimere un ordine, un consiglio, una consegna, una via da seguire o un divieto (lezione 27): **Sacas la bandeja del envoltorio, la pones en el horno, ¡y ya está!**, *Togli il vassoio dall'involucro, lo metti in forno ed è pronto!*

– Anche l'infinito può avere questo valore (v. lezione 23). Il testo all'infinito è impersonale, neutro, distante, meno prescrittivo e meno vicino al lettore di quello all'imperativo. Lo si trova negli avvisi di sicurezza, nelle istruzioni brevi, nelle indicazioni tecniche o nelle istruzioni per l'uso: **Cerrar la puerta con llave al salir**, *Chiudere la porta a chiave quando si esce*; **Conservar en lugar fresco**, *Conservare al fresco*; **Añadir los huevos a la masa**, *Aggiungere le uova all'impasto*.

3 I verbi semiausiliari

Un semiausiliare è un verbo coniugato che, combinato con un infinito, un gerundio o un participio passato, forma una perifrasi.

Ne conoscete già un buon numero, e ne abbiamo rivisto qualcuno nelle sei lezioni precedenti (v. lezione 22, frase 14; lezione 25, frase 15; lezione 26, frasi 2 e 8; lezione 27, frase 1).

Per ricordarveli sappiate che una buona parte di questi verbi corrisponde a verbi di movimento: **ir**, **salir**, **venir**, **volver**, **traer**, **llevar**, **andar**, **seguir**, **pasar**, **llegar**, **echar** ecc.

Mentre altri sono descrittivi: **comenzar**, **continuar**, **terminar**, **tener**, **quedarse**, **dejar**, **ponerse**, **perseverar**, **abandonar**, **romper**, **liarse** ecc.

Potete immaginare le possibilità di combinazioni per creare una forma perifrastica in spagnolo? Ebbene sì, sono molto numerose e permettono di dare mille sfumature all'azione del verbo.

3.1 Qualche perifrasi verbale

Conoscete già numerose perifrasi verbali come **ir a** + infinito, **volver a** + infinito, **acabar de** + infinito e **seguir** + gerundio. Alla luce di quanto abbiamo studiato nel corso delle sei lezioni precedenti, ve ne proponiamo un nuovo campionario.

- **Le perifrasi verbali con l'infinito**

Perifrasi	Senso	Esempio
echarse a + infinito	azione che comincia bruscamente	**Cuando le anuncié la noticia, se echó a llorar**, *Quando le annunciai la notizia, scoppiò a piangere.*
ponerse a + infinito	azione che comincia o meno in modo brusco	**Dos horas antes de que llegaran los invitados se puso a cocinar**, *Due ore prima dell'arrivo degli invitati, cominciò a cucinare.* **Se puso a llover a cántaros**, *Si è messo a piovere a catinelle.*
llegar a + infinito	azione che giunge a compimento	**Llegó a convencernos a todos**, *È riuscito a convincerci tutti.*
venir a + infinito	azione approssimativa	**Un crucero viene a costar quinientos euros por persona**, *Una crociera viene a costare cinquecento euro a persona.*

- **Le perifrasi verbali con il gerundio**

ir/andar + gerundio	azione che dura e che si sviluppa nel tempo	**Me encanta este disco, voy cantando sus temas todo el día**, *Adoro questo disco, canto i suoi brani tutto il giorno!*

Ventottesima lezione / 28

venir + gerundio	azione che si ripete spesso	**Las peleas vienen sucediéndose desde hace tiempo,** *I litigi si succedono da tempo.*
venir + gerundio	azione progressiva e ininterrotta	**Últimamente la prensa viene trayendo noticias alarmantes,** *Ultimamente la stampa riporta notizie allarmanti.*
quedarse + gerundio	azione che si continua volentieri	**Cuando salí de la habitación, él se quedó mirando por la ventana,** *Quando uscii dalla stanza, lui restò a guardare dalla finestra.*

Nelle forme perifrastiche, lo spagnolo preferisce la costruzione **sin** + infinito al gerundio negativo: **Lleva doce horas durmiendo** → **Lleva dos noches sin dormir**, *Sono dodici ore che dorme* → *Sono due notti che non dorme* (lezione 15, nota 5).

• **Le perifrasi verbali con il participio passato**

andar + participio passato	azione che dura	**Carlos y Ana andan todavía peleados,** *Carlos e Ana sono ancora arrabbiati.*
seguir + participio passato	azione continua che si mantiene	**Sigo convencido de que es culpa tuya,** *Continuo a essere convinto che sia colpa tua.*
llevar + participio passato	risultato di un'azione	**Llevo escritas diez postales,** *Ho già scritto dieci cartoline.*
dejar + participio passato	risultato di un'azione	**Te he dejado preparada la cena,** *Ti ho lasciato la cena pronta.*

3.2 La posizione dei pronomi

Come in italiano, i pronomi complemento seguono sempre l'infinito e il gerundio e si uniscono ad essi in una sola parola.

Se un verbo semiausiliare coniugato è seguito da un infinito o da un gerundio, i pronomi si possono collocare dopo e uniti all'infinito

***

▶ Diálogo de revisión

1 – ¿Estáis contentos en vuestro nuevo hogar?
2 – Sí, es un sexto piso, muy luminoso. Pero hemos tenido que reformarlo de arriba abajo.
3 Hemos pintado todas las paredes con tonos cálidos para obtener un ambiente acogedor.
4 ¡Cuando llegamos, había un papel pintado súper cutre!
5 Es un barrio muy animado. Si quieres venir a vernos, está al lado del antiguo mercado, no tiene pérdida.
6 ¡Nos ha costado la friolera de dos millones!
7 Suerte que, entre tanto, el antiguo piso había triplicado su valor y lo vendimos a muy buen precio.
8 Con todo, nos hemos hipotecado durante 40 años...
9 – Ya se sabe, ¡los precios de la vivienda siempre al alza! Y además, como ahora la demanda es mayor que la oferta...

o al gerundio, secondo la regola, o davanti al verbo semiausiliare: **Volveré a llamarte** o **Te volveré a llamar**, *Ti richiamerò*; **Tu madre anda buscándote** o **Tu madre te anda buscando**, *Tua madre ti sta cercando*.

***

10 – Por cierto, ¿tienes algo previsto para el sábado que viene?
11 – Pues no sé, creo que nada… ¿Por qué? ¿Hacéis la fiesta de inauguración? ¡Qué guay!
12 – No, no, todavía no. Antes hay que hacer la mudanza, y precisamente quería pedirte ayuda… ¡Entre todos iremos más rápido!
13 – ¡Ay, acabo de acordarme de que tengo algo pendiente, algo muy importante
14 y que tenía planificado hacerlo precisamente este fin de semana…! ¡Lo siento!

Traduzione

1 Siete contenti nella vostra nuova casa? **2** Sì, è al sesto piano, molto luminosa. Ma abbiamo dovuto ristrutturarla da cima a fondo. **3** Abbiamo dipinto tutte le pareti con toni caldi per ottenere un ambiente accogliente. **4** Quando siamo arrivati c'era una carta da parati squallidissima! **5** È un quartiere molto animato. Se vuoi venire a trovarci, è di fianco al vecchio mercato, non puoi sbagliarti. **6** Ci è costata la bellezza di due milioni! **7** Fortunatamente nel frattempo il vecchio appartamento era triplicato di valore e l'abbiamo venduto a un buon prezzo.

Lección veintinueve

¡Rayos, truenos y centellas! [1]

1 – ¡Pero, qué blanca estás! ¿Este año no has tenido vacaciones o qué?
2 – ¡Calla, calla [2]! Este año se nos ocurrió la brillante idea de ir a una aldea de la costa cantábrica [3].
3 Pero se ve que desde el mes de junio ya había habido muy pocos días de sol, solo lluvia y más lluvia.

Note

[1] ¡Rayos, truenos y centellas!, *Tuoni, fulmini e saette!*: nell'ambito dei fumetti troviamo spesso questa espressione, in particolare nella bocca di Tex, il protagonista dell'omonima serie di Sergio Bonelli, pubblicata anche in lingua spagnola. La parola **rayo** entra a far parte delle espressioni colloquiali: **echar rayos**, o ancora **echar rayos y centellas**, *dare in escandescenze*; **oler a rayos**, *avere un cattivo odore*; **saber a rayos**, *avere un cattivo sapore*; **¡Que te parta un rayo!**, *Che ti venga un colpo!*

8 Tuttavia abbiamo un mutuo di quarant'anni... **9** Si sa, i prezzi delle case aumentano sempre! E inoltre, siccome adesso la domanda supera l'offerta... **10** A proposito, hai qualcosa in programma per sabato prossimo? **11** Mah, non so, credo niente... perché? Fate la festa d'inaugurazione? Che forte! **12** No, no, non ancora. Prima dobbiamo fare il trasloco, e volevo proprio chiederti aiuto... Con l'aiuto di tutti faremo più in fretta! **13** Oh, no, mi sono appena ricordato che ho una cosa in sospeso, una cosa molto importante, **14** e che avevo pianificato di farla proprio questo fine settimana...! Mi spiace!

Ventinovesima lezione

Tuoni, fulmini e saette!

1 – Ma come sei bianca! Quest'anno non sei andata in vacanza o cosa?
2 – Non me ne parlare *(Taci, taci)*! Quest'anno ci è venuta la brillante idea di andare in un paesino della costa cantabrica.
3 Ma si vede che dal mese di giugno c'erano *(già)* stati pochi giorni di sole, solo pioggia e ancora *(più)* pioggia.

---

2 ¡Calla, calla!, *Non dirmi niente!*: la ripetizione di un imperativo è abbastanza frequente in spagnolo. In questo caso serve a dare enfasi. Ne riparleremo nella lezione di ripasso.

3 **Cantábrico/a** fa riferimento alla Comunità autonoma di Cantabria, nel nord della Spagna, o a **el mar Cantábrico**, che si trova nel Golfo di Biscaglia.

4 Las tres semanas que pasamos allí tuvimos un tiempo de perros. ¡E hizo un frío que pelaba [4]! ¡El sol no lo vimos ni en pintura!

5 Total, que [5] ¡en vez de bañador, toalla y parasol, fue más bien paraguas, chubasquero y katiuskas [6]!

6 Y por la noche refresca una barbaridad. Suerte que siempre me llevo una rebequita, que si no... Y a vosotros, ¿qué tal os fue?

7 – Pues a nosotros todo lo contrario. Resulta que [7] fuimos al pueblo de mi marido, en Almería, y allí nos asamos de calor.

8 Durante el día no podías salir de casa porque te achicharrabas bajo un sol de justicia. ¡Qué bochorno [8]!

9 Si allí ya cae poca agua en las estaciones en que tendría que llover, ¡no te digo nada en pleno verano!

10 Este año la sequía era tan extrema que sufrimos incluso restricciones de agua.

11 Y con la cantidad de incendios que hay en esta época del año por allí,

Note

4 **Que pela** (lett. *che spella*), parlando di un clima freddo, vuol dire *estremo*: **Abrígate bien, porque hace un frío que pela**, *Copriti bene che fa un freddo cane*. **Pelarse de frío** vuole anche dire *morire di freddo*.

5 L'espressione **total, que...** è una locuzione che serve a introdurre la sintesi o la conclusione di qualcosa che è stato detto precedentemente.

6 **Una katiuska** (o **una bota de agua**) indica *uno stivale di gomma*. Questo nome proviene dall'operetta "Katiuska" (1931), nella quale la protagonista stava in scena con quel tipo di calzature. Allo stesso modo il nome **una rebeca** (frase 6) per un tipo di cardigan, viene

Ventinovesima lezione / 29

4 [Nelle] tre settimane che abbiamo passato lì abbiamo avuto un tempo da lupi *(cani)*. E faceva un freddo cane *(che spellava)*! Il sole non l'abbiamo visto neanche in foto *(pittura)*!

5 Insomma, invece di costume da bagno, telo mare *(asciugamano)* **e ombrellone avevamo** *(fu piuttosto)* ombrello, impermeabile e stivali di gomma!

6 E la sera rinfresca da matti. Per fortuna che mi porto sempre un golfino, altrimenti... E a voi, com'è andata?

7 – Oh, noi tutto il contrario. Siamo andati nel paese di mio marito, in Almería, e lì si moriva di caldo *(siamo arrostiti di caldo)*!

8 Di giorno non potevi uscire di casa perché ti abbrustolivi sotto un sole che spaccava le pietre *(di giustizia)*. **Che afa!**

9 *(Se)* Lì già piove poco nelle stagioni in cui dovrebbe farlo, figurati *(non ti dico niente)* in piena estate!

10 Quest'anno la siccità è stata così estrema che abbiamo patito anche limitazioni [al consumo] di acqua.

11 E con la quantità di incendi che ci sono in questo periodo dell'anno da quelle parti,

---

dal film di Hitchcock "Rebecca", nel quale Joan Fontaine indossava quel capo di abbigliamento.

7 **Resulta que** non indica necessariamente la conseguenza; questa formula serve spesso a cominciare un racconto. La si utilizza anche per introdurre la conclusione o un cambiamento della situazione: **Ahora resulta que tengo yo la culpa**, *Adesso è diventata colpa mia*; o un aneddoto curioso: **Pues resulta que vivimos en la misma calle**, *Pensa che viviamo nella stessa via*.

8 **El bochorno** indica *il calore opprimente*, ma anche *l'umiliazione*; quindi, in un altro contesto, **¡Qué bochorno!** vuol dire *Che vergogna!* Allo stesso modo l'aggettivo **bochornoso/a** significa sia *soffocante* che *vergognoso/a*: **una tarde bochornosa**, *un pomeriggio afoso*; **un espectáculo bochornoso**, *uno spettacolo vergognoso*.

29 / Lección veintinueve

12 ¡lo bien que vendrían [9] unas gotas de lluvia que ayudaran a refrescar el ambiente y el suelo…! ¡Pero nada!

13 – Ya se sabe que nunca llueve a gusto de todos, pero entre poco y demasiado hay un término medio, ¿no?

14 Pero hemos escarmentado [10] con esta mala experiencia. El año que viene, en agosto iremos a Guatemala o a Costa Rica,

15 o a algún país de América Central, para que al menos tengamos buen tiempo…

16 – No quisiera ser aguafiestas [11], pero mejor informaos antes,

17 ya que me suena [12] que allí, tipo [13] de mayo a septiembre, es la estación húmeda,

18 con todo lo que eso conlleva de huracanes, inundaciones, maremotos y otras catástrofes meteorológicas…

Note

9 **Ir bien** o **venir bien** serve a parlare di qualcosa di cui si ha bisogno: **Me irían la mar de bien unos días de vacaciones**, *Mi farebbe un gran bene qualche giorno di vacanza*. Altrimenti molto spesso ha il senso di *convenire, andare bene*: **Cualquiera de los dos me va bien**, *Mi va bene uno qualunque dei due*; **¿Qué día os va bien venir a cenar?**, *Che giorno vi va bene per venire a cena?*

10 **Escarmentar** indica il fatto di trarre una lezione dagli errori passati o da quelli degli altri al fine di evitare di ripeterli. La costruzione è **escarmentar con algo**. Esiste anche l'espressione **escarmentar en cabeza ajena**, che significa *fare tesoro di un'esperienza altrui*.

11 **Aguar** ha il senso figurato di *rovinare, guastare una situazione*; **un/a aguafiestas** è dunque *un/a guastafeste*: **¡No seas aguafiestas y no me cuentes el final del libro!**, *Non fare il guastafeste, non raccontarmi la fine del libro!*

Ventinovesima lezione / 29

12 come farebbe bene *(il bene che verrebbero)* qualche goccia di pioggia che aiutasse a rinfrescare l'ambiente e il terreno... Ma niente!

13 – Si sa che è impossibile accontentare tutti *(non piove mai secondo il gusto di tutti)*, ma tra poco e troppo c'è una via di mezzo, no?

14 Ma abbiamo imparato da questa brutta esperienza. L'anno prossimo in agosto andremo in Guatemala o in Costa Rica,

15 o in qualche Paese dell'America centrale, così che, almeno, avremo bel tempo...

16 – Non vorrei fare la guastafeste, ma meglio [se] vi informate prima,

17 perché mi sembra che là, più o meno da maggio a settembre, ci sia la stagione umida,

18 con tutto quello che questo comporta *(di)*: uragani, inondazioni, maremoti e altre catastrofi meteorologiche...

---

12 **Sonar** si usa molto per indicare che qualcosa o qualcuno non ci è sconosciuto: **Su cara me suena (de algo)**, *Il suo viso mi dice qualcosa*; **Esta marca no me suena de nada**, *Questa marca non mi dice niente*; **No me suena que hubiera dicho esto**, *Non mi torna che abbia detto questa cosa*.

13 **Tipo**, nel linguaggio colloquiale e informale vuol dire **como**, *come, dello stesso tipo di*: **Conduce un coche tipo James Bond**, *Guida una macchina stile James Bond*; **Quiero un pastel tipo el que comimos en el cumpleaños de José**, *Voglio una torta come quella che abbiamo mangiato al compleanno di José*.

29 / Lección veintinueve

Ejercicio 1 – Traduzca

① Los turistas llegan blancos y se achicharran al sol en la playa. ② ¡Pues resulta que está casado y con cuatro hijos! ③ Tras un grave accidente que tuvo escarmentó y ahora conduce con más precaución. ④ Ya he oído este nombre en alguna parte, ¿a ti no te suena de algo? ⑤ Salí por la puerta de la tienda y empezó a sonar la alarma de la rebeca que me había probado y que había olvidado quitarme... ¡Qué bochorno!

Ejercicio 2 – Complete

① Una bellissima bruna col costume da bagno rosso era distesa sul telo mare sotto l'ombrellone.

.... con .... estaba ...... en .... bajo ....

② Si può determinare la distanza alla quale si trova il temporale contando i secondi trascorsi tra il fulmine e il tuono, perché la luce viaggia più velocemente del suono.

Se .... a la que .... transcurridos entre ...... y ...., porque .... más ...... que ....

③ Con la siccità ci sono limitazioni [al consumo] di acqua. Così che, da oggi non si può né riempire la piscina né lavare la macchina.

Con .... hay .... , que desde ... no .. puede .... ni ....

④ Non c'è nessuna fretta, ridammi i soldi quando vuoi *(ti vada bene)*.

.... prisa, ... cuando ....

⑤ Quando stai mangiando dolci o insaccati c'è sempre un guastafeste che ti ricorda le calorie e il colesterolo che contengono.

...... estás .... o ...., ... algún .... que .... y .... que ....

Soluzioni dell'esercizio 1

❶ I turisti arrivano bianchi e si abbrustoliscono al sole in spiaggia.
❷ Beh, pare che sia sposato e con quattro figli! ❸ Dopo aver avuto un grave incidente ha imparato la lezione e adesso guida con più prudenza. ❹ Ho già sentito questo nome da qualche parte, a te non dice niente? ❺ Sono uscito dalla porta del negozio e ha cominciato a suonare l'allarme del golf che mi ero provato e che avevo dimenticato di togliermi… Che figura!

Soluzioni dell'esercizio 2

❶ Una morena guapísima – un bañador rojo – tumbada – la toalla – el parasol ❷ – puede determinar la distancia – está la tormenta contando los segundos – el rayo – el trueno – la luz viaja – rápido – el sonido ❸ – la sequía – restricciones de agua Total – hoy – se – llenar la piscina – lavar el coche ❹ No hay ninguna – devuélveme el dinero – te vaya bien ❺ Cuando – comiendo pasteles – embutidos, siempre hay – aguafiestas – te recuerda las calorías – el colesterol – contienen

La diversità del clima iberico è dovuta alla varietà dei rilievi del Paese. La Spagna è divisa in tre zone climatiche: a nord il clima è oceanico, con temperature miti, che superano raramente i 25°C, e piogge frequenti. Al centro il clima è continentale con inverni rigidi, freddi e secchi e temperature elevate in estate; le piogge sono rare durante tutto l'anno. Sulla costa orientale e a sud il clima è mediterraneo, con estati molto calde, inverni miti e deboli precipitazioni. Prendiamo l'aereo verso l'America latina: ogni regione possiede proprie condizioni climatiche dovute alla posizione geografica (dal clima tropicale vicino all'Equatore al clima polare nella Terra del Fuoco), alle correnti oceaniche e ai venti. Ai tropici spesso si alternano una stagione secca e una stagione delle piogge.

Lección treinta

Caravana de mujeres, una historia de cine [1]

1 A partir de la década de los cincuenta [2], con el auge [3] económico y la necesidad de mano de obra en las ciudades,
2 fueron muchos los campesinos que, ante la falta de perspectivas de futuro, se liaron la manta a la cabeza y abandonaron su tierra natal
3 en pos de [4] un puesto de trabajo y una vida mejor, convirtiéndose así en urbanitas [5].
4 Algunas regiones se vaciaron, muchas pequeñas localidades fueron quedándose sin infraestructuras ni comercios,
5 los artesanos tuvieron que echar el cierre, desaparecieron las tradiciones,
6 se cerraron escuelas por falta de alumnos, e incluso algunos pueblos fueron abandonados totalmente...

Note

[1] In senso figurato **de cine** vuol dire *molto buono* o *molto bene*: **Tienen un casa de cine**, *Hanno una casa splendida*; **Nos trataron de cine**, *Ci hanno trattato da signori*.

[2] Per parlare di un decennio in spagnolo si dice **la década de los cincuenta/sesenta** ecc. o, più semplicemente **los cincuenta/sesenta** ecc. sottintendendo *gli anni*: **Me encanta la música de los ochenta**, *Adoro la musica degli anni '80*.

Trentesima lezione

Carovana di donne, una storia finita bene

1 A partire dagli anni '50, con il boom economico e il bisogno di manodopera nelle città,
2 furono molti i contadini che, di fronte alla mancanza di prospettive per il futuro, fecero il grande passo *(si fasciarono la testa con una coperta)* e **abbandonarono** la loro terra natale
3 alla ricerca di un posto di lavoro e di una vita migliore, diventando così cittadini.
4 Alcune regioni si svuotarono, molte piccole località restarono senza infrastrutture né attività commerciali,
5 gli artigiani dovettero chiudere bottega, sparirono le tradizioni,
6 le scuole chiusero per mancanza di alunni e addirittura alcuni paesi vennero completamente abbandonati...

---

3 **El auge** corrisponde generalmente a *culmine, apogeo*. L'espressione **estar en auge** vuol dire *essere in auge*.

4 **En pos de** significa *alla ricerca di,* ma anche *dietro, dopo*: **Salió en pos de ella, pero no pudo alcanzarla,** *Uscì dopo di lei, ma non poté raggiungerla*.

5 **Un/a urbanita** o ancora **un/a urbanícola** indica *un/a cittadino/a*, qualcuno che si sente a suo agio in città e non potrebbe vivere da un'altra parte.

7 Hoy día solo uno de cada cinco [6] españoles vive en entornos no urbanos [7].
8 Para frenar el envejecimiento de la población y el despoblamiento de las zonas rurales,
9 ayuntamientos y asociaciones de vecinos han puesto en marcha numerosas iniciativas, entre las que cabe [8] destacar la "Caravana de mujeres".
10 Esta curiosa idea surgió en 1985 después de que un grupo de solteros [9] del municipio de Plan
11 viera [10] la película estadounidense de 1951 *Westward the Women* (traducida al español como *Caravana de mujeres*)
12 que narra la historia de la repoblación del Oeste americano [11] durante la colonización, gracias al traslado de mujeres procedentes de Chicago.
13 Por regla general, en las áreas rurales la mitad de los varones [12] carece de pareja.
14 En Plan, eran 40 hombres solteros frente a una única mujer soltera,

Note

[6] Notate la costruzione **XX de cada XX**, *XX su XX*, che serve a esprimere una percentuale: **Tres de cada cuatro usuarios están satisfechos**, *Tre utenti su quattro sono soddisfatti*.

[7] **No** a volte precede sostantivi o aggettivi per esprimere l'assenza; funziona come un prefisso, ma non è unito alla parola che qualifica: **un pacto de no agresión**, *un patto di non aggressione*; **una decisión no justificada**, *una decisione non giustificata*.

[8] **Caber**, in numerose espressioni, significa *essere necessario*. Si usa alla 3ª persona singolare: **Cabe señalar un fuerte aumento de los precios**, *Bisogna segnalare un forte aumento dei prezzi*; **Cabe preguntarse quiénes son los verdaderos responsables**, *Vale la pena chiedersi chi sono i veri responsabili*.

Trentesima lezione / 30

7 Oggi solamente uno spagnolo su cinque vive in ambienti non urbani.
8 Per frenare l'invecchiamento della popolazione e lo spopolamento delle zone rurali,
9 comuni e associazioni di residenti hanno dato vita *(hanno messo in marcia)* a numerose iniziative, tra le quali va segnalata la "Carovana di donne".
10 Questa curiosa idea è nata nel 1985 dopo che un gruppo di celibi del comune di Plan
11 vide il film americano del 1951 *Westward the Women* (tradotto in spagnolo con *Carovana di donne*)
12 che racconta la storia del ripopolamento dell'ovest americano durante la colonizzazione, grazie al trasferimento di donne provenienti da Chicago.
13 Come regola generale nelle aree rurali la metà degli uomini non ha una compagna.
14 A Plan c'erano 40 uomini celibi per una sola donna nubile,

---

9 Nella stessa famiglia troviamo anche la parola **un/a solterón/ona**, qualcuno che avrebbe l'età per essere sposato ma che non lo è, cioè *uno scapolone* o *una zitella*.

10 Notate qui l'uso del congiuntivo imperfetto (**viera**) per una questione di concordanza dei tempi. Tratteremo più ampiamente questo punto nella prossima lezione di ripasso.

11 *Un western*, si dice **una película del oeste** o anche **una película de vaqueros** (lett. un film di mandriani).

12 **Un varón**, *un maschio*, si usa per indicare una persona di sesso maschile: **Ya tenían un varón**, *Avevano già un maschio*. Questa denominazione viene spesso usata nelle formule amministrative.

doscientos treinta y dos • 232

15 lo que hizo que se decidieran a poner un anuncio dirigido a mujeres de entre 20 y 40 años con fines matrimoniales.

16 De estos encuentros surgieron 33 matrimonios, lo que dio una nueva vitalidad al pequeño pueblo pirenaico.

17 A partir de entonces, numerosos pueblos españoles con gran desproporción entre hombres y mujeres han imitado este camino.

18 Con motivo de estas asambleas comen todos juntos, después visitan la zona, se organiza un concurso de baile por la tarde y terminan la velada [13] con una cena.

19 Ellas pagan únicamente el transporte y ellos invitan caballerosamente [14] a lo demás.

20 Es una utopía creer que así se va a terminar con el éxodo rural,

21 pero las mujeres de toda España que no hayan encontrado aún el amor y no quieran quedarse para vestir santos,

22 saben que gracias a la "Caravana de mujeres" tienen la oportunidad de conocer al hombre de sus sueños.

23 Y es que en el campo [15], muchas veces ¡el amor marcha sobre ruedas!

Note

[13] **La velada** indica *la serata*, una riunione informale che ha luogo la sera e il cui pretesto è culturale, amichevole ecc.: **Pasamos una velada agradable**, *Abbiamo passato una piacevole serata*; **Organizaron una velada musical**, *Hanno organizzato una serata musicale*.

Trentesima lezione / 30

15 cosa che li spinse *(fece che si decidessero)* **a** mettere un annuncio rivolto a donne tra i 20 e i 40 anni con fini matrimoniali.

16 Da questi incontri nacquero *(sorsero)* 33 matrimoni, il che diede nuova vitalità al piccolo paese pirenaico.

17 A partire da allora, numerosi paesi spagnoli che avevano una **forte** *(con grande)* sproporzione tra uomini e donne hanno **seguito** *(imitato)* questa strada.

18 In occasione di queste riunioni mangiano tutti insieme, poi visitano la zona, nel pomeriggio viene organizzato un concorso di ballo e la serata finisce con una cena.

19 Le donne *(esse)* pagano solamente il trasporto e gli uomini *(essi)* offrono cavallerescamente il resto.

20 È un'utopia credere che in questo modo si porrà un termine all'esodo rurale,

21 ma le donne di tutta la Spagna che non hanno ancora trovato l'amore e non vogliono rimanere **zitelle** *(rimanere per vestire i santi)*,

22 sanno che grazie alla "Carovana di donne" hanno l'opportunità di conoscere l'uomo dei loro sogni.

23 Perché in campagna, spesso, l'amore funziona che è un piacere *(va su ruote)*!

---

14 Un **caballero** (lett. un cavaliere), da cui deriva l'avverbio **caballerosamente**, si usa spesso per indicare *un uomo* (come abbiamo visto nella lezione 26, nota 5), ma si traduce con *gentiluomo* nell'espressione **ser todo un caballero**, *essere un vero gentiluomo*.

15 **El campo** non indica solamente *il campo* ma anche *la campagna*: **Atravesamos los campos de trigo**, *Abbiamo attraversato i campi di grano*; **Este fin de semana fuimos al campo**, *Questo fine settimana siamo andati in campagna*.

doscientos treinta y cuatro

30 / Lección treinta

Ejercicio 1 – Traduzca

❶ Recorrió el mundo y renunció a todo en pos de una quimera. ❷ Se comporta en todo momento como un auténtico caballero. ❸ Cabe esperar una mejora de la situación en la próxima década. ❹ La candidata carece de los requisitos necesarios para desempeñar el puesto. ❺ Si continúas siendo tan exigente, ¡te vas a quedar para vestir santos!

Ejercicio 2 – Complete

❶ Davanti alla mancanza di studi affidabili sull'impatto dell'invecchiamento della popolazione, il Governo ha nominato una commissione.

………… de ………… …… sobre …………………………
de ……………, el ……… ha ………………………….

❷ Secondo un recente sondaggio solo tre uomini su dieci sono non fumatori.

……………………………, solo …… …… …… …… son
………………

❸ Si sente (È) tanto cittadino che sono anni che non mette piede in campagna.

Es ………… que ……… que ………… un pie …………

❹ I principali registi sono restati ammaliati dagli scenari naturali dell'Almeria, a causa del suo paesaggio desertico, per girare i loro film western.

Los principales ………………… quedaron prendados
de …………………… de Almería, debido a su ………
…………, para ………………………………….

❺ Ieri sera abbiamo assistito a una serata teatrale che era stata organizzata a fini caritativi.

…………… a ……… teatral que …… sido
………… con …………………

Soluzioni dell'esercizio 1

❶ Ha girato il mondo e ha rinunciato a tutto per inseguire una chimera. ❷ Si comporta in ogni momento come un autentico gentiluomo. ❸ Ci si deve aspettare un miglioramento della situazione nel prossimo decennio. ❹ La candidata non ha i *(manca dei)* requisiti necessari per occupare il posto. ❺ Se continui a essere così esigente finirai per restare zitella!

Soluzioni dell'esercizio 2

❶ Ante la falta – estudios fiables – el impacto del envejecimiento – la población – Gobierno – nombrado una comisión ❷ Según una reciente encuesta – tres de cada diez varones – no fumadores ❸ – tan urbanita – hace años – no ha puesto – en el campo ❹ – directores de cine – los escenarios naturales – paisaje desértico – rodar sus películas del Oeste ❺ Anoche asistimos – una velada – había – organizada – fines caritativos

L'agricoltura occupa il 40% della superficie totale del territorio spagnolo (20 milioni di ettari). Le principali colture della penisola sono l'orzo, il grano, il mais, le patate, il riso, i pomodori e gli ortaggi. Il Paese possiede anche grandi vigneti, agrumeti e oliveti. A causa delle condizioni climatiche le colture non sono irrigate (con l'eccezione di quelle di Murcia e di Valencia). L'agricoltura impiega oggi in Spagna circa il 7% della popolazione attiva e rappresenta meno del 4% del PIL. Fino agli anni '60 era il pilastro principale dell'economia, ma la Spagna non è più un Paese agricolo: la popolazione rurale è considerevolmente diminuita in pochi decenni. Tuttavia sussiste una speranza per le campagne: la difficoltà di trovare lavoro nelle città e le sovvenzioni elargite alle popolazioni rurali dallo Stato e dagli organismi europei potrebbero ispirare nuove vocazioni agricole.

Lección treinta y uno

Las reglas de la etiqueta

1 – Oye, Javier, tú que entiendes de vinos, el jefe me ha invitado a cenar a su casa y no quisiera [1] quedar mal.
2 ¿Qué vino me sugieres? La última vez me aconsejaste que acompañara [2] la comida con un rioja estupendo y fue todo un éxito...
3 – Es una pregunta muy complicada, personal y arriesgada.
4 Para recomendar bien un vino, debes conocer los gustos de la persona y, sobre todo, el menú.
5 – Pues a decir verdad, no lo sé...
6 – Si no, te propongo que lleves un vino de postre y seguro que no fallas, pues por lo menos tenemos la seguridad de que [3] será algo dulce.
7 Puedes ir también con un espumoso, ya que marida [4] bien con un abanico de comidas muy amplio.

Note

1 **Querer**, il cui uso è molto frequente, è l'unico verbo per il quale si tollera che il congiuntivo imperfetto o trapassato sostituiscano il condizionale (vedere anche frase 12): **Quisiera** o **Querría pedirte un favor**, *Vorrei chiederti un favore*; **Hubiera** o **Habría querido contestarte antes**, *Avrei voluto risponderti prima*.

2 **Que acompañara**, *che accompagnassi*: il verbo della proposizione principale è al passato secondo la regola della concordanza dei tempi. Vedete la lezione di ripasso per saperne di più.

Trentunesima lezione

Le regole dell'etichetta

1 – Ascolta, Javier, tu che te ne intendi di vino, il capo mi ha invitato a cenare a casa sua e non vorrei fare una brutta figura.
2 Che vino mi consigli? L'ultima volta mi consigliasti di accompagnare *(che accompagnassi)* il pasto con un rioja fantastico e fu un successone…
3 – È una domanda molto complicata, personale e rischiosa.
4 Per raccomandare un buon vino devi conoscere i gusti della persona e soprattutto il menù.
5 – Beh, a dire il vero non lo so…
6 – Altrimenti ti propongo di portare un vino da dessert *(e)* [così] sicuramente non sbagli, perché perlomeno abbiamo la certezza che sarà qualcosa di dolce.
7 Puoi anche andare con un vino frizzante che si sposa bene con una selezione *(ventaglio)* di cibi molto ampia.

---

3 Non dimenticatevi di usare la preposizione **de** davanti alla congiunzione **que** dopo i i verbi che si costruiscono con la preposizione **de** + nome (anche frase 13): **Me alegro de su éxito**, *Sono contento del suo successo*; **Me alegro de que su obra tenga tanto éxito**, *Sono contento che la sua opera abbia tanto successo*.

4 **Maridar** si usa in gastronomia e in enologia per parlare della buona riuscita nella combinazione tra un vino e un piatto o un alimento. **El maridaje** indica *l'abbinamento* di due cose che stanno bene insieme.

31 / Lección treinta y uno

8 Allá tú [5], pero yo no soy muy partidario de regalar bebidas, sobre todo como en tu caso, cuando no tienes mucha confianza.
9 – ¿Y eso?
10 – Imagínate que regalas bebida y es una casa de abstemios, o que llevas dulces a una casa de diabéticos.
11 – No, no, sé a ciencia cierta que bebe alcohol, a menudo me habla de su bodega [6].
12 Es un vividor [7] y un amante del vino, le gusta catar [8], oler y saborear buenos caldos y quisiera impresionarlo...
13 – Insisto en que no estoy convencido de que sea una buena idea.
14 Si te presentas con un vino corriente o regular va a pensar que eres un tacaño o que no tienes nada de enólogo.
15 Pero si llegas con un vino excepcional pero excesivamente caro, quizás se diga que te está pagando demasiado bien
16 y que no es necesario que te suba el sueldo...

Note

5 Seguito da un pronome personale, **allá** indica l'attitudine disinteressata di qualcuno verso qualcosa che, secondo lui, non lo riguarda: **Allá ella con sus mentiras para justificarse**, *Non mi interessa che dica bugie per giustificarsi*; **¡Allá tú!**, *Vedi tu!*

6 **Una bodega** indica *una cantina di casa*, *un'enoteca*, *un vigneto* o *una cantina dove si produce vino*: **Estas bodegas producen miles de litros de jerez**, *Queste cantine producono migliaia di litri di sherry*. Notate che questo termine indica anche un esercizio commerciale dove si vendono alcolici e dove viene anche servito del cibo, come un'osteria.

Trentunesima lezione / 31

8 Vedi tu, ma io non sono molto dell'idea *(sostenitore)* di regalare bevande, soprattutto, come nel tuo caso, quando non si è molto in confidenza.

9 – Come mai *(E questo)*?

10 – Immagina se *(che)* regali bevande [alcoliche] ed è una casa di astemi, o se *(che)* porti dolci a persone *(in una casa di)* diabetiche.

11 – No, no, so con certezza *(a scienza certa)* che beve alcolici, mi parla spesso della sua cantina.

12 È un amante della vita *(gaudente)* e *(un amante)* del vino, gli piace degustare [le cose], odorare e assaporare buoni vini e vorrei impressionarlo…

13 – Insisto *(nel fatto che)*: non sono convinto che sia una buona idea.

14 Se ti presenti con un vino da tavola o [un vino] mediocre penserà che sei un taccagno o che non sai niente di enologia *(non hai niente di enologo)*.

15 Al contrario *(Ma)* se arrivi con un vino eccezionale, ma eccessivamente caro, magari si dirà che ti sta pagando troppo bene

16 e che non è necessario che ti dia un aumento *(ti alzi il salario)*…

---

7 **Un/a vividor/a** indica *qualcuno che ama divertirsi*, a volte anche con la connotazione peggiorativa di *un/a approfittatore/trice* o *un parassita*: **Él es un vividor y se aprovecha de la fortuna de su esposa**, *È un approfittatore, sfrutta la fortuna di sua moglie*.

8 **Catar** indica in genere il fatto di *assaggiare* un alimento: **Cató la paella y dijo que estaba para chuparse los dedos**, *Ha assaggiato la paella e ha detto che era da leccarsi le dita*.

doscientos cuarenta

17 – No veía yo así las cosas...
18 – ¿Sabes qué? Les regalas unas flores y santas pascuas [9]. Y, además, ¡quedas como un rey [10]!
19 – Ah, no, eso sí que no: mi jefe es alérgico al polen. Y ahí sí que puedo despedirme [11] del aumento.
20 ¡Y tampoco voy a llegar con las manos vacías! Pues estoy como al principio...

Note

9 **Y santas pascuas** (lett. sante pasque), *e chi s'è visto s'è visto*. Questa espressione non è la sola a includere il termine **pascuas**: **estar como unas pascuas**, *essere al settimo cielo*; **hacer la pascua a alguien**, *seccare, disturbare*; **de Pascuas a Ramos**, *a ogni morte di Papa*.

10 Se **quedar bien** significa *fare buona impressione*, **quedar como un rey** è ancora meglio! Si ritrova la parola **rey**, con la stessa connotazione positiva, in altre espressioni: **En esta pensión te tratan a cuerpo de rey**, *In questa pensione ti trattano da re*.

***

Ejercicio 1 – Traduzca

❶ Este programa se dirige en particular a los que entienden algo de informática. ❷ Cuando miro a mis hijos, me pregunto en qué hemos fallado. ❸ Cuando salimos de juerga siempre es Carlos quien conduce ya que es abstemio. ❹ En los actos mundanos nunca faltan los vividores y los gorrones. ❺ Si la empresa cierra y me despiden, despídete de las vacaciones este año.

***

La Spagna è da sempre tra i principali produttori mondiali di vino. Le condizioni climatiche del Paese possono portare l'uva ad alti livelli di maturazione: questo crea dei vini molto concentrati, con tannini potenti e un elevato grado alcolico. Un sistema di denominazioni controllate garantisce la qualità della produzione viticola spagnola e protegge i viticoltori. La Spagna è divisa in 12 regioni, in seno alle quali si trovano delle zone etichettate **D.O.** (**denominación de origen**), *equivalenti alle* D.O.C. *italiane, o* **D.O.C.** (**denominación**

Trentunesima lezione / 31

17 – Non vedevo *(così)* le cose [in questo modo]...
18 – Sai cosa? Gli regali dei fiori e buona notte *(sante Pasque)*! E inoltre, [farai l'impressione di essere un signore] *(resti come un re)*!
19 – Ah, no, questo proprio no: il mio capo è allergico al polline. In questo caso sì che posso dire addio *(accomiatarmi da)* all'aumento.
20 E non voglio neanche andare a mani vuote! Ecco, sono al punto di partenza *(sono come al principio)*...

11 **Despedirse de alguien** significa *prendere congedo da qualcuno, accomiatarsi*. Nel linguaggio colloquiale si utilizza questa espressione per indicare che si rinuncia a qualcosa: **Si no apruebas, despídete de la bicicleta**, *Se non passi l'esame, dì addio alla bicicletta*; **Con el bebé, despídete de levantarte tarde**, *Con il bebè, fai una croce sulle tue mattine a poltrire*.

***

Soluzioni dell'esercizio 1
❶ Questo programma si rivolge in particolare a coloro che conoscono già qualcosa di informatica. ❷ Quando guardo i miei figli mi chiedo in cosa abbiamo sbagliato. ❸ Quando usciamo a divertirci guida sempre Carlos, che è astemio. ❹ Nelle serate mondane non mancano mai approfittatori e scrocconi. ❺ Se l'azienda chiude e mi licenziano, dì addio alle vacanze quest'anno.

***

de origen calificada) *per i vini di qualità superiore, equivalenti alle nostre D.O.C.G. Altre etichette ne definiscono e garantiscono il grado di invecchiamento, dal* **vino de crianza** *(2 anni, di cui almeno 6 mesi passati in botte), al* **vino de reserva** *(3 anni, di cui almeno 1 in botte), fino al* **vino de gran reserva** *(5 anni, di cui almeno 1 anno e mezzo in botte). I migliori vitigni sono certamente il* **Rioja** *e il* **Ribera del Duero**, *due rossi, insieme al conosciutissimo* **Jerez** *(sherry), vino liquoroso molto pregiato che è l'orgoglio degli spagnoli.*

Ejercicio 2 – Complete

① Sono sempre stato sostenitore [del fatto] che bisogna assaggiare un prodotto prima di acquistarlo.
Yo .... sido .... de .... antes ..
....

② Questa scoperta rivoluzionaria apre un incredibile spettro di possibilità per acquisire nuove terapie.
.... increíble .... de
.... para ....

③ In cantina conservo un eccellente spumante che si sposa alla perfezione con il dessert.
En .... estupendo que va a ....
de maravilla ....

④ Siccome i risultati dell'azienda erano stati molto soddisfacenti, gli ho consigliato di chiedere al suo capo un aumento.
Como .... de .... habían sido muy
..............., le .... que .... a ...... que ..
....

Lección treinta y dos

¡Qué bestia! [1]

1 Perros, gatos, canarios, así como otros animales más exóticos [2] como loros, tortugas, hámsters y hasta cerdos

Note

[1] **Una bestia** indica *una bestia*, ma colloquialmente questo termine può indicare anche una persona, ad esempio *un bruto*; di conseguenza l'espressione **¡qué bestia!** significa anche *è un vero bruto!* Da questo senso nasce l'espressione *a lo bestia*, *con violenza, selvaggiamente* o ancora *in modo esagerato*: **Nos lo anunció a lo bestia**, *Ce l'annunciò brutalmente*.

❺ Magari è molto ricco come dici, ma quello che so per certo è che è molto tirchio.

Quizás .... como .. dices, pero .... que ... . es que ....

Soluzioni dell'esercizio 2
❶ – siempre he – partidario – catar un producto – de comprarlo ❷ Este descubrimiento revolucionario abre un – abanico – posibilidades – conseguir nuevas terapias ❸ – la bodega guardo un espumoso – maridar – con el postre ❹ – los resultados – la empresa – satisfactorios – aconsejé – pidiera – su jefe – le subiera el sueldo ❺ – sea muy rico – tú – lo único – sé a ciencia cierta – es muy tacaño

Trentaduesima lezione

Cose bestiali (Che bestia)!

1 Cani, gatti, canarini, così come altri animali più esotici come pappagalli, tartarughe, criceti e perfino maiali

2 **Los animales exóticos** vengono chiamati anche **los nacs** (acronimo di **nuevos animales de compañía**). Si tratta di animali che, fino a poco tempo fa, non erano considerati da compagnia, come i furetti, gli scoiattoli, le iguane, i ragni ecc.

2   desfilan el 17 de enero por iglesias de toda España buscando la bendición de San Antón, el santo [3] patrón de los animales.
3   De esta manera un sinfín de animales domésticos se pasea [4] por las instituciones religiosas de todo el país,
4   las cuales por momentos parecen este día más un zoo o una clínica veterinaria que la casa de Dios.
5   Muchos aprovechan la festividad para engalanar a sus mascotas [5]
6   y no es extraño encontrarlos vestidos con algún detallito o completamente disfrazados.
7   "El Señor bendiga [6] a este animal y que San Antón lo proteja de todos los males del cuerpo",
8   va recitando el párroco de la iglesia dedicada al santo situada en el madrileño barrio de Chueca,
9   a la vez que rocía con agua bendita a todos los bichos [7] que los dueños le acercan para que tengan un buen año.
10 Junto a la fila de fieles que quieren presentar a sus fieles amigos al santo, otra avanza ante una ventanilla donde se dispensan unos panecillos,

Note

[3] L'aggettivo **santo** di solito è apocopato (perde la sillaba **-to**) davanti al nome di un santo, tranne che in due casi: **Santo Domingo**, *San Domenico*, e **Santo Tomás**, *San Tommaso*.

[4] **Se pasea**, *passeggia*; certi verbi intransitivi si possono usare in modo pronominale o meno senza che questo ne cambi minimamente il significato: **caer/caerse**, *cadere*; **reír/reírse**, *ridere*; **pasear/pasearse**, *passeggiare* ecc. **Murió/Se murió de viejo/a**, *Morì di vecchiaia*.

[5] La preposizione **a** si usa generalmente davanti a un complemento oggetto che indica degli esseri umani; notate che si tollera questo

Trentaduesima lezione / 32

2 sfilano il 17 gennaio nelle chiese di tutta la Spagna per *(cercando)* la benedizione di Sant'Antonio, il santo patrono degli animali.
3 In questo modo un'infinità di animali domestici passeggia per le istituzioni religiose di tutto il Paese,
4 che in quel giorno, a tratti, sembrano più uno zoo o una clinica veterinaria che la casa di Dio.
5 Molti approfittano della festa per agghindare i loro animali da compagnia *(mascotte)*
6 e non è strano incontrarli ornati con alcuni accessori o completamente mascherati.
7 "Il Signore benedica questo animale e che Sant'Antonio lo protegga da tutti i mali del corpo",
8 recita il parroco della chiesa dedicata al santo situata nel quartiere madrileno di Chueca,
9 mentre asperge con acqua benedetta tutte le bestie che i proprietari gli avvicinano, affinché passino un buon anno.
10 Insieme alla fila dei fedeli che vogliono presentare i loro fedeli amici al santo, [ce n'è] un'altra [che sfila] *(avanza)* davanti a una finestrella da cui vengono distribuiti alcuni panini,

stesso uso quando si parla di animali personificati (in particolare gli animali domestici).

6 Il congiuntivo si usa soltanto nelle subordinate, la cui principale può però essere a volte sottintesa (come alla frase 20): **(Pido que) el Señor...**, *(Chiedo) che il Signore...* Questo fenomeno si ritrova anche in certe formule di cortesia o incoraggiamento: **¡Que aproveche!**, *Buon appetito!*; **¡Que os divirtáis!**, *Divertitevi!*; **¡Que tengas buen viaje!**, *Fai un buon viaggio!*

7 **Un bicho** indica anch'esso *una bestia*. In senso figurato si usa questo termine per qualificare un bambino turboulento: **¡Qué bicho, este niño!**, *Che peste, questo bambino!* Esiste anche il proverbio **bicho malo nunca muere**, *l'erba cattiva non muore mai.* Infine **todo bicho viviente** corrisponde a *tutti, chiunque*.

doscientos cuarenta y seis

11 que, elaborados siguiendo una misteriosa y secreta receta celestial, se mantienen tiernos durante un largo periodo.

12 Cada feligrés recibe tres panecillos, uno de los cuales [8] debe guardar un año junto a una moneda para asegurarse trabajo y salud,

13 ya que, parece ser que el santo ayuda [9] también a los humanos…

14 Esta curiosa festividad goza de larga tradición en Madrid, donde se viene celebrando desde principios del siglo XIX con algunos paréntesis;

15 pero también tiene lugar en muchas otras ciudades españolas.

16 – ¡Qué cola! El año pasado traje ya a mi gatita Estrella para que el cura la bendijera y no había tanta gente.

17 Y usted, caballero, ¿qué lleva en la jaula? Porque parece vacía…

18 – ¡Dios mío! ¡Gilda! ¡Se me ha escapado Gilda! ¡Ya [10] me avisó mi mujer de que no la trajera!

19 – Pero… ¿qué animal es Gilda?

20 – Pues… que no cunda el pánico pero, ¿alguien ha visto una serpiente de cascabel suelta?

Note

8 La struttura "cifra + nome + **de los/las cuales**" si traduce spesso in italiano con *di cui*: **Tiene cinco trajes, de los cuales tres son negros**, *Ha cinque abiti, di cui tre sono neri*; **Vinieron veinte personas, de las cuales la mitad eran niños**, *Sono venute venti persone, di cui la metà erano bambini*.

9 Costruzioni come **parece ser que, al parecer, se ve que**, seguite da indicativo corrispondono a *sembra*: **Al parecer es aristócrata**, *Sembra che sia aristocratico*.

Trentaduesima lezione / 32

11 che, preparati secondo una misteriosa e segreta ricetta celestiale, si mantengono morbidi a lungo.
12 Ogni parrocchiano riceve tre panini, uno dei quali deve essere conservato un anno insieme a una moneta per assicurarsi lavoro e salute,
13 dato che sembra *(essere)* che il santo aiuti anche gli umani...
14 Questa curiosa festività gode di una lunga tradizione a Madrid, dove viene celebrata dall'inizio del XIX secolo con qualche interruzione *(parentesi)*,
15 ma ha luogo anche in molte altre città spagnole.
16 – Che coda! L'anno scorso ho già portato la mia gattina Estrella perché il prete la benedicesse e non c'era così tanta gente.
17 E lei, signore, cosa porta nella gabbia? Perché sembra vuota...
18 – Mio Dio! Gilda! Mi è scappata Gilda! Mia moglie mi aveva detto di non portarla!
19 – Ma... che animale è, Gilda?
20 – Beh... niente panico *(che non si diffonda il panico)*, ma... qualcuno ha visto un serpente a sonagli in libertà?!

---

10 **Ya** si usa spesso per sostenere un'affermazione o per darvi enfasi: **Si ya te entiendo, así que no insistas**, *Sì, sì, ti capisco, non insistere*; **Ya se ve que lo pasasteis bien durante las vacaciones**, *Si vede che vi siete divertiti durante le vacanze*.

32 / Lección treinta y dos

Ejercicio 1 – Traduzca

❶ Ha envejecido mucho, pero se ve que de joven era muy apuesto. ❷ Es un videojuego un poco bestia: el personaje principal debe ir matando a todo bicho viviente que se le ponga en medio. ❸ El Ayuntamiento engalana las calles para celebrar sus tradicionales fiestas. ❹ ¡Ya me parecía a mí que su versión no cuadraba y que había un sinfín de incoherencias! ❺ Aunque las últimas noticias no sean muy alentadoras, ¡que no cunda el desánimo!

Ejercicio 2 – Complete

❶ Il parroco della chiesa ha benedetto i parrocchiani e li ha invitati a riflettere sull'amore verso il prossimo.
. . . . de . . . . a . . . . y los invitó a . . . . hacia . . . .

❷ Un leone dello zoo madrileno è scappato dalla gabbia, cosa che ha provocato il panico nelle strade.
. . . . . . del . . . . se ha . . . . de su . . . . . , lo que ha . . . . en . . . .

❸ Portava periodicamente il suo animale da compagnia dal veterinario affinché lo visitasse e lo vaccinasse.
. . . . a . . . . al . . . . que . . revisara y . . . .

❹ Fedele alle sue idee e ai suoi principi, ha rinunciato a un impiego pagato molto bene in un'azienda di dubbia moralità.
. . . . a . . . . y a . . . . , ... a . . . . muy . . . . en . . . . de . . . .

❺ La nostra marca gode di una solida e meritata reputazione di qualità e affidabilità.
. . . . de . . . . y . . . . de . . . . y . . . .

Trentaduesima lezione / 32

Soluzioni dell'esercizio 1

❶ È invecchiato molto, ma si vede che da giovane era molto bello.
❷ È un videogioco un po' violento: il personaggio principale deve uccidere qualunque essere vivente che si trovi sul suo cammino.
❸ Il Comune addobba le strade per celebrare le feste tradizionali.
❹ Mi sembrava che la sua versione non quadrasse e che ci fossero un sacco di incongruenze. ❺ Sebbene le ultime notizie non siano molto incoraggianti, non bisogna scoraggiarsi *(che non si diffonda lo sconforto)*!

Soluzioni dell'esercizio 2

❶ El párroco – la iglesia bendijo – los feligreses – reflexionar sobre el amor – el prójimo ❷ Un león – zoo madrileño – escapado – jaula – provocado el pánico – las calles ❸ Llevaba periódicamente – su mascota – veterinario para – la – la vacunara ❹ Fiel – sus ideas – sus principios, renunció – un puesto de trabajo – bien pagado – una empresa – dudosa moralidad ❺ Nuestra marca goza – una sólida – merecida reputación – calidad – fiabilidad

Lección treinta y tres

La vida de color verde [1]

1 El desarrollo sostenible [2] se ha convertido en una de las principales preocupaciones del ser humano.
2 Cada vez son más los gobiernos, empresas y particulares que tratan de combatir el cambio climático, y el calentamiento global en particular,
3 haciendo un uso más responsable de los recursos energéticos con el objetivo de frenar el desgaste terrestre.
4 El desarrollo de las fuentes renovables de energía contribuye en buena medida a la reducción de las emisiones de gases de efecto invernadero.
5 España ha puesto toda la carne en el asador [3], convirtiéndose así en uno de los referentes mundiales en energías renovables.
6 El liderazgo de los españoles en energías limpias, como la eólica, es indiscutible.
7 Y esto es así porque, como el país goza de excelentes condiciones de viento y cuenta con modernos aerogeneradores (esos nuevos molinos de viento que pueblan el paisaje español):

Note

1 Oltre che per il colore, l'aggettivo **verde** si usa naturalmente per indicare l'ecologia, ma anche qualcosa di un po' *osceno*: **un chiste verde**, *una barzelletta spinta*; **un viejo verde**, *un vecchio sporcaccione*. Infine, sempre con significato negativo, **poner verde a alguien** vuol dire *parlar male di qualcuno*.

Trentatreesima lezione

La vita in verde

1 Lo sviluppo sostenibile è diventato una delle principali preoccupazioni dell'essere umano.
2 Sono sempre di più i governi, le aziende e i privati che cercano di combattere il cambiamento climatico e il riscaldamento globale in particolare,
3 facendo un uso più responsabile delle risorse energetiche con l'obiettivo di frenare il degrado terrestre.
4 Lo sviluppo delle fonti di energia rinnovabili contribuisce in buona misura alla riduzione delle emissioni di gas a effetto serra.
5 La Spagna ha fatto il possibile *(ha messo tutta la carne sulla griglia)*, diventando così uno dei referenti mondiali dell'energia rinnovabile.
6 La leadership degli spagnoli nel [campo dell']energia pulita, come quella eolica, è indiscutibile.
7 E questo è possibile *(così)* perché, siccome il Paese gode di eccezionali condizioni di vento e conta su moderni aerogeneratori (quei nuovi mulini a vento che popolano il paesaggio spagnolo),

---

2 Per parlare di *sviluppo sostenibile* si usa l'espressione **el desarrollo sostenible**, ma anche **el desarrollo perdurable**, o ancora **el desarrollo sustentable**.

3 **Poner toda la carne en el asador** può voler dire anche *giocare* o *rischiare il tutto per tutto*.

33 / Lección treinta y tres

8 los parques eólicos funcionan muchas horas y eso hace que [4] la generación de esta energía tenga unos costes muy bajos.

9 La geotermia es otra recién [5] llegada al sector de este tipo de energías, pero de la que se prevé un crecimiento exponencial en los próximos años…

10 Además de los beneficios medioambientales y de reducción de dependencia energética de los países productores de petróleo,

11 el desarrollo de la energía verde comporta la creación de una importante base tecnológica e industrial,

12 con un significativo efecto de arrastre en otros sectores de la economía y la consecuente creación de empleo.

13 España no puede sacar pecho [6] en muchos terrenos a nivel mundial, pero sí [7] en los progresos y la apuesta por la energía verde.

14 Sin embargo los éxitos de hoy no deben hacer bajar la guardia,

Note

4 **Hace que** serve a esprimere la conseguenza e introduce una proposizione al congiuntivo: **Un buen servicio hace que los clientes estén satisfechos y vuelvan**, *Un buon servizio fa sì che i clienti siano soddisfatti e ritornino*.

5 **Recién** è la forma apocopata dell'avverbio **recientemente**. In Spagna si usa solamente con i participi passati: **recién hecho/a**, *appena fatto/a*; **recién salido/a**, *appena uscito/a* ecc. In America latina può anche essere accompagnato da un verbo coniugato: **Recién lo vi en la calle**, *L'ho appena visto per strada*.

Trentatreesima lezione / 33

8 i parchi eolici sono in funzione per molte ore e questo fa sì che la produzione di questa energia abbia costi molto bassi.

9 La geotermia è un altro nuovo arrivo nel settore di queste *(questo tipo di)* energie, *(ma)* della quale si prevede una crescita esponenziale nei prossimi anni...

10 Oltre ai benefici per l'ambiente e alla diminuzione della dipendenza energetica dai Paesi produttori di petrolio,

11 lo sviluppo dell'energia verde implica la creazione di una importante base tecnologica e industriale,

12 con un significativo effetto traino per gli altri settori dell'economia e la conseguente creazione di posti di lavoro.

13 A livello mondiale la Spagna non può andare a testa alta *(mettere il petto in fuori)* in molti campi, ma lo può fare *(sì)* per [quanto riguarda] i progressi nella, e la scommessa sulla, energia verde.

14 Tuttavia i successi di oggi non devono far dormire sugli allori *(far abbassare la guardia)*,

---

6 **Sacar pecho**: **sacar** significa qui *mettere in risalto*. Inoltre **el pecho** si usa in numerose espressioni: **tomarse algo a pecho**, *prendersela per qualcosa*; **a pecho descubierto**, *a mani nude, disarmato*. **A lo hecho, pecho**, *Quel che è fatto è fatto*.

7 **Sí** serve a esprimere il contrasto in relazione con la negazione della frase precedente: **No ofrecían algunas prestaciones que la competencia sí**, *Non offrivano alcune prestazioni che la concorrenza offriva*. In generale in italiano non si traduce: **Te lo presto, eso sí, me lo devuelves**, *Te lo presto, ma me lo ridai*.

doscientos cincuenta y cuatro • 254

33 / Lección treinta y tres

15 puesto que queda el reto de innovar en otras tecnologías como la solar térmica o la solar fotovoltaica,
16 en las que, aun siendo [8] España sinónimo de sol y tener un gran potencial, va por detrás de [9] Alemania.
17 Algunas fuentes renovables ya son económicamente rentables
18 y la gran mayoría de ellas [10] lo será en un futuro muy próximo.
19 Cabe no perder de vista que la economía verde puede crear inmediatamente tanto empleo como la tradicional,
20 y generar aún mucho más a medio y largo plazo.

Note

[8] La congiunzione **aun** (senza accento) seguita da un gerundio, ha un valore concessivo: **Aun haciendo régimen, no adelgaza**, *Pur facendo la dieta, non dimagrisce*.

[9] **Por detrás de** indica la direzione, mentre **detrás de** indica la posizione. Il contrario è **por delante de**, *davanti*: **La sociedad va a menudo por delante de las leyes**, *La società precede spesso le leggi*.

***

Ejercicio 1 – Traduzca

❶ Aun siendo un tema que preocupa a muchos, de eso sí que nadie habla. ❷ Debemos ir siempre por delante de las necesidades de los clientes, anticiparlas e incluso crearlas. ❸ Intenta no agobiarte y no te lo tomes todo tan a pecho. ❹ El relajamiento en la disciplina hace que no se respete la autoridad del maestro. ❺ "Se alquila piso amplio y luminoso, recién pintado y completamente amueblado."

15 visto che rimane la sfida di innovare in altre tecnologie come la solare termica o la solare fotovoltaica,

16 nelle quali, pur essendo la Spagna sinonimo di sole e avendo un grande potenziale, è alle spalle della *(dietro)* Germania.

17 Alcune fonti rinnovabili sono già economicamente redditizie

18 e la maggior parte di esse lo sarà in un futuro molto prossimo.

19 Non bisogna perdere di vista [il fatto] che l'economia verde può creare, a breve termine *(immediatamente)* tanti posti di lavoro *(tanto impiego)* quanto l'economia tradizionale,

20 e generarne ancora di più a medio e lungo termine.

---

❿ La gran mayoría de ellas, *la maggior parte di esse*: nella struttura formata da un quantificatore + **de** + un sostantivo al plurale, il verbo può concordare al singolare con il quantificatore o al plurale con il sostantivo. Ci torneremo nella lezione di ripasso.

***

Soluzioni dell'esercizio 1

❶ Anche se è un tema che preoccupa molte persone, proprio non ne parla nessuno. ❷ Dobbiamo sempre prevenire i bisogni dei clienti, anticiparli e addirittura crearli. ❸ Cerca di non stressarti e non prendere tutto così a cuore. ❹ Il rilassamento della disciplina fa sì che non si rispetti l'autorità del maestro. ❺ "Affittasi appartamento ampio e luminoso, appena ridipinto e completamente ammobiliato".

doscientos cincuenta y seis

Ejercicio 2 – Complete

❶ Ci ha fatto ridere tutti raccontando barzellette spinte, e la cosa ha contribuito al successo della serata.
Nos .... a ...., lo que contribuyó .... de ....

❷ Non bisogna perdere di vista che il deterioramento dello strato di ozono provoca gravi problemi ambientali.
No ... que .... que .... de la .... de ozono ....

❸ Le gelate registrate durante le ultime notti hanno causato danni anche nelle coltivazioni in serra.
Las .... durante .... han .... en .... de ....

❹ La nostra regione ha lanciato una sfida salda per il turismo sostenibile, un'attività in grado di coniugare in un perfetto equilibrio il rispetto per l'ambiente naturale e la protezione del patrimonio artistico.
Nuestra .... ha hecho .... por ...., una .... de .... en .... por el medio natural con .... y ....

Lección treinta y cuatro

Cada cosa en su sitio

1 – Cariño, ¿qué hace este papel de cocina usado en el cubo azul?
2 ¿Cuántas veces tendré que repetirte que no va ahí? ¡Ni que fuera tan difícil! [1]

Note

[1] **¡Ni que fuera tan difícil!**, *Non è così difficile!*: ecco uno dei casi in cui troviamo un congiuntivo nella frase principale perché si tratta

⑤ Il fatto che riconosca la sua parte di responsabilità è già di per sé un enorme progresso.

.... de que .... su ..... de ...., ya .. .. en ...

Soluzioni dell'esercizio 2
① – hizo reír – todos contando chistes verdes – al éxito – la velada **②** – hay – perder de vista – el desgaste – capa – provoca graves problemas medioambientales **③** – heladas registradas – las últimas noches – causado daños incluso – los cultivos – los invernaderos **④** – región – una apuesta firme – el turismo sostenible – actividad capaz – conjugar – perfecto equilibrio el respeto – la protección del patrimonio cultural – artístico **⑤** El hecho – reconozca – parte – responsabilidad – es un enorme progreso – sí

Trentaquattresima lezione

Ogni cosa al suo posto

1 – Tesoro, cosa ci fa questa carta da cucina usata nella pattumiera blu?
2 Quante volte devo *(dovrò)* ripeterti che non va lì? Non è così difficile!

di una proposizione subordinata la cui principale è sottintesa. Appuntamento alla lezione di ripasso per saperne di più!

3 – ¡No te eches a sermonearme [2]! Además, ¿no me dijiste que pusiera [3] todo lo que es papel en el cubo azul?

4 – No siempre. Si los papeles están sucios o pringosos [4] deben ir al marrón;

5 en cambio, si están empapados con algún producto químico, tales como limpiadores o cera para muebles, a la gris.

6 – Chica, es que no me aclaro [5] con tanto contenedor y tanto color. Nunca sé dónde diantre tirar cada cosa.

7 – Mira, te pedí que leyeras con atención el folleto del ayuntamiento que te di.

8 – Que tampoco será tan complicado, digo yo [6]. En la calle sabes que hay cinco contenedores, cada uno de un color:

9 marrón para los desechos orgánicos, como restos de comida; azul para papel y cartón, que no estén sucios; verde para el cristal [7];

Note

2 **No te eches a sermonearme**, *Non cominciare a farmi la predica*: la costruzione **echar(se) a** + infinito serve a esprimere l'inizio improvviso di una attività. Ad esempio: **Cuando me vio, echó a correr**, *Quando mi ha visto si è messo a correre*.

3 **No me dijiste que pusiera (...)**, *Non mi hai detto di mettere (...)*: nelle subordinate dichiarative lo spagnolo preferisce utilizzare la costruzione **que** + congiuntivo piuttosto che il *di* + infinito usato di norma in italiano.

4 **Pringoso/a** indica qualcosa di grasso che appiccica. Da non confondere con **pringado/a**, della stessa famiglia, che indica *persona che si lascia abbindolare* o *vittima di abusi*: **Siempre les toca pagar a los mismos pringados de siempre**, *Sono sempre gli stessi polli che pagano*.

Trentaquattresima lezione / 34

3 – Non cominciare a farmi la predica! E poi, non mi avevi detto di mettere tutta la carta *(tutto ciò che è carta)* nella pattumiera blu?
4 – Non sempre. Se la carta è sporca o unta deve andare nella marrone;
5 invece se è impregnata di qualche prodotto chimico, come detergenti o cera per i mobili, [va] nella grigia.
6 – Senti, non mi ci raccapezzo con tanti contenitori e tanti colori. Non so mai dove diamine buttare ogni cosa.
7 – *(Guarda)* Ti ho chiesto di leggere con attenzione l'opuscolo del comune che ti ho dato.
8 – Ma non sarà neanche così complicato, credo *(dico io)*. Sai che in strada ci sono cinque contenitori, ognuno di un colore [diverso]:
9 marrone per i rifiuti organici, come i resti di cibo; blu per la carta e il cartone che non siano sporchi; verde per il vetro;

---

5 **Aclararse** significa *chiarire*, e **no aclararse**, *non capire niente*: **Estoy hecho un lío sobre este asunto, y necesito aclararme**, *Ho una confusione terribile su questo argomento e ho bisogno di chiarirmi le idee.*

6 L'espressione **digo yo** serve spesso a sottolineare una propria opinione o supposizione: **Digo yo que hubieran podido avisar**, *Per conto mio avrebbero potuto avvisare*; **Se divertirán así, digo yo**, *Probabilmente si divertono così.*

7 In spagnolo le parole **el cristal** e **el vidrio** sono praticamente sinonimi: **un jarrón de cristal**, *un vaso di cristallo*; **una botella de cristal**, *una bottiglia di vetro*; **los cristales de las gafas**, *le lenti degli occhiali*; **lavar los cristales**, *lavare i vetri.*

10 amarillo para los envases ligeros de plástico y metal,

11 como latas [8] de conserva y de bebidas, espráis [9], bandejas de aluminio o tetra briks;

12 y gris para la basura no clasificable, para todo aquello que no se puede reciclar [10] como pañales, compresas, bastoncillos, cuchillas de afeitar...

13 Para el resto de residuos, que por sus características no pueden mezclarse con el resto, existen los puntos limpios.

14 Allí se lleva [11] el aceite usado de cocina, las pilas, las pinturas, los aparatos eléctricos y electrónicos, la chatarra, etc.

15 – Quizás a ti te parece coser y cantar, pero hace poco que vivo en este país y de donde vengo, eso no se hace,

16 porque, ¿para qué te vas a tomar la molestia de separar la basura [12] si todo irá a parar al mismo sitio?

17 – Lo entiendo y, no creas, que aquí en España también era así. Y luego poco a poco la gente se ha ido concienciando...

Note

[8] **Una lata** indica *una scatola di conserva* ma anche *una lattina*. Nel linguaggio colloquiale questo termine significa *un fastidio, una scocciatura*, e lo si ritrova con questo senso in espressioni molto usate come **dar la lata**, *rompere le scatole*.

[9] **Espray** si pronuncia come si scrive: *[esprai]*. Sull'esempio di numerose parole spagnole la cui traduzione in italiano comincia per *s* + consonante, **espray** comincia con una **e**: **una estatua**, *una statua*; **el estrés**, *lo stress*; **especial**, *speciale*.

Trentaquattresima lezione / 34

10 giallo per gli imballaggi leggeri in plastica e in metallo,
11 come le scatolette di conserva e [le lattine] di bevande, gli spray, i vassoi di alluminio o i tetra pak;
12 e grigio per la spazzatura indifferenziata *(non classificabile)*, per tutto quello che non si può riciclare come pannolini, assorbenti, cotton fioc, lamette...
13 Per il resto dei rifiuti che per le loro caratteristiche non si possono mischiare agli altri *(al resto)*, esistono le discariche.
14 Si portano lì l'olio di cucina usato, le pile, le vernici, gli apparecchi elettrici ed elettronici, i rottami ecc.
15 – Può darsi che ti sembri facile come bere un bicchiere d'acqua, ma è da poco che vivo in questo Paese e da dove vengo queste cose non si fanno,
16 perché, a che scopo prendersi la briga *(ti prendi il disturbo)* di separare la spazzatura se tutto finirà nello stesso posto?
17 – Lo capisco e, non credere, anche qui in Spagna era così. E poi, a poco a poco, la gente ha preso coscienza...

---

10 Si usa il termine **reciclar(se)** anche nella sfera professionale: in questo caso significa *riconvertire/rsi, riqualificare/rsi*: **Tuvo que reciclarse para encontrar otro trabajo**, *Ha dovuto riqualificarsi per trovare un altro lavoro*.

11 **Llevar** e **traer** significano *portare*. Il primo indica l'allontanamento dal parlante (andare portando, portare là), mentre il secondo indica l'avvicinamento al luogo in cui si trova il parlante (venire portando, portare qui): **Llevaré una botella de vino**, *Porterò una bottiglia di vino*; **Te he traído un recuerdo de mi viaje a Cuba**, *Ti ho portato un ricordo del mio viaggio a Cuba*.

12 **La basura** indica *la spazzatura*, ma spesso anche il recipiente (**el cubo de) la basura**, cioè *la pattumiera*. Si trova spesso questa parola in opposizione a un sostantivo per indicare la cattiva qualità: **un trabajo basura**, *un lavoro senza sbocchi*; **la comida basura**, *il cibo spazzatura*; **el correo basura**, *la posta indesiderata*; ecc.

doscientos sesenta y dos

18 Aunque hay reacios que seguirán sin reciclar o tirando desperdicios en lugares inadecuados hasta el día en que pongan multas.

19 Quizás los ciudadanos en un principio obedezcan las leyes [13] para evitar una sanción y luego sigan por inercia...

20 Ojalá no fuera así, pero ya sabes cómo es la gente: ¡solo entiende el palo [14]!

21 – Sí, muy bien, pero eso no quita [15] que cada vez que tiro algo a la basura, ¡me parece que voy a jugar al parchís [16]!

Note

[13] **Obedezcan las leyes**, *obbediscano alla legge*: notate l'assenza di una preposizione che accompagni il verbo **obedecer** quando il complemento è una cosa. Quando il complemento è una persona si trova la preposizione **a** perché il complemento oggetto di persona è sempre preceduto da questa preposizione: **Obedece a sus padres**, *Obbedisce ai suoi genitori*.

[14] **El palo** indica sia *il bastone* che il colpo che si dà con questo. Lo si ritrova in numerose espressioni: **a palos**, *a bastonate*; **andar a palos**, *litigare in continuazione*; **moler a palos**, *picchiare di santa ragione*; **llevarse un palo**, *prendere una batosta*; **ser un palo**, *essere una lagna*.

[15] **Quitar** significa anche *impedire*: **Que me vaya a vivir al extranjero no quita que sigamos en contacto**, *Il fatto che io vada a vivere*

***

Ejercicio 1 – Traduzca

❶ ¿Casarme yo? ¡Ni que estuviera loca! ❷ Se echó a temblar solo de pensarlo. ❸ Tecleó un mensaje en la pantalla táctil con los dedos pringosos. ❹ Nuestro equipo se llevó un palo tremendo en el último partido. ❺ ¡Deja de darnos la lata! Que tú no tengas hambre no quita que comamos nosotros.

18 Ma ci sono delle [persone] restie che continueranno a non riciclare o a buttare avanzi in luoghi inadeguati fino al giorno in cui li multeranno *(mettano multe)*.

19 Forse all'inizio i cittadini obbediranno alla legge per evitare una sanzione e poi continueranno per inerzia...

20 Magari non fosse così, ma sai com'è la gente: capisce solo il bastone!

21 – Sì, d'accordo, ma questo non toglie che ogni volta che butto qualcosa nella spazzatura mi sembra di stare giocando al pachisi!

all'estero non ci impedisce di restare in contatto; **Las preocupaciones le quitan el sueño**, *Le preoccupazioni gli tolgono il sonno*. Un proverbio molto noto recita che **lo cortés no quita lo valiente**, cioè *la cortesia non implica codardia*.

16 **El parchís** è una variante del pachisi indiano, un gioco che consiste nel disporre delle pedine su una scacchiera a forma di croce, i cui bracci hanno ognuno un colore differente. Lo scopo del gioco è far arrivare tutte le proprie pedine nella casella finale senza perderne nessuna.

CADA COSA EN SU SITIO

Soluzioni dell'esercizio 1

❶ Sposarmi, io? Fossi matta! ❷ Si mise a tremare al solo pensiero. ❸ Digitò un messaggio sul touch screen con le dita unte. ❹ La nostra squadra ha preso una batosta tremenda nell'ultima partita. ❺ Smettila di rompere le scatole! Non [puoi] impedirci di mangiare se tu non hai fame.

Ejercicio 2 – Complete

❶ Cerco di compilare il modulo della dichiarazione dei redditi online, ma non ci capisco niente.

.... el .... de .... de la renta ......, pero ....

❷ Il Governo ha chiesto ai sindacati di presentare proposte per poterle studiare al prossimo tavolo dei negoziati.

El .... a .... que .... para .... en .... de ....

❸ Si fatica a far prendere coscienza ai guidatori che l'uso del cellulare in macchina comporta molti pericoli.

.... a los .... de que el ... del ..... en ....

❹ Le centrali nucleari producono rifiuti radioattivi che impiegano centinaia o migliaia di anni a degradarsi e tornare inoffensivi.

Las .... radiactivos que .... o ..... de .... en .... y ....

35

Lección treinta y cinco

Repaso – Ripasso

Più vi addentrate in una lingua straniera, più vi rendete conto che gli autoctoni non obbediscono sempre alle regole grammaticali e d'uso alle quali si deve piegare lo studente! Perciò, per abituarvi a passare da un registro linguistico a un altro, abbiamo utilizzato nei dialoghi del nostro metodo allo stesso tempo parole gergali, espressioni colloquiali e certi piccoli errori di grammatica che ritrovate non solamente nelle conversazioni quotidiane, ma anche al cinema. Per il momento vi sconsigliamo caldamente di utilizzarle. In effetti non è sempre facile utilizzarle nel giusto contesto.

❺ Contiamo su un personale molto competente che continuamente riqualifica e aggiorna le sue conoscenze.
.... con un .... muy ...., que ....
.. está .... y .... sus ....

Soluzioni dell'esercizio 2

❶ Intento rellenar – formulario – declaración – en línea – no me aclaro ❷ – Gobierno pidió – los sindicatos – presentaran propuestas – poder estudiarlas – la siguiente mesa – negociaciones ❸ Cuesta concienciar – conductores – uso – móvil – el coche conlleva muchos peligros ❹ – centrales nucleares generan residuos – tardan cientos – miles – años – degradarse – volverse inofensivos ❺ Contamos – personal – cualificado – continuamente se – reciclando – actualizando – conocimientos

Trentacinquesima lezione

1 Proposizioni al congiuntivo

1.1 La concordanza dei tempi

La concordanza dei tempi è il rapporto tra il tempo del verbo della frase principale (o reggente) e quello del verbo della subordinata.

Come l'italiano, lo spagnolo rispetta sempre la concordanza dei tempi (presente o passato) tra il verbo della proposizione principale e quello della subordinata, ma rispetto all'italiano, che predilige l'uso dell'infinito, preferisce la costruzione con il congiuntivo. Ci soffermiamo qui sui casi in cui la proposizione subordinata comporta l'uso del verbo al congiuntivo.

35 / Lección treinta y cinco

Principale	Subordinata	
Indicativo	Congiuntivo	
presente	presente	**Busco un hotel que no sea muy caro**, *Cerco un hotel che non sia molto caro.*
passato	passato	**Aunque se haya disculpado, no la he perdonado**, *Sebbene si sia scusata, non l'ho perdonata.*
futuro	passato	**Insistiré hasta que hayas aceptado**, *Insisterò finché avrai accettato.*
Imperativo	Congiuntivo	
-	presente	**Haz lo que quieras**, *Fa' quello che vuoi.*

Notate che il passato prossimo è considerato dagli spagnoli come un tempo che rientra nel presente perché si inserisce in un periodo di tempo che si prolunga fino al momento presente.

Principale	Subordinata	
Indicativo	Congiuntivo	
passato	imperfetto	**Se lo recordé para que no lo olvidara**, *Glielo ricordai affinché non se lo dimenticasse.*
imperfetto	trapassato	**Era imposible que nadie se hubiera dado cuenta**, *Era impossibile che nessuno se ne fosse reso conto.*
trapassato prossimo	imperfetto	**¡Te había prohibido que fueras!**, *Ti avevo proibito di andarci!*

Condizionale	Congiuntivo	
presente	imperfetto	**Nos gustaría que nos acompañaras**, *Ci piacerebbe che ci accompagnassi.*

1.2 Il congiuntivo nella proposizione principale

Anche se la maggior parte dei tempi del congiuntivo si trova più spesso all'interno di proposizioni subordinate, questo modo si usa anche in proposizioni principali o indipendenti. In questi casi può esprimere più concetti.

- **Espressione di speranza e di desiderio**

Il congiuntivo esprime la speranza nelle strutture seguenti:
– **quisiera que** + congiuntivo
Nel caso in cui il primo congiuntivo sostituisca il condizionale:
Quisiera (= **Querría**) **que nadie me molestara**, *Vorrei che nessuno mi disturbasse.*
– **que** + congiuntivo presente
Qui la principale è sottintesa: **¡(Os deseo) que tengáis mucha suerte!**, *(Vi auguro) Buona fortuna!*
– **quien** + congiuntivo imperfetto o trapassato
Questo **quien** rimpiazza un **si**: **¡Quién pudiera!** (= **¡Si yo pudiera!**), *Se solo potessi!*
– **ojalá/ojalá que** + tutti i tempi del congiuntivo
¡Ojalá (que) no llueva!, *Purché non piova!*; **¡Ojalá lo hubiera sabido antes!**, *Magari l'avessi saputo prima!*
– **así** + tutti i tempi del congiuntivo
¡Así se muera!, *Che muoia!*

- **Espressione del dubbio, della possibilità**

Il dubbio o la possibilità sono espresse tramite l'uso di espressioni molto comuni (come **quizás, tal vez, acaso, probablemente, posiblemente** + congiuntivo) che sottintendono un'ipotesi: **Tal vez no haya llegado ningún invitado todavía**, *Può darsi che non sia ancora arrivato nessun invitato.*

• **Espressione della sorpresa**

Una congiunzione accompagna ogni sensazione di sorpresa: **que**. Normalmente è posta dopo una proposizione principale ma quest'ultima è spesso sottintesa: **¡(Es increíble) que sea tan ingenuo!**, *(È incredibile) che sia così ingenuo!*; **¡(Es inadmisible) que no haya venido a verme!**, *(È inammissibile) che non sia venuto a trovarmi!*

• **Espressione del paragone**

Per fare un paragone si può utilizzare **como si** o **ni que**: **¡Cómo le habla! ¡Ni que fuera su madre!**, *Come gli parla! Neanche fosse sua madre!*; **¡Qué cara pone! ¡Como si hubiera visto un fantasma!**, *Che faccia ha! Come se avesse visto un fantasma!*

2 Il doppio imperativo

Nella lezione 29, avete incontrato una frase nella quale l'imperativo si ripeteva per creare un effetto di enfasi. Ecco un altro esempio: **¡Corre, corre, que está ahí el tren!**, *Corri, corri che il treno è già lì!*

Si usa questo stesso procedimento di ripetizione anche per:

– invitare il proprio interlocutore a fare qualcosa: –**¿Se puede? –Sí, claro, pasa, pasa**, – *Permesso, si può? – Vieni, entra!*; **Come, come, que está muy rico**, *Dai, mangia che è buonissimo!*

– dare una sfumatura di urgenza alle cose che si dicono: **¿Qué ha pasado? ¡Cuenta, cuenta!**, *Cos'è successo? Su, racconta!*

– esprimere la sorpresa: **¡Anda, anda! ¿Tú por aquí?**, *Ma guarda un po', tu da queste parti?*; **¡Vaya, vaya! Pues no lo sabía...**, *Ma pensa! Non lo sapevo...*

3 Errori da evitare

3.1 L'accordo del nome con i quantificatori

Un quantificatore è un determinante che è spesso seguito dalla preposizione **de** più un sostantivo, come **la mayoría de la gente**, *la maggior parte della gente*; **una docena de turistas**, *una dozzina di turisti*; **el diez por ciento de los votantes**, *il dieci per cento dei votanti* o **el resto de los casos**, *il resto dei casi*.

Quando il sostantivo è plurale si pone spesso un problema di concordanza. In linea di massima il verbo si può accordare sia al singolare (con il quantificatore), sia al plurale (con il sostantivo): **La mitad de los trabajadores ha secundado el paro**, *La metà degli operai ha partecipato allo sciopero*; **La mitad de los trabajadores han secundado el paro**, *La metà degli operai hanno partecipato allo sciopero*.

Tuttavia, quando il verbo ha un attributo, solamente l'accordo al plurale è corretto: **La mayoría de los hoteles de la zona estaban llenos**, *La maggior parte degli hotel della zona erano pieni*.

Inoltre i sostantivi quantificatori che si usano senza determinante (**infinidad**, *infinità*; **cantidad**, *quantità*; **multitud**, *moltitudine*) devono obbligatoriamente accordarsi al plurale, dato che, in realtà, il vero nucleo del soggetto è il sostantivo plurale:

Infinidad de hinchas acudieron al partido, *Un'infinità di tifosi andarono alla partita*.

3.2 Il *dequeísmo* e il *queísmo*

Si tratta di due errori grammaticali che consistono nel mettere o omettere la preposizione **de** davanti a una proposizione subordinata introdotta dalla congiunzione **que**.

Il **dequeísmo** consiste nell'uso della preposizione **de** quando non bisogna: ***Me han dicho de que no era necesario** (invece di **Me han dicho que no era necesario**), *Mi hanno detto che non era necessario*; ***Pienso de que no merece la pena** (invece di **Pienso que no merece la pena**), *Penso che non valga la pena*.

Per paura di fare questo errore molte persone cadono nell'errore opposto, che consiste nel sopprimere sempre questa preposizione, anche nelle strutture verbali costruite con **de**; questo errore si chiama **queísmo** (o **antidequeísmo**). Ad esempio: ***Me acuerdo que ya me lo preguntaste** (invece di **Me acuerdo de que ya me lo preguntaste**), *Mi ricordo che me l'hai già chiesto*; ***Estoy contento que hayas venido** (invece di **Estoy contento de que hayas venido**), *Sono contento che tu sia venuto*.

La piccola astuzia per rassicurarvi, in caso di dubbio, consiste nel sostituire la proposizione subordinata o con **eso** o con **algo**: **Estoy contento de que hayas venido.** = **Estoy contento de algo** (***Estoy contento algo,** sarebbe scorretto); **Pienso que no merece la pena** = **Pienso algo** (***Pienso de algo**, sarebbe scorretto).

35 / Lección treinta y cinco

▶ Diálogo de revisión

1 – ¡Hola, Jaime! Tienes un aspecto estupendo, te encuentro muy relajado.
2 – Normal, estoy recién llegado de unos días de vacaciones en las Islas Canarias.
3 – Nunca he estado, pero se ve que es el paraíso terrestre, de ahí que reciban el nombre de Islas Afortunadas.
4 – Pues sí, en el archipiélago cuentan con un clima excepcional de eterna primavera, con temperaturas entre 18 y 24°C,
5 lo que permite tomar el sol en sus playas y bañarse durante todo el año.
6 – Y, ¿os quedasteis todo el tiempo en el mismo lugar o bien os movisteis un poco?
7 – Visitamos varias islas e hicimos mucho senderismo. Allí se halla la mitad de los parques naturales de España.
8 Y para proteger toda esta riqueza, han hecho la apuesta de un desarrollo sostenible.
9 Por cierto, que realizamos la excursión de avistamiento de ballenas y delfines.
10 – ¡El espectáculo debe de ser impresionante! Pero yo me imaginaba más bien esas islas pobladas de canarios...
11 – ¡Para, para! La mayoría de las personas piensan que las islas tomaron su nombre de esos pájaros.
12 Pues es justamente lo contrario ya que fue esta ave la que tomó su nombre de estas islas.
13 Resulta que los romanos encontraron en ellas una fiera raza de perros

14 y por lo tanto la llamaron *Insula Canaria* * o sea, "isla de los perros".
15 – ¡Mira por dónde! ¡Nunca te acostarás sin saber una cosa más!

* il nome **Canaria** è infatti di derivazione latina, da *canis*, cane

***

Traduzione
1 Ciao, Jaime! Hai un aspetto splendido, ti trovo molto rilassato. **2** Ovvio, sono appena tornato da qualche giorno di vacanza alle *(Isole)* Canarie. **3** Non ci sono mai stato, ma sembra che siano il paradiso terrestre, per quello le chiamano *(da lì che ricevano il nome di)* Isole Fortunate... **4** Beh, sì, l'arcipelago può contare su *(nell'arcipelago contano con)* un clima eccezionale di eterna primavera, con temperature tra i 18 e i 24 gradi, **5** cosa che permette di prendere il sole sulle sue spiagge e fare il bagno tutto l'anno. **6** E siete rimasti tutto il tempo nello stesso posto o vi siete mossi un po'? **7** Abbiamo visitato varie isole e abbiamo fatto molto trekking. Lì si trova la metà dei parchi naturali della Spagna. **8** E per proteggere tutta questa ricchezza, hanno avviato la sfida dello sviluppo sostenibile. **9** A proposito, abbiamo partecipato all'escursione per vedere *(di avvistamento di)* balene e delfini. **10** Lo spettacolo dev'essere magnifico! Ma io credevo piuttosto che quelle isole [fossero] popolate di canarini... **11** No, fermati, la maggior parte delle persone pensa che le isole abbiano preso il loro nome da quegli uccelli. **12** Invece è esattamente il contrario, dato che è stato questo uccello che ha preso nome da queste isole. **13** Sembra che i Romani vi avessero trovato una feroce razza di cani **14** e di conseguenza la chiamarono *Insula Canaria*, cioè "isola dei cani". **15** Ma guarda! Non si finisce mai di imparare *(Non andrai mai a letto senza sapere una cosa in più)*!

Lección treinta y seis

Con pelos y señales

1 – Tranquilícese, señora, y cuénteme lo que le ha pasado.
2 – Me pide usted que me tranquilice [1], señor agente, pero después de la experiencia traumatizante que acabo de vivir...
3 – Vamos, descríbame, por favor, a sus agresores para que podamos hacer el retrato robot.
4 – Pues era una pareja de frikis [2], un hombre y una mujer.
5 Él seguramente andará por los treinta [3], pero se le veía avejentado y demacrado.
6 Más bien alto, flaco y huesudo, moreno de pelo y de piel, cejijunto, barba cerrada, con cara de pocos amigos.
7 Iba zarrapastroso, llevaba una camiseta andrajosa, unos vaqueros [4] sucios, unas deportivas, y una cazadora de cuero desgastada.
8 – ¿Y su cómplice? ¿Cómo era ella?

Note

[1] **Me pide usted que me tranquilice**, *Mi chiede di calmarmi*: per riportare le parole che qualcun altro ha pronunciato si utilizza il discorso indiretto. Per saperne di più vedete la lezione di ripasso.

[2] **Friki** può essere sia sostantivo che aggettivo e indica qualcosa o qualcuno *bizzarro* o *stravagante*: **Llevaba un vestido de lo más friki**, *Portava un vestito molto originale*. Questa parola fa anche riferimento a una persona che stravede per qualcosa: **Mi hermano**

Trentaseiesima lezione

Per filo e per segno
(Con peli e segnali)

1 – Si calmi *(tranquillizzi)*, signora, e mi racconti cos'è successo.
2 – Mi chiede di calmarmi, signor agente, ma dopo l'esperienza traumatizzante che ho appena vissuto…
3 – Forza, mi descriva i suoi aggressori, per favore, così possiamo fare l'identikit *(ritratto robot)*.
4 – Mah, era una coppia di eccentrici, un uomo e una donna.
5 Lui sicuramente sarà sulla trentina, ma aveva l'aspetto *(lo si vedeva)* vecchio ed emaciato.
6 Piuttosto alto, magro e ossuto, scuro di capelli e di carnagione *(pelle)*, dalle sopracciglia folte, barba folta, con una faccia ostile *(di pochi amici)*.
7 Era trasandato, portava una maglietta stracciata, jeans sporchi, scarpe da tennis e un giubbotto di pelle logoro.
8 – E la sua complice? Com'era lei?

---

es un friki de las motos, *Mio fratello è maniaco delle moto*. La parola deriva ovviamente dall'inglese "freak" (mostro).

3 Andar por seguito da una cifra fa riferimento all'età che si attribuisce a qualcuno.

4 Vaqueros (lett. mandriani) è il nome dato in spagnolo ai *jeans*. Un altro termine in uso è **tejanos** (lett. texani).

9 – Debía de rondar también la treintena. De la misma estatura que él. Poco agraciada, del montón [5]...

10 Rubia – bueno, rubia de bote – que por cierto no estaría de más que se tiñera las raíces, que llevaba el pelo hecho una birria [6].

11 Llevaba una minifalda demasiado corta y ajustada, y muy vulgar.

12 Cuando eres rellenita [7] como ella, tienes que ponerte por fuerza algo que te estilice la silueta,

13 en vez de una prenda que te apriete la cintura haciéndole salir los michelines [8].

14 La blusa se daba de patadas con la falda.

15 ¡Ni su peor enemigo la habría vestido tan ridículamente! Y los zapatos... ¡un modelo que ya no se lleva desde el año pasado!

16 Tenía una cicatriz encima de la ceja, que se tapaba con un maquillaje de lo más chabacano, ¡iba pintada como un cuadro!

17 – Bueno, bueno... Según un testigo presencial, el agresor le preguntó que si tenía dinero [9],

: Note

5 **Del montón** (lett. del mucchio) è una maniera colloquiale per dire *mediocre, ordinario*.

6 **Una birria** è una parola colloquiale che serve a qualificare qualcosa *di cattiva qualità, di poco valore*: ¡Qué birria de película!, *Che schifezza di film!*; ¡Vaya una birria de regalo!, *Che regalo orrendo!* Notate che esiste anche l'aggettivo **birrioso/a**, *schifoso/a*.

7 **Relleno/a**, è un modo gentile di indicare qualcuno che è sovrappeso e corrisponde a *rotondo/a*. Usare la forma diminutiva **rellenito/a** attenua l'aspetto peggiorativo ed equivale a *grassottello/a*.

Trentaseiesima lezione / 36

9 – Anche lei doveva essere vicina alla trentina. Della stessa altezza di lui. Con poca grazia, mediocre…
10 Bionda – cioè, falsa bionda *(bionda da barattolo)* – che senz'altro non sarebbe male *(di più)* se si tingesse le radici, perché i suoi capelli erano un orrore.
11 Portava una minigonna troppo corta e aderente e molto dozzinale.
12 Quando sei grassottella, come lei, devi per forza indossare qualcosa che ti assottigli la figura,
13 invece di un capo che ti stringe la vita facendo uscire i rotolini.
14 La camicetta faceva a pugni *(si dava pedate)* con la gonna.
15 Neanche il suo peggior nemico l'avrebbe vestita in un modo così ridicolo! E le scarpe… un modello che non si porta più dall'anno scorso!
16 Aveva una cicatrice sopra il sopracciglio che si copriva con un trucco dei più volgari, era dipinta come una tavolozza *(un quadro)*!
17 – Va bene, va bene… Secondo un testimone oculare l'aggressore le ha chiesto se aveva soldi,

---

8 Michelín, parola accettata anche dalla **Real Academia Española** (**RAE**), il cui compito consiste nel normalizzare la lingua spagnola, indica *un cuscinetto, rotolino*. Basta osservare il Bibendum (meglio conosciuto in Italia come "omino Michelin"), il logo dell'azienda francese con lo stesso nome, per comprendere l'origine della parola!

9 Nel discorso indiretto, si usa **si** quando la domanda che è stata posta è chiusa (non si può rispondere che con *sì* o *no*). Per saperne di più guardate la lezione di ripasso.

18 y como usted contestó que no, el hombre profirió amenazas y sacó una navaja. ¿Cuáles fueron sus palabras exactas?

19 – El macarra [10] tenía una voz estridente y con cierto deje [11] barriobajero [12] y hablaba con un lenguaje soez...

20 – Sí, muy bien, pero... concéntrese, ¿qué le dijo exactamente? ¿La amenazó con [13] hacerle algo?

21 – Pero, señor agente, ¿cómo quiere que me acuerde? ¿Cree usted que en este tipo de situación una está para [14] fijarse en esos detalles?

Note

[10] **Un/a macarra**, che si traduce con *un delinquente, un teppista, un bullo,* indica una persona che appartiene a un gruppo sociale marginale, messo al bando dalla società a causa del suo stile di vita.

[11] **Deje** allude a un accento particolare nel modo di parlare di una regione o di una classe sociale: **Al hablar, tiene un deje andaluz**, *Quando parla ha un accento andaluso.* Fa anche riferimento a una intonazione particolare che rileva lo stato d'animo della persona che parla: **Había un deje de tristeza en su comentario**, *C'era una nota di tristezza nella sua osservazione.*

[12] La parola **barriobajero/a** è una parola composta dai termini **de los barrios bajos**, e corrisponde all'espressione italiana *dei bassifondi.*

***

Ejercicio 1 – Traduzca

❶ Encuentro ese tipo de humor demasiado chabacano y soez. ❷ Nos esperaba con cara de pocos amigos, sentí en sus primeras palabras un deje de ironía... ❸ Su novio anda por los cuarenta, pero a veces parece un crío, pues es un friki de los videojuegos. ❹ Me aprietan los zapatos, ¡no estoy para paseos! ❺ Es un actor del montón, todas las películas en que ha participado son auténticas birrias.

18 e siccome lei ha risposto di no, l'uomo ha proferito minacce e ha estratto un coltello a serramanico. Quali sono state le sue esatte parole?

19 – Il delinquente aveva una voce stridula e con un certo accento dei bassifondi e usava *(parlava con)* un linguaggio osceno...

20 – Sì, d'accordo, ma... si concentri, cosa le ha detto esattamente? L'ha minacciata di farle qualcosa?

21 – Ma signor agente, cosa vuole che mi ricordi? Crede che in quel genere di situazione una faccia attenzione a questi dettagli?

13 Notate che il verbo **amenazar**, *minacciare*, si costruisce con la preposizione **con**: Me amenazó con decir la verdad, *Mi ha minacciato di dire la verità*.

14 **Estar para**, seguito da un nome, indica una predisposizione: **No estoy para bromas**, *Non sono dell'umore di scherzare*; **No estaba para polémicas**, *Non era in vena di polemiche*.

Soluzioni dell'esercizio 1

❶ Trovo quel tipo di umorismo troppo volgare e osceno. ❷ Ci aspettava con aspetto truce, nelle sue prime parole ho sentito una nota ironica... ❸ Il suo fidanzato sarà sulla quarantina, ma a volte sembra un bambino, dato che è un maniaco dei videogiochi. ❹ Mi stringono le scarpe, non sono in vena di passeggiate! ❺ È un attore mediocre, tutti i film in cui ha lavorato sono una schifezza.

doscientos setenta y ocho • 278

Ejercicio 2 – Complete

❶ Calmati, non si deve dare importanza a tali dettagli.
 ...., no ...... darle .... a ....

❷ Per mostrare una figura perfetta non portare abiti troppo aderenti: così nascondi i rotolini.
 .... lucir ...., no .... demasiado ....: así ....

❸ Diversi testimoni oculari assicurarono di aver visto un complice, un uomo magro con un coltello a serramanico in mano.
 .... aseguraron .... a .. .., un .... con .... en ......

❹ Come vuoi che ti riconosca, se ti sei tinta i capelli? Prima eri bionda e adesso [sei] bruna!
 ¿ .... que te ...., si te .... el ....?
 ¡Antes .... y ahora ......!

37

Lección treinta y siete

Parte "amistoso"

1 – ¡Ostras, Pepe! ¿Qué te ha pasado, que llevas el brazo en cabestrillo, collarín y un ojo a la virulé [1]?

2 – Nada, sí, bueno, tuve un accidente el otro día, un choque de nada [2] con otro vehículo.

3 – Pero dime, viéndote en ese estado, ¿seguro que [3] no hubo que lamentar ninguna víctima?

Note

1 **A la virulé**, *malconcio, in cattivo stato*: **Llevas la corbata a la virulé**, *La tua cravatta è storta*. Questa espressione viene dal francese "bas roulé", calza arrotolata. Un *occhio pesto* si dice anche **a la funerala**.

Trentasettesima lezione / 37

❺ La famosa attrice ha minacciato di querelare la rivista per aver pubblicato una vecchia foto di lei senza trucco.
La .... demandar .... por .... una .... suya ....

Soluzioni dell'esercizio 2
❶ Tranquilízate – hay que – importancia – tales detalles ❷ Para – una silueta perfecta – lleves ropa – ajustada – escondes los michelines ❸ Varios testigos presenciales – haber visto – un cómplice – hombre flaco – una navaja – la mano ❹ Cómo quieres – reconozca – has teñido – pelo – eras rubia – morena ❺ – famosa actriz amenazó con – a la revista – haber publicado – antigua foto – sin maquillaje

---

Trentasettesima lezione

Constatazione "amichevole"

1 – Accidenti *(Ostriche)*, Pepe! Cosa ti è successo che hai il braccio al collo, il collare ortopedico e un occhio pesto?

2 – Niente... sì, cioè, ho avuto un incidente l'altro giorno, una botta da niente con un altro veicolo.

3 – Ma dimmi, vedendoti in questo stato, sei sicuro che non ci sia stata *(che lamentare)* nessuna vittima?

2 **De nada** serve ad attenuare l'importanza di qualcosa: **Te he traído esto, un regalito de nada**, *Ti ho portato questo, un regalino da niente*.

3 **Seguro que,** nel senso di *è certo che*, si usa di solito senza il verbo ser: **¿(Es) seguro que viene?**, *Sicuro che viene?*

37 / Lección treinta y siete

4 – Afortunadamente salimos ilesos, completamente sanos y salvos. Fue más el susto [4] que otra cosa…

5 – Menos mal… ¿Y qué te ha dicho el médico?

6 – Me ha dado la baja. Me anunció que tengo escayola para dos semanas.

7 – ¡Jobar! ¡Os debéis de haber pegado un señor [5] batacazo! ¿Diste vueltas de campana? ¿Hubo una colisión en cadena?

8 ¡Cuéntame! Tú quizás te has salvado de milagro, pero el coche debe de haber quedado para [6] el desguace…

9 – ¡Qué va!, no, apenas un rasguño en la carrocería y el parachoques un poquito abollado.

10 – No entiendo nada. Y entonces, ¿por qué vas hecho un cristo [7]?

11 – Cuando tuvimos el accidente, el otro conductor y yo salimos, comprobamos los destrozos

12 y empezamos a hacer el parte [8] lo más civilizadamente posible.

13 Pero cuando llegó el momento de describir las circunstancias del accidente, allí se torció la cosa [9]…

Note

4 El susto indica *la paura, lo spavento*. **Dar un susto** (o **asustar**) vuol dire *spaventare*; **llevarse un susto** (o **asustarse**), *aver paura*.

5 Nella lingua colloquiale, **señor/a** seguito da un sostantivo intensifica o rafforza il senso di quest'ultimo: **Viven en una señora casa**, *Vivono in una splendida casa*; **Tenemos un señor problema**, *Abbiamo un problema serio*.

6 **Quedar para algo** vuol dire *andare bene solo per qualcosa*: **Estas imágenes han quedado para el recuerdo**, *Queste immagini sono ormai solo un ricordo*.

Trentasettesima lezione / 37

4 – Fortunatamente ne siamo usciti illesi, completamente sani e salvi. È stato più lo spavento che altro *(altra cosa)*...
5 – Meno male... E cosa ti ha detto il medico?
6 – Mi ha messo in malattia. Mi ha detto che devo [portare] il gesso per due settimane.
7 – Caspita! Dovete aver preso un signor colpo allora! Ti sei ribaltato? C'è stato un tamponamento a catena?
8   Raccontami! Tu forse ti sei salvato per miracolo, ma la macchina deve essere ridotta a un rottame *(restata per la demolizione)*...
9 – Ma no! Appena un graffio sulla carrozzeria e il paraurti un po' ammaccato.
10 – Non ci capisco niente. E allora come mai sei conciato così male *(fatto un Cristo)*?
11 – Quando abbiamo avuto l'incidente l'altro conducente e io siamo usciti, abbiamo verificato i danni
12   e abbiamo cominciato a fare la constatazione amichevole il più civilmente possibile.
13   Ma quando è arrivato il momento di descrivere le circostanze dell'incidente, lì la cosa ha preso una brutta piega *(si è torta)*...

---

7 **Un cristo** indica una persona coperta di ferite o che ha gli abiti strappati o molto sporchi. L'espressione **todo cristo** è un modo colloquiale di dire *tutti*: **En España se tutea a todo cristo**, *In Spagna si dà del tu a tutti*. L'espressione **ni cristo** vuol dire *nessuno*: **A la reunión no vino ni cristo**, *Alla riunione non è venuto neanche un cane*.

8 **El parte** si riferisce a un qualche tipo di rapporto o resoconto: **un parte facultativo**, *un bollettino medico*; **el parte meteorológico**, *il bollettino meteorologico*. **Dar parte** vuol dire *informare*; da non confondere con **la parte**, *la parte*.

9 **La cosa** (anche frase 18) indica ciò di cui si parla e non si traduce sempre in italiano: **Con tanto paro, la cosa está difícil**, *Con tanta disoccupazione è tutto difficile*; **La cosa es que nadie quiere pagar**, *Il problema è che nessuno vuole pagare*.

doscientos ochenta y dos • 282

14 El otro conductor me dijo que no compartía mi modo de ver las cosas y me exigió que reconociera que todo había sido culpa mía [10].

15 Yo le contesté que ni hablar del peluquín, que era yo quien tenía preferencia y que él no la había respetado.

16 El tío dale que dale, siguió insistiendo para que confesara que yo no había respetado el código de la circulación y le había cortado el paso.

17 Y como yo, tú me conoces bien, no quise apearme del burro, pues ya ves…

18 La cosa empezó a degenerar. El tío se subió a la parra. Yo me acordé de toda su familia.

19 Como no nos poníamos de acuerdo, llegamos a las manos [11] y acabamos a puñetazo limpio [12].

20 Y ya ves, terminamos en el hospital, él con varios puntos de sutura y algunos dientes menos,

21 y yo con el hombro dislocado, una lesión en las vértebras, dos costillas rotas y un ojo morado. □

Note

[10] Ancora un esempio di discorso indiretto. Come in italiano, quest'ultimo comporta alcune variazioni nella struttura rispetto al discorso diretto (v. prossima lezione di ripasso).

[11] **Llegar a algo** vuol dire essenzialmente *arrivare da qualche parte/arrivare a qualcosa*: **Llegaron a las amenazas/los insultos**, *Arrivarono alle minacce/agli insulti*.

[12] In alcune espressioni avverbiali, **limpio/a** serve a dare più intensità: **a tiro limpio**, *con profusione di colpi*; **a grito limpio**, *gridando a squarciagola*.

Trentasettesima lezione / 37

14 L'altro conducente mi ha detto che non condivideva il mio modo di vedere le cose e mi ha chiesto di riconoscere che era stata tutta colpa mia.

15 Gli ho risposto che non se ne parlava *(del parrucchino)*, che ero io ad avere la precedenza e che lui non l'aveva rispettata.

16 E il tipo dai e dai, continuava a insistere che io ammettessi *(confessassi)* di non aver rispettato il codice stradale *(della circolazione)* e che gli avevo tagliato la strada.

17 *(E)* Siccome io, tu mi conosci bene, non ho voluto dargliela vinta *(non ho voluto scendere dall'asino)*, beh, vedi i risultati...

18 La cosa ha cominciato a degenerare. Il tipo è uscito dai gangheri *(è salito sulla vite)*. Io ho insultato *(mi sono ricordato di)* tutta la sua famiglia.

19 Siccome non ci mettevamo d'accordo siamo arrivati alle mani e abbiamo fatto a pugni *(a pugno pulito)*.

20 E come *(già)* vedi siamo finiti all'ospedale, lui con vari punti di sutura e alcuni denti in meno,

21 e io con la spalla slogata, una lesione alle vertebre, due costole rotte e un occhio nero *(viola)*.

PARTE AMISTOSO

37 / Lección treinta y siete

▶ Ejercicio 1 – Traduzca

❶ Aquí mando yo y todo cristo me obedece. ❷ Ya sabes lo terco que es, ¡nunca quiere apearse del burro! ❸ Fernando está de baja porque tiene una muñeca a la virulé. ❹ Ahora todo se está modernizando, la computadora ha reemplazado a la máquina de escribir, que ha quedado para el museo. ❺ ¿Dices que tienes fiebre y quieres ir a trabajar? ¡Ni hablar del peluquín!

***

Ejercicio 2 – Complete

❶ Secondo il bollettino meteo per i prossimi giorni sembra che minacci pioggia.
Según .... para los .... días, ... que ....

❷ Lo scontro di due veicoli ha provocó un tamponamento a catena. Fortunatamente ne sono uscita praticamente illesa, anche se devo portare un collare ortopedico.
El ...... de .... provocó .... salí prácticamente ....., aunque ..... que ....

❸ – Non ti ho visto entrare e mi sono presa un gran spavento. – Non è colpa mia.
– No .... y me .... de muerte. – No .. ..

***

La presenza del sacro si ritrova frequentemente nella lingua spagnola: così, **está hecho un cristo** *(lett. è fatto un Cristo) si usa per descrivere una persona il cui fisico riflette la sofferenza e la miseria;* **quedarse para vestir santos** *(lett. restare per vestire santi) vuol dire restare zitella, senza contare i* **¡Dios mío!**, *Mio Dio!, gli* **¡Adiós!** *e i* **¡Jesús!**, *Salute!. Certe espressioni come* **donde cristo perdió el gorro/los clavos** *(lett. dove Cristo ha perso il berretto/i chiodi), a casa del diavolo, non sono esenti da una punta di irriverenza.*

Trentasettesima lezione / 37

Soluzioni dell'esercizio 1

❶ Qui comando io e tutti mi obbediscono. ❷ Lo sai quanto è testardo, non vuole mai ammettere i suoi errori! ❸ Fernando è in malattia perché ha un polso messo male. ❹ Adesso tutto si sta modernizzando, il computer ha rimpiazzato la macchina da scrivere, che è diventata un pezzo da museo. ❺ Dici che hai la febbre e vuoi andare a lavorare? Non se ne parla!

***

❹ Dopo la partita molti giovani ubriachi hanno provocato danni a un autobus e hanno aggredito il conducente.
Después del ...., varios ....
.... en .... y .... al ,..........

❺ Su questo tema non condivido il tuo modo di vedere le cose e deploro la tua mancanza di obiettività.
En .... no .... tu .... y .... tu ..... de ....

Soluzioni dell'esercizio 2

❶ – el parte meteorológico – próximos – parece – amenaza lluvia ❷ – choque – dos vehículos – una colisión en cadena. Afortunadamente – ilesa – tengo – llevar un collarín ❸ – te vi entrar – llevé un susto – es culpa mía ❹ – partido – jóvenes borrachos causaron destrozos – un autobús – atacaron – conductor ❺ – este tema – comparto – modo de ver las cosas – deploro – falta – objetividad

***

*Detto questo, gli spagnoli utilizzano a volte delle pseudoblasfemie per evitare la bestemmia: ¡**Ostras!** (lett. ostriche), Accidenti!, rimpiazza ¡**Hostia!** (lett. ostia) e ¡**Miércoles!**, Mercoledì!, sta al posto di ¡**Mierda!**, Merda!, ad esempio. Meglio ancora, una sola lettera è sufficiente a volte per farsi capire: **Lo mandé a la eme** (la **m** di **mierda**), L'ho mandato al diavolo. Noi vi sconsigliamo sempre di ricorrere a questi termini, ma a volte è importante saperli riconoscere…*

doscientos ochenta y seis • 286

Lección treinta y ocho

Los cacos [1] hacen su agosto

1 – ¡Debió de ser tremendo [2], llegar a casa y daros cuenta de que os habían entrado a robar!
2 – Nos encontramos toda la casa manga por hombro,
3 habían vaciado los cajones, registrado los armarios, tirado por el suelo lo que había en los estantes [3]...
4 – ¡Qué paliza [4] recogerlo luego todo!
5 – Pues sí. Como era en pleno mes de agosto, nadie vio nada, ninguno de los pocos vecinos que quedaban dio la alarma.
6 – Dentro de lo que cabe, fuisteis afortunados. Peor fue lo que les ocurrió a unos conocidos míos.
7 Habían dejado abierta una ventana por el calor y ¡les entraron por allí y les desvalijaron el domicilio mientras ellos dormían plácidamente!

Note

[1] **Un caco** indica *un ladro*, con allusione a Caco, personaggio della mitologia greco-romana che aveva rubato qualche bue a Eracle mentre quest'ultimo dormiva.

[2] **Tremendo/a**, *tremendo/a, terribile*. Questo aggettivo serve anche a esaltare e a indicare il lato eccessivo o straordinario di qualcosa: **Nos llevamos una tremenda sorpresa**, *Abbiamo avuto un'enorme sorpresa*.

Trentottesima lezione

I ladri fanno affari d'oro *(il loro agosto)*

1 – Dev'essere stato terribile, arrivare a casa e rendervi conto che erano entrati a rubare!
2 – Ci siamo ritrovati tutta la casa sottosopra *(manica per spalla)*,
3 avevano svuotato i cassetti, rovistato [negli] armadi, buttato per terra quello che c'era sulle mensole…
4 – Che faticata raccogliere *(poi)* tutto!
5 – Oh sì! Siccome eravamo in pieno *(mese di)* agosto nessuno ha visto niente, nessuno dei pochi vicini che erano restati [a casa] ha dato l'allarme.
6 – Nei limiti del possibile siete stati fortunati. È stato peggio quello che è successo ad alcuni miei conoscenti.
7 Avevano lasciato aperta una finestra per il caldo e [i ladri] *(gli)* sono entrati da lì e gli hanno svaligiato la casa *(il domicilio)* mentre loro dormivano placidamente!

---

3 Fate attenzione a non confondere **un estante**, *uno scaffale a parete*, *un ripiano*, termine utilizzato per parlare ad esempio di una mensola a muro, con **la estantería**, *lo scaffale* (il mobile).

4 **Una paliza** è *una bastonata* o *una sculacciata*; ma anche *un fallimento*. Questa parola può anche fare riferimento a un grosso sforzo: **darse una paliza haciendo algo**, *fare una sfacchinata*. Infine, **dar la paliza a alguien** è *attaccare bottone con qualcuno* o *disturbare qualcuno*.

8 ¡Qué horror! ¡Me pongo a temblar como un flan solo de pensarlo! Por cierto, ¿por dónde os entraron [5]?

9 – Eh... sí... pues... ¡Es que hoy en día los delincuentes no le temen a nada ni a nadie!

10 – ¡Ni que lo digas! ¿Y qué se llevaron?

11 – Pues el televisor de pantalla plana, varios equipos electrónicos y algo de dinero. Parece ser que todo lo demás no les interesó.

12 Lo que peor me supo fue que nos robaran el portátil, porque hemos perdido todas las fotos de los niños, de cumpleaños, de vacaciones...

13 – Me hago cargo [6]. ¡Menudos chorizos [7]! ¡Vaya disgusto! Estas cosas tienen más valor sentimental que material.

14 – Afortunadamente todas las joyas estaban en la caja fuerte, ¡que si no! Yo soy siempre muy prudente...

15 – Y ahora te toca [8] reclamar al seguro, ¿no?

16 – Eso es otra historia... Nos piden las facturas de todo. Por suerte, lo mío es la organización, lo guardo todo, nunca tiro nada.

17 – ¿Qué os dijeron los "mossos d'esquadra" [9] que vinieron a tomar las huellas y eso?

Note

[5] Nel linguaggio colloquiale si utilizza spesso il complemento di termine per dare un'idea di vicinanza all'azione o per appropriarsene in qualche modo: **Se nos casa la mayor**, *Si sposa la nostra figlia maggiore*; **Salúdame a tus padres**, *Salutami i tuoi genitori*.

[6] **Hacerse cargo de** vuol dire *rendersi conto di*, ma anche *accollarsi* o *farsi carico di*: **Yo me hago cargo de la bebida**, *Io mi occupo delle bevande*; **A la muerte del padre, el hijo se hizo cargo de la empresa**, *Alla morte del padre il figlio si fece carico dell'azienda*.

Trentottesima lezione / 38

8 Che orrore! Comincio *(mi metto)* a tremare come una foglia *(un budino)* al solo pensiero! A proposito, da dove sono entrati?

9 – Ah… sì… dunque… È che oggigiorno i delinquenti non hanno paura di niente né di nessuno!

10 – Non c'è bisogno di dirlo *(Né che tu lo dica)*! E cosa si sono portati via?

11 – Beh, il televisore a schermo piatto, vari apparecchi elettronici e un po' di soldi. Sembra che tutto il resto non gli sia interessato.

12 Quello che mi ha messo più tristezza *(quello che peggio mi seppe)* è stato che ci hanno rubato il portatile, perché abbiamo perso tutte le foto dei bambini, dei compleanni, delle vacanze…

13 – Mi rendo conto! Maledetti *(Bei)* ladri! Che dispiacere. Queste cose hanno più un valore sentimentale che materiale.

14 – Fortunatamente tutti i gioielli erano nella cassaforte, altrimenti… Io sono sempre molto prudente.

15 – E adesso devi chiedere *(reclamare)* il risarcimento all'assicurazione, no?

16 – Questa è un'altra storia… Ci chiedono le fatture di tutto. Per fortuna sono l'organizzazione in persona *(quello mio è l'organizzazione)*, conservo tutto, non butto via niente.

17 – Cosa vi hanno detto i poliziotti che sono venuti a rilevare le impronte e tutto il resto *(e quello)*?

---

7 **Un chorizo** indica ovviamente un tipo di salume, ma nel linguaggio colloquiale si utilizza questo termine per parlare di *un ladro*.

8 Notate la costruzione del verbo **tocar**: **Te toca jugar** (lett. ti tocca giocare), *Tocca a te giocare*; **Esta vez me toca pagar a mí** (lett. questa volta mi tocca pagare a me), *Questa volta tocca a me pagare*.

9 **Mossos d'esquadra** (*ragazzi di squadra* in catalano) è il corpo di polizia regionale della regione autonoma spagnola della Catalogna.

doscientos noventa

18 – Lo típico. Nos preguntaron que cómo había sido, que qué nos faltaba [10]. Nos aconsejaron que instaláramos una alarma…

19   y… ¡nos echaron un rapapolvo de padre y muy señor mío [11]!

20 – ¿Por qué? Me tienes intrigada… ¡Vamos, desembucha!

21 – Me da apuro [12] decírtelo… ¡Bueno, qué importa!

22   Nos sugirieron que la próxima vez no dejáramos un juego de llaves de repuesto debajo del felpudo de la entrada,

23   para así evitar facilitar la tarea a los amigos de lo ajeno [13]…

Note

[10] L'interrogativa indiretta può essere preceduta dalla congiunzione **que**: **Me preguntó (que) dónde vivía**, *Mi chiese dove abitavo*.

[11] **De padre y muy señor mío**, questa espressione serve a dare enfasi alle parole che accompagna: **Nos pegamos una comilona de padre y muy señor mío**, *Ci siamo fatti un'abbuffata memorabile*.

***

Ejercicio 1 – Traduzca

❶ Yo prefiero ser siempre muy prudente y no inmiscuirme en las conversaciones ajenas. ❷ ¡No me eches un rapapolvo! ¡Hazte cargo de la situación en la que estoy! ❸ En los días de calor, los vendedores de ventiladores y climatizadores hacen su agosto. ❹ Estuvieron toda la cena dándonos la paliza con sus hijos y sus vacaciones. ❺ Tras aquella tremenda crisis, el sistema financiero quedó manga por hombro.

Trentottesima lezione / 38

18 – Le solite cose *(Il tipico)*. Ci hanno chiesto com'era andata, cosa ci mancava. Ci hanno consigliato di installare un [impianto di] allarme...
19 e... ci hanno fatto una lavata di capo colossale *(di padre e molto signor mio)*!
20 – Perché? Tu mi incuriosisci... Dai, vuota il sacco!
21 – Mi imbarazza dirtelo... Vabbè, cosa importa!
22 Ci hanno suggerito di non lasciare un mazzo di chiavi di riserva sotto lo zerbino della porta la prossima volta,
23 in modo da evitare di facilitare il compito agli amici della roba altrui...

---

12 **Un apuro** indica *un'urgenza* (¡**Qué apuro!**, *Che fretta!*) ma anche *un grosso guaio*: **estar en apuros**, *trovarsi nei guai*; **pasar apuros**, *avere delle difficoltà*; **poner a alguien en un apuro**, *mettere in imbarazzo qualcuno*; **sacar a alguien de un apuro**, *togliere qualcuno dai guai*.

13 **Ajeno/a** vuol dire *altrui, degli altri* e **lo ajeno**, *la roba d'altri*. Questo aggettivo qualifica anche qualcosa che non ci concerne direttamente, che ci è *estraneo*: **por causas ajenas a nuestra voluntad**, *per cause estranee alla nostra volontà*.

***

Soluzioni dell'esercizio 1

❶ Io preferisco essere sempre molto prudente e non immischiarmi nelle conversazioni altrui. ❷ Non farmi una lavata di capo! Cerca di capire la situazione in cui mi trovo! ❸ Nei giorni di caldo i venditori di ventilatori e climatizzatori fanno affari d'oro. ❹ Hanno passato tutta la cena a stordirci [con la storia] dei loro figli e delle loro vacanze. ❺ Dopo quella crisi tremenda il sistema finanziario è rimasto sottosopra.

doscientos noventa y dos

Ejercicio 2 – Complete

❶ I ladri ci hanno svaligiato la casa. Si sono portati via dei gioielli con un grande valore sentimentale, dato che erano appartenuti a mia madre. Che colpo!

.... nos .... la ..... Se llevaron ..... con
...., pues .... a ....
¡Qué ....!

❷ La domanda di un giornalista che si trovava tra il pubblico ha messo in imbarazzo il relatore.

.... de .... que se .... entre ..
.... puso al .... en ....

❸ Siccome sei stato tu a buttare per terra i giocattoli che erano sulle mensole, tocca a te raccogliere tutto.

Como ...... quien ha .... que
había ...., pues .... todo.

❹ Il commesso ci ha chiesto che modello di televisore a schermo piatto volevamo.

.... nos .... que .... de .... de
.... queríamos.

❺ Ci sono delle tracce di fango per terra! Chi non si è pulito i piedi sullo zerbino prima di entrare in casa?

¡Hay .... de barro ....! ¿ ..... no se ....
...... en .... antes de ....?

***

Le forze di sicurezza spagnole sono costituite da diversi corpi con competenze diverse: due corpi agiscono sull'insieme del territorio, la **Policía Nacional** *(che equivale alla nostra Polizia di Stato) e la* **Guardia Civil** *(forza di sicurezza con statuto militare, comparabile ai Carabinieri). A livello di Comunità autonome quattro corpi possiedono proprie forze di polizia che dipendono dai governi autonomi e agiscono sul proprio territorio. È il caso di* **l'Ertzainza** *nei Paesi Baschi, della* **Policía Foral** *in Navarra, della* **Policía Canaria** *nelle*

Trentottesima lezione / 38

Soluzioni dell'esercizio 2

❶ Los ladrones – desvalijaron – casa – joyas – un gran valor sentimental – habían pertenecido – mi madre – disgusto ❷ La pregunta – un periodista – encontraba – el público – conferenciante – un apuro ❸ – eres tú – tirado por el suelo los juguetes – en los estantes – te toca recogerlo ❹ El dependiente – preguntó – qué modelo – televisor – pantalla plana – ❺ – huellas – por el suelo – Quién – ha limpiado los pies – el felpudo – entrar en casa

***

isole Canarie, e dei **Mozos de Escuadra (Mossos d'Esquadra** *in catalano) in Catalogna. Ci sono accordi che delimitano quelle che sono le competenze dello Stato e quelle di ognuna delle Comunità autonome e che stabiliscono un quadro di cooperazione. Inoltre esiste la* **Policía Local** *o* **Municipal,** *Polizia locale o municipale, con competenze amministrative e il cui ruolo è di far rispettare l'ordine pubblico e di vigilare sulla circolazione.*

doscientos noventa y cuatro • 294

Lección treinta y nueve

Una visita [1] inesperada

1 – Pues sí, el vecino de arriba es doctor, y ayer fui a verlo.
2 – ¿Es tu médico de cabecera?
3 – ¡Qué va! Pero en cuanto entré, me pidió que me quitara [2] la ropa de cintura para arriba
4 y que me tumbara [3] en la camilla boca arriba [4]. Yo protesté, evidentemente, pero no sirvió para nada.
5 Me auscultó y me dijo que estaba bien del corazón.
6 Me examinó a continuación los pulmones, me preguntó que si fumaba,
7 me mandó que inspirara, que espirara [5], que tosiera y que dijera treinta y tres.
8 Prosiguió el examen y al palparme el abdomen sentí un dolor agudo, pero se ve que es normal.
9 Me dijo también que tengo la tensión alta [6] y colesterol, pero esto ya lo sabía.

Note

1 Il titolo di questo dialogo gioca sull'ambiguità della parola **visita**, che può indicare sia una *visita* che una *visita medica*. L'espressione **una visita de médico** indica *una visita veloce*.

2 **Me pidió que me quitara**…, *mi ha chiesto di togliermi*… Notate le differenze nel discorso indiretto: in spagnolo l'imperativo diventa congiuntivo, mantenendo di norma la concordanza dei tempi, mentre in italiano si preferisce renderlo utilizzando una costruzione con l'infinito. Ci torneremo nella lezione di ripasso.

Trentanovesima lezione

Una visita inaspettata

1 – Eh sì, il vicino del piano di sopra è medico, e ieri sono andato da lui *(a vederlo)*.
2 – È il tuo medico di base *(di testiera)*?
3 – Ma va! Ma appena sono entrato mi ha chiesto di mettermi a torso nudo *(togliermi i vestiti dalla vita in su)*
4 e di sdraiarmi supino *(bocca in su)* sul lettino. Io ho protestato, ovviamente, ma non è servito a niente.
5 Mi ha auscultato e mi ha detto che il cuore andava bene.
6 Quindi mi ha auscultato *(ha esaminato)* i polmoni, mi ha chiesto se fumavo,
7 mi ha ordinato di inspirare ed espirare, di tossire e di dire trentatrè.
8 Ha continuato la visita palpandomi l'addome e ho sentito un dolore acuto, ma pare che sia normale.
9 Mi ha detto anche che ho la pressione alta e il colesterolo, ma questo lo sapevo già.

---

3 **Tumbarse** vuol dire *sdraiarsi*. Della stessa famiglia è **una tumbona**, *una sedia a sdraio*. Riconoscerete facilmente **la tumba**, *la tomba*; non è un caso: nelle tombe i corpi sono… sdraiati!

4 **Boca arriba**, *supino/a*, si dice anche **bocarriba**. Allo stesso modo, **boca abajo** (o **bocabajo**) significa *prono/a*.

5 Non confondete **espirar** (*espirare* nel senso di *respirare*) con **expirar**, *spirare* nel senso di *decedere* (**El enfermo expiró**, *Il malato spirò*) o *scadere* (**El plazo expira mañana**, *Il termine scade domani*).

6 **Me dijo también que tengo la tensión alta** (…), *Mi ha detto anche che ho la pressione alta* (…): nello stile indiretto, quando si esprime una verità universale o che ha sempre valore, la regola della concordanza dei tempi non si applica necessariamente. A questo proposito vedete anche la prossima lezione di ripasso.

10 Quiso saber que qué enfermedades infantiles había tenido, y me pidió el historial clínico [7] completo.

11 Y bueno, le conté que había padecido [8] las enfermedades infantiles típicas: sarampión, tos ferina, viruela, paperas, escarlatina...

12 y que me habían operado de las amígdalas porque de pequeño enfermaba mucho.

13 – E imagino que tú cada vez más angustiado, ¿me equivoco?

14 – ¡Evidente! Le pregunté que si había hallado algo raro...

15 ¡La consulta [9] me pareció durar una eternidad! Cuando me levanté de la camilla, vi cómo el doctor escribía su informe

16 y me imaginé que rellenaba un volante [10] para que fuera al especialista.

Note

[7] **El historial** può fare riferimento alla cronologia, *lo storico*, ma significa anche *il fascicolo*. Così, **el historial clínico** o **médico**, indica sia *l'anamnesi* che la *cartella clinica*. Ugualmente, **el historial académico** è *il curriculum scolastico* o *il curriculum universitario*, e **el historial profesional**, *il curriculum professionale*.

[8] Quando **padecer** vuol dire *soffrire di un male* o *avere una malattia*, può funzionare come verbo transitivo: **Padece frecuentes mareos**, *Soffre spesso di nausea*; lo si usa anche come intransitivo con un complemento introdotto da **de**: **Padezco de insomnio**, *Soffro di insonnia*; quando il complemento esprime non la malattia, ma la parte del corpo sofferente, il **de** è obbligatorio: **Mi madre padece del corazón**, *Mia madre è malata di cuore*.

[9] **La consulta** indica *la visita* ma anche *l'ambulatorio medico* (che si dice anche **el consultorio** o **el ambulatorio**): **Llamaré al médico**

Trentanovesima lezione / 39

10 Ha voluto sapere quali malattie infantili avevo avuto e mi ha chiesto l'anamnesi completa.
11 E allora gli ho raccontato che avevo avuto le malattie infantili tipiche: il morbillo, la pertosse, la varicella, gli orecchioni, la scarlattina…
12 e che mi avevano operato di tonsille perché da piccolo mi ammalavo spesso.
13 – E immagino che tu fossi sempre più angosciato, mi sbaglio?
14 – Chiaro! Gli ho chiesto se aveva trovato qualcosa di strano…
15 La visita mi è sembrata durare un'eternità! Quando mi sono alzato dal lettino ho visto che il dottore scriveva il suo rapporto
16 e mi sono immaginato che scrivesse un'impegnativa per mandarmi dallo specialista.

para cambiar la hora de la consulta, *Chiamerò il medico per [farmi] cambiare l'orario della visita*; **La consulta del médico está en el tercer piso**, *Lo studio del medico è al terzo piano*.

10 **El volante** è *l'impegnativa* del medico, ma anche *il volante* della macchina.

39 / Lección treinta y nueve

17 Ya me veía haciendo radiografías y análisis de sangre y orina, o ingresando [11] en el hospital inmediatamente y entrando al quirófano.
18 Al final el doctor me dijo que me tranquilizara, que no tenía nada.
19 – Qué alivio, ¿no? Pues, ¡suerte que te decidiste a hacer una revisión [12]! ¿O era un chequeo?
20 Sea como sea, hay que hacerlo regularmente para evitar malas sorpresas…
21 – Sí, claro, pero… yo solo había ido a verlo porque hay un escape de agua en el bloque de pisos que causa desperfectos,
22 ¡y mi vecino médico es el presidente de la comunidad de propietarios!

Note

[11] In contesto medico **ingresar** come verbo transitivo significa *ricoverare*, quando è intransitivo corrisponde a *essere ricoverato/a*. Negli altri casi ha spesso il senso di *entrare*: **ingresar en la universidad**, *accedere all'università*; **ingresar en el ejército**, *entrare nell'esercito*; **ingresar en prisión**, *essere incarcerato/a*.

***

Ejercicio 1 – Traduzca

❶ El representante del gobierno hizo una visita de médico a la zona siniestrada por el terremoto. ❷ Le preguntaré a la portera si el piso de arriba está desocupado. ❸ Se durmió boca arriba y se puso a roncar. ❹ Le pareció que la espera para ingresar en el quirófano duraba una eternidad. ❺ La revisión anual es obligatoria y permite evitar ciertos riesgos.

17 Io mi vedevo già fare radiografie e analisi del sangue e delle urine, o essere ricoverato d'urgenza in ospedale e essere portato [subito] in sala operatoria.
18 Alla fine il dottore mi ha detto di tranquillizzarmi, che non avevo niente.
19 – Che sollievo, no? Per fortuna che ti sei deciso a fare una visita di controllo! O era un checkup?
20 Comunque sia, bisogna farlo regolarmente per evitare brutte sorprese...
21 – Sì, certo, ma... io ero andato a trovarlo solo perché c'è una perdita d'acqua nel palazzo che causa danni,
22 e il mio vicino medico è il presidente dell'assemblea condominiale!

12 **Una revisión** è anche la parola che si usa per parlare della macchina: **Se recomienda hacer una revisión anual de los vehículos**, *Si raccomanda di fare una revisione annuale dei veicoli.*

***

Soluzioni dell'esercizio 1
❶ Il rappresentante del governo ha fatto una breve visita nella regione colpita dal terremoto. ❷ Chiederò alla portinaia se l'appartamento di sopra è libero. ❸ Si è addormentato supino e si è messo a russare. ❹ Gli sembrava che l'attesa per entrare in sala operatoria durasse un'eternità. ❺ La revisione annuale è obbligatoria e permette di evitare certi rischi.

Ejercicio 2 – Complete

❶ È debole di stomaco e il medico di famiglia gli ha proibito di mangiare cibi piccanti.

.... y .... le .... tomar ....

❷ Il Presidente del governo ha dichiarato alla stampa che quando fosse decaduto il suo mandato avrebbe lasciato definitivamente la politica per dedicarsi alla famiglia.

.... del .... a .... que cuando .... su .... totalmente .... para ....

❸ Nel suo ambulatorio ha un lettino e degli strumenti chirurgici per piccoli interventi.

En .... e .... para pequeñas ....

❹ Il morbillo è una malattia molto contagiosa e grave, causata da un virus; si propaga con la tosse e gli starnuti così come per contatto diretto con persone infette.

.... es .... muy .... y grave .... por ....; se .... por ..... y ...., así como por .... con ....

***

In Spagna esistono due sistemi per accedere alle cure mediche: uno pubblico e l'altro privato. Il sistema di sanità pubblica è gratuito e universale, infatti più del 90% della popolazione vi ricorre per farsi curare. Prima questo sistema era chiamato **Insalud** *(***Instituto Nacional de la Salud***), ma è scomparso nel 2002 per lasciare il posto alle strutture gestite dalle diverse Comunità autonome. La Previdenza sociale spagnola impone ai contribuenti un medico di base e un* **centro de salud,** *centro di salute, in base all'indirizzo*

Trentanovesima lezione / 39

❺ Una fuga di gas ha reso necessario evacuare vari condomini; per diverse ore i pompieri hanno impedito l'accesso ai passanti e ai veicoli nella zona di sicurezza.

.... obligó a evacuar varios ....; durante .... impidieron .... de transeúntes y .... al ....

Soluzioni dell'esercizio 2
❶ Padece del estómago – el médico de cabecera – ha prohibido – comidas picantes **❷** El Presidente – Gobierno declaró – la prensa – expirara – mandato dejaría – la política – dedicarse a la familia **❸** – su consulta tiene una camilla – instrumental quirúrgico – intervenciones **❹** El sarampión – una enfermedad – contagiosa – causada – un virus – propaga – la tos – los estornudos – el contacto directo – personas infectadas **❺** Un escape de gas – bloques de pisos – varias horas los bomberos – el acceso – vehículos – área de seguridad

***

residenza. Come in Italia, in genere le cure dentali e oculistiche non sono coperte dal sistema pubblico.
Il sistema privato può rimpiazzare o completare quello pubblico: le assicurazioni sanitarie private possiedono le proprie reti di ospedali, di cliniche e di laboratori; gli assicurati possono scegliere i loro medici e le loro cliniche e non devono attendere molto per essere curati. Le cure sono rimborsate in funzione del tipo di contratto sottoscritto.

Lección cuarenta

¡Fuego! ¡Bomberos!

1. Cada verano en España, miles de hectáreas de bosque son pasto de las llamas. El fuego es una de las mayores plagas [1] que asolan la naturaleza.
2. Los incendios, amén de [2] las pérdidas económicas, ambientales y materiales, representan un alto coste [3] en pérdidas de vidas humanas.
3. Además, al destruir el bosque, provocan la modificación del paisaje y el avance de la erosión.
4. La desertización avanza imparable en España, y amenaza ya más del 30% del territorio, sobre todo en el sureste [4].
5. El clima peninsular, con sus veranos prolongados (sin prácticamente nada de lluvia) y sus altas temperaturas,
6. crea unas condiciones ideales en las que basta un pequeño foco de calor para desencadenar un incendio.
7. Asimismo, en zonas como el litoral mediterráneo, el predominio de coníferas, como el pino, con un elevado contenido en resina, una sustancia altamente combustible,

Note

[1] **Una plaga** indica *una piaga, un flagello*: **La droga es una plaga**, *La droga è un flagello*; **las diez plagas de Egipto**, *le dieci piaghe d'Egitto*. L'aggettivo **plagado** significa *pieno, infestato*: **una playa plagada de medusas**, *una spiaggia infestata di meduse*.

[2] **Amén** ha lo stesso significato di *amen*, ma **amén de** significa *oltre a*: **Estaban presentes varios amigos, amén de toda la familia**,

Quarantesima lezione

Al fuoco! Pompieri!

1 In Spagna ogni estate migliaia di ettari di bosco sono preda delle fiamme. Il fuoco è una delle maggiori calamità che devastano la natura.
2 Gli incendi, oltre alle perdite economiche, ambientali e materiali, rappresentano un alto costo in [termini di] perdite di vite umane.
3 Inoltre, distruggendo il bosco, provocano la modifica del paesaggio e l'avanzamento dell'erosione.
4 La desertificazione avanza inarrestabile in Spagna, e minaccia ormai più del 30% del territorio, soprattutto nel sud est.
5 Il clima peninsulare, con le sue estati prolungate (praticamente senza *(niente di)* piogge) e le sue alte temperature,
6 crea condizioni ideali nelle quali basta una piccola fonte di calore per scatenare un incendio.
7 Ugualmente nelle zone come il litorale mediterraneo, il predominio di conifere come il pino, con un elevato contenuto di resina (sostanza altamente combustibile),

---

C'erano numerosi amici oltre a tutta la famiglia. **En un decir amén** significa *in un baleno*.

3 **Un alto coste**, *un costo elevato*; all'altro estremo possiamo trovare l'espressione **de bajo coste**, *a basso prezzo* (che si preferisce a **low cost**): **una compañía aérea de bajo coste**, *una compagnia aerea low cost*. In America latina si usa di preferenza **el costo**.

4 **El sureste** si può chiamare anche **el sudeste**.

8 aumenta mucho el peligro.
9 Si bien [5] los incendios en áreas forestales pueden ser el resultado de algún factor natural
10 (los rayos, la sequía, las temperaturas caniculares, la presencia de vientos, etc.),
11 el 95% de los incendios están directa o indirectamente causados por el hombre.
12 Una colilla, un vidrio expuesto al sol que funciona como una lupa [6], excursionistas poco cuidadosos que encienden hogueras en zonas no permitidas,
13 la quema [7] de rastrojos por parte de agricultores sin el debido control…
14 infinitas son las negligencias e imprudencias que originan estas catástrofes.
15 Pero la inmensa mayoría de los siniestros se deben a causas intencionales y criminales.
16 Detrás de las llamas se encuentra a menudo la mano de un pirómano que satisface su fascinación patológica pegando fuego al monte [8].
17 Con todo, las principales razones que empujan a perpetrar estos actos son de orden económico (el valor de las tierras o el fraude [9] a las compañías aseguradoras).
18 Para restaurar los ecosistemas degradados, habría que repoblar sistemáticamente las zonas quemadas con flora autóctona,

Note

[5] **Si bien** corrisponde a *sebbene* e regge sempre il modo indicativo: **Si bien estoy algo cansada, voy a salir contigo**, *Sebbene sia un po' stanca, uscirò con te*.

[6] Attenzione ai falsi amici! **Lupa** significa *lente*; la traduzione di *lupa* (femminile di lupo) in spagnolo è **loba**.

Quarantesima lezione / 40

8 aumenta enormemente il pericolo.
9 Sebbene gli incendi in area forestale possano essere il risultato di alcuni fattori naturali
10 (i fulmini, la siccità, le temperature canicolari, la presenza di venti ecc.),
11 il 95% degli incendi sono direttamente o indirettamente causati dall'uomo.
12 Un mozzicone, un vetro esposto al sole che funziona da lente, escursionisti poco attenti che accendono fuochi in zone dove è vietato *(non permesse)*,
13 l'incendio di stoppie da parte di agricoltori [che le lasciano bruciare] senza il necessario controllo...
14 sono infinite le negligenze e [le] imprudenze che danno origine a queste catastrofi.
15 Ma la stragrande maggioranza degli incidenti è dovuta a cause intenzionali e criminali.
16 Dietro le fiamme c'è spesso la mano di un piromane che soddisfa la sua attrazione patologica appiccando il fuoco al bosco.
17 Nonostante *(Con)* tutto, i motivi principali che spingono [la gente] a perpetrare questi atti sono di ordine economico (il valore dei terreni o la frode alle compagnie assicurative).
18 Per ripristinare gli ecosistemi degradati si dovrebbero ripopolare sistematicamente le zone incendiate con la flora autoctona,

---

7 La **quema** indica *l'azione di bruciare*; **la quemadura** è il risultato, *la bruciatura*: **Ella sufrió quemaduras de segundo grado**, *Lei ha subito ustioni di secondo grado*.

8 El **monte** indica *la montagna*, ma anche *il bosco*. **El monte alto** è *la foresta di alberi d'alto fusto*; **el monte bajo**, *la boscaglia d'arbusti*.

9 Notate che la parola **el fraude** è maschile. Il verbo corrispondente è **defraudar**, *frodare*.

trescientos seis • 306

19 sin embargo en algunos casos se opta por introducir especies más productivas.
20 Hasta ahora la lucha contra los fuegos forestales se ha centrado casi exclusivamente en la extinción de los incendios,
21 mas [10] es de importancia capital hacer especial hincapié [11] en la prevención, la información y la sensibilización.
22 ¡Más vale prevenir que apagar [12]!

Note

[10] **Mas**, *ma*, è il sinonimo più aulico di **pero**. Lo sapete a memoria: con un accento, **más** significa *più*.

[11] **Hacer hincapié**, espressione che serve ad attirare l'attenzione su un punto concreto. Esistono espressioni equivalenti: **cabe destacar**, *bisogna sottolineare*; **hay que señalar**, *bisogna segnalare*; **es preciso resaltar**, *si deve sottolineare* ecc.

[12] Questa frase fa riferimento al detto **Más vale prevenir que curar**, *Meglio prevenire che curare*.

***

Ejercicio 1 – Traduzca

❶ La obra fue pasto de la crítica más acérrima por parte no solo de la prensa sino del público. ❷ El médico hizo hincapié en que debes evitar cualquier esfuerzo. ❸ Si bien el sueldo no es necesariamente lo más importante de un empleo, sí es un factor determinante para tomar una decisión. ❹ Amén de su originalidad, el proyecto presenta un gran interés económico. ❺ Una plaga de langostas invadió buena parte del sur del país, arruinando numerosas cosechas.

Quarantesima lezione / 40

19 tuttavia, in alcuni casi, si opta per introdurre specie più produttive.
20 Finora la lotta contro gli incendi boschivi si è incentrata quasi esclusivamente sull'estinzione dei roghi,
21 ma è di importanza capitale insistere sulla prevenzione, l'informazione e la sensibilizzazione.
22 È meglio prevenire che spegnere!

***

Soluzioni dell'esercizio 1

❶ L'opera è stata preda della critica più aspra, non solo da parte della stampa, ma anche del pubblico. ❷ Il medico ha insistito [sul fatto che] devi evitare qualunque sforzo. ❸ Sebbene lo stipendio non sia necessariamente la cosa più importante di un impiego, è sicuramente un fattore determinante per prendere una decisione. ❹ Oltre alla sua originalità, il progetto presenta un grande interesse economico. ❺ Una moltitudine di cavallette ha invaso buona parte del sud del Paese, distruggendo numerosi raccolti.

Ejercicio 2 – Complete

❶ La siccità e le alte temperature stanno provocando l'arrivo di centinaia di meduse nelle acque lungo il litorale mediterraneo; una piaga che è praticamente impossibile da controllare.

.... y .... están provocando .... de .... a .... del ....; ...... que resulta .... de ....

❷ Un uomo si è addormentato fumando e ha dato fuoco al letto, provocando un incendio; le fiamme gli hanno provocato ustioni gravi su tutto il corpo.

Un .... y .... a ......, lo que provocó ....; .... le .... graves .... en ....

❸ Sta cercando veicoli a noleggio low cost? Le offriamo un'ampia gamma di modelli e opzioni di noleggio ai migliori prezzi del mercato.

¿Está buscando vehículos .... de .... ? Le .... una .... de .... y opciones .... a los ....

Lección cuarenta y uno

Crónica diaria

1 ¡Buenas noches! Son las nueve, las ocho en Canarias [1]. Sin más dilación, a continuación los titulares más destacados del día.

2 Política. El presidente declaró anoche que había aprendido de sus errores pasados

Note

1 Sulle isole Canarie il fuso orario è un'ora indietro rispetto alla penisola. Questa informazione è sempre menzionata nei telegiornali, sia dando l'ora delle Canarie, sia usando la formula **una hora menos en Canarias**, *un'ora in meno alle Canarie*.

❹ Qualcuno ha detto che nella vita conta di più avere fortuna che talento, e non aveva tutti i torti *(ragione non gli mancava)*.

.... que, ..., ... tener ...... que ...., ...

❺ Il Ministero delle Finanze ha annunciato che perseguirà sempre più i contribuenti che frodano e imporrà multe elevate.

.... que .... a .... que .... e impondrá ...... de gran cuantía.

Soluzioni dell'esercizio 2
❶ La sequía – las altas temperaturas – la llegada – cientos de medusas – las aguas – litoral mediterráneo; una plaga – prácticamente imposible – controlar ❷ – hombre se durmió fumando – pegó fuego – la cama – un incendio; las llamas – causaron – quemaduras – todo el cuerpo ❸ – de alquiler – bajo coste – ofrecemos – amplia gama – modelos – de alquiler – mejores precios del mercado ❹ Alguien dijo – en la vida, más vale – suerte – talento, y razón no le faltaba ❺ Hacienda ha anunciado – perseguirá cada vez más – los contribuyentes – defrauden – multas

---

Quarantunesima lezione

Cronaca quotidiana

1 Buonasera! Sono le nove, le otto alle Canarie. Senza altro ritardo, a seguire i titoli più importanti del giorno.
2 Politica. Il Presidente ha dichiarato ieri sera di aver imparato dai suoi errori passati

41 / Lección cuarenta y uno

3 y que si era elegido de nuevo para un segundo mandato este año [2], si los volvía a cometer, estos serían distintos.

4 Nacional. La policía se incautó de [3] un arsenal de armas y dinero, así como de un alijo de droga que se encontraban en un piso del centro.

5 El ocupante se justificó diciendo que un desconocido le había dado el paquete para que se lo guardara,

6 que le pareció que aquello era raro [4], pero que él no había sospechado nada de ilegal.

7 Un operativo especial de la policía vigilará la seguridad en la zona comercial de la capital ante el aumento de carteristas y timadores [5].

8 Internacional. Tras la cumbre de Madrid, España firma varios convenios multilaterales con países de América Latina

9 para potenciar los intercambios comerciales y culturales.

10 Justicia. Ante el tribunal, el exmultimillonario confesó, en la sesión de ayer, haber perdido toda su fortuna.

Note

[2] **Este año**, *quest'anno*: siccome il punto di riferimento temporale non è cambiato tra il momento in cui la persona pronuncia il suo discorso e il momento in cui viene riferito, si mantiene la stessa espressione temporale sia nel discorso diretto che indiretto. Vedete la lezione di ripasso.

[3] Si può anche usare **incautarse de**, *impossessarsi di*, nella sua forma transitiva: **La guardia civil incautó un cargamento de armas**, *La guardia civile ha sequestrato un carico di armi*.

Quarantunesima lezione / 41

3 e che se quest'anno verrà eletto di nuovo per un secondo mandato, se li dovesse commettere di nuovo, questi sarebbero diversi.

4 Cronaca. La polizia ha sequestrato un arsenale di armi *(e)*, denaro e *(così come)* una partita di droga che si trovavano in un appartamento del centro.

5 L'occupante si è giustificato dicendo che uno sconosciuto gli aveva dato il pacchetto affinché lui lo conservasse,

6 che gli era sembrato *(che quello era)* strano, ma che non aveva sospettato ci fosse niente di illegale.

7 Un gruppo operativo speciale della polizia vigilerà sulla sicurezza della zona commerciale della capitale per fronteggiare *(di fronte a)* l'aumento [del numero] di borseggiatori e truffatori.

8 Esteri. A seguito del vertice di Madrid, la Spagna firma diversi accordi multilaterali con Paesi dell'America latina

9 per potenziare gli scambi commerciali e culturali.

10 Giustizia. L'ex multimilionario ha confessato, nella sessione di ieri, davanti al Tribunale, di aver perso tutta la sua fortuna.

---

4 Quando si riporta un'esclamazione, a volte bisogna adeguare la frase iniziale aggiungendo qualche parola: **Inés pensó: ¡Qué raro!**, *Inés pensò: Che strano!* → **Ines pensó que aquello era raro**, *Inés pensò che quello era strano*. Per saperne di più a riguardo vedete la lezione di ripasso.

5 Un timador indica *un truffatore*; esiste anche **un timo**, *una truffa, un raggiro*, e il verbo **timar**, *truffare, raggirare*. Attenzione a non confondersi con **un estafador** (o **una estafa** e **estafar**)... che indica un'azione più grave! Nel caso di **una estafa**, l'attore approfitta della credulità della sua vittima; nel caso di **un timo**, i due attori pensano di approfittare l'uno dell'altro, ma uno dei due viene raggirato.

trescientos doce • 312

11 En efecto, reconoció que sufría Alzheimer [6] y que no se acordaba de los códigos de las cuentas secretas que posee en distintos paraísos fiscales.

12 Economía. Las compañías aseguradoras se quejan [7] de que el año pasado fue uno de los peores en materia de catástrofes naturales.

13 Hubo huracanes, inundaciones, lluvias torrenciales, maremotos, erupciones volcánicas, todos ellos eventos trágicos que golpearon duramente a gran parte del planeta [8],

14 y que generaron una pérdida económica récord de casi quinientos mil millones de euros.

15 Deportes. El Betis empata [9] en casa [10] y la afición abuchea al entrenador y le grita que se vaya.

16 Sucesos [11]. Varios heridos graves en una pelea frente a una discoteca. Dos bandas iniciaron la reyerta dentro de la sala y la continuaron fuera, una vez expulsados.

17 Descubren el cadáver de un anciano muerto en extrañas circunstancias. La policía está tras la pista de un asesino en serie.

Note

[6] **Sufrir** si costruisce senza preposizione: **Sufre cáncer**, *È malato di cancro*; **Sufrieron una agresión**, *Sono stati vittime di un'aggressione*.

[7] Per riportare un discorso allo stile indiretto cercate di non limitarvi a un verbo neutro come **decir**, *dire*, ma cercate il termine più adatto alla situazione: **gritar**, *gridare*; **extrañarse**, *meravigliarsi*; **lamentarse**, *lamentarsi*; **explicar**, *spiegare* ecc.! Torneremo su questo punto nella lezione di ripasso.

[8] **El planeta**: questo termine sta a indicare un'entità abitata da esseri umani, pertanto quando è complemento oggetto è introdotto dalla preposizione **a**.

Quarantunesima lezione / 41

11 In effetti, ha riconosciuto di soffrire di Alzheimer e di non ricordarsi i codici dei conti segreti che possiede in diversi paradisi fiscali.

12 Economia. Le compagnie assicurative si lamentano [del fatto] che l'anno scorso è stato uno dei peggiori in materia di catastrofi naturali.

13 Ci sono stati uragani, inondazioni, piogge torrenziali, maremoti, eruzioni vulcaniche, tutti *(loro)* eventi tragici che hanno colpito duramente gran parte del pianeta,

14 e che hanno provocato una perdita economica record di quasi cinquecento miliardi di euro.

15 Sport. Il Betis pareggia in casa e la tifoseria fischia l'allenatore gridandogli *(e gli grida)* di andarsene.

16 Cronaca. Numerosi feriti gravi in una lite davanti a una discoteca. Due bande [rivali] hanno cominciato la rissa dentro la sala e, dopo essere stati fatti uscire, l'hanno continuata fuori.

17 Scoperto *(Scoprono)* il cadavere di un anziano morto in circostanze insolite. La polizia è sulle tracce di un serial killer.

---

9 **Empatar** vuol dire, in ambito sportivo, *pareggiare*. **Empatar a cero** significa *pareggiare zero a zero*; **empatar a dos/tres (goles)**, *finire due/tre pari*. In politica **empatar** è *andare al ballottaggio*.

10 In ambito sportivo **en casa** fa riferimento al fatto che si giochi *in casa*; **fuera** si usa per dire che si gioca sul terreno avversario, *fuori casa, in trasferta*: **El domingo que viene jugamos fuera**, *Domenica prossima giochiamo fuori casa*.

11 **Un suceso** indica *un evento*, ma anche *la cronaca*: **Los sucesos remontan al 12 de febrero pasado**, *I fatti risalgono allo scorso 12 febbraio*. Nei giornali **(la sección de) sucesos** sono *le pagine di cronaca*.

trescientos catorce • 314

18 Sociedad. ¿El mundo de los toros y la farándula [12] irán pronto del brazo camino al altar?

19 Se rumorea que nuestra mayor figura del ruedo dará pronto el "sí" a su compañera sentimental [13], una conocida folclórica [14].

20 Arte. En un museo, una empleada de la limpieza deteriora de manera irreparable una obra de arte contemporánea al confundirla con una mancha.

21 Para justificar su acto, la mujer manifestó que si había empleado el estropajo y la lejía, era en su afán [15] por hacer su trabajo concienzudamente.

Note

[12] **La farándula** indica il mestiere degli attori e dei commedianti, compreso il loro ambiente. Ai giorni nostri include anche le celebrità effimere: **El programa revela los chismes más escandalosos de la farándula**, *Il programma svela i pettegolezzi più scandalosi del mondo dello spettacolo*.

[13] **Un compañero sentimental** è l'espressione che usano i giornali, i testi giuridici ecc., per parlare del partner di qualcuno. Questa

***

Ejercicio 1 – Traduzca

❶ La Policía Nacional ha incautado un importante alijo de oro destinado a blanquear dinero de la droga. ❷ Su único afán es salir por la televisión y ser famosa. ❸ No quiso comentar su reciente ruptura con su compañero sentimental de muchos años. ❹ El domingo pasado mi equipo empató a dos goles en casa en el partido de ida. ❺ Hay gente que dice que algunos pequeños comerciantes tienen las balanzas trucadas para estafar en el peso.

18 Società. Il mondo della tauromachia e dello spettacolo convoleranno presto a nozze *(si daranno il braccio verso l'altare)*?

19 Secondo indiscrezioni *(Si mormora che)* il **nostro più famoso toreador** *(la nostra maggior figura dell'arena)* dirà presto di sì alla sua compagna, una famosa cantante di flamenco.

20 Arte. In un museo un'addetta alle pulizie deturpa in modo irreparabile un'opera d'arte contemporanea confondendola con una macchia.

21 Per giustificare il suo atto la donna ha dichiarato che se aveva usato strofinaccio e candeggina, era perché **si era impegnata** *(nel suo impegno)* per fare il suo lavoro coscienziosamente.

---

espressione si usa al posto di **el novio**, *il fidanzato* o *il ragazzo*, o ancora **el amante**, *l'amante*.

14 Una folclórica indica, a seconda del contesto, *una cantante* o *una ballerina di flamenco*.

15 El afán indica *l'ardore*, *lo zelo*, o ancora *la brama*, *il desiderio*. Lo si ritrova nelle espressioni come **con afán**, *con zelo*; **el afán de poder**, *la brama di potere*.

***

Soluzioni dell'esercizio 1

❶ La Polizia di Stato ha sequestrato un importante carico d'oro destinato a riciclare i soldi [del traffico] di droga. ❷ Il suo unico desiderio è apparire in televisione ed essere famosa. ❸ Non ha voluto commentare la sua recente rottura con il suo compagno di lunga data. ❹ Domenica scorsa la mia squadra ha pareggiato due a due in casa la partita di andata. ❺ C'è gente che dice che alcuni piccoli commercianti hanno le bilance truccate per imbrogliare sul peso [dei prodotti].

Ejercicio 2 – Complete

1 Quest'opera è ispirata a eventi reali accaduti durante la dittatura militare argentina.

 .... está .... en .... ocurridos durante ....

2 Le donne delle pulizie si lamentano [del fatto] che le loro condizioni di lavoro peggiorino.

.... que .... de .... se ....

3 Il pubblico cominciò a fischiare e rumoreggiare quando annunciarono dagli altoparlanti che, a causa di problemi tecnici, il concerto sarebbe stato sospeso *(si sospendeva il concerto)*.

.... empezó a silbar y .... cuando .... por .... que, debido a .... , se ....

4 Lo scippatore è stato sorpreso mentre metteva la mano nella borsa della vittima.

El .... fue .... metiendo .... en .... de ....

42

Lección cuarenta y dos

Repaso – Ripasso

Ecco un nuovo stop per permettervi di fare una sintesi delle nozioni affrontate nelle sei lezioni precedenti. Sentite i progressi che avete fatto e vi rendete conto del numero colossale di nuove espressioni idiomatiche che sono entrate in vostro possesso? A questo proposito sappiate che è raro trovare delle traduzioni esatte quando si tratta di espressioni idiomatiche: ci sono spesso molti modi di dire la stessa cosa, e il senso di una locuzione può cambiare a seconda del contesto. Noi traduciamo dunque, a volte, le stesse espressioni in modo un po' diverso, così da abituarvi alla libertà di traduzione che si impone a un livello di perfezionamento.

❺ Il maremoto ha devastato il litorale e ha provocato enormi danni.
.... devastó .... y provocó ....

Soluzioni dell'esercizio 2
❶ Esta obra – inspirada – sucesos reales – la dictadura militar argentina ❷ Las mujeres de la limpieza se quejan de – sus condiciones – trabajo – deterioran ❸ El público – abuchear – anunciaron – los altavoces – problemas técnicos – suspendía el concierto ❹ – carterista – sorprendido – la mano – el bolso – la víctima ❺ El maremoto – el litoral – enormes destrozos

Quarantaduesima lezione

1 Il discorso diretto

Lo stile diretto consiste nel riprodurre letteralmente quello che una persona ha detto. Dopo il verbo che introduce si trascrive testualmente il messaggio: **Eduardo me dijo: "Mañana organizo una fiesta"**, *Eduardo mi ha detto: "Domani organizzo una festa"*.
Nello stile diretto non interviene nessun cambiamento nel messaggio, dato che appare così come la persona l'ha pronunciato.

2 Il discorso indiretto

Lo stile indiretto consiste nel riportare le parole pronunciate da qualcuno. Queste parole sono trasposte in una subordinata il cui tempo dipende dal verbo che la introduce. Dopo il verbo introduttore, colui che parla modifica il messaggio secondo il proprio punto di vista: questo ha come conseguenza delle modifiche sulle quali torneremo. Nel frattempo notate che una frase al discorso indiretto è generalmente introdotta dalla congiunzione **que**: **Eduardo me dijo que al día siguiente organizaba una fiesta**, *Eduardo mi ha detto che il giorno seguente avrebbe organizzato una festa*.

Per utilizzare il discorso indiretto al massimo delle sue possibilità, variate sempre i verbi della proposizione reggente e non limitatevi a usare **decir**, *dire*, **preguntar** o **pedir**, *domandare, chiedere*... I verbi che seguono daranno chiarezza e precisione alle vostre parole: **declarar**, *dichiarare*; **exclamar**, *esclamare*; **explicar**, *spiegare*; **afirmar**, *affermare*; **confesar**, *confessare*; **añadir**, *aggiungere*; **gritar**, *gridare*; **murmurar**, *mormorare*; **sugerir**, *suggerire*; **extrañarse**, *meravigliarsi*; **interrogarse**, *interrogarsi* ecc. Contestualizzando abbiamo, ad esempio: **Isabel a Carmen: "Dime la verdad."**, *Isabel a Carmen: "Dimmi la verità."* → **Isabel suplica a Carmen que le diga la verdad**, *Isabel supplica Carmen di dirle la verità*.

2.1 Verbo della proposizione reggente al presente

Se il verbo della reggente è al presente oppure, ma solamente in certi casi, al passato prossimo (**pretérito perfecto**) e al futuro, i tempi dei verbi della subordinata non cambiano passando dal discorso diretto al discorso indiretto.

– **Javier dice: "En agosto hace mucho calor"**, *Javier dice: "In agosto fa molto caldo."* → **Javier dice que en agosto hace mucho calor**, *Javier dice che in agosto fa molto caldo*.

– **Ana nos ha anunciado: "Me caso el año que viene"**, *Ana ci ha annunciato: "Mi sposo l'anno prossimo."* → **Ana nos ha anunciado que se casa el año que viene**, *Ana ci ha annunciato che si sposa l'anno prossimo*.

Attenzione! In spagnolo l'imperativo si trasforma in congiuntivo passando dallo stile diretto allo stile indiretto (la costruzione italiana con l'infinito non è possibile): **La madre dice a los niños: "Lavaos las manos"**, *La madre dice ai bambini: "Lavatevi le mani!"*.

→ **La madre dice a los niños que se laven las manos**, *La madre dice ai bambini di lavarsi le mani.*

2.2 Verbo della reggente al passato

Quando il verbo della reggente è al passato remoto (**pretérito indefinido**), all'imperfetto, al trapassato prossimo o al condizionale (presente o passato), certi tempi verbali non cambiano:

Tempi allo stile diretto	Tempi allo stile indiretto
Indicativo	
imperfetto	imperfetto
trapassato prossimo	trapassato prossimo
passato remoto	passato remoto
Condizionale	
presente	presente
passato	passato
Congiuntivo	
imperfetto	imperfetto
trapassato	trapassato

Carlos: "Nací en el campo y ayudaba a mis padres en la granja.", *Carlos: "Sono nato in campagna e aiutavo i miei genitori nella fattoria."* → **Carlos contó que nació en el campo y que ayudaba a sus padres en la granja**, *Carlos ha raccontato di essere nato in campagna e che aiutava i suoi genitori nella fattoria.*

Gli altri tempi verbali cambiano come segue:

Tempi allo stile diretto	Tempi allo stile indiretto
Indicativo	
presente	imperfetto
passato prossimo	trapassato prossimo
passato remoto	trapassato prossimo (oppure nessun cambiamento)
futuro semplice	condizionale presente
futuro anteriore	condizionale passato

Congiuntivo	
presente	imperfetto
passato	trapassato
Imperativo	
-	congiuntivo imperfetto

Ignacio: "Cuando llegues, llámame.", *Ignacio: "Quando arrivi, chiamami."* → **Ignacio me pidió que cuando llegara, que lo llamara**, *Ignacio mi ha chiesto di chiamarlo quando fossi arrivato*.
È da notare che per esprimere il futuro nel passato lo spagnolo ricorre al condizionale presente, anziché al condizionale passato: **Me dijo que saldría**, *Mi ha detto che sarebbe uscito*.
Quando si esprime una verità universale o che ha sempre valore, la regola della concordanza dei tempi non si applica necessariamente: **Galileo: "La Tierra gira alrededor del Sol."**, *Galileo: "La Terra gira intorno al sole."* → **Galileo afirmó que la Tierra gira alrededor del Sol**, *Galileo affermò che la Terra gira intorno al Sole* (ma anche **Galileo afirmó que la Tierra giraba alrededor del Sol**, *Galileo affermò che la Terra girava intorno al Sole*).

2.3 Riportare una frase affermativa o negativa

L'uso di **que**, *che*, è obbligatorio davanti a ogni verbo usato e le eventuali virgolette, così come i due punti, spariscono.

2.4 Riportare una frase interrogativa

Bisogna innanzi tutto sopprimere i punti interrogativi ¿ ?.
• Domanda aperta introdotta da un pronome interrogativo
Il pronome interrogativo (**qué**, **cuál**, **quién**, **cómo**, **dónde**, **cuándo**, **cuánto** ecc.) si colloca dopo il verbo della reggente; può essere preceduto dalla congiunzione **que**. Se c'era una inversione soggetto-verbo nel discorso diretto, la si può mantenere o meno:
Rosa a mí: "¿Dónde vive usted?", *Rosa a me: "Dove vive?"* → **Rosa me preguntó (que) dónde vivía yo**, *Rosa mi chiese dove vivevo*.
• Domanda chiusa
Nel discorso indiretto, nelle domande chiuse (alle quali si può rispondere solo **sí** o **no**), dopo il verbo della reggente si trova la congiunzione **si**, che può essere preceduta dalla congiunzione **que**:
Ramón a su madre: "¿Tienes frío?", *Ramón a sua madre: "Hai*

freddo?" → **Ramón preguntó a su madre (que) si tenía frío**, *Ramón chiese a sua madre se aveva freddo.*

2.5 Riportare una frase esclamativa

Innanzi tutto bisogna sopprimere i punti esclamativi ¡ !. Oltre a questo, è raro che le frasi esclamative abbiano un verbo. Bisognerà dunque:

– o riprodurlo: **José a Teresa: "¡Qué guapa (estás)!"**, *José a Teresa: "Come sei bella!"* → **José dijo a Teresa que estaba muy guapa**, *José disse a Teresa che era molto bella.*

– o renderlo grazie al verbo della reggente e aggiustare la frase: **Los invitados al anfitrión: "¡Qué paella tan rica!"**, *Gli invitati al padrone di casa: "Che paella squisita!"* → **Los invitados felicitaron al anfitrión por aquella rica paella**, *Gli invitati si complimentarono con il padrone di casa per la sua squisita paella.*

Infine, può sembrare ovvio ma nel discorso indiretto non si usano le espressioni che servono a richiamare l'interlocutore per tenere viva la sua attenzione, le interiezioni, le espressioni tipiche della conversazione ecc.: **Le dije a Luisa: "Oye, Luisa, ¿sabes que me voy de vacaciones a Cuba?"**, *Dissi a Luisa: "Senti, Luisa, sai che vado in vacanza a Cuba?"* → **Le dije a Luisa que me iba de vacaciones a Cuba**, *Dissi a Luisa che andavo in vacanza a Cuba.*

2.6 Modifiche dei pronomi personali e dei possessivi

Nel discorso indiretto il punto di vista della persona cambia e si assiste a molteplici modifiche grammaticali rispetto al discorso diretto.

• I pronomi personali: **Pedro me dijo: "Te lo contaré todo."**, *Pedro mi disse: "Ti racconterò tutto."* → **Pedro me dijo que me lo contaría todo**, *Pedro mi disse che mi avrebbe raccontato tutto.*

• La persona del verbo: **Mis amigos me cuentan: "Nos divertimos mucho."**, *I miei amici mi raccontano: "Ci siamo divertiti molto."* → **Mis amigos me cuentan que se divirtieron mucho**, *I miei amici mi raccontano che si sono divertiti molto.*

• I possessivi: **Diego me sugiere: "Toma mi paraguas porque llueve."**, *Diego mi suggerisce: "Prendi il mio ombrello perché piove."* → **Diego me sugiere que tome su paraguas porque llueve**, *Diego mi suggerisce di prendere il suo ombrello perché piove.*

2.7 Modifiche dei punti di riferimento spaziali e temporali

Anche i punti di riferimento di luogo e tempo sono suscettibili di cambiamento nel passaggio dal discorso diretto al discorso indiretto.

• Espressioni di luogo: **Cuando estuvimos en aquel pueblecito, María me explicó: "Yo nací aquí"**, *Quando siamo stati in quel paesino, María mi ha spiegato: "Io sono nata qui."* → **Cuando estuvimos en aquel pueblecito, María me explicó que había nacido allí**, *Quando siamo stati in quel paesino, María mi ha spiegato di essere nata lì.*

• Dimostrativi: **Julián: "¿Qué es esto?"**, *Julián: "Cos'è questo?"* → **Julián me preguntó que qué era eso/aquello**, *Julián mi ha chiesto cosa fosse quello.*

• Espressioni di tempo: **Tomás me prometió: "Mañana te devuelvo el dinero."**, *Tomás mi promise: "Domani ti ridò i tuoi soldi."* → **Tomás me prometió que al día siguiente me devolvería el dinero**, *Tomás mi promise di ridarmi i miei soldi il giorno dopo.* Ecco altre espressioni di tempo che subiscono dei cambiamenti:

Espressioni dello stile diretto	Espressioni dello stile indiretto
ayer	la víspera/el día anterior
anteayer	dos días antes
hoy	ese/aquel día
mañana	al día siguiente

pasado mañana	dos días más tarde
esta mañana	esa/aquella mañana
estos días	esos/aquellos días
en este momento	en ese/aquel momento
el año pasado	el año anterior
la semana que viene	la semana siguiente
el próximo mes	el mes siguiente
dentro de tres días	tres días después
hace tres días	tres días antes

Tuttavia questi cambiamenti non sono sistematici: **El martes, Enrique cuenta a Ana: "El fin de semana que viene voy al campo"**, *Martedì Enrique racconta ad Ana: "Il prossimo fine settimana vado in campagna".* Le stesse parole riferite due giorni dopo (il fine settimana non è ancora arrivato) diventano: **El martes Enrique le dijo a Ana que el fin de semana que viene va al campo**, *Martedì Enrique ha detto ad Ana che il prossimo fine settimana va in campagna.*

2.8 Altre modifiche

Anche i verbi relazionati con punti di riferimento spaziali (**ir/venir, traer/llevar** ecc.) subiscono dei cambiamenti: **Fernando: "Te llevaré una botella de vino"**, *Fernando: "Ti porterò una bottiglia di vino."* → **Fernando me prometió que me traería una botella de vino**, *Fernando promise che mi avrebbe portato una bottiglia di vino.*

Diálogo de revisión

1 – ¿De dónde vienes en este estado? Vas todo zarrapastroso y te veo incluso avejentado...

2 – Vengo de la comisaría, la policía me ha estado interrogando durante más de 8 horas.

3 – ¿Y eso? ¿Qué ocurre? ¿Estás en apuros? ¿Puedo hacer algo por ti?

4 – ¡Calla, calla! ¡Me ha pasado algo tremendo! Resulta que el fin de semana pasado llaman a mi puerta.

5 Abro y veo a una chica que andaría por los veinte, muy agraciada, que se presenta como la vecina de arriba.

6 A decir verdad, aunque hace ya tiempo que vivo en ese bloque, no conozco bien a los otros ocupantes.

7 Pues me cuenta que se está mudando y que unos amigos que debían ayudarla han excusado su presencia a última hora,

8 y me pide que si puedo echarle una mano. Yo le contesto que sí, que con mucho gusto.

9 Y si bien había algo raro en aquella historia, yo voy y la ayudo.

10 ¡Qué paliza! Con el peso de los muebles, ¡aún tengo la espalda a la virulé!

11 Cuando terminamos y el camión está lleno, se despide, me da su número de teléfono,

12 y me dice que vaya a visitarla cuando quiera a su nuevo piso, y que si patatín, que si patatán...

13 – Todo eso me parece perfecto, pero yo sigo sin ver cuál es el problema...

Quarantaduesima lezione / 42

14 – Pues, la cosa es que no era la vecina, sino un miembro de una banda de ladrones, y ¡aquello no era una mudanza sino un señor robo!
15 ¡Y ahora la policía me acusa de ser su cómplice por haberlos ayudado a desvalijar el domicilio del vecino!
16 – ¡Dios mío! Ahora me hago cargo...

Traduzione

1 Da dove vieni conciato così? Sei trasandato e ti vedo anche invecchiato... **2** Vengo dal commissariato, la polizia mi ha interrogato per più di 8 ore. **3** Ma come mai? Cosa succede? Hai dei problemi? Posso fare qualcosa per te? **4** Non me ne parlare! Mi è successa una cosa terribile! Figurati che lo scorso fine settimana suonano alla mia porta. **5** Apro e vedo una ragazza sulla ventina, molto graziosa, che si presenta come la vicina del piano di sopra. **6** A dire il vero, anche se vivo da tempo in quel palazzo, non conosco bene gli altri condomini. **7** Mi racconta che sta traslocando e che alcuni amici che dovevano aiutarla si sono defilati all'ultimo momento, **8** e mi chiede se posso darle una mano. Io le rispondo di sì, con grande piacere. **9** E anche se c'era qualcosa di strano in quella storia, io vado e la aiuto. **10** Che sfacchinata! Ho ancora la schiena malconcia a causa del peso dei mobili! **11** Quando finiamo e il camion è pieno, mi saluta, mi dà il suo numero di telefono, **12** e mi dice di andarla a trovare quando voglio nel suo nuovo appartamento e via dicendo... **13** Mi sembra tutto a posto, continuo a non vedere qual è il problema... **14** Beh, il fatto è che non era la vicina, ma un membro di una banda di ladri e quello non era un trasloco, ma un signor furto! **15** E adesso la polizia mi accusa di essere loro complice per averli aiutati a svaligiare l'appartamento del vicino! **16** Mio Dio! Adesso capisco...

Lección cuarenta y tres

La cesta de la compra [1]

1 (En la pescadería) [2]
2 – Buenos días, guapa. ¡Mira las gambas y los langostinos [3] qué frescos son [4]! Y las almejas aún están vivas [5].
3 – Voy a hacer una mariscada. Somos cuatro. Así que, necesito gambas, cigalas, almejas…
4 ¡Uy, no, que están carísimas! Quiero también dos rodajas [6] de bonito [7].
5 Y esta merluza… ¿no será congelada, verdad? Que si no mi marido me la tira por la cabeza…
6 – ¡Qué dices! ¡Esta mañana todavía estaba vivita y coleando! Te la limpio y te la preparo. ¿Te dejo la cabeza?
7 – Claro, para hacer caldo de pescado con un poco de pescado de roca que me queda en la nevera…

Note

[1] **La cesta de la compra** indica, in senso proprio, *un paniere per fare la spesa*; in senso figurato fa riferimento al *paniere dei prezzi*, che include beni e servizi rappresentativi dei consumi delle famiglie.

[2] L'uso delle preposizioni non è sempre lo stesso in spagnolo e in italiano. Mentre lo spagnolo ricorre a **en** + il nome del negozio quando non c'è movimento e ad **a** + il nome del negozio quando c'è movimento, in italiano si usa sempre *in*: **Lo he visto en la panadería**, *L'ho visto in panetteria*; **Va a la charcutería**, *Va in salumeria*.

[3] Attenzione ai falsi amici! **Una gamba** è *un gambero* (*gamba* si dice **pierna**) e **una cigala** è *uno scampo* (la *cicala* è la **cigarra**).

Quarantatreesima lezione

Il paniere della spesa

1 (In pescheria)
2 – Ciao *(Buongiorno)*, bella. Guarda come sono freschi i gamberi e i gamberetti! E le vongole, sono ancora vive!
3 – Farò un piattone di frutti di mare. Siamo in quattro. Dunque ho bisogno di gamberi, scampi, vongole...
4 Uh, no, sono carissime! Vorrei anche due tranci di tonno.
5 E questo merluzzo... non sarà surgelato, vero? Altrimenti mio marito me lo tira dietro...
6 – Ma cosa dici! Stamattina era ancora vivo e vegeto! Te lo pulisco e te lo preparo. Ti lascio la testa?
7 – Certo, per fare [un] brodo di pesce con un po' di scorfano che mi è rimasto *(resta)* in frigo...

---

4 **Fresco/a** si può usare con **ser** con il senso di *non congelato/a* o di *appena fatto*, e con **estar** con il senso di *freddo/a*. In un linguaggio colloquiale e parlando di persone si può dire: ¡Qué frescos son!, *Che facce di bronzo!*, *Che sfacciati!*

5 **Vivo/a** si può usare con **ser** nel senso di *vivace, intelligente*, e con **estar** con il senso di *vivente, vivo/a*.

6 **Rodaja** si traduce con *trancio* se si parla di pesce e con *fetta* se si parla di altri alimenti (di limone, di ananas). Se si parla di pane si dice **una rebanada de pan**, *una fetta di pane*.

7 La parola **bonito** significa *carino, bello* quando è aggettivo, mentre quando è nome è sinonimo di **el atún**, *il tonno*.

8 (En la carnicería y charcutería)

9 – ¿Quién tiene la vez [8]? ¿Cariño, ya te atienden?

10 – No. Ponme tres pechugas [9] de pollo en filetes, por favor. Y medio kilo de carne picada, mitad de cerdo, mitad de ternera.

11 – ¿Has visto qué salchichas? Están [10] recién hechas.

12 – Vale, me llevo cuatro. Y 200 gramos de jamón de York cortado en lonchas bien finas.

13 – ¿Algo más?

14 – No, gracias, eso es todo. ¿Cuánto te debo?

15 – Total… 17,55 euros [11]. Si tienes suelto [12] me harás un gran favor, porque casi no me queda cambio.

16 (En la frutería y verdulería)

17 – Tres kilos de patatas, un kilo de cebollas, otro [13] de tomates y un pepino [14].

18 Los tomates que no estén muy maduros, son para ensalada. Y 150 gramos de aceitunas negras a granel. ¿Salen buenas las sandías?

Note

8 **La vez** è un'espressione che indica *il turno* nelle espressioni come: **pedir la vez**, *chiedere chi è l'ultimo*; **¿Quién da la vez?**, *Chi è l'ultimo?*; **Tengo la vez**, *È il mio turno*; **Perder la vez**, *Perdere il turno*.

9 In **la pechuga**, riconoscete facilmente **el pecho**, *il petto*. Attenzione, i due termini non sono intercambiabili: **el pecho** è *il petto* o *il torace* umano, mentre **la pechuga** appartiene a un volatile.

10 **Están recién hechas**, *Sono appena state fatte*: la costruzione **estar** + participio passato esprime un risultato. Per ulteriori informazioni vedete la lezione di ripasso.

11 Come in italiano, i decimali dei prezzi in spagnolo si scrivono dopo una virgola e si leggono usando la preposizione **con**: **diecisiete**

Quarantatreesima lezione / 43

8 (In macelleria e salumeria)
9 – A chi tocca? Tesoro, ti stanno già servendo?
10 – No. Dammi tre petti di pollo a fette, per favore. E mezzo chilo di carne trita, metà di maiale e metà di vitello.
11 – Hai visto che salsicce? Sono freschissime *(appena fatte)*.
12 – Va bene, ne prendo quattro. E due etti di prosciutto cotto *(di York)* tagliato *(in fette)* sottile.
13 – Altro?
14 – No, grazie, è tutto. Quanto ti devo?
15 – In tutto *(Totale)*... 17,55 euro. Se hai degli spiccioli mi fai un gran piacere, perché non ho quasi più moneta.
16 (Dal fruttivendolo)
17 – Tre chili di patate, un chilo di cipolle, un altro di pomodori e un cetriolo.
18 I pomodori non troppo maturi, sono da fare in *(per)* insalata. E 150 grammi di olive nere sfuse. Sono *(Escono)* buone le angurie?

(euros) con cincuenta y cinco (céntimos), *diciassette euro e cinquantacinque centesimi*.

12 **El suelto**, *la moneta, gli spiccioli*, è un sinonimo di **la calderilla**: **No tengo suelto**, *Non ho moneta*. Per indicare *la moneta* di resto si usa **la vuelta** o **el cambio**: **Quédese con la vuelta**, *Tenga il resto* (v. lezione 27, nota 14).

13 Notate l'assenza di articoli davanti alla parola **otro/a**.

14 La parola **pepino**, *cetriolo*, si usa in un'espressione colloquiale molto comune: **Me/Te/Le importa un pepino**, *Non me ne / te ne / gliene importa un fico secco*.

19 – Prueba esta tajada. Dulce como la miel. Y esta clase no tiene muchas pepitas. Además, hay una oferta: ¡paga dos y llévate tres!

20 Señora, ¡la fruta se mira pero no se toca! ¿Ha sacado el tique [15]? ¡Hay que hacer cola, como todo el mundo! ¿Qué haces entonces, nena?

21 – Mejor no, que luego no me van a caber en el carrito de la compra. ¿A cómo están [16] las manzanas?

22 – A 3,20 euros el kilo. Son ecológicas, de nuestro propio huerto. A ver... esta, esa... ¿Qué te pongo? ¿Un kilo?

23 – Más bien dos, pero... las manzanas con gusano que me estás poniendo en la bolsa...

24 ¿Me las piensas cobrar a precio de fruta o a precio de carne?

Note

[15] Numerosi nomi propri provenienti da altre lingue mantengono una doppia scrittura, una ispanizzata e un'altra che conserva la sua grafia originale: **tique/ticket**, *ticket, scontrino*; **chalé/chalet**, *chalet*; **cabaré/cabaret**, *cabaret*; **vermú/vermut**, *vermouth* ecc.

***

Ejercicio 1 – Traduzca

❶ A granel resultan mucho más baratos. ❷ Todo el mundo pensaba que le había ocurrido algo y apareció vivita y coleando. ❸ Llevo media hora esperando, ¿alguien me puede atender? ❹ No comemos nada que no provenga de nuestro huerto. ❺ ¿Qué prefieres? ¿Muslo o pechuga?

19 – Prova questa fetta. Dolce come il miele. E questo tipo non ha molti semi. E poi c'è un'offerta: paghi due e prendi tre!
20 Signora, la frutta si guarda ma non si tocca! Ha preso il biglietto? Bisogna fare la coda, come tutti! Cosa fai allora, bambina?
21 – Meglio di no, che poi non ci stanno nel trolley della spesa. Quanto vengono le mele?
22 – 3,20 euro al chilo. Sono bio, del nostro frutteto *(orto)*. Vediamo... questa, quella... Quante te ne metto? Un chilo?
23 – Meglio due, ma... le mele con il verme che mi stai mettendo nella borsa...
24 Pensi di farmele pagare al prezzo della frutta o della carne?

16 In assoluto per parlare di un prezzo si usa **ser**: **El caviar es caro**, *Il caviale è caro*. Tuttavia, se il prezzo di cui si parla è variabile, si usa **estar** (v. anche frase 4): **En Navidad las ostras están caras**, *A Natale le ostriche sono care*. Di fatto si dice anche: **¿A cómo / cuánto están las judías?**, *A quanto stanno i fagioli?*

***

Soluzioni dell'esercizio 1

❶ Sfusi sono molto più convenienti. ❷ Tutti pensavano che le fosse successo qualcosa e [invece] è comparsa viva e vegeta. ❸ Sto aspettando da mezz'ora, qualcuno mi può servire? ❹ Non mangiamo niente che non provenga dal nostro orto. ❺ Cosa preferisci? La coscia o il petto?

43 / Lección cuarenta y tres

Ejercicio 2 – Complete

❶ Abbi un comportamento ecologicamente responsabile: per andare al mercato portati un cestino o un trolley e non usare sacchetti di plastica.

... un .... responsable y para .. al .... llévate .... o ...., y no uses ...... de ....

❷ Per fare questa ricetta c'è bisogno di mezzo chilo di gamberetti, che possono essere freschi o surgelati.

Para .... se .... de ...., que pueden .... o ....

❸ Durante le vacanze estive i biglietti aerei sono più cari che nel resto dell'anno.

.... de .... más ..... que durante ....

❹ I pomodori sono troppo maturi e inoltre c'è un verme! Andrò a trovare il commesso e glieli tirerò dietro!

.... y ¡encima ....! ¡ ...... a ... al .... y .... !

❺ Non stia a cercare gli spiccioli, tenga il resto.

.... en ...., ... con ....

***

In Spagna non si scherza con le file! Gli spagnoli rispettano sempre l'ordine di arrivo e aspettano il loro turno per essere serviti. In numerosi luoghi pubblici, così come nei banchi della pescheria, salumeria ecc. dei **supermercados**, *supermercati, e degli* **hipermercados**, *ipermercati, ci sono di solito delle macchinette che distribuiscono dei biglietti numerati.*

Soluzioni dell'esercizio 2

❶ Ten – comportamiento ecológicamente – ir – mercado – un cesto – un carrito – bolsas – plástico ❷ – hacer esta receta – necesita medio kilo – langostinos – ser frescos – congelados ❸ Durante las vacaciones de verano los billetes – avión están – caros – el resto del año ❹ Los tomates están demasiado maduros – hay un gusano – Voy a ir – ver – dependiente – tirárselos por la cabeza ❺ No se moleste – buscar suelto, quédese – el cambio

***

In Spagna **el mercado**, *il mercato, è spesso aperto dalle 7 alle 15, dal lunedì al venerdì, a volte anche il sabato e addirittura la domenica. Non è raro che le casalinghe vadano al mercato diverse volte alla settimana. A Barcellona il mercato della* **Boquería**, *situato a due passi dalle* **Ramblas**, *è immenso. Si può anche considerare una stupenda passeggiata, il cui fascino è dato dalla disposizione delle bancarelle, dai colori e dai profumi: un vero tripudio di sensazioni!*

Lección cuarenta y cuatro

Con las manos en la masa [1]

1 – Ramón, es usted un sibarita y uno de nuestros chefs [2] de mayor renombre internacional. ¿Cómo nació su amor por la cocina?

2 – A decir verdad, a mi madre le encantaba guisar [3] y me crié entre pucheros y fogones, entre olores a cebolla frita y de sofrito [4].

3 – Ya [5]… sin embargo en su menú encontramos más bien platos con aroma a chicle, humo líquido o en polvo, espuma que sabe a [6] mejillón…

4 – No únicamente. Aunque [7] algunas de mis recetas puedan calificarse de "exóticas", es una forma un poco simplista, reductora y caricatural de ver las cosas.

5 – ¿Cómo definiría pues exactamente esta cocina hoy tan en boga?

Note

[1] In senso figurato **con las manos en la masa** vuol dire *con le mani nel sacco* o *colto in flagrante*.

[2] **El/la chef** è un prestito dal francese, ma come in italiano si usa esclusivamente per indicare *lo chef di cucina*. In senso più generale *il capo* si traduce con **el/la jefe/a**.

[3] **Guisar** è un sinonimo di **cocinar**; **un guiso** indica *un sugo*.

[4] Ricordatevi che **freír** (e il suo composto **sofreír**) ha un participio regolare (**freído**) e un altro irregolare (**frito**). Potete trovare i verbi con il doppio participio alla lezione 21. Notate che **el sofrito** è una

Quarantaquattresima lezione

Con le mani in pasta

1 – Ramón, lei è un buongustaio e uno dei nostri chef più rinomati *(di maggior fama)* [a livello] internazionale. Com'è nato il suo amore per la cucina?
2 – A dire il vero, mia madre adorava cucinare e [io] sono cresciuto tra tegami e fornelli, tra odori di cipolla fritta e di salsa di verdure.
3 – Sì... tuttavia nel suo menù troviamo invece piatti con aroma di gomma da masticare, fumo liquido o in polvere, mousse al sapore di cozza...
4 – Non solo. Anche se alcune delle mie ricette si possono qualificare come "esotiche", è un modo un po' semplicistico, riduttivo e caricaturale di vedere le cose.
5 – Come definirebbe allora *(dunque)* esattamente questa cucina oggi tanto in voga?

---

salsa di verdure a base di pomodori, cipolla, aglio e peperoni saltati in padella, diversa dal soffritto come lo intendiamo in Italia.

5 **Ya** significa *già*, ma serve anche a confermare quello che si è appena detto: – **Para encender este aparato hay que apretar este botón. – Ya**, – *Per accendere questo apparecchio bisogna premere questo pulsante. – Sì, certo* (v. lezione 32, nota 10).

6 **Saber a algo** vuol dire *avere il gusto di qualcosa*: **Esta comida sabe mucho a ajo**, *Questo piatto sa molto di aglio*. Ugualmente **oler a algo** vuol dire *avere l'odore di qualcosa*: **Huele a rosas**, *Sa di rosa*.

7 Per l'uso di **aunque**, *sebbene, anche se*, usato con l'indicativo o con il congiuntivo, vi rimandiamo alla prossima lezione di ripasso.

6 – La cocina molecular es la ciencia que estudia los fenómenos que se dan en los componentes de los alimentos al cocinarlos.

7 – Esferificación, emulsificación, gelificación... son conceptos que baraja [8] usted cotidianamente.

8 ¿Estamos hablando de cocina o de química?

9 – Cuando cocinamos una judía verde, el color cambia, así como su textura y su sabor.

10 Los alimentos sufren transformaciones al cocerlos [9], hervirlos o freírlos. O simplemente al manipularlos.

11 – Al cortar [10] por ejemplo una zanahoria, rompemos células que esparcen sus contenidos.

12 Este tipo de cocina ofrece la posibilidad de descubrir nuevos sabores y nuevos platos que resultan de particular interés desde el punto de vista dietético y de presentación.

13 – ¿Qué pistas está explorando? ¿Qué innovaciones esperan a nuestro paladar [11]? ¿Qué ingredientes nos depara la comida [12] del futuro?

14 – Nuestro concepto de alimento y de cocina cambiará inexorablemente, pero va a ser un proceso muy lento.

Note

8 Una **baraja** è *un mazzo di carte*; **barajar** vuol dire *mescolare le carte* e, in senso figurato, *esaminare, vagliare*.

9 **Cocer** vuol dire *cuocere* ma si traduce spesso con *far cuocere*. È lo stesso caso per **hervir** o **freír** che si traducono rispettivamente anche con *far bollire* e *far friggere*. La stessa cosa succede con i verbi alla forma pronominale: **Voy a cortarme el pelo**, *Vado a farmi tagliare i capelli*; **Se operó ayer**, *Si è fatto operare ieri*.

Quarantaquattresima lezione / 44

6 – La cucina molecolare è la scienza che studia i fenomeni che hanno luogo nei componenti degli alimenti quando si cucinano.
7 – Sferificazione, emulsificazione, gelificazione... sono concetti che manipola quotidianamente.
8 Stiamo parlando di cucina o di chimica?
9 – Quando cuciniamo un fagiolino il colore cambia, così come la sua consistenza e il suo sapore.
10 Gli alimenti sono sottoposti a *(soffrono)* trasformazioni quando vengono cotti, bolliti o fritti. O semplicemente manipolati.
11 – Tagliando, ad esempio, una carota, rompiamo cellule che spargono il loro contenuto.
12 Questo tipo di cucina offre la possibilità di scoprire nuovi sapori e nuovi piatti che risultano di particolare interesse dal punto di vista dietetico e della presentazione.
13 – Che vie sta esplorando? Che innovazioni attendono il nostro palato? Che ingredienti ha in serbo il cibo del futuro?
14 – Il nostro concetto di alimento e di cucina cambierà inesorabilmente, ma sarà un processo molto lento.

---

10 La struttura **al** + infinito (incontrata anche nelle frasi 6 e 10) funge da subordinata temporale. È il contesto che determina quale persona e quale tempo utilizzare nella traduzione: **Al cortar una zanahoria, rompemos sus células**, *Quando tagliamo una carota, rompiamo le sue cellule*.

11 Parlando dell'apprezzamento di un gusto, numerose espressioni utilizzano la parola **paladar**, *palato*: **tener el paladar delicado**, *avere il palato fino*, ad esempio.

12 Non dimenticate che **la comida** indica anche *il pasto* in generale o *il pranzo*.

trescientos treinta y ocho • 338

15 La cocina molecular, que ha empezado por los grandes chefs, se está poniendo de moda y está triunfando.

16 Si la tendencia se mantiene, lo lógico es que determinadas técnicas y conceptos vayan extendiéndose en el mundo de la restauración

17 y quién sabe si de ahí salten al hogar y, como consecuencia lógica, a la industria alimentaria.

18 – En la época en que triunfan las ideas ecológicas, ¿no va usted a contracorriente? Porque se trata de comida artificial…

19 – ¡Toda la comida es un artificio!

20 – Hablemos de su laboratorio. ¿Qué se está cocinando allí? ¡Dios mío! ¿Qué es ese estruendo? ¿Una explosión?

21 – ¡No es nada! Un pinche que debe de estar experimentando una nueva receta… ¡Son los gajes del oficio [13]!

Note

[13] **Los gajes del oficio** indica *gli imprevisti* o *gli incerti del mestiere*: Desde que es un actor famoso ya no puede disfrutar de una vida privada, son los gajes del oficio, *Da quando è un attore famoso non può più godere di una vita privata, sono gli inconvenienti del mestiere.*

***

Ejercicio 1 – Traduzca

❶ Al entrar en el cuarto de baño noté que olía a lejía. ❷ La leyenda cuenta que aquel niño se crió entre lobos. ❸ La policía baraja varias hipótesis sobre el asesinato del famoso chef. ❹ El pinche engrasa el molde y esparce harina en él. ❺ Se oyó un terrible estruendo y empezó a salir espuma del puchero.

Quarantaquattresima lezione / 44

15 La cucina molecolare, a cui hanno dato il via *(è cominciata da)* **i grandi chef, sta diventando di moda e sta trionfando.**

16 Se la tendenza continua, determinate tecniche e concetti logicamente si estenderanno nel mondo della ristorazione,

17 e chissà se da lì entreranno *(salteranno)* **nelle famiglie e, come conseguenza logica, nell'industria alimentare.**

18 – In [questo] periodo in cui trionfa il biologico *(le idee ecologiche)*, **non va controcorrente? Perché si tratta di cibo artificiale...**

19 – Tutti i cibi sono un artificio!

20 – Parliamo del suo laboratorio. Cosa si sta cucinando? Dio mio! Cos'è questo fracasso? Un'esplosione?

21 – Non è niente! Un aiutante starà sperimentando una nuova ricetta... Sono i rischi del mestiere!

¡SON LOS GAJES DEL OFICIO!

Soluzioni dell'esercizio 1

❶ Quando sono entrato in bagno ho notato che odorava di candeggina. ❷ La leggenda racconta che quel bambino è cresciuto tra i lupi. ❸ La polizia avanza varie ipotesi sull'assassinio del famoso chef. ❹ Lo sguattero imburra *(ingrassa)* lo stampo e lo cosparge di farina. ❺ Si udì un terribile fracasso e cominciò a uscire schiuma dal tegame.

44 / Lección cuarenta y cuatro

Ejercicio 2 – Complete

1. Devi assolutamente darmi la ricetta del tuo delizioso piatto a base di cozze e fagiolini.
   ...... que ..... sin falta .... de tu rico ..... a base .... y ....

2. Diversi economisti rinomati vanno controcorrente rispetto al *(del)* pensiero attualmente in voga.
   Varios .... de .... van .... del .... actualmente ....

3. Il platano maturo si mangia solitamente fritto o bollito ed è sempre una delizia per il palato.
   .... suele .... o ...., y .... para ....

***

La gastronomia spagnola è molto ricca, e varia da una regione all'altra. La **paella** *è probabilmente il piatto più rappresentativo e conosciuto a livello mondiale; esistono numerose varianti di questa pietanza di origine valenciana. In generale i piatti spagnoli danno grande spazio ai prodotti dell'orto, in particolare al pomodoro e al peperone, ingredienti di base di piatti molto conosciuti come* **el gazpacho andaluz**, *il gazpacho andaluso. Inoltre numerose ricette sono composte da legumi (fagioli, lenticchie o piselli): è il caso della*

❹ Da quando l'hanno nominato direttore non ha più tempo per la sua famiglia: sono gli inconvenienti del mestiere.
. . . . lo han . . . . ya . . . . para . .
. . . . : son . . . .

❺ Grazie a una telecamera nascosta la polizia ha preso i delinquenti con le mani nel sacco.
. . . . a . . . . oculta, ... a . . . .
con . . . . en . . . .

Soluzioni dell'esercizio 2
❶ Tienes – darme – la receta – plato – de mejillones – judías verdes ❷ – economistas – renombre – a contracorriente – pensamiento – en boga ❸ El plátano maduro – comerse frito – hervido – es siempre una delicia – el paladar ❹ Desde que – nombrado director – no tiene tiempo – su familia – los gajes del oficio ❺ Gracias – una cámara – la policía cogió – los delincuentes – las manos – la masa

***

fabada, *zuppa asturiana con fagioli, carne e* **chorizo**. *Su scala nazionale la Spagna produce una grande varietà di* **embutidos**, *insaccati, e di* **quesos**, *formaggi. Su scala regionale notate che la zona centrale si è sempre distinta per* **el asado**, *l'arrosto (sia d'agnello che di maiale) e che al nord la cucina è intimamente legata al mare:* **el bacalao**, *il baccalà, a Bilbao e* **el marisco**, *i frutti di mare, in Galizia; ma anche* **el pescaíto frito**, *la frittura di mare in Andalusia, nell'estremo sud.*

Lección cuarenta y cinco

El cliente [1] es el rey

1 Detrás de un Departamento de Atención al Cliente, hay personas que ponen el máximo empeño [2] para que [3] sus clientes se sientan lo más satisfechos posible, gestionando las quejas y reclamaciones.

2 Un servicio quizás "invisible" a los ojos del consumidor, pero con una cara humana detrás del frío teléfono.

3 Hoy ponemos un rostro [4] a una de estas teleoperadoras, hablamos con Rosa.

4 – Cuéntanos, Rosa, ¿cuál es el circuito desde que se recoge una llamada hasta que [5] se le da solución al cliente?

5 – Nuestro grupo tiene un teléfono gratuito al servicio de nuestros clientes. La recepción de llamadas es 24 horas al día, los 7 días de la semana.

Note

[1] La maggior parte delle parole che finiscono in **-ante** e in **-ente** sono invariabili nel genere: **el/la estudiante**, *lo/la studente/essa*. Tuttavia sempre più parole cambiano la loro **-e** finale in **-a** al femminile, soprattutto per evitare discriminazioni di genere: **el/la cliente/a**, *il/la cliente*; **el/la dependiente/a**, *il/la commesso/a*; **el/la ayudante/a**, *l'assistente*…

[2] **El empeño** indica essenzialmente *l'impegno* e si trova in numerose espressioni: **tener empeño en hacer algo**, *essere deciso a fare qualcosa*; **poner empeño en algo**, *mettere impegno in qualcosa*; **no cejar en su empeño (de)**, *continuare nello sforzo (di)*. **Empeñarse en**, invece, significa *ostinarsi a*.

Quarantacinquesima lezione

Il cliente ha sempre ragione

1 Dietro un dipartimento di servizi al cliente ci sono persone che si impegnano al massimo affinché i loro clienti si sentano il più soddisfatti possibile, gestendo lamentele e reclami.
2 Un servizio forse "invisibile" agli occhi del consumatore, ma che ha *(con)* una componente *(viso)* umana dietro il freddo telefono.
3 Oggi diamo un volto a una di queste teleoperatrici, parliamo con Rosa.
4 – Raccontaci, Rosa, qual è l'iter *(circuito)* da quando si riceve una chiamata a quando si dà la soluzione al cliente?
5 – La nostra società ha un numero verde *(telefono gratuito)* a disposizione *(al servizio)* dei *(nostri)* clienti. È attivo *(La ricezione di chiamate è)* **24 ore su 24, 7 giorni su 7**.

---

3 *Para que*, *per*, *affinché*, serve a esprimere il fine ed è sempre seguito da un verbo al congiuntivo. Per saperne di più sull'uso dell'indicativo o del congiuntivo dopo le congiunzioni e locuzioni ci rivediamo nella lezione di ripasso.

4 **El rostro** è un sinonimo di **la cara**, *il viso*. Nel linguaggio colloquiale queste due parole indicano *la faccia tosta*: **tener cara/rostro**, *avere la faccia tosta*; **Tiene una cara/un rostro que se la/lo pisa**, *È uno/a spudorato/a totale* (lett. ha una faccia che gliela calpesta); **echarle cara/rostro**, *far finta di niente*.

5 *Hasta que*, *fino a*, serve a esprimere un limite nel tempo e può essere seguito da un verbo all'indicativo o al congiuntivo. Lo stesso con **cuando** (frase 19). Tutto questo vi sarà spiegato più in dettaglio nella lezione di ripasso.

6   Las llamadas se van repartiendo entre las diferentes compañeras del departamento y se atienden [6] con la mayor brevedad posible.

7 – ¿Se resuelven de inmediato las reclamaciones?

8 – Es lo que se intenta, pero para algunas cuestiones es preciso consultar con otro departamento.

9   Pero lo que sí está claro, es que no se cierra ninguna reclamación hasta que no le hemos dado una respuesta al cliente.

10 – ¿Sobre qué tipo de cuestiones versan las llamadas recibidas?

11 – Hay de todo tipo pero sobre todo consultas que tratan sobre uso de productos, detalles sobre la financiación, promociones, modificaciones de contratos…

12   La mayoría de las reclamaciones son sencillas y el cliente puede ver satisfecha su inquietud enseguida,

13   y en otras ocasiones se requieren varias gestiones [7], lo que puede demorar la resolución.

14 – Son muchos los años que tu grupo lleva atendiendo a la clientela. ¿Qué ha aportado esta relación a la compañía?

Note

[6] **Atender** è un falso amico, significa *occuparsi, seguire* e non *attendere*, che si dice **esperar**. Nel commercio si sente spesso **¿Te/Le atienden?**, *Ti/La stanno servendo?*

Quarantacinquesima lezione / 45

6 Le chiamate vengono smistate tra le varie colleghe del dipartimento e sbrigate nel minor tempo *(nella maggior brevità)* possibile.

7 – I reclami vengono risolti immediatamente?

8 – È quello che si cerca [di fare], ma per alcune questioni [ci] si deve consultare con un altro dipartimento.

9 Ma quello che *(si)* è chiaro è che non si chiude nessun reclamo finché non abbiamo dato una risposta al cliente.

10 – Che tipo di domande vengono fatte [dai consumatori] *(Su che tipo di domande vertono le chiamate ricevute)*?

11 – Ce ne sono di tutti i tipi, ma [sono] soprattutto richieste sull'uso dei prodotti, dettagli sul finanziamento, promozioni, modifiche dei contratti...

12 La maggior parte dei reclami sono semplici e il cliente può essere rassicurato *(vedere soddisfatta la sua inquietudine)* immediatamente;

13 altre volte *(e in altre occasioni)*, sono necessarie *(si richiedono)* diverse pratiche, cosa che può rallentare la soluzione.

14 – Sono molti anni che la tua società segue la clientela. Che cosa ha portato all'azienda questo rapporto?

---

7 **Una gestión** non indica solamente *una gestione*, ma anche *una pratica*: **Tengo que hacer las gestiones para obtener un visado**, *Devo fare le pratiche per avere un visto*. **Un/a gestor/a**, *un/a amministratore/trice*, una persona il cui mestiere consiste nello sbrigare le pratiche amministrative per conto di un privato o un'impresa.

15 – El contacto con el cliente siempre es enriquecedor. Sus dudas, sus comentarios e incluso sus escasas quejas nos permiten innovar continuamente.

16 Gracias a las llamadas sabemos de forma directa qué es lo que demandan [8]. No existe mejor fuente de información ni mejor estímulo a nuestras ansias [9] de superación diaria.

17 – ¿Nos podrías detallar alguna anécdota graciosa [10]?

18 – Bueno, así de sopetón... Sí, una vez llamó una señora haciendo mil preguntas sobre todo.

19 Cuando intenté averiguar qué producto había comprado y cuál era exactamente su problema,

20 me di cuenta de que todavía no era clienta y de que llamaba...

21 ¡solo para cerciorarse de que nuestro servicio posventa funcionaba correctamente!

22 Dejamos a Rosa al teléfono con la certeza [11] de que sus clientes siempre van a encontrar una voz amiga dispuesta a solventar gustosa todos sus interrogantes.

Note

8 **Demandar** ha il senso di *chiedere, richiedere*: **Los trabajadores demandan mejoras salariales**, *I lavoratori chiedono salari migliori*. In un altro registro questo verbo significa *fare causa* e *imputare*. Sapete già che *domandare* si dice **preguntar** quando si tratta di chiedere per sapere qualcosa e **pedir** quando si tratta di chiedere per ottenere qualcosa.

9 **El ansia** indica *la bramosia* ma anche *l'angoscia*: **Tener ansia de poder**, *Avere sete di potere*; **Espera los resultados de los análisis con ansia**, *Aspetta con ansia i risultati delle analisi*.

Quarantacinquesima lezione / 45

15 – Il contatto con il cliente è sempre [fonte di] arricchimento. I suoi dubbi, i suoi commenti e anche le sue scarse lamentele ci permettono di introdurre innovazioni continuamente.

16 Grazie alle telefonate sappiamo in modo diretto cosa [ci] chiedono. Non esiste una miglior fonte di informazione né un migliore stimolo al nostro desiderio di miglioramento quotidiano.

17 – Ci potresti raccontare qualche aneddoto divertente?

18 – Mah, così su due piedi... Sì, una volta ha chiamato una signora facendo mille domande su tutto.

19 Quando ho cercato di scoprire che prodotto aveva comprato e qual era esattamente il suo problema,

20 mi sono resa conto che non era ancora [nostra] cliente e che stava chiamando...

21 soltanto per accertarsi che il nostro servizio postvendita funzionasse correttamente!

22 Lasciamo Rosa al telefono con la certezza che i suoi clienti troveranno sempre una voce amichevole disposta a risolvere volentieri tutti i loro dubbi.

10 Attenzione, **gracioso/a** significa *divertente* e non *grazioso/a*, che si dice **agradable**, **atractivo/a**. L'espressione **¡Qué gracioso!** vuol dire *Che buffo!*

11 **La certidumbre** e **la certitud** sono dei sinonimi della parola **la certeza**, *la certezza*. Tuttavia, per indicare il contrario, *l'incertezza*, esiste una sola parola, **la incertidumbre**.

Ejercicio 1 – Traduzca

❶ No cejaremos en nuestro empeño de que se haga justicia. ❷ Carmen todavía no me ha devuelto el dinero que le presté, ¡qué cara que tiene! ❸ El director fue a cerciorarse de que las dependientas atendieran a los clientes. ❹ Desde el sitio del Ayuntamiento se pueden descargar formularios e impresos para agilizar las gestiones. ❺ Es una chica muy graciosa y que siempre anda de buen humor.

Ejercicio 2 – Complete

❶ Ho sete di sapere, non sopporto l'incertezza.
Tengo ...... de ....., no ....

❷ Si usano i soldi delle tasse per finanziare opere e servizi pubblici.
Se .... el ...... de .... para la .... de obras y ....

❸ Per il momento non c'è stato alcun reclamo, nessun consumatore si è lamentato.
Por .... no ...., ... se ....

❹ Sua madre è comparsa all'improvviso e l'ha sorpresa con il suo fidanzato. Che faccia che ha fatto!
.... y .... con .... ¡.. .... que puso!

***

La potente **Organización de Consumidores y Usuarios (OCU)**, *associazione spagnola di consumatori e utenti, è un'associazione privata indipendente e non a scopo di lucro, che è nata nel 1975 per difendere gli interessi dei consumatori e aiutarli a far valere i loro diritti.*
La **OCU** *non vive di sovvenzioni: sono gli oltre 300.000 membri che, grazie alle loro quote, finanziano le attività dell'organizzazione.*
Un caso interessante esemplifica l'importanza data in Spagna alla difesa del consumatore: quello della catena di supermercati **Eroski**, *una cooperativa di produzione in cui i lavoratori-proprietari hanno*

Soluzioni dell'esercizio 1

❶ Non desisteremo dal nostro impegno affinché si faccia giustizia.
❷ Carmen non mi ha ancora ridato i soldi che le ho prestato, che faccia tosta! ❸ Il direttore andò ad accertarsi che le commesse si occupassero dei clienti. ❹ Dal sito del Municipio si possono scaricare formulari e moduli per rendere più semplici le pratiche. ❺ È una ragazza molto simpatica che è sempre di buon umore.

❺ I nostri negozi sono aperti ventiquattr'ore su ventiquattro e sette giorni su sette.
.... están .... al ....

Soluzioni dell'esercizio 2

❶ – ansias – saber – soporto la incertidumbre ❷ – utiliza – dinero – los impuestos – financiación – servicios públicos ❸ – el momento – ha habido ninguna reclamación, ningún consumidor – ha quejado ❹ Su madre apareció de sopetón – la sorprendió – su novio – La cara – ❺ Nuestras tiendas – abiertas veinticuatro horas – día los siete días de la semana

***

lo statuto di lavoratori indipendenti. Dal 2009 i salariati della cooperativa sono circa 50.000 persone che hanno acquisito lo statuto di "proprietario-associato". Dalla sua creazione nel 1969 nei Paesi Baschi, **Eroski** *si è impegnata nella difesa del consumatore, della salvaguardia dell'ambiente e dello sviluppo economico locale. Oggi si distingue dai suoi concorrenti per l'impegno nell'aiutare i suoi clienti a consumare meglio: conferenze, mostre, riviste e pubblicazioni, laboratori sul consumo all'interno dei negozi e anche... una scuola del consumatore.*

Lección cuarenta y seis

Aún queda mucho camino por [1] recorrer...

1 Una marca permite identificar los productos o servicios de una empresa para diferenciarlos de los de la competencia;

2 pero no es solo un nombre o un logotipo, sino que comunica un mensaje duradero en el tiempo, contribuye a la reputación de una compañía y vehicula una filosofía.

3 Algunas marcas mueven el mundo, reflejan formas de vida, impulsan la imagen empresarial de un país y son la base de la competencia internacional.

4 Los mercados exteriores ven las marcas españolas como dinámicas, en constante crecimiento y con una buena relación calidad-precio.

5 Actualmente, el "made in Spain" es valorado en cuatro sectores:

6 el turismo, la alimentación y la gastronomía, el diseño y la moda, y las marcas deportivas, gracias a los grandes clubes [2] de fútbol.

7 La pasión es el principal valor asociado a las marcas españolas en el extranjero.

Note

1 Notate l'uso della preposizione **por** con i verbi **quedar** e **estar** per indicare che qualcosa è ancora da fare, laddove in italiano si usa *da*: **Quedan muchas cosas por mejorar**, *Restano ancora tante cose da migliorare*; **Tu cama está por hacer**, *Il tuo letto è da fare*.

Quarantaseiesima lezione

Resta ancora molta strada da fare...

1 Una marca permette di identificare i prodotti o i servizi di un'azienda per differenziarli da quelli della concorrenza;
2 ma non è solo un nome o un logo: [una marca] *(bensì)* comunica un messaggio durevole nel tempo, contribuisce alla reputazione di un'azienda e veicola una filosofia.
3 Alcune marche smuovono il mondo, riflettono forme di vita, promuovono l'immagine imprenditoriale di un Paese e sono alla base della concorrenza internazionale.
4 I mercati esteri considerano le marche spagnole dinamiche, in costante crescita e con un buon rapporto qualità-prezzo.
5 Attualmente il "made in Spain" è apprezzato in quattro settori:
6 il turismo, l'alimentazione e la gastronomia, il design e la moda, e le marche sportive, grazie alle grandi squadre di calcio.
7 La passione è il valore principale [che viene] associato alle marche spagnole all'estero.

Osservazioni sulla pronuncia
(5) Un po' per ignoranza, un po' per derisione dell'ormai molto diffuso "made in China", questa espressione inglese si pronuncia esattamente come se fosse in spagnolo.

2 Club accetta due plurali: **clubs** e **clubes**. Per saperne di più sui plurali delle parole straniere consultate la lezione di ripasso.

trescientos cincuenta y dos

8 La percepción del país en el exterior es, en general, la de una sociedad rica en diversidad regional, espontánea, colorista y fuerte en áreas creativas.

9 Y por muchos esfuerzos que [3] se han hecho en los últimos años, por ejemplo, en I+D [4], la imagen del país en lo que se refiere a la innovación es deficiente.

10 No obstante [5], un problema parece ser que España no es identificable con ningún sector en concreto,

11 como puede suceder por ejemplo con Alemania y los automóviles, Italia y la moda, o Francia y los cosméticos.

12 Cabe destacar también la confusión de los productos españoles con los italianos.

13 Asimismo, mientras que [6] ciertas marcas se identifican plenamente con España,

14 hay otras muchas que, a pesar de que son muy conocidas, no son fácilmente reconocidas como empresas españolas

Note

3 Le costruzioni **por más/mucho/a** + nome + **que**; **por más/mucho que** + verbo e **por más/muy** + aggettivo + **que**, si traducono con *per quanto*: *Por más que lo niegas, sé que eres culpable*, *Per quanto tu lo neghi so che sei colpevole*; *Por muy rico que sea, no es feliz*, *Per quanto ricco sia, non è felice*. Il verbo che segue può essere all'indicativo o al congiuntivo (vedete la lezione di ripasso).

4 **I+D** è la sigla che corrisponde a **Investigación y Desarrollo**, *Ricerca e Sviluppo*.

Quarantaseiesima lezione / 46

8 La percezione [che si ha] del Paese all'estero è, in generale, quella di una società ricca di diversità regionali, spontanea, colorata e forte nei settori *(aree)* creativi.

9 E per quanti sforzi si siano fatti negli ultimi anni, ad esempio nella Ricerca e Sviluppo, l'immagine del Paese per quanto concerne l'innovazione è carente.

10 Ciononostante sembra che uno dei problemi sia *(un problema sembra essere)* che la Spagna non si può identificare *(non è identificabile)* in concreto con nessun settore,

11 come succede invece *(ad esempio)* con la Germania e le automobili, l'Italia e la moda o la Francia e i cosmetici.

12 Bisogna sottolineare anche la confusione [che si fa] tra i prodotti spagnoli e quelli *(con gli)* italiani.

13 Inoltre, mentre certe marche si identificano totalmente con la Spagna,

14 ce ne sono parecchie altre che, nonostante siano molto note, non sono facilmente riconosciute come imprese spagnole

---

5 L'uso della congiunzione avversativa **no obstante** non è indicatore di un registro alto: **Sus declaraciones le han causado muchos problemas, no obstante no se arrepiente de haberlas hecho**, *Le sue dichiarazioni gli hanno causato molti problemi, tuttavia non si pente di averle fatte.*

6 Non confondete **mientras que**, locuzione avverbiale che segna una opposizione forte tra due idee, due azioni ecc., e **mientras**, congiunzione di tempo: **Yo ahorro mientras que tú derrochas el dinero**, *Io risparmio mentre tu sprechi i soldi*; **No la molestes mientras estudia**, *Non la disturbare mentre studia.*

15 debido, en el caso de muchas de ellas, a su nombre, que no suena para nada español.

16 ¿Quién podría sospechar que bajo nombres como *Springfield*, *Loewe* o *Camper* se esconden el rojo y el gualda [7]?

Note

7 **Gualda** è un colore *giallo oro*. L'espressione **el rojo y el gualda** fa riferimento ai colori della bandiera spagnola, formata da tre bande orizzontali rossa, gialla e rossa. Si parla anche di **bandera rojigualda**, *bandiera giallorossa*.

***

Ejercicio 1 – Traduzca

❶ Queda por descubrir el origen de este fenómeno. ❷ Para este tipo de puesto hay mucha competencia. ❸ Con esa mala actitud en clase, por más que estudie, no aprobará. ❹ Se ve que se casó sin estar enamorada de él. ❺ Cabe destacar la notoriedad de la que goza nuestra marca en el extranjero.

Ejercicio 2 – Complete

❶ Lo scarso investimento nella ricerca e sviluppo è la maggior debolezza dell'economia del nostro Paese.

.. escasa .... en .... y .... es ....
.... de .... de ....

❷ Non ha mai soldi perché li sperpera invece di risparmiare.
Nunca .... porque .... en ... de ....

❸ La nostra clientela apprezza l'eccellente rapporto qualità-prezzo di tutti i nostri prodotti.
.... valora .... de
....

Quarantaseiesima lezione / 46

15 a causa, per molte di esse, del loro nome, che non suona per niente spagnolo.

16 Chi potrebbe sospettare che dietro nomi come *Springfield*, *Loewe* o *Camper* si nascondano il rosso e il giallo?

Soluzioni dell'esercizio 1

❶ Rimane da scoprire l'origine di questo fenomeno. ❷ Per questo tipo di posto c'è molta concorrenza. ❸ Con quel cattivo comportamento in classe, per quanto studi non sarà promosso. ❹ Si vede che si è sposata senza essere innamorata di lui. ❺ Si deve segnalare la notorietà della quale gode la nostra marca all'estero.

❹ Grazie alle ultime campagne pubblicitarie, siamo riusciti a forgiare un'immagine di azienda seria e a guadagnare in notorietà.
.... a ...., hemos ....
.... de .... y ..... en ....

❺ Per quanto la polizia [abbia dei] sospetti, non ha nessuna prova.
... más ...., no ....

Soluzioni dell'esercizio 2

❶ La – inversión – investigación – desarrollo – la mayor debilidad – la economía – nuestro país ❷ – tiene dinero – lo derrocha – vez – ahorrarlo ❸ Nuestra clientela – la excelente relación calidad-precio – todos nuestros productos ❹ Gracias – las últimas campañas publicitarias – conseguido forjar una imagen – empresa seria – ganar – notoriedad ❺ Por – que la policía sospeche – tiene ninguna prueba

trescientos cincuenta y seis • 356

Lección cuarenta y siete

Condiciones excepcionales

1 Un hombre llega a un banco [1] visiblemente alterado. Se dirige a un empleado.
2 – ¡Por favor, necesito ayuda!
3 – Claro, no me sorprende. Imagino que desea abrir una cuenta, y uno se pierde con todas las ofertas y productos…
4 Pero ha llamado usted a la puerta correcta. Acompáñeme, en mi despacho estaremos más tranquilos. Pase y póngase cómodo.
5 – Es que en el banco de enfrente…
6 – Lo comprendo, señor, es perfectamente legítimo informarse, comparar y hacer funcionar la competencia.
7 Pero me extrañaría que en otro establecimiento le propusieran mejores condiciones.
8 Por ejemplo, nuestra cuenta *Triunfo*… Es la combinación de una cuenta de crédito y una cuenta de ahorro.
9 ¿Está usted harto de pagar por todo? Nosotros no cobramos comisiones de mantenimiento o administración, ni gastos de correo… ni nada [2].

Note

[1] Non confondete **la banca**, che indica *il settore bancario*, e **el banco**, che indica *l'istituto bancario*: **Trabaja en la banca**, *Lavora nel settore bancario*; **Tengo que pasar por el banco a ingresar dinero en mi cuenta**, *Devo passare dalla banca a depositare dei soldi sul mio conto*. **El banco** si ritrova anche in **un banco de arena**, *un banco*

Quarantasettesima lezione

Condizioni eccezionali

1 Un uomo arriva in una banca visibilmente stravolto. Si rivolge a un impiegato:
2 – Per favore, ho bisogno di aiuto!
3 – Certo, non mi sorprende. Credo che lei voglia aprire un conto e si senta perso con tutte le offerte e i prodotti...
4 Ma ha bussato alla porta giusta. Si accomodi *(Mi accompagni)*, nel mio ufficio staremo più tranquilli. Prego *(Passi e)*, si metta comodo.
5 – [Ma] nella banca di fronte...
6 – Capisco, signore, è perfettamente legittimo informarsi, fare confronti e mettere in moto la concorrenza.
7 Ma mi sorprenderebbe se in un altro istituto le proponessero condizioni migliori.
8 Ad esempio, il nostro conto *Triunfo*... È la combinazione di un conto di credito e un conto di risparmio.
9 È stanco di pagare per tutto? Noi non riscuotiamo commissioni di gestione o di amministrazione, né spese postali... né nient'altro.

---

di sabbia; **un banco de peces**, *un banco del pesce*; **un banco de pruebas**, *un banco di prova*; **un banco de datos**, *una banca dati*; o ancora, **un banco de sangre**, *una banca del sangue*...

2 Quando la congiunzione correlativa **ni... ni** è usata dopo il verbo, il primo **ni** può essere omesso ma si deve aggiungere la negazione **no** davanti al verbo.

10 Podemos ofrecerle un 3,30% los 4 primeros meses y, después, un crecimiento mes a mes al tipo [3] de interés actual del 1,20%…

11 – En el banco de aquí delante…

12 – ¿Qué? ¿Le ofrecen un mejor tipo? Mire, como creo que puede ser un buen cliente, excepcionalmente, ¡le propongo un 1,40%!

13 Por supuesto, tiene usted absoluta libertad para disponer de parte o de la totalidad de sus ahorros en cualquier momento

14 sin perder ni un duro [4] de la rentabilidad que haya acumulado hasta la fecha.

15 Puede liquidar los intereses de forma mensual, trimestral o anual. Evidentemente, la tarjeta de crédito es gratuita si domicilia su nómina [5].

16 Tampoco hay que pagar nada por la domiciliación de sus recibos.

17 *Triunfo* conlleva una serie de servicios asociados como ingresos [6] y pagos de cheques o transferencias.

18 Puede sacar dinero por un valor de 500 euros al día en cualquier cajero de la red.

Note

[3] Quando si parla di economia le parole **el tipo** e **la tasa** sono intercambiabili: **tipo/tasa de cambio/de interés**, *tasso di cambio/di interesse*… Tuttavia, per indicare un indice o una percentuale, si utilizza solamente la parola **tasa**: **tasa de desarrollo/de paro/de natalidad**, *tasso di sviluppo/di disoccupazione/di natalità*.

[4] **Un duro** è il vecchio pezzo da cinque pesetas; si continua comunque a usare questa parola nelle espressioni come **estar sin un duro**, *non avere un soldo*. È lo stesso per **la peseta**: **no tener una peseta**, *non avere una lira*; **mirar la peseta**, *stare attento alle spese*; **ser pesetero/a**, *essere attaccato al denaro* ecc.

Quarantasettesima lezione / 47

10 Noi possiamo offrirle un 3,30% [di interesse] i primi 4 mesi e poi una crescita mensile al tasso di interesse attuale dell'1,20%.

11 – Nella banca qui davanti...

12 – Cosa? Le offrono un tasso migliore? Senta, siccome credo che potrà essere un buon cliente, eccezionalmente le propongo un 1,40%!

13 Naturalmente ha l'assoluta libertà di disporre di parte o di tutti i suoi risparmi in qualunque momento

14 senza perdere neanche un centesimo della rendita che ha accumulato fino a quel momento *(alla data)*.

15 [Lei] può liquidare gli interessi ogni mese, ogni trimestre o ogni anno. Ovviamente la carta di credito è gratuita se domicilia lo stipendio.

16 Non c'è da pagare nulla neanche per la domiciliazione delle sue bollette.

17 *Triunfo* comporta una serie di servizi associati come depositi e pagamenti di assegni o di bonifici.

18 Può ritirare denaro per un importo di 500 euro al giorno in qualunque bancomat della rete.

---

5 La **nómina** è *la busta paga* ma anche *l'organico* di un'impresa; l'espressione **estar en nómina** significa *far parte del personale*.

6 Un **ingreso** indica *un deposito* o *un versamento* di assegni o di contanti. In un contesto economico, al plurale, questa parola fa riferimento alle *entrate* personali e agli *incassi* commerciali: **Tienen unos ingresos anuales de 10 millones**, *Fanno 10 milioni di incasso annuale*.

19 Goza usted asimismo de una autorización para girar en descubierto sin recargo, el límite es de 2.000 euros.
20 – ¡Tengo miedo! En el banco enfrente del suyo...
21 – ¿Tiene usted miedo? ¡Como todo el mundo! Con todo lo que se oye, que si bancos en quiebra, que si bonos basura...
22 Nosotros diversificamos nuestras actividades financieras a fin de que [7] disminuyan los riesgos, e invertimos primordialmente en fondos éticos y responsables...
23 – ¿Me quiere usted escuchar de una puñetera [8] vez? ¡En el banco de enfrente hay un atraco [9] con rehenes! ¡He entrado aquí para refugiarme y avisar a la policía!

Note

[7] **A fin de que**, *affinché*, è una locuzione congiuntiva che è sempre seguita dal congiuntivo. Per saperne di più consultate la lezione di ripasso.

[8] **Puñetero/a**, *maledetto/a*, serve anche a intensificare un discorso: **El puñetero ordenador no se enciende**, *Il dannato computer non si accende*; **No me hace ni puñetero caso**, *Non mi considera proprio*; **¡Cállate de una puñetera vez!**, *Stai zitto una buona volta!* Quando questo aggettivo si riferisce a una persona ha una connotazione negativa: **¡Qué puñetera que es!**, *Che rompiscatole che è!*

***

Ejercicio 1 – Traduzca

❶ Para que me concedieran el crédito, tuve que declarar mis ingresos. ❷ ¡Estoy harta de este puñetero país! ❸ En la nómina aparecen el sueldo bruto y las retenciones. ❹ ¿Así que me cobran también un recargo? ¡Esto es un atraco! ❺ Todavía anda traumatizado por el atraco del que fue víctima.

Quarantasettesima lezione / 47

19 Gode anche di un'autorizzazione per rimanere scoperto senza maggiorazione, il limite è di 2.000 euro.
20 – Ho paura! Nella banca davanti alla sua…
21 – Ha paura? Come tutti! Con tutto quello che si sente, e se la banca fallisce, e se [i] titoli [sono] spazzatura…
22 Noi diversifichiamo le nostre attività finanziarie in modo che diminuiscano i rischi e investiamo principalmente in fondi etici e responsabili…
23 – Mi vuole ascoltare una buona *(maledetta)* volta? Nella banca di fronte è in corso *(c'è)* una rapina con ostaggi! Sono entrato qui per nascondermi e avvisare la polizia!

9 **Un atraco** indica *una rapina* in una banca, ma anche *un'aggressione* che ha luogo per strada; **un atraco a mano armada** corrisponde a *una rapina a mano armata*. Nel linguaggio colloquiale, per esagerare, si usa l'espressione ¡**Esto es un atraco**! o ¡**Menudo atraco**! per dire, davanti a un prezzo esorbitante, *Questo è un furto!*

***

Soluzioni dell'esercizio 1

❶ Perché mi concedessero il credito ho dovuto dichiarare le mie entrate. ❷ Sono stufa di questo dannato Paese! ❸ Sulla busta paga appaiono il salario lordo e le ritenute. ❹ Così che mi fate pagare anche una maggiorazione? Questo è un furto! ❺ È ancora traumatizzato per la rapina di cui è stato vittima.

Ejercicio 2 – Complete

① Ti manderò i soldi tramite bonifico. Dammi il numero del tuo conto di risparmio.

Te .... por .... de tu ....

② A casa loro mi sento molto a mio agio *(f.)* e inoltre hanno un divano così comodo!

En su .... me ...... muy ......, y además ¡............ tan ......!

③ Nei nostri Paesi il tasso di mortalità aumenta a causa dell'invecchiamento della popolazione e della diminuzione della natalità.

.... de .... debido al .... de .... y a la ..... de ....

48

Lección cuarenta y ocho

Un método poco ortodoxo

1 – Todoterreno [1], chalé con piscina, trajes a medida, vacaciones de ensueño… ¿Arturo, tú no nos estás ocultando algo?

2 – Sí, para qué nos vamos a engañar, he tenido últimamente una buena racha [2] jugando a la bolsa…

3 – ¿Y eso? ¿Has especulado? Yo he estado a punto de arruinarme… ¡He perdido mucha pasta y dejado en ello casi todos mis ahorros!

Note

[1] Parlando di una persona, **todotorreno** indica qualcuno capace di adattarsi a qualunque situazione: **Es una todoterreno, lo mismo puede llevar la contabilidad que servir en la barra**, *È una persona versatile, può sia occuparsi della contabilità che servire al banco.*

❹ I sequestratori liberarono gli ostaggi dopo molte ore di angoscia e incertezza.

.... a .... tras .... de .... e ....

❺ Siamo senza un soldo, le nostre finanze sono al limite del fallimento.

.... sin ......, ... están al ..... de .. ..

Soluzioni dell'esercizio 2
❶ – enviaré el dinero – transferencia. Dame el número – cuenta de ahorro ❷ – casa – siento – cómoda – tienen un sofá – cómodo ❸ En nuestros países la tasa – mortalidad aumenta – envejecimiento – la población – caída – la natalidad ❹ Los secuestradores liberaron – los rehenes – varias horas – angustia – incertidumbre ❺ Estamos – un duro, nuestras finanzas – borde – la quiebra

Quarantottesima lezione

Un metodo poco ortodosso

1 – Fuoristrada, villa con piscina, abiti su misura, vacanze da sogno... Arturo, ci stai nascondendo qualcosa?

2 – Ebbene sì, perché prenderci in giro *(ci inganniamo)*, ultimamente ho avuto un periodo fortunato giocando in Borsa...

3 – E com'è successo *(E quello)*? Hai speculato? Io sono stato sul punto di andare in rovina... Ho perso molta grana e ci ho lasciato quasi tutti i miei risparmi!

---

2 La parola **racha** indica *un momento, un periodo* (**una racha de triunfos**, *una serie di successi*) e si utilizza in numerose espressioni: **estar de racha** vuol dire *avere la fortuna dalla propria parte*; **tener una buena racha** è *avere fortuna*, mentre **tener una mala racha** è *essere in un periodo sfortunato*.

4 Los valores en los que he invertido se han desplomado en pocos días.

5 Ya sé que dicen que todos los valores de calidad, algunos de los cuales han llegado a perder más del 50%, se recuperan a largo plazo.

6 Pero eso no impide que me haya llevado un palo [3] de órdago [4] e, incluso si acaban revalorizándose, no se sabe cuánto tiempo tardarán en hacerlo.

7 A pesar de que leo la prensa nacional y extranjera, sigo los índices bursátiles, nunca pierdo de vista el curso de las acciones,

8 si tal empresa sube o si la otra baja, que si tal hace una opa [5], no he visto venir esta hecatombe.

9 Estudio los más mínimos movimientos de los mercados, los informes de las agencias de notación,

10 estoy al corriente de las elecciones de todos los países del mundo.

11 – Por más que estés informado, es imposible prever las evoluciones del mercado…

12 – Hubiera tenido que invertir en letras del Tesoro y bonos del Estado, o en depósitos a plazo,

13 pues, aunque la rentabilidad que ofrecen los dividendos es más baja, son activos que presentan poco riesgo.

Note

3 Nel linguaggio colloquiale **un palo** indica un'esperienza difficile e sgradevole, ma anche un'attività noiosa: **La muerte de su esposo fue un palo muy duro para ella**, *La morte di suo marito è stato un colpo molto duro per lei*; **Da mucho palo escribir postales durante las vacaciones**, *È una barba scrivere cartoline durante le vacanze* (v. lezione 34, nota 14).

Quarantottesima lezione / 48

4 I titoli sui quali avevo investito sono crollati in pochi giorni.
5 Lo so che dicono che tutti i titoli di qualità, alcuni dei quali hanno perso più del 50%, a lungo termine recuperano.
6 Ma ciò non toglie che mi sia preso una mazzata smisurata e anche se finiscono per recuperare valore, non si sa quanto tempo ci metteranno per farlo.
7 Nonostante io legga la stampa nazionale ed estera, segua gli indici della Borsa, non perda mai di vista il movimento delle azioni,
8 se un'impresa sale o se l'altra scende, se qualcuno fa un'OPA, non ho visto arrivare questa ecatombe.
9 Studio i più piccoli movimenti dei mercati, i rapporti delle agenzie di rating,
10 sono al corrente delle elezioni di tutti i Paesi del mondo.
11 – Per quanto tu sia informato, è impossibile prevedere le evoluzioni del mercato…
12 – Avrei dovuto investire in buoni del Tesoro e titoli di Stato o in depositi a termine,
13 visto che, anche se la rendita che offrono i dividendi è più bassa, sono attività che presentano poco rischio.

---

4 **De órdago** indica un carattere eccezionale e straordinario e serve a intensificare il senso di una parola: **un banquete de órdago**, *un banchetto eccellente*; **un enfado de órdago**, *un'arrabbiatura colossale*; **un susto de órdago**, *una fifa blu* ecc.

5 **opa** è la sigla che corrisponde all'**oferta pública de adquisición**, *Offerta Pubblica di Acquisto*; si può parlare di **opa amistosa**, *OPA amichevole*, e di **opa hostil**, *OPA ostile*.

trescientos sesenta y seis • 366

14 Y como acabábamos de vivir un buen tramo alcista [6] que había proporcionado plusvalías a corto y medio plazo a los inversionistas [7]...

15 – Por favor, para el carro y háblame en cristiano [8].

16 – ¿Cómo? No entiendo nada en absoluto. ¿Cómo has hecho pues? ¿Tienes una bola de cristal?

17 – No es necesario ser economistas, expertos en finanzas, o graduados de las más prestigiosas universidades para hacerse rico en la bolsa.

18 Todo lo que he ganado es gracias a Óscar.

19 – ¿Óscar? ¿Qué es? ¿Quién es? ¿Un corredor de bolsa? ¿Un experto financiero?

20 – ¡Para nada! Óscar es el hámster de mi hija pequeña.

21 Pongo unos cartoncillos en la mesa con los nombres de las empresas que cotizan en el Ibex35, lo suelto y allí donde se detiene el animalito, ¡pues invierto!

22 ¡Es pan comido! ¡Y la mayor parte de las veces acierta!

23 Digamos que mi método es menos sofisticado y más aleatorio, pero muy eficaz [9]...

Note

6 **El alza** indica *il rialzo*, da cui la parola **alcista**, *al rialzo*; il contrario è **la baja**, *il ribasso*, l'aggettivo corrispondente è **bajista**, *al ribasso*.

7 Si può utilizzare anche la parola **un/a inversor/a** per indicare *un/a investitore/trice*.

8 **Hablar en cristiano** vuol dire *parlare usando termini semplici e comprensibili*. A volte questa espressione significa *parlare castigliano*; in

Quarantottesima lezione / 48

14 E siccome abbiamo appena vissuto un buon periodo al rialzo che aveva generato plusvalore a corto e medio termine agli investitori...
15 – Per favore, smettila *(ferma il carro)* e parla come mangi *(in cristiano)*!
16 – Come? Non ci capisco assolutamente niente. Come hai fatto allora? Hai una palla di vetro?
17 – Non è necessario essere economisti, esperti in finanza o laureati nelle più prestigiose università per arricchirsi in Borsa.
18 Tutto quello che ho guadagnato lo devo a Oscar.
19 – Oscar? Cos'è? Chi è? Un mediatore? Un esperto di finanza?
20 – Per niente! Oscar è il criceto della mia figlia più piccola.
21 Io metto dei cartoncini sul tavolo, con i nomi delle imprese quotate nell'[indice] Ibex35, lo libero e lì dove si ferma l'animaletto, beh, lì investo!
22 È un gioco da ragazzi *(È pane mangiato)*! E la maggior parte delle volte indovina!
23 Diciamo che il mio metodo è meno sofisticato e più aleatorio, ma molto efficace...

questo caso può avere un valore spregiativo se è rivolta a qualcuno che parla una lingua regionale (catalano, basco o galiziano).

9 Non confondete **eficaz**, che si usa per qualificare azioni o prodotti, e **eficiente**, che si usa per descrivere una persona: **Su secretaria es muy eficiente**, *La sua segretaria è molto efficiente*; **Compré un detergente muy eficaz para quitar las manchas**, *Ho comprato un detergente molto efficace per togliere le macchie*.

Ejercicio 1 – Traduzca

❶ Fui a ver a una clarividente y ¡acertó en todo lo que me predijo! ❷ Había una cola de órdago delante de la tienda a causa del lanzamiento de un nuevo videojuego. ❸ No puedes imaginarte el palo que me da sacar a pasear el perro. ❹ Estás atravesando una mala racha, pero la rueda sigue girando. ❺ Ganar el partido fue pan comido para el equipo que jugaba en casa.

Ejercicio 2 – Complete

❶ Non dimenticarti *(Non perdere di vista)* che organizzare un matrimonio da sogno costa molto.
No .... de ..... que ....
....

❷ Gli agenti di Borsa ricevono ordini di compravendita di valori per conto delle società che rappresentano.
.... reciben .... compraventa ..
.... por ..... de .... a ....

❸ Alcuni attivisti liberarono gli animali di un circo, cosa che fece correre un grave rischio alla popolazione.
Unos activistas .... de ......, lo cual
.... a ....

❹ Giocare in Borsa e speculare può essere redditizio a lungo termine, ma ci si può anche rovinare.
..... a .... y .... puede ....
..... pero uno puede también ....

***

Il gruppo **Bolsas y Mercados Españoles**, *creato nel 2002, gestisce ancora oggi le piazze borsistiche spagnole. In effetti, se la Borsa di Madrid resta la prima piazza spagnola, bisogna ricordare che esistono quattro Borse in Spagna: Madrid, Barcellona, Bilbao e Valencia, costituite come società anonime, ognuna con un suo funzionamento. Tuttavia, sono collegate da* **el Sistema de Interconexión Bursátil Electrónico (SIBE)**, *il Sistema d'interconnessione borsistico elettronico.*

Quarantottesima lezione / 48

Soluzioni dell'esercizio 1

❶ Sono andato a consultare *(vedere)* una chiaroveggente e ha indovinato tutto quello che mi aveva predetto! ❷ C'era una coda allucinante davanti al negozio a causa del lancio di un nuovo videogioco. ❸ Non puoi immaginare quanto mi pesa portar fuori il cane a passeggio. ❹ [Adesso] stai attraversando un brutto periodo, ma la ruota gira. ❺ Vincere la partita è stato un gioco da ragazzi per la squadra che giocava in casa.

❺ Un impiegato è più efficiente nel suo lavoro quando può contare su strumenti efficaci.

.... más .... en .... cuando ....
con ....

Soluzioni dell'esercizio 2

❶ – pierdas – vista – organizar una boda de ensueño cuesta mucho dinero ❷ Los corredores de bolsa – órdenes de – de valores – parte – las compañías – las que representan ❸ – soltaron los animales – un circo – hizo correr un gran riesgo – la población ❹ Jugar – la bolsa – especular – resultar rentable a largo plazo – arruinarse ❺ Un empleado es – eficiente – su trabajo – puede contar – herramientas eficaces

***

La Borsa di Madrid apre alle 8:30, con la prima quotazione alle 9, e chiude alle 17:30, adeguandosi in questo modo al funzionamento delle principali Borse europee.
*L'**Ibex35** è l'equivalente del FTSE MIB, cioè un indice limitato a qualche grande gruppo selezionato per la sua liquidità, che permette ai gestori del portafoglio di comparare le sue performance in relazione a quelle del mercato nel suo insieme.*

trescientos setenta • 370

Lección cuarenta y nueve

Repaso – Ripasso

*Eccovi al punto in cui non siete più costretti a cercare il senso di ogni parola o espressione, né a tradurle in italiano per coglierne i significati. Di più, a partire da una parola che conoscete, ad esempio **ruina**, siete in grado di capire parole che sono sue derivate, come **arruinarse** (lezione 48, frase 3). Questa tappa è molto importante, perché le parole di cui ignorate il significato preciso non vi devono impedire di comprendere l'insieme di un testo o di una conversazione. Proprio perché bisogna saper dare le giuste sfumature a ciò che si dice, vi abbiamo proposto di studiare alcuni marcatori del discorso, tra cui le principali congiunzioni. Ecco un piccolo riepilogo di queste nozioni e di tutte quelle che abbiamo affrontato nel corso delle sei lezioni precedenti. Forza!*

1 Il plurale delle parole straniere

La formazione del plurale di queste parole non è omogenea perché non esistono delle vere e proprie regole accademiche a riguardo. Si possono tuttavia osservare i seguenti punti:

Lettere finali	Plurale	Esempi
2 consonanti consecutive	aggiunta di una -s	**el camping → los campings**, *il/i camping*
-ch	parola invariabile o aggiunta di -es	**el gulasch → los gulasch**, *il/i gulasch*; **el sándwich → los sándwiches**, *il/i sandwich*
-d, -j, -l, -n, -r, -s, -x	aggiunta di -es	**el radar → los radares**, *il/i radar*; **el fax → los faxes**, *il/i fax* Eccezioni: **el póster → los pósters**, *il/i poster*; **el bol → los bols**, *la/le ciotola/e*

Quarantanovesima lezione

consonante diversa da -d, -j, -l, -n, -r, -s, -x	aggiunta di -s	**el chef → los chefs**, *il/i chef*; **el ticket → los tickets**, *il/i biglietto/i*; **el chip → los chips**, *il/i chip* Eccezioni: **el imam → los imames**, *l'/gli imam* **club** accetta 2 plurali: **el club → los club(e)s**, *il/i club*
-y	aggiunta di una -s; la -y diventa -i	**el jersey → los jerséis**, *il/i maglione/i*; **el gay → los gais**, *il/i gay* Si possono trovare le forme **jerseys** e **gays**, ma l'Accademia spagnola raccomanda l'utilizzo di **-is**.

2 Gli usi di *ser* e *estar*

2.1 Con un participio passato

Si usa **ser** con un participio passato per indicare la realizzazione di un'azione. Si tratta in questo caso di una struttura passiva: **Este edificio fue construido en el siglo XVI**, *Questo edificio fu costruito nel XVI secolo*. Notate tuttavia che la forma passiva è meno usata in spagnolo che in italiano (v. lezione 7, paragrafo 5): **Este edificio se construyó en el siglo XVI**, *Questo edificio è stato costruito nel XVI secolo*.

Si usa **estar** per riferirsi al risultato di un'azione: **El problema está resuelto**, *Il problema è risolto* (non interessa l'azione svolta per arrivare alla risoluzione). A volte il verbo **quedar** sostituisce il verbo **estar** per esprimere uno stato finale: **La casa está/ha quedado completamente destruida**, *La casa è stata completamente distrutta*.

Notate che in ogni caso il participio passato ha valore di aggettivo e si accorda dunque con il soggetto.

2.2 *Ser* o *estar* e la differenza nel loro uso (promemoria)

Sapete già che con numerosi aggettivi si possono usare entrambi i verbi: **ser** o **estar**, ma questi ultimi non sono intercambiabili: **Arturo es muy simpático**, *Arturo è molto simpatico* ≠ **Arturo está muy simpático últimamente**, *Ultimamente Arturo è particolarmente simpatico*. Usando **ser** nella prima frase si mette in risalto che la simpatia fa parte dell'identità della persona. Con **estar** si indica che si tratta di una caratteristica temporanea (in questo caso un atteggiamento passeggero di Arturo dato che **últimamente** mette bene in risalto che quello che si dice non è per niente una caratteristica permanente).

Il verbo **estar** sottolinea una caratteristica che può variare in rapporto a sé stessa e che si colloca in un momento preciso:
– **Paco es gordo**, *Paco è grasso* (È grasso in modo assoluto, in rapporto ad altre persone). ≠ **Elena está gorda porque ha dejado de hacer deporte**, *Elena è grassa perché ha smesso di fare sport* (È grassa rispetto a com'era in altri momenti).

3 Le congiunzioni e le locuzioni congiuntive

3.1 Le congiunzioni coordinanti

Collegano parole, gruppi di parole o proposizioni della stessa natura o dello stesso valore. Esse indicano:
– l'unione: **y, e**, *e*: **Llovía y hacía frío**, *Pioveva e faceva freddo*.
– l'opposizione: **aunque**, *anche se*; **ya no... sino..., no ya... sino...**, *non solo... ma*; **pero/mas, sino (que)**, *ma*: **No es que sea feo sino que se viste mal**, *Non che sia brutto, ma si veste male*.
– l'alternativa o la distribuzione: **o, u**, *o*; **(o) bien... (o) bien..., o... o...**; **ya... ya..., sia... che.../ora..., ora...; que... que..., che... o che...**: **Hoy el tiempo es inestable, ya con nubes, ya con sol**, *Oggi il tempo è instabile, ora con le nuvole, ora col sole*.
– la negazione: **(ni...) ni**, *né... né*: **Ni el libro ni la película me gustaron**, *Non mi sono piaciuti né il libro né il film*.

Notate che le congiunzioni coordinanti (*ma, o, e, quindi, ora, né, poiché*) non sono sempre considerate congiunzioni coordinanti in spagnolo.

3.2 Le congiunzioni subordinanti completive

Completano il verbo della proposizione principale e introducono la proposizione subordinata. Senza di esse la frase principale non ha senso. In spagnolo le congiunzioni subordinanti completive sono **que** e **(que) si**:
– **Es posible que nadie venga**, *È possibile che non venga nessuno*.
– **Pienso que te equivocas**, *Penso che ti sbagli*; **Me pidió (que) si podía ayudarla**, *Mi chiese se potevo aiutarla*.

3.3 Le congiunzioni subordinanti circostanziali

Le proposizioni introdotte da una congiunzione subordinante circostanziale completano l'informazione fornita dalla principale e funzionano come in italiano:
– tempo: **a medida que**, *man mano che*; **cuando**, *quando*; **en cuanto/ así que/tan pronto como**, *non appena*; **mientras**, *mentre, intanto*; *finché*: **En cuanto la habitación esté lista, podrán instalarse en ella**, *Non appena la camera sarà pronta potranno sistemarvisi*.
– maniera: **así como**, *così, così come*; **como si** (+ cong. imperfetto), *come se*; **según (y) como**, *come*: **Te lo contaré según (y) como me lo contaron**, *Te lo racconterò come me l'hanno raccontato*.
– causa: **como**, *siccome*; **dado que/en vista de que**, *dato che, visto che*; **porque/pues/que**, *perché, poiché*; **puesto que/ya que**, *giacché*: **Como granizó, se perdió la cosecha**, *Siccome grandinò, si perse il raccolto*.
– fine: **a fin de (que)/con el fin de (que)/con objeto de (que)**, *affinché*; **para que** (+ cong.), *perché*: **Vine con objeto de que me aconsejases**, *Sono venuto affinché tu mi consigliassi*.
– conseguenza: **así que/conque**, *di modo che, cosicché, perciò*; **de manera que/de modo que**, *di modo che*; **luego**, *dunque*; **pues**, *allora, ebbene*; **por consiguiente/por (lo) tanto**, *di conseguenza*; **conque**, *allora, dunque*: **Pienso, luego existo**, *Penso, dunque esisto*.
– concessione, contrasto: **a pesar de (que)**, *malgrado, nonostante*; **aun cuando** (+ cong.), *anche se*; **aunque**, *sebbene, anche se*; **mientras que**, *finché*; **pese a (que)**, *malgrado*; **por más/mucho que** (+ verbo), **por más/mucho/a** (+ nome + **que**), **por muy** (+ agg. + **que**), *per quanto*; **sin embargo/no obstante**, *tuttavia, ciononostante*; **salvo que** (+ ind.),

eccetto che, salvo che: **Por mucho dinero que tiene, no está por encima de la ley**, *Per quanti soldi abbia, non è al di sopra della legge*.
– spiegazione: **es decir/esto es/o sea**, *cioè, ossia, come dire*; **es más**, *anzi*; **mejor dicho**, *per meglio dire*: **Vive en Holanda o, mejor dicho, en los Países Bajos**, *Abita in Olanda, o meglio, nei Paesi Bassi*.
– condizione: **a condición de (que)** (+ cong.)/**con tal (de) que** (+ cong.)/ **siempre que** (+ cong.)/**siempre y cuando** (+ cong.), *a condizione che, purché*; **a menos que/a no ser que** (+ cong.), *a meno che*; **salvo que** (+ cong.), *eccetto che*; **como** (+ cong.), **en caso de (que)**; **en caso de (que)** (+ cong.)/**por si** (+ cong.), *nel caso in cui; si, se*: **Aceptaré su oferta de trabajo siempre y cuando el sueldo sea bueno**, *Accetterò la sua offerta di lavoro sempre che lo stipendio sia buono*.

3.4 Indicativo o congiuntivo?

Come l'italiano anche lo spagnolo non subordina l'uso di una congiunzione a un modo grammaticale univoco. Una stessa congiunzione può pertanto accettare i due modi.

• **Le congiunzioni che ammettono solo l'indicativo**
Le proposizioni che indicano la causa, così come quelle che introducono una conseguenza, sono seguite da un verbo all'indicativo perché la causa e la conseguenza sono avvenimenti la cui esistenza è stabilita: **Tiró el juguete, ya que estaba roto**, *Buttò il giocattolo dato che era rotto*; **No es nada grave, por lo tanto no se preocupe**, *Non è niente di grave, per cui non si preoccupi*.

• **Le congiunzioni che ammettono soltanto il congiuntivo**
Le congiunzioni che introducono una condizione (con l'eccezione di **si** che può essere seguito dall'indicativo), così come quelle che esprimono una finalità, sono sempre seguite da un congiuntivo: **Vendré, a menos que me surja un contratiempo**, *Verrò, a meno che mi capiti un contrattempo*; **Te voy a hacer un esquema para que comprendas mejor**, *Ti faccio uno schema in modo che tu capisca meglio*.
Anche certe congiunzioni temporali o modali sono seguite da un congiuntivo: **Hazlo antes de que sea demasiado tarde**, *Fallo prima che sia troppo tardi*.

• **Le congiunzioni che ammettono l'indicativo e il congiuntivo**
Certe congiunzioni si usano sia con l'indicativo che con il congiuntivo. Le congiunzioni subordinanti sono seguite dall'indicativo se

introducono un fatto reale; dal congiuntivo se introducono un'azione che non si è (ancora) realizzata o che resta un'ipotesi: **Aunque llueve, saldremos**, *Anche se piove usciremo* (si constata che piove); **Aunque llueva, saldremos**, *Anche se piovesse usciremo* (si considera l'ipotesi che piova).

La traduzione della congiunzione è a volte diversa a seconda che essa sia seguita dall'indicativo o dal congiuntivo: **Escúchame mientras te hablo**, *Ascoltami mentre ti parlo* - **Puedes ir al casino mientras seas prudente**, *Puoi andare al casinò fintantoché sei prudente*; **Mi nuevo trabajo es prácticamente el mismo salvo que tengo una responsabilidad mucho mayor**, *Il mio nuovo lavoro è praticamente lo stesso, tranne che ho una responsabilità maggiore* (indicativo – subordinata concessiva) - **No lo acusarán salvo que la policía encuentre pruebas**, *Non lo accuseranno a meno che la polizia trovi delle prove* (congiuntivo – subordinata condizionale).

▶ Diálogo de revisión

1 – ¿Qué piensas pues de la bolsa? Es ideal para el mercado...
2 – ¿Quieres mi opinión sobre la bolsa y el mercado? Así de sopetón...
3 Bueno, yo juego a menudo, pero por mucha experiencia que tengas y por mucho que te informes,
4 hasta que no adquieres un perfil inversor eficaz, vas a equivocarte varias veces y eso implica asumir que perderás pasta.
5 Por ejemplo, el lunes pasado nos dio un susto de órdago al perder el 10% de su valor,
6 pero a pesar de eso, tengo la certeza de que es una buena inversión a largo plazo.
7 El problema de la bolsa es que no hay un departamento de atención al cliente:
8 cuando ganas, ganas y cuando pierdes no hay nadie a quien exponer las quejas...

9 – ¡Para el carro! ¡Me importa un pepino la puñetera bolsa!
10 Te estaba hablando de la bolsa de tela que he comprado para ir al mercado.
11 – Eh... bien... ¡Sí! ¡Es mil veces más ecológica que las de plástico...!

Traduzione

1 Cosa ne pensi dunque della Borsa? È ideale per il mercato... **2** Vuoi la mia opinione sulla Borsa e sul mercato? Così, a bruciapelo... **3** Beh,

Lección cincuenta

A toda prueba

1 Los agentes pusieron en sendos [1] recipientes el cuchillo y el cabello que habían recogido en el escenario [2] del crimen.
2 Como se suele [3] hacer en estos casos, tomaron también muestras de un resto de sangre cerca de la cama en la que yacía el cuerpo.
3 El laboratorio de la Policía Científica es un sofisticado lugar, lleno de probetas, microscopios y máquinas inverosímiles,

: Note

1 Si usa **sendos/as** + nome al plurale nel senso di **uno/a per cada uno/a**, *uno/a per ciascuno/a*: **Los tres niños iban en sendas bicicletas**, *I tre bambini andavano ognuno sulla sua bicicletta*. **Sendos/as** si colloca sempre davanti al nome. Attenzione a non confonderlo con **ambos/as** che vuol dire *entrambi/e*: **Ambos hermanos son muy deportistas**, *Entrambi i fratelli sono molto sportivi*.

2 **El escenario** indica sia *il palcoscenico* che *lo scenario, la cornice* di un fatto: **subir(se) al escenario**, *salire sulla scena*; **Este barrio**

377 • **trescientos setenta y siete**

io gioco spesso, ma per quanta esperienza tu abbia e per quanto ti informi, **4** finché non hai un profilo di investitore valido, ti sbaglierai diverse volte e questo implica accettare [il fatto] che perderai soldi. **5** Ad esempio, lo scorso lunedì ci ha spaventato a morte la perdita del 10% del suo valore, **6** ma nonostante quello, ho la certezza che sia un buon investimento a lungo termine. **7** Il problema della Borsa è che non c'è un servizio clienti: **8** quando vinci, vinci e quando perdi non c'è nessuno a cui presentare le [tue] lamentele... **9** Fermati! Non mi importa niente della dannata borsa! **10** Ti stavo parlando della borsa di tela che ho comprato per andare al mercato! **11** Ah... beh... sì! È mille volte più ecologica di quelle di plastica!

Cinquantesima lezione

Infallibile *(A tutta prova)*

1 Gli agenti misero il coltello e il capello, che avevano raccolto sulla scena del crimine, ciascuno in un recipiente.

2 Come si è soliti fare in questi casi, presero anche campioni di un residuo di sangue vicino al letto sul quale giaceva il corpo.

3 Il laboratorio della Polizia scientifica è un luogo sofisticato, pieno di provette, microscopi e macchine inverosimili,

---

fue escenario de un terrible incendio, *Questo quartiere è stato lo scenario di un terribile incendio*. **Una escena** è la parte di un'opera teatrale o anche un avvenimento che suggerisce delle impressioni, delle emozioni per certi aspetti notevoli o interessanti: **la escena en la que se besan**, *la scena in cui si baciano*; **una escena conmovedora**, *una scena commovente*. In senso figurato, **hacer/montar una escena**, *fare una scenata*. Un *regista* si dice **director de teatro/de cine**, *una sceneggiatura, un copione*, **un guion**.

3 Soler non si coniuga in tutte le persone. Per saperne di più sui verbi difettivi, appuntamento alla lezione di ripasso.

4   donde una simple colilla puede convertirse en una pieza clave [4] para resolver un crimen.
5   Un perfil genético puede ser tan incriminatorio como una imagen de vídeo o una huella grabada sobre cristal.
6   Un biólogo de la policía realizó el test de Adler en el cuchillo manchado con sangre.
7   Tras unos minutos manipulando los reactivos químicos,
8   el bastoncillo de algodón se tiñó de color verde: el test había dado positivo.
9   Después de múltiples y complejos procesos, consiguió que la sangre se desprendiera del trozo de algodón;
10   en la parte superior del tubo de ensayo quedó un líquido en el cual [5] estaba suspendido el ADN
11   y en la parte inferior se precipitaron los restos orgánicos solidificados.
12   Luego acudió a la sala de genotipado e introdujo el ADN en el secuenciador, al que le llevó a lo sumo [6] una hora interpretar la muestra.
13   Los datos obtenidos se convirtieron en un código gracias a un programa informático.

Note

[4] Il sostantivo **clave**, *chiave* nel senso di "ciò che è fondamentale o decisivo", si usa sempre in apposizione e dopo il nome. Normalmente è al singolare, indipendentemente dalla parola che lo accompagna; tuttavia è frequente e tollerato il suo uso al plurale: **piezas clave** o **piezas claves**, *pezzi chiave*. Nella lezione di ripasso vedremo altre parole che presentano la stessa particolarità.

Cinquantesima lezione / 50

4 dove un banale mozzicone può diventare un elemento chiave per risolvere un crimine.
5 Un profilo genetico può essere tanto incriminante quanto l'immagine di un video o un'impronta lasciata su un vetro.
6 Un biologo della polizia effettuò il test di Adler sul coltello macchiato di sangue.
7 Dopo qualche minuto [passato] a manipolare reagenti chimici,
8 il bastoncino di cotone si tinse di *(color)* verde: il test aveva dato [esito] positivo.
9 Dopo molteplici e complessi procedimenti riuscì [a far sì] che il sangue si staccasse dal pezzo di cotone;
10 nella parte superiore della provetta era rimasto un liquido nel quale si trovava in sospensione il DNA
11 e nella parte inferiore erano precipitati i resti organici solidificati.
12 Poi si recò nella sala della genotipizzazione e introdusse il DNA nel sequenziatore a cui servì al massimo un'ora per interpretare il campione.
13 I dati ottenuti divennero un codice grazie a un programma informatico.

---

5 Il pronome relativo **en el cual, en la cual**… permette di individuare o determinare a quale antecedente si fa riferimento. Questo punto è approfondito nella lezione di ripasso.

6 **A lo sumo** vuol dire *al massimo, tutt'al più*: **A lo sumo tendrá unos veinte años**, *Avrà al massimo vent'anni*. L'aggettivo **sumo/a** fa riferimento al grado e significa anche *estremo*: **con sumo cuidado**, *con estrema attenzione* (v. lezione 9, nota 7).

trescientos ochenta • 380

14 El perfil genético es una huella única: cada persona posee uno y es irrepetible.

15 El agente que estaba a cargo de la investigación consultó una base de datos para comparar el perfil conseguido con los ya registrados.

16 Pensó para sí [7] que las posibilidades de encontrar una coincidencia eran ínfimas [8].

17 Apareció un aviso en la pantalla: el perfil coincidía con otro, habían identificado a un sospechoso. Se le [9] veía excitado.

18 Mas al ver a quien correspondía la ficha, el policía se quedó de piedra [10], ¡no daba crédito a lo que veía [11]!

19 No obstante, cumpliendo con su deber, elaboró el informe que se presentaría como prueba en el juicio…

Note

7 Si usa **sí**, *sé*, per far riferimento a **él, ella, ellos, ellas** quando la persona retta dalla preposizione è anche il soggetto della frase: **Le gusta hablar de sí (mismo)**, *Gli piace parlare di sé (stesso)*.

8 **Ínfimo/a** è il superlativo irregolare di **bajo/a**: **un producto de ínfima calidad**, *un prodotto di infima qualità*, **un asunto de ínfima importancia**, *un argomento di infima importanza*.

9 Nelle costruzioni impersonali con **se**, è preferibile l'uso di **le/les** al posto di **los/las** per far riferimento a una persona maschile.

10 **Quedarse de piedra** vuol dire *rimanere di sasso, rimanere di stucco*. Da non confondere con **quedarse frío/a** o **quedarse impasible** che significano *rimanere impassibile*.

11 Si può anche dire **no dar crédito a sus ojos**. Secondo la stessa idea, **no dar crédito a lo que uno oye** o **a sus oídos** corrisponde a *non credere alle proprie orecchie*.

Cinquantesima lezione / 50

14 Il profilo genetico è un'impronta unica: ogni persona ne possiede uno [diverso] ed è irripetibile.

15 L'agente che era a capo dell'indagine consultò un data base per comparare il profilo ottenuto con quelli già registrati.

16 Tra sé e sé pensò che le possibilità di trovare una coincidenza erano infime.

17 Comparve un avviso sullo schermo: il profilo coincideva con un altro, avevano identificato un sospettato. Era eccitato!

18 Ma, vedendo a chi corrispondeva la scheda, il poliziotto restò di sasso, non poteva credere ai propri occhi *(a quello che vedeva)*!

19 Tuttavia, compiendo il suo dovere, scrisse un rapporto che sarebbe stato presentato come prova in giudizio…

Ejercicio 1 – Traduzca

❶ Se produjo un enorme incendio, a causa probablemente de una colilla, y los bomberos recibieron un aviso. ❷ La noticia era completamente inverosímil y nos dejó a todos de piedra. ❸ Los invitados llegaron con sendos ramos de flores. ❹ Pienso devolverte el dinero este mes o el que viene a lo sumo. ❺ Hay que enviar una muestra al laboratorio para que certifiquen la calidad del producto.

Ejercicio 2 – Complete

❶ Questo programma informatico permette di convertire un data base in informazioni utili.
Este .... permite .... de datos en ....

❷ Il sangue che gli uscì dal naso gli lasciò la camicia di cotone macchiata.
.... que le salió de ...... le dejó .... de ....

❸ Salì sul palcoscenico, si mise di profilo e cominciò a leggere il copione.
..... al ...., se .... de ...... y ...... a ....

❹ Per il furto dei microscopi, delle provette e delle provette graduate, la polizia ha arrestato numerosi sospettati.
Por ...... de ...., ... y ...., ... ha .... a ....

Cinquantesima lezione / 50

Soluzioni dell'esercizio 1

❶ Scoppiò un enorme incendio, probabilmente a causa di un mozzicone, e i pompieri ricevettero una chiamata. ❷ La notizia era assolutamente inverosimile e ci lasciò tutti di sasso. ❸ Gli invitati arrivarono ciascuno con un mazzo di fiori. ❹ Penso di ridarti i soldi questo mese o al massimo il prossimo. ❺ Bisogna mandare un campione al laboratorio affinché certifichino la qualità del prodotto.

❺ Ho ascoltato con estrema attenzione il contenuto del rapporto che un poliziotto leggeva e... non credevo alle mie orecchie *(a quello che sentivo)*!

.... con .... el .... del .... que .. .. , y... ¡no .... !

Soluzioni dell'esercizio 2

❶ – programa informático – convertir una base – información útil ❷ La sangre – la nariz – la camisa – algodón manchada ❸ Subió – escenario – puso – perfil – empezó – leer el guion ❹ – el robo – microscopios, probetas – tubos de ensayo, la policía – detenido – varios sospechosos ❺ Escuché – suma atención – contenido – informe – un policía leía – daba crédito a lo que oía

Lección cincuenta y uno

A ciencia cierta [1]

1. Frente a quienes [2], cuando se habla de Ciencia en España, hacen gala de [3] pesimismo y derrotismo patológico,
2. recordemos que muchos son los descubrimientos que debemos a científicos españoles.
3. La vacuna contra el cólera [4], por ejemplo, existe gracias a los esfuerzos de Jaime Ferran i Clua (1851-1929),
4. un eminente bacteriólogo español nacido en la provincia de Tarragona.
5. Sin abandonar el campo de la medicina y remontándonos al siglo XVI, encontramos al oscense Miguel Servet (1509-1553)
6. que descubrió la circulación sanguínea y fue condenado en Ginebra [5] a morir en la hoguera [6] por negar la Trinidad.

Note

[1] **A ciencia cierta** è un'espressione avverbiale che significa *con certezza*. **No sé quién es esa persona a ciencia cierta**, *Non so esattamente chi sia quella persona.*

[2] I corrispettivi spagnoli dei pronomi relativi *chi, colui/colei/coloro che, quello/a/i/e che*, usati per riferirsi a persone in senso generale o collettivo, sono **quien/es** o **el que, la/los/las que**: **Quien/El que mucho habla, poco hace** (= tutte le persone che parlano molto), *Chi parla molto, fa poco*; **Quienes/Los que/Las que tengan ya las entradas no tendrán que hacer cola** (= tutte le persone di un determinato gruppo), *Coloro che hanno già il biglietto non dovranno fare la coda.*

Cinquantunesima lezione

Una scienza esatta *(A scienza certa)*

1 Di fronte a coloro [che], quando si parla di scienza in Spagna, mostrano pessimismo e disfattismo patologico,
2 ricordiamo che sono molte le scoperte che dobbiamo a scienziati spagnoli.
3 Il vaccino contro il colera, ad esempio, esiste grazie agli sforzi di Jaime Ferran i Clua (1851-1929),
4 un eminente batteriologo spagnolo nato nella provincia di Tarragona.
5 Restando nel *(Senza abbandonare il)* campo della medicina e risalendo al secolo XVI, troviamo Miguel Servet (1509-1553), originario di Huesca,
6 che scoprì la circolazione sanguigna e venne condannato a morire sul rogo a Ginevra per aver negato la Trinità.

---

3 **Hacer gala de algo** vuol dire *dar prova di, mostrare*, ma anche *vantarsi*: **El huésped hizo gala de sus impresionantes conocimientos en arte durante la cena,** *L'ospite fece sfoggio delle sue impressionanti conoscenze di arte durante la cena.*
4 Non confondete **el cólera,** *il colera,* con **la cólera,** *la collera.* **Montar en cólera** significa *andare su tutte le furie.*
5 Attenzione, **Ginebra** indica la città di *Ginevra,* ma anche il *gin,* la bevanda alcolica! I toponimi italiani in spagnolo differiscono poco dalla loro dicitura originale: **Florencia**, *Firenze;* **Venecia**, *Venezia;* **Turín**, *Torino;* **Nápoles**, *Napoli;* **Milán**, *Milano;* **Bolonia**, *Bologna,* **Padua**, *Padova;* **Mantua**, *Mantova.*
6 Una **hoguera** è *un rogo,* ma anche *un falò.*

7 Por no hablar de nuestros nobeles. El aragonés Santiago Ramón y Cajal obtuvo el preciado premio de Medicina en 1906

8 por haber descubierto cómo funcionan y se conectan las neuronas en el cerebro.

9 Asimismo, el asturiano Severo Ochoa sentó muchas de las bases de la actual biología molecular

10 y por ello fue galardonado también con el Nobel de Fisiología y Medicina en 1959.

11 Apenas un año antes, en 1958, otro español, el abulense Arturo Duperier, estuvo nominado para el Nobel (esta vez de Física), por sus trabajos sobre la radiación cósmica.

12 En el año 1809 veía la luz [7], bajo el título de *Viajes por la América Meridional*, la obra de otro científico hispánico [8], Félix de Azara;

13 en ella, cincuenta años antes de que Charles Darwin publicara su *Origen de las especies* [9], Azara manejaba sin ambages el concepto de evolución.

14 Más recientemente, el bioquímico madrileño Mariano Barbacid fue el primero que consiguió aislar un oncogén,

15 esto es, un gen humano mutado y capaz de causar cáncer.

Osservazioni sulla pronuncia

(7) Un nobel (con la minuscola) è la persona che ha ottenuto un (premio) Nobel (con la maiuscola). La pronuncia corretta è *[nobél]*, tuttavia è molto diffusa la pronuncia *[nóbel]*.

Note

7 Numerose espressioni figurate contengono la parola **la luz**: **dar a luz**, *dare alla luce*; **sacar a la luz**, *pubblicare, tirar fuori*; **dar luz verde**, *dare il via libera*; **tener luces**, *essere intelligente* ecc.

Cinquantunesima lezione / 51

7 Per non parlare dei nostri [premi] Nobel. L'aragonese Santiago Ramón y Cajal ottenne il rinomato premio per la medicina nel 1906

8 per aver scoperto come funzionano e si connettono i neuroni nel cervello.

9 Allo stesso modo l'asturiano Severo Ochoa gettò molte delle basi dell'attuale biologia molecolare

10 e fu per questo insignito del premio Nobel per la fisiologia e la medicina nel 1959.

11 Appena un anno prima, nel 1958, un altro spagnolo, Arturo Duperier, nato ad Avila, fu candidato al Nobel (questa volta per la fisica), per i suoi lavori sulla radiazione cosmica.

12 Nel 1809, con il titolo "Viaggi attraverso l'America meridionale", vedeva la luce l'opera di un altro scienziato ispanico, Félix de Azara;

13 in essa Azara trattava senza difficoltà *(ambagi)* il concetto di evoluzione, cinquant'anni prima che Charles Darwin pubblicasse *(il suo)* "L'origine delle specie".

14 Più recentemente il biochimico madrileno Mariano Barbacid è stato il primo a riuscire a isolare un oncogene,

15 cioè un gene umano mutato e in grado di causare il cancro.

---

8 L'aggettivo **hispánico/a**, *ispanico/a*, indica un rapporto con la Spagna: **Las corridas son una tradición hispánica**, *Le corride sono una tradizione ispanica*. **Hispano/a** è un sinonimo, ma fa anche riferimento ai Paesi del continente americano in cui la lingua ufficiale è lo spagnolo e si traduce invece con *latino, ispanico*: **En Estados Unidos triunfa la música hispana**, *Negli Stati Uniti trionfa la musica latina*.

9 Fate attenzione a non confondere **una especie**, *una specie*, con **una especia**, *una spezia*!

16 La lista de los descubrimientos protagonizados por españoles es larga, y abarca [10] todas las épocas de nuestra historia.

17 Incluso [11] en los turbulentos tiempos actuales, centenares de investigadores [12] nacidos en nuestro país se afanan, dentro y fuera de nuestras fronteras,

18 por hacer que el conocimiento avance un poco más en las más variadas disciplinas.

19 El reto que tienen por delante es colosal, ya que quienes los precedieron en la tarea dejaron el listón muy alto.

20 De todos depende ahora que nuestro genio, nuestra capacidad creadora e innovadora no se convierta en el mero recuerdo de un pasado que no volverá.

Note

[10] **Abarcar** vuol dire *comprendere* nel senso di *contenere, includere, circondare*: **Nuestra hacienda abarca un tercio de la comarca**, *La nostra proprietà comprende un terzo della regione*; **El primer tomo abarca de la Prehistoria a la Edad Media**, *Il primo tomo copre il periodo dalla Preistoria al Medioevo*. Il proverbio **Quien mucho abarca, poco aprieta** corrisponde a *Chi troppo vuole nulla stringe*.

[11] **Incluso**, *compreso, perfino, incluso*, indica l'inclusione di un elemento anche se questo potrebbe dimostrarsi sorprendente, oppure introduce una situazione ipotetica che potrebbe essere un impedimento, ma che alla fine non lo è: **La película me gustó incluso a mí**, *Il film è piaciuto perfino a me*; **Incluso si llueve, iremos de**

Cinquantunesima lezione / 51

16 L'elenco *(La lista)* delle scoperte che si devono *(che hanno per protagonisti)* a [scienziati] spagnoli è lunga e abbraccia tutte le epoche della nostra storia.

17 Anche in questi anni *(tempi attuali)* turbolenti centinaia di ricercatori nati nel nostro Paese si danno da fare, dentro e fuori i nostri confini,

18 per far [sì] che la conoscenza avanzi un po' di più [ogni giorno] nelle più svariate discipline.

19 La sfida che hanno davanti è colossale, dato che coloro che li precedettero in questo compito li hanno caricati di alte aspettative *(lasciarono l'asticella molto alta)*.

20 Adesso dipende da tutti che il nostro genio, la nostra capacità creatrice e innovatrice non si tramutino nel mero ricordo di un passato che non tornerà.

LA LISTA DE LOS DESCUBRIMIENTOS PROTAGONIZADOS POR ESPAÑOLES ES LARGA.

excursion, *Andremo in escursione anche se piove*. Non confondetelo con **incluido/a**, participio passato (e dunque aggettivo) del verbo incluir: ¿Ha incluido el IVA en el precio?, *Ha incluso l'IVA nel prezzo?*; né con l'avverbio **inclusive** che vuol dire *incluso, compreso*: Cerramos por vacaciones del 1 al 15, ambos inclusive, *Chiudiamo per ferie dal 1 al 15 inclusi*.

12 Un/a **investigador/a** indica *un/a ricercatore/trice*, ma anche *un/a investigatore/trice*. Tuttavia, per indicare *un detective privato* si preferisce **un/a detective privado/a**. **Investigar** vuol dire sia *fare ricerca* che *investigare*, e **la investigación** indica sia *la ricerca* che *l'inchiesta*.

51 / Lección cincuenta y uno

Ejercicio 1 – Traduzca
❶ El examen abarcará del tema 1 al 10, ambos inclusive, del libro de texto. ❷ Fue galardonado por sus años de dedicación a la investigación. ❸ Ante los insultos, hizo gala de sangre fría. ❹ Su último libro va a ver pronto la luz. ❺ Las autoridades han prohibido las hogueras durante las fiestas del pueblo a causa de la sequía.

Ejercicio 2 – Complete
❶ Il biologo si arrabbiò quando seppe che non era stato candidato per le sue scoperte.

.... en ...... cuando .... que no ....
.... por ....

❷ Linneo fu un naturalista svedese che pose le basi della teoria dell'evoluzione.

Linneo .... que .... de ..
...... de ....

❸ Le attrici ispaniche trionfano nel cinema statunitense e si accaparrano tutti i premi.

.... en .... y se llevan ....

❹ Grazie ai suoi sforzi un gruppo di ricercatori di Ginevra ha scoperto un nuovo vaccino.

.... de ....
...... gracias a ....

***

Gli iberici hanno sempre avuto la sensazione di essere in ritardo nel settore scientifico e nella ricerca. Eppure... nel VII secolo sant'Isidoro di Siviglia rappresentava da solo il campo delle scienze. Nel XII secolo Alfonso X il Saggio incoraggiò la traduzione dei testi greco-latini e arabi grazie alla **Escuela de Traductores de Toledo,** *la Scuola di traduttori di Toledo, così come la produzione di lavori di erudizione originali; nella stessa epoca il catalano Ramon Llull contribuiva*

Cinquantunesima lezione / 51

Soluzioni dell'esercizio 1
❶ L'esame comprenderà i temi dall'1 al 10, inclusi, del libro di testo.
❷ È stato premiato per i suoi anni di dedizione alla ricerca. ❸ Davanti agli insulti fece mostra di sangue freddo. ❹ Il suo ultimo libro vedrà presto la luce. ❺ Le autorità hanno proibito i falò durante le feste del paese a causa della siccità.

❺ Cristoforo Colombo sperava di trovare spezie di tutti i tipi nelle Indie.
   Cristóbal Colón .... de ....
   .... en las ....

Soluzioni dell'esercizio 2
❶ El biólogo montó – cólera – supo – había sido nominado – sus descubrimientos ❷ – fue un naturalista sueco – sentó las bases – la teoría – la evolución ❸ Las actrices hispanas triunfan – el cine estadounidense – todos los premios ❹ Un grupo de investigadores – Ginebra ha descubierto una nueva vacuna – sus esfuerzos ❺ – esperaba encontrar especias – todas las especies – Indias

***

efficacemente a far progredire le arti della navigazione. I secoli seguenti sono stati testimoni di importanti contributi della Spagna in numerosi settori scientifici e tecnici. Chi si ricorda che l'invenzione del sottomarino si deve a uno spagnolo, Isaac Peral, nel 1888? O che Juan de la Cierva con l'invenzione dell'autogiro (o giroplano) nel 1923 è stato il precursore dell'elicottero?

trescientos noventa y dos

Lección cincuenta y dos

Literatura de bolsillo

1 – ¡Mira, Ramón, qué libro electrónico tan chulo [1] me regalaron mis hijos para el Día de San Jorge!

2 ¡Se acabó lo de [2] tener que escoger entre tal o tal obra! De ahora en adelante podré llevar conmigo una biblioteca entera.

3 – ¿Lees mucho, Irene? A mí me interesa así, sin más… Los libros nunca han sido lo mío…

4 – A mí me apasiona la literatura. A la que puedo [3], cojo un buen libro y me quedo enfrascada [4] leyendo.

5 A veces leo por la noche, antes de dormir, y no suelto el libro hasta que me vence el sueño. ¡Si supieras lo que me relaja!

Note

[1] **Un chulo** (o la sua variante **un chulapo**) è la figura del dandy popolare madrileno che si può vedere in certe festività; questa parola indica anche *uno sbruffone, un gradasso* e anche *un protettore, un ruffiano*. Riferito a una persona **chulo/a** vuol dire *arrogante, sbruffone*, ma curiosamente, se riferito a un oggetto, a una situazione o a un'attività, ha un valore positivo e indica qualcosa di *carino, divertente, bello*. **¡Vaya coche tan chulo!**, *Che figata di macchina!*; **Fue una experiencia muy chula**, *È stata un'esperienza molto bella*.

[2] **Lo de** + infinito serve spesso a parlare di un'attività sgradevole o che provoca riluttanza: **Lo de ir solo de vacaciones no me atrae**, *Andare da solo in vacanza non mi attira*. **Lo de** + nome si utilizza

Cinquantaduesima lezione

Letteratura tascabile

1 – Guarda, Ramón, che forte questo e-book [che] mi hanno regalato i miei figli per San Giorgio!
2 È finita la storia di dover scegliere tra un titolo e l'altro *(tale o tale opera)*! D'ora in avanti potrò portare con me una biblioteca intera.
3 – Tu leggi molto, Irene? A me interessa così così... I libri non sono mai stati il mio forte...
4 – A me la letteratura appassiona. Appena posso prendo un buon libro e mi lascio trascinare dalla lettura *(resto imbottigliata leggendo)*.
5 A volte leggo di sera, prima di dormire, e non lascio il libro finché non cado dal sonno. Se sapessi quanto mi rilassa!

per parlare in modo eufemistico e velato di qualcosa di spiacevole o grave: **Lo de tu coche me parece muy extraño**, *Quello che è successo alla tua macchina mi sembra molto strano*; **¿Te has enterado de lo de Pepe?**, *Hai saputo cos'è successo a Pepe?*

3 **A la que**, *appena, non appena*, è un sinonimo colloquiale di **tan pronto como** o **en cuanto**: **A la que le dejas sola, ¡hace una tontería!**, *Appena la lasci sola fa una sciocchezza!*

4 **Enfrascado/a en** indica il fatto di essere *coinvolto/a* in un'attività; **enfrascarse en** equivale a *essere trascinato in, essere coinvolto in*: **Cuando se enfrasca en el trabajo, no oye nada**, *Quando è preso dal lavoro non sente niente*.

52 / Lección cincuenta y dos

6 Me apasiona de la clásica a la ciencia ficción, pasando por las novelas [5] policíacas o las novelas rosas.

7 – Pues a mí, los libros me aburren que no veas y, aparte de los tebeos [6] y los mangas [7]...

8 – De eso también leo. Tengo gustos muy eclécticos, no soy elitista ni nada por el estilo [8].

9 En mis estantes no faltan ni los autores clásicos vivos, ni los superventas [9] ni los premios literarios del momento...

10 – Por cierto, tú escribes, ¿verdad? Me suena algo...

11 – Así es, he hecho mis pinitos [10] como escritora. Publiqué incluso por mi cuenta una novela y un libro de poemas.

12 Confieso que siento debilidad por las novelas cortas y los cuentos,

13 y en eso hay que reconocer que los escritores latinoamericanos destacan [11],

14 sobre todo autores como Jorge Luis Borges, Julio Cortázar y Mario Benedetti.

Note

5 **Una novela** indica *un romanzo*; *una novella* (nel senso di opera letteraria) si dice **una novela corta** o **un relato**.

6 **TBO** *[tebéo]* (1917-1998) era una pubblicazione di fumetti per bambini che ha finito per diventare nome comune; anche **un cómic** indica *un fumetto*. L'espressione colloquiale **estar más visto que el tebeo** indica qualcosa di molto conosciuto, poco originale per il fatto di essere stato visto e rivisto: **Tus trucos de magia están más vistos que el tebeo**, *I tuoi trucchi di magia sono triti e ritriti*.

7 Non confondete **el manga**, *il manga* con **la manga**, *la manica*: **una camisa de manga corta**, *una camicia con le maniche corte*.

8 **Por el estilo** si traduce con *qualcosa di simile*: **Trabaja como publicista o algo por el estilo**, *Lavora come pubblicitario o qualco-*

Cinquantaduesima lezione / 52

6 Mi appassionano sia i classici che la fantascienza, passando per i gialli o i romanzi d'amore.
7 – Uff, a me i libri annoiano a morte *(che tu non veda)*, e a parte i fumetti e i manga...
8 – Leggo anche quelli. Ho dei gusti molto eclettici, non sono affatto elitaria, né niente del genere.
9 Sui miei scaffali non mancano né gli autori classici viventi, né i best seller né i premi letterari del momento...
10 – A proposito, tu scrivi, vero? Mi viene in mente qualcosa...
11 – Sì, è vero *(Così è)*, ho fatto i miei primi passi come scrittrice. Ho anche pubblicato in proprio un romanzo e un libro di poesie.
12 Confesso di avere un debole per i romanzi brevi e i racconti,
13 e qui *(in questo)* bisogna riconoscere che gli scrittori latinoamericani spiccano;
14 soprattutto autori come Jorge Luis Borges, Julio Cortázar o ancora Mario Benedetti.

---

sa del genere; **Venden ordenadores, tabletas y cosas por el estilo**, *Vendono computer, tablet o qualcosa di simile.*

9 Di un libro che ha molto successo si dice anche che sia **un best seller** (pl.: **unos bests sellers**). **Un superventas** indica anche un disco molto venduto, *un successo*. Per parlare di uno spettacolo che attira molto pubblico si usa l'aggettivo **taquillero/a** (dalla parola **la taquilla**, *il botteghino*): **una película taquillera**, *un film di cassetta*.

10 **Los pinitos** sono *i primi passi* (di un bambino), e indicano anche i *primi tentativi* che si fanno in una scienza o un settore artistico.

11 **Destacar** vuol dire *spiccare, risaltare*, e **destacar algo**, *sottolineare qualcosa, mettere in evidenza qualcosa*; **destacarse (de/por)** corrisponde a *distinguersi (da/per)*: **Destacó la importancia de proteger el medio ambiente**, *Sottolineò l'importanza di proteggere l'ambiente*; **Le gusta destacarse de los demás**, *Gli piace distinguersi dagli altri*.

trescientos noventa y seis • 396

15 Pero mi obra favorita, de la que [12] ya te había hablado, es, con mucho, *Cien años de soledad*, de Gabriel García Márquez. ¿Lo has leído?
16 En seguida te quedas enganchado [13] con la historia de la familia Buendía, ya que no es una de las típicas que uno encuentra en los libros.
17 En la obra se narran algunos hechos reales anclados en la historia de Colombia;
18 al mismo tiempo, que lluevan [14] flores o que los muertos revivan, ¡no parece sorprender sobremanera a los personajes de la novela!
19 – Con lo que me estás contando, casi me dan ganas de leerlo...
20 – Si quieres te lo presto. Pero ojo, que sepas que [15] tendrá unas quinientas páginas...
21 – ¡Virgen santísima! ¡En mi vida [16] me leeré yo tal tocho!
22 A menos que... ¿sabes por casualidad si han sacado la película?

Note

[12] Con **a**, **con**, **de**, **en + el que**, **la que**, **los que**, **las que**, nella maggior parte dei casi si può sopprimere l'articolo quando fa riferimento a un oggetto: **Esta es la casa en (la) que vivía de pequeño**, *Questa è la casa in cui vivevo da piccolo*. Per saperne di più vi rimandiamo alla lezione di ripasso.

[13] **Enganchado/a** vuol dire *agganciato/a*; nel linguaggio colloquiale indica una forte dipendenza, il fatto di essere *dipendente, drogato*: **Está enganchado a los videojuegos**, *È dipendente dai videogiochi*; ma anche *essere innamorato/a*: **Sigue enganchada de este chico**, *Continua a essere cotta di questo ragazzo*.

[14] **Llover**, *piovere*, può a volte avere un soggetto: **Le llovían los pretendientes**, *I pretendenti le piovevano intorno*; **Tuiteó y le llovieron críticas**, *Mandò un twitter e le critiche gli piovvero addosso*. Per saperne di più su questi verbi difettivi l'appuntamento è alla lezione di ripasso.

Cinquantaduesima lezione / 52

15 Ma la mia opera preferita, di cui ti avevo già parlato, è di gran lunga *(con molto)* "Cent'anni di solitudine", di Gabriel García Márquez. L'hai letto?

16 Rimani subito coinvolto nella storia della famiglia Buendía, visto che non è una delle tipiche [storie] che uno trova nei libri.

17 Nel libro *(opera)* si narrano alcuni fatti reali ancorati alla storia della Colombia;

18 [ma] allo stesso tempo, non sembra che i personaggi del romanzo siano particolarmente sorpresi da una pioggia di fiori o dalla resurrezione dei morti *(che piovano fiori o che i morti risorgano)*.

19 – Con tutto quello che *(mi)* stai raccontando mi stai quasi facendo venire voglia di leggerlo...

20 – Se vuoi te lo presto. Ma occhio, devi sapere che sarà di circa cinquecento pagine...

21 – Vergine santissima! Un mattone così mai lo leggerò *(nella mia vita mi leggerò io tale mattone)*!

22 A meno che... sai se per caso ne hanno fatto un film?

15 **Que sepas que** serve per insistere su un punto eventualmente ignorato dalla persona a cui ci si rivolge; a volte questa costruzione ha una sfumatura ironica o dà un avvertimento: **Que sepas que lo pagué con mi propio dinero**, *Sappi che l'ho pagato con i miei soldi*.

16 **En mi vida** può avere un senso letterale: **En mi vida he conocido a mucha gente**, *Nella mia vita ho conosciuto molta gente*; oppure un senso figurato simile a **nunca**, **jamás**, *mai*: **En mi vida he visto una persona tan antipática**, *Non ho mai visto una persona così antipatica*.

Ejercicio 1 – Traduzca

❶ Hizo sus primeros pinitos como actor en una obra de aficionados. ❷ A la que la reconoció en el bar, hizo ver que estaba enfrascado en la lectura. ❸ ¡Qué película tan chula! ¡No me extraña que sea tan taquillera! ❹ ¡Estás enganchado a los juegos de ordenador! ❺ El conferenciante destacó la importancia que los tebeos adquieren para las nuevas generaciones en su formación.

Ejercicio 2 – Complete

❶ D'ora in avanti scriverò solo romanzi, sperando che uno di essi diventi un best seller.
. . . . escribiré solo . . . . , ... que una de . . . . . se convierta en . . . .

❷ Ho un debole per i romanzi gialli e [per quelli] di fantascienza. Questo tipo di letteratura mi rilassa.
Siento . . . . por . . . . y de . . . . de . . . . me . . . .

❸ Ho l'e-book pieno di opere di questo stile.
Tengo . . . . repleto de . . . . . de . . . .

***

Il 23 aprile 1616 sono morti due mostri sacri della letteratura: Cervantes e Shakespeare. L'UNESCO ha scelto questa data per celebrare la Giornata mondiale del libro. In questo giorno bancarelle di libri fioriscono un po' ovunque nelle strade e numerose istituzioni ufficiali celebrano la giornata per promuovere la lettura. In Catalogna **el Día de San Jorge**, *il giorno di San Giorgio, è anche la festa degli innamorati, in cui gli uomini offrono una rosa alle donne, che in cambio regalano loro un libro!*
Sebbene i primi scritti risalgano all'inizio del XII secolo, uno dei periodi più ricchi della storia letteraria spagnola è indubbiamente **el Siglo de Oro**, *il Secolo d'oro, che corrisponde ai secoli XVI e XVII, con autori come Garcilaso de la Vega, Góngora e Quevedo per la poesia,*

Cinquantaduesima lezione / 52

Soluzioni dell'esercizio 1

❶ Fece i suoi primi passi come attore in un'opera amatoriale. ❷ Non appena la riconobbe nel bar, fece vedere che era assorto nella lettura. ❸ Che forte quel film! Non mi sorprende che sia un film di cassetta! ❹ Tu sei drogato di videogiochi! ❺ Il conferenziere sottolineò l'importanza che hanno i fumetti per le giovani generazioni durante la loro formazione.

❹ Che vinca questo partito o quell'altro non lo preoccupa per niente.
Que gane ... o .... no le ....

❺ Per essere avvocato bisogna imparare a memoria mattoni di leggi.
Para .... hay que .... de ....

Soluzioni dell'esercizio 2

❶ De ahora en adelante – novelas, esperando – ellas – un superventas ❷ – debilidad – las novelas policíacas – ciencia ficción Este tipo – literatura – relaja ❸ – el libro electrónico – obras – este estilo ❹ – tal – tal partido – preocupa sobremanera ❺ – ser abogado – aprender de memoria tochos – leyes

***

e Lope de Vega e Calderón de la Barca per il teatro. È in questa stessa epoca che Cervantes scrive **Don Quijote de la Mancha**, *contributo essenziale al romanzo moderno. Anche la fine del XIX secolo e l'inizio del XX rappresentano un periodo ricco in creatività, in particolare con la* **Generación del 98** *e autori come Machado, Baroja, Unamuno o Valle-Inclán, e la* **Generación del 27**, *nella quale la figura di spicco è sicuramente García Lorca.*
La produzione letteraria in America latina è ugualmente ricca. La seconda metà del XX secolo ha visto nascere quello che viene chiamato **el realismo mágico** *oppure* **lo real maravilloso**, *il realismo magico, che viene caratterizzato da una curiosa mescolanza di reale e di straordinario.*

Lección cincuenta y tres

El arte [1] del chasco

1 – ¿Qué haces, Miguel? Llevas casi media hora plantado [2] aquí...
2 Vente conmigo, vamos a comer unos canapés y beber unas copitas de cava como buenos gorrones,
3 ¡que para eso están [3] las inauguraciones!
4 – ¡Es que me he quedado embelesado! ¡Lo que [4] me fascina esta obra! Nunca había sentido nada parecido.
5 – ¿Te gusta entonces la exposición? Un poco demasiado conceptual para mi gusto...
6 – Mira esta escultura. El artista es bastante joven pero ha alcanzado la plena madurez.
7 ¡Delante de ti [5] tienes una obra maestra!
8 – No sé qué decirte, el arte moderno es a menudo una tomadura de pelo...
9 – Me fascina cómo el artista combina pintura y objetos. Intelectualiza la materia, la... la... la trasciende...

Note

1 **Arte** ha due generi; tuttavia al singolare si usa di più il maschile e al plurale il femminile: **el arte abstracto**, *l'arte astratta*; **el séptimo arte**, *la settima arte*; **las artes decorativas**, *le arti decorative*; **las artes marciales**, *le arti marziali*.

2 **Quedarse plantado/a** vuol dire *restare rapito, incantato*, e **dejar plantado/a a alguien**, *piantare in asso qualcuno*

3 **Para eso** + frase, serve a intensificare la finalità di qualcosa o qualcuno: **¡Para eso estamos los amigos!**, *Gli amici ci sono per quello!*

Cinquantatreesima lezione

L'arte della delusione

1 – Cosa fai, Miguel? È quasi mezz'ora che stai qui impalato...
2 Vieni con me, andiamo a mangiare qualche tartina e a bere qualche bicchiere di spumante da bravi scrocconi,
3 *(che)* per questo ci sono le inaugurazioni!
4 – È che sono rimasto incantato! Quanto mi affascina quest'opera! Non avevo mai provato niente di simile.
5 – Allora ti piace la mostra? Un po' troppo concettuale per i miei gusti *(a mio gusto)*...
6 – Guarda questa scultura. L'artista è abbastanza giovane, ma ha [già] raggiunto la piena maturità.
7 Hai un capolavoro davanti a te!
8 – Non so cosa dirti, l'arte moderna spesso è una presa in giro...
9 – Mi affascina il modo in cui *(come)* l'artista combina la pittura e gli oggetti. Intellettualizza la materia, la... la... la trascende...

---

4 Lo que + verbo (+ soggetto) serve a intensificare o a indicare l'eccesso: **¡Lo que te quiere tu madre!**, *Quanto ti ama tua madre!* (lett. quello che ti vuol bene tua madre); **¿Viste lo que comió Juan anoche?**, *Hai visto quanto ha mangiato Juan ieri sera?* (lett. ciò che Juan ha mangiato); **¡Lo que habla mi vecina!**, *Quanto parla la mia vicina!* (lett. ciò che parla la mia vicina).

5 Dopo **delante**, *davanti*, **detrás**, *dietro*, **cerca**, *vicino* ecc. si deve usare il pronome personale: **Se sentó detrás de mí**, *Si è seduto dietro di me*. Sebbene frequente, l'uso di un possessivo è scorretto: ***Se sentó detrás mío**.

10 Esto enriquece la obra pero también la problematiza.
11 Ya no debemos hablar de belleza, sino de sentido...
12 Fíjate [6] en la pureza de la línea y el cromatismo desaforado.
13 ¡Ese rojo tan vivo! Y esas formas... ¡qué... cómo... sí, cómo captan el... los... la luz!
14 – ¡Deja de balbucir [7] frases incoherentes!
15 – ¡Perdona, estoy tan emocionado! Me transmite una energía impresionante.
16 – La verdad, no comparto tanto entusiasmo, tampoco es nada del otro jueves [8] y además...
17 – ¡Es como una patada en el estómago que te despierta de sopetón!
18 ¿No sientes [9] que se desprende una fuerza tremenda, que expresa un poderoso mensaje y cómo todas tus certezas se desvanecen?
19 El artista rompe los tópicos y crea un nuevo estilo, cuestiona la estética tradicional,

Note

[6] **Fíjate/Fíjese**, imperativo di **fijarse**, serve ad attirare l'attenzione: *¡Fíjate quién viene por allí!*, *Guarda chi sta arrivando!*; *Fíjese en lo que le digo*, *Ascolti bene quello che le dico*; *¡Fíjate la pinta que llevas!*, *Mamma mia, che aspetto hai!*; *Fui al teatro y, fíjate qué casualidad, encontré a Carmen*, *Sono andato a teatro e, pensa che combinazione, ho incontrato Carmen*.

[7] **Balbucir**, *balbettare*, non ha la 1ª persona singolare né al presente indicativo né del congiuntivo (v. anche la prossima lezione di ripasso).

[8] **No ser nada del otro jueves** (lett. non essere niente dell'altro giovedì), questa espressione che deriva dall'antica abitudine dei cristiani di mangiare di più il giovedì in previsione del digiuno del venerdì, soprattutto in periodo di quaresima, significa qualcosa che non è difficile, oppure che non è straordinaria, *non essere la fine del mondo*.

Cinquantatreesima lezione / 53

10 Questo arricchisce l'opera ma al contempo la rende problematica.
11 Non dobbiamo più parlare di bellezza, bensì di senso...
12 Guarda la bellezza della linea e il cromatismo travolgente.
13 Quel rosso così vivo! E quelle forme... cosa... come... sì, come captano il... gli... la luce!
14 – Smetti di balbettare frasi incoerenti!
15 – Scusami, sono talmente emozionato! Mi trasmette un'energia impressionante.
16 – A dire il vero non condivido tanto entusiasmo, non mi sembra *(è neanche)* la fine del mondo e poi...
17 – È come un calcio nello stomaco che ti sveglia all'improvviso!
18 Non senti che si sprigiona una forza tremenda, che esprime un potente messaggio e come svaniscano tutte le tue certezze?
19 L'artista rompe i luoghi comuni e crea un nuovo stile, pone in discussione l'estetica tradizionale,

9 **Sentir** + indicativo vuol dire *sentire*; **sentir** + congiuntivo vuol dire *dispiacere*: **Siento que este asunto va a terminar mal**, *Sento che questa storia va a finire male*; **¿No sientes que hay mucha humedad?**, *Non senti che c'è molta umidità?*; **Sentimos que no hayan elegido tu proyecto**, *Ci spiace che non abbiano scelto il tuo progetto*. *Sentire* nel senso di *udire* si dice invece **oír**.

20 sale de los senderos [10] trillados, rezuma modernidad…
21 Por cierto, ¿qué título le ha puesto? No lo veo en ninguna parte. Y tampoco encuentro la obra en el catálogo…
22 – Mira, Miguel, sin ánimo de ofender, ni mucho menos [11], no sé cómo decírtelo,
23 pero ¡me temo [12] que llevas diez minutos extasiándote delante de un vulgar [13] extintor! ☐

Note

[10] **Un sendero** è *un sentiero*, **el senderismo** è *il trekking* e **un/a senderista**, *una persona che fa trekking*.

[11] **Ni mucho menos** serve a intensificare la falsità di una affermazione e si traduce con *neanche per sogno* o *niente affatto*: **No me has convencido, ¡ni mucho menos!**, *Non mi hai convinto per niente!*

[12] **Temer**, *temere*, si usa con l'indicativo (per esprimere un'opinione) o con il congiuntivo (per esprimere un vero timore o un sospetto):

***

Ejercicio 1 – Traduzca

❶ Esta foto es una tomadura de pelo, ¡un vulgar montaje! ❷ El restaurante es carísimo, y la comida no es nada del otro jueves. ❸ En este tipo de eventos siempre hay algunos gorrones. ❹ Su portada me parecía atractiva e intrigante; cuando leí el libro ¡me llevé un chasco tremendo! ❺ El coche de delante de mí se detuvo de sopetón.

***

La pittura spagnola ha conosciuto tre grandi periodi creativi. Il più glorioso è stato probabilmente il XVII secolo, con pittori come Velázquez, El Greco, Zurbarán, Ribera e Murillo. La fine del XVIII secolo e l'inizio del XIX sono dominati dall'opera di Goya, uno dei più grandi maestri dell'arte spagnola. Il XX secolo è un periodo ugualmente brillante, segnato da personalità quali Picasso, Dalí, Miró, Tàpies, o Gris.

Cinquantatreesima lezione / 53

20 esce dai sentieri battuti, trasuda modernità...
21 A proposito, che titolo le ha dato? Non lo vedo da nessuna parte. E non trovo neanche l'opera nel catalogo...
22 – Senti, Miguel, non ti voglio *(senza animo di)* offendere, per carità *(né molto meno)*, non so come dirtelo,
23 ma temo che tu sia in estasi da dieci minuti davanti a un comune estintore!

Temo (= Pienso) que te has equivocado, *Temo che ti sia sbagliato*; Temo (= Tengo miedo) que sea demasiado tarde, *Ho paura che sia troppo tardi*.

13 Vulgar vuol dire *volgare*, ma anche *banale, ordinario*: **Tiene una cara muy vulgar, ¡y siempre lo confunden con alguien!,** *Ha un viso molto comune, e lo scambiano sempre per qualcun altro!* Vulgar ha spesso una sfumatura peggiorativa: **una vulgar imitación,** *una volgare imitazione*; **Es un vulgar mentiroso,** *È semplicemente un bugiardo*.

***

Soluzioni dell'esercizio 1

❶ Questa foto è una presa in giro, un volgare fotomontaggio! ❷ Il ristorante è carissimo, e il cibo non è la fine del mondo. ❸ In questo tipo di eventi c'è sempre qualche scroccone. ❹ La sua copertina mi sembrava attraente e intrigante, [ma] quando ho letto il libro sono stato tremendamente deluso! ❺ La macchina davanti si è fermata all'improvviso.

***

Anche la tradizione delle arti plastiche conta su nomi celebri come Alonso Berruguete, lo scultore più originale del Rinascimento spagnolo, o i fratelli Churriguera, figure di spicco nella scultura barocca. Ma è nel XX secolo che gli artisti prendono le distanze dai temi religiosi e esplorano diversi materiali; tra gli artisti più importanti si possono citare Pablo Gargallo e Eduardo Chillida.

Ejercicio 2 – Complete

❶ **Non è un luogo comune dire che la bellezza è interiore e che bisogna scoprirla.**

No .... que .... y que
... ...

❷ **Dovevamo fare trekking insieme sulle montagne e ci ha piantato in asso.**

.... que .... por .... y nos ....
....

❸ **Mi spiace che non siate potuti venire all'inaugurazione, le opere presentano un cromatismo potente e captano perfettamente il movimento.**

...... que no .... a .... , ...
presentan .... y ...... perfectamente ..
....

Lección cincuenta y cuatro

¡Con la música a otra parte!

1 – ¿Qué estás escuchando, papá? Me suena de algo esa melodía. Un anuncio de desodorante o algo así, ¿no?

2 – ¡Mira que puedes ser bestia, hijo mío! Se trata del *Concierto de Aranjuez* del maestro [1] Rodrigo. ¡Parece mentira!

Note

[1] Si chiama **un maestro** *un musicista* o *un direttore d'orchestra*, ma è anche l'appellativo per indicare *un maestro di scuola*. Nella tauromachia la parola **maestro** indica il *matador*.

❹ Il Museo di Belle Arti conserva una collezione impressionante di sculture originali tra le quali spiccano vari capolavori.

.... de .... una .... de ...., entre las cuales .... varias ....

❺ Ha mostrato grande maturità ammettendo la sua responsabilità nella faccenda.

.... de .... al .... su .... en ....

Soluzioni dell'esercizio 2

❶ – es un tópico decir – la belleza está en el interior – hay que descubrirla ❷ Teníamos – hacer senderismo juntos – la sierra – dejó plantados ❸ Siento – hayáis podido venir – la inauguración, las obras – un cromatismo poderoso – captan – el movimiento ❹ El Museo – Bellas Artes conserva – impresionante colección – esculturas originales – destacan – obras maestras ❺ Hizo gala – gran madurez – admitir – responsabilidad – el asunto

Cinquantaquattresima lezione

Cambia aria!

(Con la musica da un'altra parte)

1 – Papà, cosa stai ascoltando? Questa melodia mi ricorda *(suona di)* qualcosa. La pubblicità di un deodorante o qualcosa di simile, no?
2 – Ma che asino sei *(Guarda che puoi essere bestia)*, figlio mio! Si tratta del "Concerto d'Aranjuez" del maestro Rodrigo. È incredibile *(Sembra bugia)*!

3 Yo siempre intenté inculcarte los valores de la cultura y el saber, y ¡date cuenta [2] con qué resultado!

4 A ver, ¿no oyes estos arpegios de la guitarra que se enfrenta sola a toda una orquesta [3]?

5 ¡Qué virtuosismo! La guitarra toca las notas justas y necesarias en el momento exacto

6 para dejar todo flotando hasta que vienen los instrumentos de viento y elevan la imaginación hasta el infinito…

7 – ¡Déjate de chorradas [4], papá! Además, no se puede comparar con la música en vivo [5].

8 ¡Mola ese ambientazo que reina en la sala de conciertos!

9 – ¡Me desesperas! ¿Oyes el violín? Cuando desgarra sus armoniosas [6] notas, ¿no te pone carne de gallina?

10 Escucha esto otro. Se trata de *El amor brujo* de Falla, cargado de una fuerza incomparable. Tiene duende [7].

Note

2 Date/Dese cuenta serve ad attirare l'attenzione: **Date cuenta de que no te estoy pidiendo que me lo des sino que me lo prestes**, *Guarda che non ti sto chiedendo che tu me lo dia, ma che me lo presti.*

3 Attenzione a **la guitarra** e a **la orquesta**: queste parole, così come molte altre, sono simili ai loro omologhi italiani. È importante non cadere mai nella tentazione di "italianizzare" lo spagnolo.

4 **Una chorrada** indica *una stupidata, un'idiozia,* o un oggetto di poco valore, *un'inezia:* **¡No me vengas con chorradas!**, *Non venire fuori con le tue sciocchezze!;* **Si finalmente voy a su cumpleaños, le regalaré cualquier chorrada**, *Se alla fine andrò al suo compleanno le regalerò qualche sciocchezza.*

Cinquantaquattresima lezione / 54

3 Ho sempre cercato di inculcarti i valori della cultura e del sapere e guarda che risultati!
4 Vediamo, non senti questi arpeggi della chitarra che affronta da sola un'orchestra intera?
5 Che virtuosismo! La chitarra suona le note esatte e necessarie nel momento giusto
6 per lasciare fluttuare tutto finché arrivano gli strumenti a fiato ed elevano l'immaginazione fino all'infinito...
7 – Smettila [con queste] idiozie, papà! E poi non si può comparare con la musica dal vivo.
8 Vado matto per quell'atmosfera che regna nella sala dei concerti!
9 – Sei esasperante *(Mi esasperi)*! Senti il violino? Quando strappa le sue note armoniose non ti fa venire la pelle d'oca?
10 Ascolta quest'altra cosa. Si tratta di "L'amore stregone" di Falla, carico di una forza impareggiabile. Incanta!

---

5 **En vivo** fa riferimento alla presenza reale a un evento nel momento in cui ha luogo. Nelle trasmissioni delle partite di calcio, ad esempio, si usa la formula umoristica e ridondante **en vivo y en directo** per indicare *come se fossimo lì*. Questa espressione indica sempre la presenza reale: **Hemos visto en vivo a un conocido escritor**, *Abbiamo visto dal vivo un celebre scrittore*.

6 **La armonía, armonioso/a** e altre parole della stessa famiglia si possono scrivere anche con l'"h" iniziale, ma si preferisce la forma senza; è il caso anche di **el arpa/el harpa**, *l'arpa*, mentre per **la arpía/la harpía**, *l'arpia* (essere mitologico) o *la megera* (donna cattiva), si privilegia la versione con l'"h".

7 **Un duende** è *un folletto*; nel linguaggio figurato questo termine evoca un fascino o un'attrazione misteriosa che non può essere spiegata con le parole: **una persona con duende**, *una persona con fascino*; **Toca muy bien pero le falta duende**, *Suona molto bene, ma gli manca la genialità*.

11 – Mira, papá, quizás está bien para el hilo musical o como música de espera de una centralita telefónica, pero ¡qué coñazo [8]!

12 Le dan mil vueltas el rock, el rap, el R&B o el tecno. ¡No hay color!

13 – Hijo, no niego que esas melodías simples y asimilables para el gran público, con sus estribillos pegadizos, puedan resultar musicalmente interesantes,

14 pero solo es música de fácil consumo.

15 No tiene punto de comparación con la de los grandes compositores.

16 Para disfrutar de la música culta [9], es preciso educar el oído, habituarlo.

17 Mira, empecemos por algo fácil y popular: un fragmento de *La verbena de la Paloma*.

18 La zarzuela [10] forma parte de nuestro acervo [11] cultural, ¡es genuinamente español!

Note

8 **Un coñazo** è un termine volgare che indica qualcosa di insopportabile o nioioso: **Hacer el inventario es un coñazo**, *Fare l'inventario è una rottura*; **Deja de darme el coñazo con tu régimen**, *Smettila di rompere le palle con la tua dieta*. Questo termine è l'accrescitivo di **el coño**, che indica volgarmente il sesso femminile. L'interiezione ¡**coño!**, *cazzo!*, *figa!*, esprime soprattutto irritazione e sorpresa.

9 **Culto/a** applicato a una persona vuol dire *colto/a, erudito/a*; ma può anche qualificare il linguaggio: **una palabra culta**, *una parola colta*; **el lenguaje culto**, *il linguaggio colto*; **una expresión culta**, *un'espressione colta*.

10 **La zarzuela** è il nome dato a una sorta di operetta o opera comica spagnola che mescola musica, canto, danza e passaggi parlati. Il tema centrale è la cultura spagnola e, in particolare, istanti tipici

Cinquantaquattresima lezione / 54

11 – Ascolta papà, forse va bene come musica di sottofondo o come musica di attesa di un centralino telefonico, ma... che palle!
12 Il rock, il rap, il R&B o la tecno sono mille volte meglio *(gli danno mille giri)*. **Non c'è paragone!**
13 – Figlio [mio], non nego che quelle melodie semplici e [facilmente] assimilabili dal grande pubblico, con i loro ritornelli orecchiabili possano risultare musicalmente interessanti,
14 ma è solo musica di facile consumo.
15 Non c'è alcuna possibilità *(punto)* di paragone con quella dei grandi compositori.
16 Per apprezzare *(godere)* la musica colta bisogna educare l'orecchio, abituarlo.
17 Guarda, cominciamo da qualcosa di facile e popolare: un frammento di "La verbena de la Paloma".
18 La "zarzuela" fa parte del nostro patrimonio culturale, è autenticamente spagnola!

---

della vita quotidiana a Madrid. Queste opere sono volutamente leggere e gioiose e hanno, come solo scopo, quello di divertire. Ma la **zarzuela** (frase 20) indica anche una tipica specialità culinaria catalana a base di pesce cotto a fuoco lento con pomodori, aglio, cipolle, alloro, paprika ecc. Alla fine si aggiungono gamberetti, calamari, cozze e vongole.

11 Attenzione! **Acerbo/a** vuol dire *aspro*, mentre **el acervo** indica un *insieme di beni o di valori*: **Hicieron muchos comentarios acerbos que me molestaron**, *Hanno fatto molti commenti acidi che mi hanno dato fastidio*; **un acervo de trigo**, *un mucchio di grano*; **Los cuentos infantiles forman parte ya del acervo común de la humanidad**, *I racconti per bambini fanno parte del patrimonio comune dell'umanità*.

54 / Lección cincuenta y cuatro

19 – No, te agradezco, papá, no hay que abusar de lo bueno.

20 Y, para serte sincero [12], ¡la única zarzuela que me gusta es aquella en la que puedes rebañar la salsa con el pan!

Note

[12] Non confondete **sincero/a**, *sincero/a, franco/a, leale*, con **honesto/a** o **honrado/a**, *onesto/a*. L'uso di di questi ultimi due termini al posto del primo è sempre più comune quanto più progredisce l'influenza

***

Ejercicio 1 – Traduzca

❶ Se pelearon por una chorrada. ❷ Lo más destacable no es su técnica, sino que tiene duende. ❸ Digan lo que digan, es un coñazo tener padres famosos. ❹ Te lo tengo que estar repitiendo todo, ¡parece mentira! ❺ Entre tu automóvil y el mío, ¡no hay color!

Ejercicio 2 – Complete

❶ La frase "La chitarra è una piccola orchestra" viene attribuita al compositore francese Hector Berlioz.

...... ". .... es .... " se .... al .... Héctor ....

❷ Il critico musicale dedicò vari articoli acidi al cantante, rimproverandolo di comporre musica di facile consumo.

.... varios .... al .... reprochándole que .... de ....

❸ La maestra copió con estrema attenzione il ritornello della canzone alla lavagna.

.... con .... de .... en ....

19 – No, grazie papà, non bisogna abusare delle cose belle.
20 E, a essere sincero, l'unica "zarzuela" che mi piace è quella in cui puoi intingere il pane nella salsa!

dell'inglese sulla lingua spagnola, poiché il falso amico inglese *honest* induce sovente in errore. In compenso, si possono utilizzare gli aggettivi **franco/a**, *franco/a*, o **directo/a**, *diretto/a*.

***

Soluzioni dell'esercizio 1
❶ Hanno litigato per una sciocchezza. ❷ La cosa più strabiliante non è la sua tecnica, ma che ha fascino. ❸ Dicano quello che vogliono, è una rottura avere dei genitori famosi. ❹ Te lo devo ripetere ancora, non ci credo! ❺ Tra la tua auto e la mia non c'è paragone!

❹ Per essere franco, quando ho visto la famosa attrice dal vivo sono rimasto tremendamente deluso.
Para ...., cuando .. a ...., me llevé ....

❺ Le storie di folletti e streghe mi fanno venire la pelle d'oca!
¡............ de .... y ...... me .... de ....!

Soluzioni dell'esercizio 2
❶ La frase – La guitarra – una pequeña orquesta – atribuye – compositor francés – Berlioz ❷ El crítico musical dedicó – artículos acerbos – cantante – componía música – fácil consumo ❸ La maestra copió – sumo cuidado el estribillo – la canción – la pizarra ❹ – serte franco – vi – la famosa actriz en vivo – un chasco tremendo ❺ Las historias – duendes – brujas – ponen la carne – gallina

La musica spagnola è molto varia e ricca, dato che ha subito l'influenza di numerosi popoli. Nel sud, oltre al flamenco, si trovano anche la musica arabo-andalusa e quella giudeo-ispanica. Nel nord (Galizia, Asturie e Cantabria), i Celti hanno lasciato un'impronta culturale maggiore. Anche la musica classica è molto presente nella cultura spagnola. Nel Rinascimento Francisco Guerrero, Cristóbal de Morales e Tomás Luis de Victoria sono importanti compositori di musica polifonica sacra. Nel Settecento i compositori italiani Domenico Scarlatti e Luigi

Lección cincuenta y cinco

Una sobremesa [1] animada

1 – De verdad, ¡yo no comprendo que puedas estar a favor de esa salvajada!
2   No se puede tolerar en pleno siglo XXI que pervivan fiestas tan primitivas y macabras. ¡Es mera crueldad!
3   ¡Regocijarse viendo cómo se tortura y se mata un ser vivo! ¡Hay que abolir [2] esta monstruosidad!
4   En el mundo hay personas que creemos [3] que los animales poseen ciertos derechos,
5   o cuanto menos que los seres humanos tenemos ciertas obligaciones para con ellos.

 Note

1   **La sobremesa** è quel momento di convivialità a fine pasto, in cui i commensali restano seduti attorno alla tavola a chiacchierare e nel corso del quale si discute in modo molto aperto sui grandi temi della vita. Spesso si prende un digestivo, cosa che può favorire le discussioni accese: **La sobremesa se alargó hasta media tarde**, *Il dopopranzo si prolungò fino a sera*. **Un programa de sobremesa** è una trasmissione televisiva del primo pomeriggio; **un chiste de**

Boccherini si trasferiscono in Spagna. Alla fine del XIX secolo e all'inizio del XX la Spagna entra in un'altra età dell'oro, con musicisti compositori come Isaac Albéniz, Enrique Granados, Manuel de Falla, Joaquín Rodrigo e Pablo Casals, che in un modo o nell'altro, e in diversa misura, si ispirano alla musica folklorica. Ai giorni nostri la musica spagnola non ha niente da invidiare a quella di altri Paesi: pop, rock, musica elettronica… i cantanti e i gruppi ispanici sono ancora degli innovatori nel panorama musicale, sia in Spagna che oltre le sue frontiere!

Cinquantacinquesima lezione

Un dopopranzo animato

1 – Davvero, io non capisco [come] tu possa essere a favore di questa bestialità!
2 Non si può tollerare in pieno XXI secolo che sopravvivano feste così primitive e macabre! È mera crudeltà!
3 Gioire vedendo come si tortura e si ammazza un essere vivente! Bisogna abolire questa mostruosità!
4 Nel mondo ci sono persone che [come me] credono *(crediamo)* che gli animali possiedano certi diritti,
5 o per lo meno che noi, esseri umani, abbiamo certi obblighi nei loro confronti.

---

sobremesa indica una barzelletta spinta o irriverente, tipica di questo momento un po' "alcolico"…

2 Abolir, *abolire*, è un verbo difettivo, che possiede solamente le forme con desinenza in "i" (v. lezione di ripasso).

3 Anche se grammaticalmente sarebbe più corretto e logico **Hay personas que creen** (accordando **creer** alla 3ª persona plurale, con **personas**), è possibile coniugare questa espressione alla 1ª persona plurale, per includere sé stessi nella questione di cui si parla.

6 – Sí, pero los toros [4] no existen solo en España sino también en Latinoamérica y en el Sur de Francia… ¡Y desde hace siglos!

7 – Perdona que te diga, pero el que una acción se haya venido produciendo a lo largo del tiempo no le confiere ninguna justificación moral para seguir realizándose.

8   Esgrime un argumento más convincente…

9 – Mira, al que no le gusten que no vaya a la plaza [5] pero que no se lo prohíba a los demás.

10   Además, es un sector económico boyante. Los turistas siguen buscando la "fiesta nacional" al igual que el flamenco y la paella…

11 – Así que si los turistas piden que hagamos sacrificios humanos porque les da morbo [6], ¿también vamos a hacerlo?

12   ¡Por favor, un poco de dignidad!

13 – Por otra parte, los toros de lidia se crían con una atención especial; son respetados, a veces indultados por su desempeño [7].

Note

4 **Los toros** indica *i tori*, ma anche lo spettacolo della *corrida*. La parola **el toro** fa parte di numerose espressioni: **coger el toro por los cuernos**, *prendere il toro per le corna*; **ir al toro**, *affrontare un problema*; **soltarle a alguien el toro**, *dire a qualcuno il fatto suo*; **ver los toros desde la barrera** (lett. vedere i tori dalla barriera), *restare neutrali, essere indecisi*; **a toro pasado**, *troppo tardi, fare qualcosa quando è già passato tutto…*

5 **La plaza (de toros)** e **el ruedo**, la parte centrale dove si svolge lo spettacolo, si traducono in italiano con *l'arena*. Questa parola deriva dal latino "harenam" e fa riferimento alla sabbia che veniva versata per terra nei circhi per assorbire il sangue dei gladiatori (oggi dei tori). **La arena** in spagnolo è infatti *la sabbia*.

Cinquantacinquesima lezione / 55

6 – D'accordo, ma le corride non esistono solo in Spagna, bensì anche in America latina e nel sud della Francia... E da secoli!
7 – Scusami se te lo dico, ma il fatto che un'azione si **sia compiuta** *(si sia venuta producendo)* **nel corso del tempo non le conferisce nessuna giustificazione morale perché continui a compiersi.**
8 Usa un argomento più convincente...
9 – Guarda, [se] a qualcuno non piace non vada all'arena, ma che non sia proibito agli altri.
10 Inoltre è un settore economico in ascesa. I turisti continuano a cercare la "festa nazionale" insieme al flamenco e alla paella...
11 – Dunque se i turisti ci chiedono di fare sacrifici umani perché questo li eccita, facciamo anche questi?
12 Un po' di dignità, per piacere!
13 – D'altra parte i tori da combattimento sono allevati con un'attenzione speciale; sono rispettati, a volte graziati per la loro prestazione.

---

6 **El morbo** indica una malattia, *il morbo*, ma anche *la morbosità*, l'attrazione e l'eccitazione che provoca qualcosa di sgradevole, di crudele, di proibito o di immorale; spesso utilizzato in relazione al sesso, evoca una sensualità un po' malsana: **Le da morbo hacer el amor en el ascensor**, *Fare l'amore in ascensore lo eccita*; **Esta chica me da mucho morbo**, *Questa ragazza mi eccita molto*. **Tener morbo** vuol dire *attrarre, eccitare*.

7 **El desempeño** indica *l'esercizio* delle funzioni proprie a un posto o a una attività. **Desempeñar** vuol dire *occupare* un posto o una funzione: **¿Qué cargo desempeñas en tu empresa?**, *Che mansione ricopri nella tua azienda?*

14 ¿Puede ser considerada menos envidiable la suerte [8] de un buey criado para el matadero?

15 – Si los aficionados sois tan fervientes defensores de los toros que lucháis por su supervivencia,

16 ¿por qué no aunáis esfuerzos para preservarlos creando refugios naturales en las dehesas?

17 – Olvidas también que la tauromaquia ha inspirado a grandes artistas...

18 – ¡Toma [9]! ¡Los hay [10] a quienes el asesinato también!

19 Que algunos artistas hayan realizado magníficas obras a costa de [11] las corridas no otorga a este bochornoso espectáculo ningún valor artístico.

20 – Hombre, si me lo permites, quizás la solución consista en no matar al toro, como ya se hace en muchos lugares...

21 – Una corrida de toros donde se le prohíba al torero [12] matar al toro,

Note

8 **La suerte** indica *la fortuna*, ma anche *la sorte*: **La suerte ha evitado que el edificio arda**, *Il caso ha evitato che l'edificio prendesse fuoco*. Questa parola vuol dire anche *sorta* nel senso di "tipo", di "genere": **Me trato con toda suerte de personas**, *Frequento qualunque tipo di persone*.

9 **¡Toma!** esprime l'evidenza di quello che viene detto. Può esprimere anche, tra l'altro, la sorpresa: **¡Toma! ¡Pero si esa es Guadalupe Luz, la famosa actriz!**, *To'! È Guadalupe Luz, la famosa attrice!* Quando è seguito da **ya**, esprime la soddisfazione per qualcosa di favorevole per noi o anche sfavorevole per gli altri e che si considera meritato: **Hemos ganado por 3 a 0. ¡Toma ya!**, *Abbiamo vinto 3-0. Tié!*; **¡Toma ya! ¡Le han robado a ese ladrón!**, *Hanno derubato quel ladro! Ben gli sta!*

Cinquantacinquesima lezione / 55

14 Si può considerare meno invidiabile la sorte di un bue allevato per il macello?
15 – Se voi appassionati siete così ferventi difensori dei tori [al punto da] lottare per la loro sopravvivenza,
16 perché non unite le forze per salvaguardarli creando rifugi naturali nei pascoli?
17 – Dimentichi che la tauromachia ha ispirato grandi artisti...
18 – Ma dai! Ce ne sono anche che sono stati ispirati dall'omicidio!
19 [Il fatto] che alcuni artisti abbiano realizzato magnifiche opere ispirandosi *(a costo di)* alle corride, non dà a questo umiliante spettacolo nessun valore artistico.
20 – Beh, se mi permetti, forse la soluzione sta nel non uccidere il toro, come si fa già in molti posti...
21 – Una corrida in cui si proibisce al torero di uccidere il toro,

---

10 **Los/las + hay que +** frase = *algunos, algunas (personas)*, indica di solito una lamentela lieve fatta in senso generale: **Los hay que** (= **Hay algunos que**) **nunca aprenden de sus errores**, *C'è chi non impara mai dai propri errori.*

11 **A costa de** significa *a scapito di*, ma anche *a costo di*: **Consiguió aprobar a costa de muchas noches de estudio**, *Riuscì a passare l'esame a costo di molte notti di studio.* **A toda costa** significa *a tutti i costi.*

12 Sebbene la parola **toreador/a** esista in spagnolo, è molto poco utilizzata, le si preferisce **torero/a**. **Un/a matador/a** (detto anche **un/a espada**, *uno/a spada*) indica l'unico torero autorizzato a uccidere l'animale: non tutti i toreri sono matador. **Saltarse algo a la torera** significa *non far caso a qualcosa.*

cuatrocientos veinte • 420

22 ¡es como un partido de fútbol donde se les prohíbe a los jugadores marcar goles!
23 – ¡Y vuelta a empezar…!   ☐

***

Ejercicio 1 – Traduzca
❶ Yo, en este tipo de conflictos, prefiero ver los toros desde la barrera. ❷ Los juegos de azar son un negocio boyante. ❸ Evita esta suerte de error a toda costa. ❹ Los hay que se saltan las normas de tráfico a la torera. ❺ Ceder a la tentación tiene mucho morbo.

Ejercicio 2 – Complete
❶ Alcune civiltà primitive celebravano sacrifici di animali e anche di esseri umani.

……………………… ……… celebraban ………… de ……… e incluso de ……… ……… .

❷ Smetti di lamentarti, dai prova della tua maturità e prendi il toro per le corna!

…. de ………, …… de tu ……… y ¡ ………… por ……………!

❸ I tifosi di calcio gioiscono quando le loro squadre segnano gol.

…………… al ……………… cuando ………… ………… .

***

La corrida è popolare in Spagna e in America latina, ma anche, con uno svolgimento meno cruento, nel sud della Francia e in Portogallo. Per tradizione inizia alle 17:00 e gli appassionati si sistemano sui gradini, divisi in tre categorie: **sol***, sole, esposti al sole per tutta la corrida,* **sol y sombra***, sole e ombra, inizialmente al sole, poi all'ombra, e* **sombra***, ombra, protetti dal sole sin dall'inizio dello spettacolo. Un'orchestra suona delle arie di* **pasodoble***, paso doble, per accompagnare l'entrata dei toreri nell'arena. Nel corso di una corrida tre toreri vestiti con abiti luccicanti affrontano sei tori. La corrida si divide in tre parti:* **el tercio de varas** *nel quale c'è l'intervento del* **picador** *sul suo cavallo;* **el tercio de banderillas** *nel quale il* **banderillero** *pianta le* **banderillas***;* **el tercio**

Cinquantacinquesima lezione / 55

22 è come una partita di calcio in cui si proibisce ai giocatori di segnare i gol!
23 – E ci risiamo... *(E torna a cominciare)*!

***

Soluzioni dell'esercizio 1

❶ Io, in questo tipo di conflitti preferisco restare neutrale *(vedere i tori dallo steccato)*. ❷ I giochi d'azzardo sono un mercato in ascesa. ❸ Evita questo tipo di errore a qualunque costo. ❹ C'è gente che ignora il codice stradale. ❺ Cedere alla tentazione è molto eccitante.

❹ È indispensabile che il candidato abbia ricoperto posti simili.
Es .... que .... haya ....

❺ Quando il torero uccide il toro, la sabbia dell'arena assorbe il sangue dell'animale.
Cuando ...., ... de ....
...... del ....

Soluzioni dell'esercizio 2

❶ Algunas civilizaciones primitivas – sacrificios – animales – seres humanos ❷ Deja – quejarte, haz gala – madurez – coge el toro – los cuernos ❸ Los aficionados – fútbol se regocijan – sus equipos marcan goles ❹ – imprescindible – el candidato – desempeñado empleos similares ❺ – el torero mata el toro, la arena – la plaza absorbe la sangre – animal

***

de muerte *durante il quale il* **matador** *uccide il toro con la spada. Il torero acclamato si porta via le orecchie e la coda del toro ed esce dalla grande porta issato sulle spalle del pubblico. Grandi artisti e scrittori come Picasso, Hemingway o García Lorca hanno celebrato la corrida. Ormai da molti anni l'autoproclamata* **fiesta nacional**, *festa nazionale, non incontra più l'unanimità e i ranghi dei detrattori si ingrandiscono. Nel 1991 la Comunità autonoma delle isole Canarie approvò una legge sulla protezione degli animali, ma lì già da tempo non si celebravano corride: l'ultima ebbe luogo nel 1984. In Catalogna il Parlamento ha approvato l'abolizione delle corride il 28 luglio 2010 e questa legge è entrata in vigore nel 2012.*

Lección cincuenta y seis

Repaso – Ripasso

Una delle difficoltà che si incontrano a questo livello di conoscenza della lingua è la molteplicità di significati che possono avere le parole di uso quotidiano. Il nostro scopo è quello di presentarvele in situazioni nelle quali, speriamo, il senso idiomatico diventi più chiaro. Non insisteremo mai abbastanza sull'importanza di familiarizzare con le costruzioni comuni, in modo da poter individuare tutte le sottigliezze o tutti gli usi insoliti. Vi consigliamo di crearvi un taccuino nel quale annoterete le scoperte che fate leggendo e ascoltando lo spagnolo, dato che lo scopo di questo libro è di incitarvi a tuffarvi nella lingua senza esitazioni (libri, giornali, blog, film, serie tv, canzoni ecc.). Infine ricordiamoci che la pratica di una lingua è come lo sport: bisogna allenarsi regolarmente ed è indispensabile trarne piacere! La cosa principale è che vi divertiate con questo metodo. Bene, adesso andate a guardare un film in lingua originale!

1 Il plurale dei composti appositivi

Certi sintagmi sono formati da un nome o un aggettivo collocato in apposizione a un altro nome. È il caso di *prima ballerina*, *film di culto*, *pesce spada* e altre combinazioni.

La **Real Academia Española** ammette che il nome in apposizione sia plurale, qualora sia sottinteso che tra i nomi ci sia un verbo copulativo virtuale. Dunque è corretto dire **palabras clave** o **palabras claves** (perché la struttura profonda è: **las palabras son claves**), *parole chiave* o, ugualmente, **Estados miembros** (= **Estados que son miembros**), *Stati membri*.

La sfumatura è così sottile, e non sempre percettibile, che si raccomanda di lasciare sempre al singolare le parole in apposizione, anche se in certi casi il plurale è tollerato.

Ecco le combinazioni più frequenti:

Parola	Traduzione	Plurale
año luz	*anno luce*	→ **años luz**
avión espía	*aereo spia*	→ **aviones espía** o **espías**
buque escuela	*nave scuola*	→ **buques escuela**

Cinquantaseiesima lezione

café teatro	caffè teatro	→ **cafés teatro**
camión cisterna	camion cisterna	→ **camiones cisterna**
carril bus	corsia preferenziale	→ **carriles bus**
célula madre	cellula staminale	→ **células madre** o **madres**
ciudad dormitorio	città dormitorio	→ **ciudades dormitorio**
coche bomba	autobomba	→ **coches bomba**
disco pirata	disco pirata	→ **discos pirata** o **piratas**
empresa líder	azienda leader	→ **empresas líder** o **líderes**
hombre rana	sommozzatore	→ **hombres rana**
mueble bar	mobile bar	→ **muebles bar**
niño prodigio	bambino prodigio	→ **niños prodigio**
operación retorno	operazione di rimpatrio	→ **operaciones retorno**
país satélite	Paese satellite	→ **países satélite** o **satélites**
perro policía	cane poliziotto	→ **perros policía**
pez espada	pesce spada	→ **peces espada**
producto estrella	prodotto di punta	→ **productos estrella**
programa piloto	programma pilota	→ **programas piloto** o **pilotos**
pueblo fantasma	villaggio fantasma	→ **pueblos fantasma** o **fantasmas**
situación límite	situazione limite	→ **situaciones límite** o **límites**
sofá cama	divano letto	→ **sofás cama**
vuelo chárter	volo charter	→ **vuelos chárter**

2 I pronomi relativi

I pronomi relativi introducono una subordinata relativa sostituendo un nome o un pronome denominato "antecedente".

2.1 Soggetto

– Si usa il pronome relativo **que** (cosa o persona):
El hombre tuvo un accidente. El hombre conducía muy deprisa, *L'uomo ha avuto un incidente. L'uomo guidava molto velocemente.*
→ **El hombre que conducía muy deprisa tuvo un accidente**, *L'uomo che guidava molto velocemente ha avuto un incidente.*
El hombre llevó el coche al taller. El taller estaba cerca de su casa, *L'uomo ha portato la macchina in officina. L'officina era vicino a casa sua.* → **El hombre llevó el coche al taller que estaba cerca de su casa**, *L'uomo ha portato la macchina nell'officina vicino a casa sua.*
– Quando l'antecedente è un pronome personale che indica una persona, si usa il relativo **quien/es**:
Eres tú quien tiene razón, *Sei tu che hai ragione.*

2.2 Complemento oggetto

– Se si tratta di una persona si usa **quien/es**, preceduto dalla preposizione **a**:
La chica es mi novia. Te presenté a esa chica ayer, *La ragazza è la mia fidanzata. Ti ho presentato quella ragazza ieri.* → **La chica a quien te presenté ayer es mi novia**, *La ragazza che ti ho presentato ieri è la mia fidanzata.*
– Se si tratta di una cosa si usa **que**:
El ordenador no funciona bien. Compré el ordenador hace poco, *Il computer non funziona bene. Ho comprato il computer poco tempo fa* → **El ordenador que compré hace poco no funciona bien**, *Il computer che ho comprato da poco non funziona bene.*

2.3 Complemento di specificazione

Di cui, del/della quale ecc. corrispondono a **del/de que**, **del cual** ecc.
He escrito un libro. Estoy muy orgulloso de este libro, *Ho scritto un libro. Sono molto fiero di questo libro.* → **He escrito un libro del que estoy muy orgulloso**, *Ho scritto un libro di cui sono molto fiero. Il/la/i/le cui* corrispondono invece a **cuyo**, **cuya**, **cuyos**, **cuyas**, accordati con

Cinquantaseiesima lezione / 56

il nome a cui si riferiscono e sempre senza articolo. **Es un gran artista. Las obras de este artista están expuestas en los mejores museos del mundo**, *È un grande artista. Le opere di questo artista sono esposte nei migliori musei del mondo*. → **Es un gran artista cuyas obras están expuestas en los mejores museos del mundo**, *È un grande artista le cui opere sono esposte nei migliori musei del mondo*.

2.4 Complemento di termine

Si usa **al que** per indicare una cosa e **a quien** per indicare una persona: **Los alumnos a quienes he dado permiso pueden salir**, *Gli alunni a cui ho dato il permesso possono uscire*.

2.5 Complementi indiretti

Per indicare delle persone si usa la preposizione (che dipende dalla frase) + **quien/es**, e per indicare una cosa (ma anche una persona) si usa preposizione + **el cual** o **el que**, **la cual** o **la que**, **los cuales** o **los que**, **las cuales** o **las que**. Il pronome relativo si accorda in genere e numero con il suo antecedente. **Los vecinos se han mudado. Jugaba a las cartas con los vecinos**, *I vicini hanno traslocato. Giocavo a carte con i vicini*. → **Los vecinos con quienes** (o **con los cuales** o **con los que**) **jugaba a las cartas se han mudado**, *I vicini con i quali giocavo a carte hanno traslocato*. Si userà preposizione + **que** solo quando non c'è rischio di ambiguità, poiché le altre forme permettono di determinare meglio a quale antecedente fanno riferimento.

2.6 Complemento di luogo

Si usa **donde**, che può essere preceduto da una preposizione a seconda della frase: **La calle es muy animada. Mi tía vive en esta calle**, *La via è molto animata. Mia zia abita nella via*. → **La calle en donde vive mi tía es muy animada**, *La via in cui abita mia zia è molto animata*. **La calle es muy animada. Paseo por la calle**, *La via è molto animata. Passeggio per la via*. → **La calle por donde paseo es muy animada**, *La via nella quale passeggio è molto animata*.

2.7 Complemento di tempo

Si usa **en que**: **Celebraron el día en que se habían conocido**, *Festeggiarono il giorno in cui si erano conosciuti*.

3 I verbi difettivi

I verbi difettivi sono verbi che "difettano", cioè che mancano di alcuni tempi, modi e persone verbali. Le voci mancanti sono cadute in disuso o non sono mai esistite né attestate.

3.1 Con una sola persona

Certi verbi, detti a volte impersonali, si usano solo alla 3ª persona singolare. La maggior parte di questi verbi indica fenomeni atmosferici o naturali.

Verbo	Esempio	Commento
haber, *avere*	**Hoy hay asamblea general**, *Oggi c'è un'assemblea generale.* **En Madrid hay muchos museos**, *A Madrid ci sono molti musei.*	**Haber** è un verbo ausiliare usato per coniugare le forme composte dei verbi: **hemos terminado**, *abbiamo terminato.*
llover, *piovere*; **diluviar**, *diluviare*; **nevar**, *nevicare*; **tronar**, *tuonare*; **granizar**, *grandinare*; **relampaguear**, *lampeggiare*	**Anoche nevó**, *Stanotte ha nevicato.*	Certi verbi, **llover** in particolare, si coniugano a volte alle altre persone: **Es un experto y le llueven los trabajos**, *È un esperto e gli piovono offerte di lavoro.*
amanecer, *fare giorno*; **atardecer**, *imbrunire*; **anochecer**, *far buio*	**En invierno anochece pronto**, *In inverno fa buio presto.*	Tutti questi verbi possono essere usati in senso figurato e coniugarsi in tutte le persone: **Amanecimos en Granada**, *Ci siamo svegliati a Granada.*

3.2 Con due persone

Alcuni verbi si coniugano solo alla 3ª persona, singolare e plurale.

Verbo	Esempio
acaecer, acontecer, suceder, *accadere*	**Estas cosas nunca acontecen en la vida real**, *Queste cose non succedono mai nella vita reale.*
atañer, *riguardare*	**Eso no me atañe a mí**, *Questo non mi riguarda.*

3.3 Altri verbi difettivi

Ecco un elenco non esaustivo di verbi con le loro particolarità:

Verbo	Esempio	Commento
abolir, *abolire*	**En 1873 España abolió la esclavitud en Puerto Rico**, *Nel 1873, la Spagna abolì la schiavitù a Porto Rico.*	Possiede solo le forme con desinenza in **i**. Il presente indicativo di questo verbo è dunque: **abol-imos** e **abol-ís**.
antojarse, *aver voglia di, supporre*	**Se me antoja que no vendrá**, *Ho idea che non verrà.*	Si coniuga solamente alla 3ª persona (sing. e pl.) e nei modi non personali (infinito, gerundio e participio).
aterir, *intirizzire*	**Se acercaba a la estufa cuando le atería el frío**, *Quando il freddo lo intirizziva si avvicinava alla stufa.*	Possiede solamente le forme con desinenza in **i**, in particolare l'infinito e il participio.
balbucir, *balbettare*	**Balbució algunas palabras incomprensibles**, *Balbettò alcune parole incomprensibili.*	Non ha la 1ª persona singolare presente né dell'indicativo, né del congiuntivo, alla quale lo si sostituisce con verbi sinonimi, come **balbucear**: **balbuceo**.

concernir, riguardare, concernere	**Este asunto no os concierne**, *Questa cosa non vi riguarda.*	Si coniuga solamente alla 3ª persona (sing. e pl.) del presente indicativo e congiuntivo, all'imperfetto e nei modi non personali (infinito, gerundio e participio).
soler, *avere l'abitudine, essere soliti*	**Solíamos ir al cine una vez por semana**, *Andavamo al cinema una volta alla settimana.*	Si coniuga solamente al presente e all'imperfetto indicativo. Non ha né futuro, né condizionale, né alcuna forma nel modo congiuntivo.

▶ Diálogo de revisión

1. Cogió el caballete y se instaló en el sitio de siempre.
2. La modelo adoptó mecánicamente la pose habitual.
3. La aristocrática dama llevaba mucho tiempo viniendo a la cita cotidiana con el pintor.
4. Aquel cuadro debía ser una sorpresa para su esposo. Le había costado decidirse.
5. El artista dio anchas pinceladas; luego pintó los más mínimos detalles.
6. Mezcló los colores en la paleta para obtener los matices que deseaba.
7. Durante las breves pausas, ella se echaba encima una bata y fumaba distraída un cigarrillo.
8. El pintor se negaba a mostrarle el cuadro, daba un sinfín de pretextos.
9. "Cuando esté terminado", le repetía incansablemente.

Cinquantaseiesima lezione / 56

10 Llegó el gran día. El parecido del retrato era notable.
11 Había conseguido plasmar la textura de la carne, insuflarle vida a la materia pictórica.
12 Ataviada con un elegante vestido de seda, el artista había logrado reproducir fielmente los tonos de la tela que captaba la luz en cada uno de sus pliegues.
13 El resultado sobrepasaba con mucho todas sus esperanzas.
14 Tan turbada estaba, que no se atrevió a preguntarle al pintor por qué todas aquellas semanas la había hecho posar desnuda…

Traduzione
1 Prese il cavalletto e si mise nel solito posto. **2** La modella adottò meccanicamente la posa abituale. **3** Era da tempo che l'aristocratica signora veniva all'appuntamento quotidiano con il pittore. **4** Quel quadro doveva essere una sorpresa per suo marito. Aveva fatto fatica a decidersi. **5** L'artista dette ampie pennellate; poi dipinse i più piccoli dettagli. **6** Mescolò i colori sulla tavolozza per ottenere le sfumature che desiderava. **7** Durante le brevi pause, lei si buttava addosso un accappatoio e fumava, distratta, una sigaretta. **8** Il pittore si rifiutava di mostrarle il quadro con innumerevoli pretesti. **9** "Quando sarà finito." – ripeteva instancabilmente. **10** Arrivò il grande giorno. La somiglianza col ritratto era notevole. **11** Era riuscito a rappresentare la consistenza della carne, a infondere vita nella materia pittorica. **12** Agghindata con un elegante vestito di seta, l'artista era riuscito a riprodurre fedelmente i toni della tela che captava la luce in ciascuna delle sue pieghe. **13** Il risultato oltrepassava di molto tutte le sue speranze. **14** Era così turbata che non osò chiedere al pittore perché per tutte quelle settimane l'avesse fatta posare nuda…

Lección cincuenta y siete

¿Qué estás inventando?

1   A esa hora matutina [1], el autobús iba siempre lleno hasta los topes [2]; todos los pasajeros andaban aún medio [3] dormidos.
2   Al fondo, y en voz lo suficientemente alta para [4] que lo escucharan alrededor,
3   un presuntuoso estudiante explicaba a un señor de edad madura, que iba sentado a su lado,
4   por [5] qué es imposible que las personas mayores comprendan a los jóvenes de hoy.
5   Ambos se acaloraron y la discusión [6] iba subiendo de tono.
6 – Usted creció en un mundo diferente, primitivo. En la Prehistoria o casi...

Note

[1] **Matutino/a**, sinonimo di **matinal**, è riferito al mattino: **los programas matutinos**, *i programmi del mattino*; **la prensa matutina**, *la stampa del mattino*; **vespertino/a** invece fa riferimento al pomeriggio: **una reunión vespertina**, *una riunione pomeridiana*; infine, **nocturno/a** si usa per riferirsi alla sera e alla notte: **un espectáculo nocturno**, *uno spettacolo serale*, **clases nocturnas**, *corsi serali*, **un tren nocturno**, *un treno notturno*.

[2] Si ritrova **un tope**, *una cima, un colmo*, in numerose espressioni, in particolare **a tope**, che può avere diverse traduzioni: **Abre el grifo a tope**, *Apre il rubinetto fino in fondo*; **La calefacción está a tope**, *Il riscaldamento è al massimo*; **Estoy a tope de trabajo**, *Sono sommerso di lavoro*; **Disfrutamos a tope**, *Ce la godiamo fino in fondo*; **En verano las playas de la Costa Brava están a tope**, *D'estate le spiagge della Costa Brava sono piene zeppe*.

Cinquantasettesima lezione

Ma che cosa stai dicendo?

1 A quell'ora del mattino l'autobus era sempre pieno da scoppiare *(fino alle cime)*; tutti i passeggeri erano ancora mezzi addormentati.
2 In fondo e con voce sufficientemente alta perché lo sentissero *(intorno)*,
3 uno studente presuntuoso spiegava a un signore di età avanzata *(matura)*, che era seduto al suo fianco,
4 perché fosse impossibile che le persone adulte capissero i giovani di oggi.
5 Entrambi si erano infervorati e la discussione stava degenerando *(salendo di tono)*.
6 – Lei è cresciuto in un mondo diverso, primitivo. Nella preistoria… o quasi…

---

3 L'avverbio **medio** + aggettivo/participio passato indica che un'azione non è del tutto terminata: **Tenía prisa y salió medio vestida**, *Aveva fretta e uscì mezza vestita*; **Los agresores lo dejaron medio muerto**, *Gli aggressori l'hanno lasciato mezzo morto*; **La bicicleta está medio rota, no tiene arreglo**, *La bicicletta è mezza rotta, non si può aggiustare*. Può anche precedere un infinito: **Entregó el informe a medio hacer**, *Consegnò la relazione a metà*.

4 **Para** serve spesso per indicare il fine. Più spiegazioni su questa preposizione, non sempre facile da usare, nella lezione di ripasso.

5 **Por** serve spesso per indicare la causa. Troverete maggiori spiegazioni su questa preposizione nella lezione di ripasso.

6 **Una discusión** è *una discussione* nella quale i punti di vista, spesso opposti, sono difesi con fervore e possono sfociare facilmente in *un litigio*. Quindi **discutir** può significare *discutere*, ma nel senso di *litigare* verbalmente.

7 Desde entonces, ha habido logros **7** que han cambiado la faz de la Tierra.
8 Nosotros crecimos con el AVE, los GPS, las consolas, la internet **8**, los viajes al espacio...
9 Nuestras sondas espaciales han visitado Marte.
10 Tenemos naves con energía nuclear y coches eléctricos y de hidrógeno.
11 Nuestros ordenadores procesan la información a la velocidad de la luz.
12 Podemos geolocalizar a alguien por satélite en cualquier lugar del mundo.
13 Términos como biotecnología, nanotecnología, infotecnología nos son familiares y cotidianos.
14 Hemos conseguido secuenciar el genoma humano y somos capaces de clonar con éxito animales e incluso a seres humanos.
15 Sabemos generar células madre que pueden regenerar y remplazar células dañadas.
16 Es posible realizar una operación quirúrgica a miles de kilómetros **9** de distancia... y muchas cosas más.

Osservazioni sulla pronuncia
(8) Quando è possibile bisogna leggere gli acronimi come se fossero parole normali: **el AVE** *[abe]*, *il TAV*; **el IVA** *[iba]*, *l'IVA*; **el PIB** *[pib]*, *il PIL*; **VIP** *[bip]*, *VIP*; **OMS** *[oms]*, *OMS*; **USA** *[ussa]*, *USA*... Gli altri acronimi si pronunciano invece lettera per lettera: **el GPS** *[je-pe-esse]*, *il GPS*; **una ONG** *[o-ene-je]*, *una ONG*; **un DVD** *[de-ube-de]*, *un DVD*...

: Note
7 Lograr è *riuscire, raggiungere, farcela,* **un logro** indica *un risultato* e tutto quello che si è riusciti a ottenere. **Conseguir** è un sinonimo di lograr.

Cinquantasettesima lezione / 57

7 Da allora sono stati [raggiunti] dei traguardi *(ci sono stati risultati)* che hanno cambiato la faccia della terra.
8 Noi siamo cresciuti con i treni ad alta velocità, i GPS, le console, Internet, i viaggi nello spazio...
9 Le nostre sonde spaziali sono andate *(hanno visitato)* su Marte.
10 Abbiamo navi [che vanno a energia] nucleare e auto elettriche e a idrogeno.
11 I nostri computer processano le informazioni alla velocità della luce.
12 Possiamo geolocalizzare qualcuno con il satellite in qualunque posto del mondo.
13 Termini come biotecnologia, nanotecnologia, tecnologie informatiche ci sono familiari e sono di uso quotidiano.
14 Siamo riusciti a sequenziare il genoma umano e siamo capaci di clonare con successo gli animali e addirittura gli esseri umani.
15 Sappiamo generare cellule staminali che possono rigenerare e sostituire cellule danneggiate.
16 È possibile effettuare un'operazione chirurgica a migliaia di chilometri di distanza... e molte altre cose.

---

8 **Internet** può avere entrambi i generi; le accademie della lingua e i dizionari raccomandano la forma femminile (**una red**, *una rete*), ma è piuttosto l'uso del maschile che si sta imponendo. Diventata nome comune, questa parola in spagnolo si scrive in minuscolo.

9 **Kilómetro** si può scrivere anche **quilómetro**. Esistono altri casi di doppia scrittura **k/qu**: **kilo/quilo**, *chilo*; **kiosco/quiosco**, *chiosco*; **pakistaní/paquistaní**, *pachistano*.

17 Tras un breve silencio el señor mayor [10] respondió:
18 – ¿Has terminado tu perorata? Tienes razón, hijo mío.
19 Nosotros no teníamos esas cosas cuando éramos jóvenes... ¡así que las inventamos!
20 Ahora, arrogante niñato [11], dime ¿qué estás haciendo tú para la próxima generación?
21 – El aplauso de los pasajeros que habían presenciado la escena fue atronador.

Note

10 Un **hombre/señor mayor** è *un uomo/signore anziano* e **una mujer/señora mayor** è *una donna/signora anziana*. Attenzione a non confondere **las personas mayores** o **la gente mayor**, *le persone anziane*, con **los mayores**, *i grandi, gli adulti*.

***

Ejercicio 1 – Traduzca

❶ Esta mañana he discutido con una señora mayor en la cola de la panadería. ❷ El 70% de los hogares lee un periódico matutino y el 30% uno vespertino. ❸ Cuando salieron a saludar, el público recibió a los actores con un aplauso atronador. ❹ Nos llevaron a una discoteca que estaba a tope y llena de pijos. ❺ En su toma de posesión el alcalde soltó una perorata que duró dos horas.

Cinquantasettesima lezione / 57

17 Dopo un breve silenzio l'anziano signore rispose:
18 – Hai finito la tua predica? Hai ragione, ragazzo *(figlio)* mio.
19 Noi non avevamo queste cose quando eravamo giovani... così le abbiamo inventate!
20 Adesso, arrogante ragazzino, dimmi, cosa stai facendo tu per la prossima generazione?
21 – L'applauso dei passeggeri che avevano assistito alla scena fu assordante.

---

11 **Un/a niñato/a** (da **un/a niño/a**) è un termine peggiorativo che indica *uno/a sbarbatello/a*. Sulla stessa lunghezza d'onda si usa **un/a pijo/a**, *un/a fighetto/a*, e anche **un/a hijo/a de papá**, *un/a figlio/a di papà*.

***

Soluzioni dell'esercizio 1

❶ Stamattina ho discusso con una signora anziana in coda alla panetteria. ❷ Il 70% delle famiglie legge un giornale del mattino e il 30% uno della sera. ❸ Quando uscirono a salutare, il pubblico accolse gli attori con un applauso assordante. ❹ Ci hanno portato in una discoteca che era piena come un uovo e zeppa di figli di papà. ❺ Durante la *(sua)* cerimonia di insediamento il sindaco attaccò una pappardella che durò due ore.

***

Con più di 3.000 km di linee, i treni ad alta velocità spagnoli **AVE** *(***alta velocidad española**, *notate in proposito che* **una ave** *indica un uccello) circolano sulla rete a grande velocità più lunga d'Europa. Grazie alla sua velocità di crociera di più di 300 km/h, offre collegamenti rapidi tra numerose città spagnole e permette di viaggiare, ad esempio, da Madrid a Barcellona in meno di 3 ore.*

Ejercicio 2 – Complete

❶ In futuro sarà tecnicamente possibile clonare non solo animali, o organi, ma anche esseri umani, cosa che scatenerà molti dibattiti etici.

En .... será .... no ....
u ...., sino también ...., lo que .... a
....

❷ Il GPS non funzionava e, siccome non conoscevano molto bene quelle strade, erano più o meno persi.

..... no les .... y, como .... muy ....
..................., andaban ....

❸ Alcune scoperte delle sonde spaziali e dei satelliti potrebbero cambiare l'aspetto del pianeta.

.... de .... y ....
podrían ....

Lección cincuenta y ocho

La nueva escritura jeroglífica

1 – ¿Estás satisfecha con tu nuevo operador?

2 – Pues sí. Todo es ilimitado, tanto los mensajes de texto, como las llamadas a fijos o a móviles [1], e ¡incluso al extranjero!

3 ¡Es el no va más! [2] ¡Y sin que me cueste un riñón! Además, he podido conservar el número de mi antiguo móvil.

Note

[1] Un (teléfono) móvil, *un (telefono) cellulare*, si dice un (teléfono) celular in America latina, dove si dice anche un llamado, *una chiamata*, e non una llamada come in Spagna. *Un cordless* è un teléfono inalámbrico.

Cinquantottesima lezione / 58

❹ Il paziente si sottopose con successo a un intervento chirurgico molto innovativo ma rischioso.
.... se sometió .... a ....
muy .... pero ....

❺ Trovo gli studenti delle nuove generazioni molto maturi.
.... a .... de .... muy
....

Soluzioni dell'esercizio 2
❶ – el futuro – técnicamente posible clonar – solo animales – órganos – seres humanos – dará lugar – muchos debates éticos ❷ El GPS – funcionaba – no conocían – bien aquellas carreteras – medio perdidos ❸ Algunos descubrimientos – las sondas espaciales – los satélites – cambiar la faz del planeta ❹ El paciente – con éxito – una intervención quirúrgica – innovadora – arriesgada ❺ Encuentro – los estudiantes – las nuevas generaciones – maduros

Cinquantottesima lezione

58

La nuova scrittura geroglifica

1 – Sei soddisfatta del tuo nuovo operatore?
2 – Oh, sì. È tutto illimitato, sia i messaggi di testo sia le chiamate a telefoni fissi o cellulari, e anche all'estero!
3   È il non plus ultra *(non va più)*! E senza costarmi un occhio della testa *(un rene)*! E poi ho potuto mantenere il numero del mio vecchio cellulare.

2 **El no va más** (invariabile) indica una cosa che non potrebbe essere migliore di come è, o anche il meglio che si possa immaginare o desiderare: **Nos llevó a una discoteca ¡que era el no va más!**, *Ci portò in una discoteca che era fantastica!*

cuatrocientos treinta y ocho • 438

4 He aprovechado para cambiar de modelo de teléfono. ¡Mira qué pasada!
5 Puedo recibir los mails [3], actualizar de manera sincronizada el contenido del portátil [4] y la tableta,
6 y cuenta con mensajería instantánea y ¡mil y una aplicaciones y funcionalidades más!
7 Fíjate, ¡pantalla táctil! Y puedes hacer virguerías [5]. Por ejemplo, hace de linterna…
8 – Sí, claro, y de sacacorchos, y también baila claqué…
9 – ¡No te cachondees [6]!
10 – ¿Ese botón para qué sirve?
11 – Ni idea, todavía no he tenido tiempo de leer las instrucciones.
12 – La mayor parte de las veces tienes la impresión de utilizar solo una parte ínfima de las posibilidades que te brindan [7] las nuevas tecnologías.

Note

3 *Una mail* (maschile in spagnolo) si può dire **un mail**, **un e-mail** *[imeil]* o **un correo electrónico** e, in modo scherzoso, **un emilio**. A partire da **mail** e dalle sue varianti, si ottengono i verbi **emailear** e **imailear** per *inviare una mail*: **Emailéame el contrato cuando puedas**, *Quando puoi mandami il contratto per posta elettronica*.

4 *Un (computer) portatile* si dice **un (ordenador) portátil**.

5 In riferimento a un oggetto, **una virguería** indica in linguaggio colloquiale *una meraviglia*. **Este robot de cocina es una verdadera virguería**, *Questo robot da cucina è una vera meraviglia*; **hacer virguerías** corrisponde a *fare meraviglie, fare virtuosismi*: **Esta cantante hace virguerías con la voz**, *Questa cantante fa meraviglie con la voce*. Ma **una virguería** indica anche qualcosa di superfluo e inutile: **Esta cámara está llena de virguerías que ni sé para qué**

Cinquantottesima lezione / 58

4 Ne ho approfittato per cambiare il modello del telefono. Guarda che forte!
5 Posso ricevere le mail, sincronizzare *(attualizzare in modo sincronizzato)* il contenuto del portatile e del tablet,
6 e ha anche *(conta su)* una messaggistica istantanea e altre mille *(e una)* applicazioni e funzionalità!
7 Guarda, touchscreen! E puoi fare meraviglie. Ad esempio, fa da torcia...
8 – Sì, certo, e da cavatappi, e balla anche il tip tap...
9 – Non prendermi in giro!
10 – [E] a cosa serve quel bottone?
11 – Non ne ho idea, non ho ancora avuto il tempo di leggere le istruzioni.
12 – La maggior parte delle volte hai l'impressione di usare solo un'infima parte delle possibilità che ti offrono le nuove tecnologie.

---

sirven, *Questa macchina fotografica è piena di congegni che non so neanche a cosa servano.*

6 **El cachondeo** è *la baldoria*, **estar de cachondeo** è un sinonimo di **cachondearse**, *prendersi gioco di*; **tomar algo a cachondeo** vuol dire *non prendere sul serio*. Nella stessa famiglia c'è **cachondo/a**, che significa *spiritoso/a, burlone/a*, ma che volgarmente fa anche riferimento all'eccitazione sessuale: **estar cachondo/a**, *essere eccitato/a, arrapato/a*, **ponerse cachondo/a**, *eccitarsi*.

7 **Brindar** vuol dire *offrire, dare*: **El Ayuntamiento brindó el teatro para representaciones benéficas**, *Il Comune offrì il teatro per rappresentazioni benefiche*; **Las vacaciones me brindan la ocasión de leer**, *Le vacanze mi danno l'occasione di leggere*. **Brindarse a** significa *proporsi per* qualcosa senza aspettarsi niente in cambio: **Se brindó a enseñarme la ciudad**, *Si offrì di mostrarmi la città*. Ovviamente senza dimenticare il senso più mondano di **brindar**: *brindare, fare un brindisi!*

cuatrocientos cuarenta • 440

13 – Para eso los jóvenes son mejores que nosotros. ¡Ellos llegaron enchufados, con un ordenador bajo el brazo!
14 Le preguntaré a mi hijo... Mira, ¡hablando del Papa de Roma, por la puerta asoma [8]!
15 Me acaba de enviar un mensaje. A ver qué me cuenta... No, pero bueno, ¿qué es este galimatías?
16 ¡Eso no hay Dios [9] que lo entienda! ¡Me desespera! Un momento, que lo llamo.
17 "Sí, ¿Javier? Soy mamá. Sí, he recibido tu mensaje pero no entiendo ni papa [10].
18 Que te tengo dicho que me escribas normal, ¿vale?
19 Así que, si quieres una respuesta, vuelve a enviármelo, pero esta vez... ¡no me hables en chino [11]!"

Note

8 **Asomar(se)**, *affacciarsi, mostrarsi, spuntare*, è un verbo che è difficile da tradurre quando è legato a parti del corpo: **Asomó la cabeza por la puerta**, *Sbirciò dalla porta*.

9 **Dios**, *Dio*, protagonista di numerose espressioni spagnole, più o meno blasfeme, vuol dire, a volte, *nessuno*: **A la reunión no vino ni Dios**, *Alla riunione non venne un cane*; al contrario, **todo Dios** indica *tutti*: **Hoy en día todo Dios tiene móvil**, *Oggigiorno tutti hanno un cellulare*.

10 **La papa** indica in America latina, e a volte in Spagna, *la patata*. Non c'è alcuna relazione con l'espressione **ni papa** che vuol dire *per niente*: **De informática no sé ni papa**, *Non mi intendo per niente di informatica*. E niente a che vedere neanche con **el papa** (frase 14), il più alto rappresentante della Chiesa cattolica, *il Papa!*

11 **Hablar en chino**, *parlare in cinese*, si usa per far riferimento a una lingua che non si capisce. Di seguito altre espressioni che fanno

Cinquantottesima lezione / 58

13 – Per queste cose i giovani sono meglio di noi. Loro sono nati *(arrivati)* collegati, con un computer sotto il braccio!

14 Lo chiederò a mio figlio... To' *(Guarda)*, si parla del diavolo e ne spuntano le corna *(del Papa di Roma e si affaccia alla porta)*!

15 Mi ha appena mandato un messaggio. Vediamo cosa mi dice... No, ma... allora, non ha senso *(cos'è questo senza senso)*?

16 Non lo capisce nessuno *(Non c'è Dio che lo capisca)*! Mi fa disperare! [Aspetta] un momento che lo chiamo.

17 "Sì, Javier? Sono la mamma. Sì, ho ricevuto il tuo messaggio ma non ci capisco un'acca *(non capisco neanche papà)*.

18 Ti ho detto di scrivermi normalmente, OK?

19 Dunque, se vuoi che ti risponda mandamelo di nuovo, ma stavolta non parlare arabo *(non parlarmi in cinese)*!"

allusione a questa nazionalità: **ser un trabajo de chinos**, *essere un lavoro da certosino*; **trabajar como un chino**, *lavorare come uno schiavo*; **un cuento chino**, *una frottola*; **Te han engañado como a un chino**, *Ti hanno imbrogliato alla grande*.

58 / Lección cincuenta y ocho

Ejercicio 1 – Traduzca

❶ Mi madre, con unos metros de tela, una aguja e hilo, es capaz de hacerte una virguería en unas pocas horas. ❷ El profesor amenazó con castigar a toda la clase y los alumnos se lo tomaron a cachondeo. ❸ No dudo que este aparatito os haya costado un riñón, el caso es que ¡os han engañado como a chinos! ❹ Muchos viandantes me vieron caer en la calle, algunos hicieron fotos con la cámara, y ¡ni Dios me brindó ayuda! ❺ Se me averió el coche y yo no sé ni papa de mecánica.

Ejercicio 2 – Complete

❶ Nelle istruzioni dicono che quando il portatile è acceso non si deve premere il bottone rosso.
En .... dice que cuando .... está .... no hay que apretar ....

❷ L'esploratore diresse la sua lanterna verso una parete del tempio e scoprì alcuni geroglifici in perfetto stato di conservazione.
.... dirigió .... a .... del ...... y .... en .... de ....

❸ Tutti i nostri nuovi modelli di cellulare sono dotati di un touch-screen a colori a cristalli liquidi con una risoluzione molto alta.
Todos nuestros .... de ..... van .... con .... en ..... de .... con ... .

Cinquantottesima lezione / 58

Soluzioni dell'esercizio 1

❶ Mia madre con qualche metro di tela, ago e filo è capace di farti una meraviglia in poche ore. **❷** Il professore ha minacciato di punire tutta la classe e gli alunni non l'hanno preso sul serio. **❸** Non ho dubbi che questo aggeggino vi sia costato un occhio della testa, ma si dà il caso che vi abbiano imbrogliati alla grande! **❹** Molti passanti mi hanno visto cadere per strada, alcuni mi hanno fatto una foto con la macchina fotografica, ma nessuno mi ha aiutato! **❺** La mia macchina si è rotta e io non ci capisco un'acca di meccanica.

***

❹ Utilizzo soltanto una minima parte delle applicazioni e delle funzionalità che ha il mio computer e ignoro a cosa serva la maggior parte di esse!

Solo .... una .... de .... y ... . de que ...., ¡desconozco .... de .....!

❺ Non trovavamo il cavatappi da nessuna parte; fortunatamente qualcuno ha aperto la bottiglia e abbiamo potuto brindare alla salute di tutti.

No .... por ....; .... y .... a .. ..

Soluzioni dell'esercizio 2

❶ – las instrucciones – el portátil – enchufado – el botón rojo **❷** El explorador – su linterna – una pared – templo – descubrió unos jeroglíficos – perfecto estado – conservación **❸** – nuevos modelos – móvil – equipados – una pantalla táctil – color – cristal líquido – una resolución muy alta **❹** – aprovecho – parte ínfima – las aplicaciones – las funcionalidades – dispone mi ordenador – para qué sirve la mayor parte – ellas **❺** – encontrábamos el sacacorchos – ninguna parte; afortunadamente alguien abrió la botella – pudimos brindar – la salud de todos

cuatrocientos cuarenta y cuatro • 444

Lección cincuenta y nueve

Un as [1] de la informática

1 – Luis, hijo, ¿me puedes echar una mano?
2 He entrado en mi cuenta para consultar los mensajes y el ordenador se ha quedado colgado [2].
3 Lo he reiniciado y, ahora, me pide una contraseña para iniciar la sesión.
4 ¡Y yo no tengo la más remota [3] idea de cuál es la dichosa contraseña!
5 – Déjame ver... Sí. Si aprieto esta tecla, debería volver a funcionar...
6 – Pues no, ahora ni el teclado ni el ratón responden...
7 Pero... ¿qué es ese pantallazo [4] azul? Y aparece un mensaje de error.
8 – No te pongas nerviosa. Pero si es un virus, ¡estamos apañados [5]!

Note

1 **El as** indica una carta, *l'asso*; in senso figurato indica qualcuno che eccelle in una attività: **un as del volante/balón**, *un asso del volante/pallone*. **Tener un as en la manga** vuol dire *avere un asso nella manica*, e **sacarse un as de la manga**, *tirare fuori un asso dalla manica*.

2 In informatica **colgar**, *appendere*, indica il fatto di *mettere, caricare* un'informazione o un contenuto su Internet: **He colgado varias fotos de mis vacaciones en mi página**, *Ho pubblicato varie foto delle mie vacanze sulla mia pagina*. **Colgar(se)** indica in modo colloquiale il fatto di *bloccar(si)*: **Has dado tantas órdenes seguidas que has dejado colgado el ordenador**, *Hai dato così tanti comandi di seguito che il tuo computer si è bloccato*.

Cinquantanovesima lezione

Un asso dell'informatica

1 – Luis, tesoro *(figlio)*, mi puoi dare una mano?
2 Sono entrato nel mio account per vedere i messaggi e il computer si è bloccato.
3 L'ho riavviato e adesso mi chiede una password per cominciare la sessione.
4 E non ho la più pallida idea di quale sia la maledetta password!
5 – Fammi vedere… Sì, se premo questo tasto dovrebbe riprendere a funzionare…
6 – E invece no, adesso non rispondono né la tastiera né il mouse…
7 Ma… cos'è questa schermata blu? E compare un messaggio di errore.
8 – Non innervosirti. Ma se è un virus siamo a posto!

---

3 **Remoto/a** vuol dire *lontano/a* fisicamente, ma anche in senso figurato: **un país remoto**, *un Paese lontano*; **un dron dirigido por control remoto**, *un drone telecomandato*; **posibilidades remotas**, *remote possibilità*; **un remoto recuerdo**, *un vago ricordo*.

4 **Un pantallazo azul** (conosciuto anche come **pantalla azul de la muerte**) fa riferimento alla schermata blu che compare quando il sistema operativo si trova ad affrontare un errore irrecuperabile e deve riavviarsi. Diversamente, **un pantallazo** (accrescitivo di **una pantalla**, *uno schermo*) corrisponde a *uno screenshot*.

5 **Apañado/a**, *adatto/a, esperto/a*: **Este vestido me lo ha confeccionado una amiga muy apañada para la costura**, *Questo vestito me l'ha confezionato un'amica molto esperta di cucito*. **¡Estamos apañados!** vuol dire *Stiamo freschi!*, e **¡Estaríamos apañados!**, *Ci mancherebbe altro!*

9 ¿Has abierto algún archivo [6] o alguna foto que te hayan mandado?

10 ¿Has instalado actualizaciones? ¿Has bajado [7] algún programa raro de internet?

11 – ¿Qué estás insinuando? Si te doy la vara con lo de que no piratees, ¡no es para luego hacerlo yo!

12 – ¡Bueno, bueno, tranqui [8]! ¡Ah! Parece que funciona de nuevo...

13 – ¿Sí? ¡Estupendo! ¡Qué alivio! Oye, ya que estás aquí, ¿cómo hago para guardar una foto?

14 El copiar y pegar no funciona...

15 – Si haces clic en el botón derecho [9], te sale un menú en el que está la opción "Guardar en...".

16 Pues solo le tienes que indicar el camino, si quieres guardarla en el escritorio [10], en "Mis documentos", en el lápiz [11]...

17 – ¡Ah, vale! Y tampoco veo dónde se ha metido el documento que he bajado...

18 – A ver... Sí, las descargas van a esta carpeta.

19 Para ponerlo en la que tienes los documentos, basta con arrastrarla con el ratón de una carpeta a otra...

Note

[6] Si usa, meno frequentemente, anche **un fichero** per indicare *un file*; **un adjunto** è *un allegato*.

[7] *Scaricare* da Internet sul proprio dispositivo si dice **descargar** o, in modo più colloquiale, **bajar**; mentre *caricare* dal proprio dispositivo su Internet si dice **cargar**, **colgar** o **subir**.

[8] **Tranqui**, come in italiano (ma attenzione alla pronuncia), *tranqui*: è un'abbreviazione di **tranquilo/a** e si usa nel linguaggio colloquiale giovanile per tranquillizzare qualcuno.

Cinquantanovesima lezione / 59

9 Hai aperto qualche file o qualche foto che ti hanno mandato?
10 Hai installato degli aggiornamenti? Hai scaricato qualche programma strano da Internet?
11 – Cosa stai insinuando? Se ti rompo sempre con la storia di non piratare non è che poi mi metto a farlo io!
12 – Va bene, va bene, tranqui! Ah! Sembra che abbia ripreso a funzionare...
13 – Davvero *(Sì)*? Fantastico! Che sollievo! Senti, già che ci sei, come faccio per salvare una foto?
14 Il copia e incolla non funziona...
15 – Se fai clic sul pulsante destro esce un menù in cui c'è l'opzione "Invia a...".
16 Devi solo indicare il percorso, se vuoi salvarla sul desktop, nei "Miei documenti", sulla chiavetta *(matita)*...
17 – Ah, va bene! E non vedo neanche dove è finito *(si è messo)* il documento che ho scaricato...
18 – Vediamo... Sì, i download vanno in questa cartella.
19 Per metterlo in quella che contiene i tuoi documenti basta trascinarla con il mouse da una cartella all'altra...

---

9 Il verbo corrispondente a *cliccare* è **clicar**, **cliquear**, o, più semplicemente, **hacer clic**: **Clica con el botón derecho del ratón**, *Clicca con il tasto destro del mouse*; **Haz dos veces clic**, *Fai clic due volte*.

10 **Un escritorio** è *una scrivania* (il pezzo di arredamento), ma in campo informatico è naturalmente *il desktop*. **El despacho** è invece *la scrivania*, *la stanza* di **un oficinista**, *un impiegato*.

11 In informatica **un lápiz**, *una matita*, è anche **un lápiz (de memoria/USB)**, *una chiavetta USB*; questo oggetto è anche chiamato **un pen, un pendrive** *[pendraiv]*, **un pincho, una memoria USB, una llave de memoria** ecc.

20 – Muchas gracias, Luis. ¿Ya has hecho los deberes?
21 – Precisamente venía a pedirte si podías ayudarme a repasar las tablas de multiplicar.
22 Estamos empezando a aprenderlas y me cuesta un poco entenderlas…

***

Ejercicio 1 – Traduzca

❶ Con el nuevo sistema operativo se disminuye la posibilidad de que el ordenador se cuelgue al abrir múltiples aplicaciones al mismo tiempo. ❷ Si lo que acabas de contarme es cierto, ¡estamos apañados! ❸ El profe nos dijo que hoy repasaríamos el capítulo cuatro. ❹ ¡Deja de dar la vara para que te ponga las fotos de las vacaciones en el lápiz! ❺ Haz un pantallazo del mensaje que te sale y envíamelo adjunto en un correo electrónico.

20 – Grazie mille, Luis. Hai già fatto i compiti?
21 – Ero venuto appunto a chiederti se mi potevi aiutare a ripassare le tabelline.
22 Stiamo cominciando a impararle e faccio un po' fatica a capirle…

***

Soluzioni dell'esercizio 1

❶ Con il nuovo sistema operativo diminuisce la possibilità che il computer si blocchi quando si aprono più applicazioni allo stesso tempo. ❷ Se quello che mi hai appena raccontato è vero, stiamo freschi! ❸ Il prof ci ha detto che oggi avremmo ripassato il capitolo quattro. ❹ Smettila di rompere per farti mettere le foto delle vacanze sulla chiavetta! ❺ Fai uno screenshot del messaggio che ti viene fuori e mandamelo in allegato con una mail.

Se il dubbio vi perseguita, vi confermiamo che sulla tastiera spagnola sono naturalmente presenti i caratteri e i segni propri dello spagnolo, come la ñ o i punti interrogativo ed esclamativo rovesciati (¿ e ¡) da porre a inizio frase.

Ejercicio 2 – Complete

❶ La differenza tra copiare e tagliare è che quando si copia duplichi l'informazione, mentre quando si taglia sopprimi il testo, l'immagine ecc. da dove stava e lo conservi nella memoria per metterlo da un'altra parte.

.... entre ...... y ...... es que al ....
.... al ...... suprimes ...., la
...... etc., de .... y lo .... en .... para
....

❷ È impossibile aprire la sessione per consultare i messaggi senza la password.

Es .... para .... sin ....

❸ Utilizza il mouse per trascinare sul desktop il file che hai scaricato nella cartella dei download.

.... para .... al .... que
.... en .... de ....

❹ In un'epoca lontana, in una città le cui strade erano state invase da migliaia di topi, arrivò un uomo un po' strano, un pifferaio...

En ...., en .... habían .....
.... por ...., ... un poco ....,
un flautista...

***

Cinquantanovesima lezione / 59

❺ L'impiegato arrivò in ufficio, entrò nella sua stanza e lesse i documenti che c'erano sulla sua scrivania.

.... a ...., ... en .... y ....
.... que ..... en ....

Soluzioni dell'esercizio 2
❶ La diferencia – copiar – cortar – copiar duplicas la información mientras que – cortar – el texto – imagen – donde estaba – guardas – la memoria – colocarlo en otro sitio **❷** – imposible iniciar la sesión – consultar los mensajes – la contraseña **❸** Utiliza el ratón – arrastrar – escritorio el archivo – has bajado – la carpeta – descargas **❹** – una época remota – una ciudad cuyas calles – sido invadidas – miles de ratones, llegó un hombre – raro **❺** El oficinista llegó – la oficina, entró – su despacho – leyó los documentos – había – su escritorio

***

Lección sesenta

No hay rosas sin espinas... [1]

1 – Mari, que me he enterado [2] de que sales [3] ahora con un chico.
2 – Sí, Damián. Es desarrollador o algo así. Yo es que no entiendo de estas cosas...
3 A veces me cuenta cosas acerca de programación, software [4], procesadores, configuración de redes, compiladores y otras cosas complicadísimas.
4 Es un chico fascinante y muy atento. Pero hay algunas cosas raras en su comportamiento que me inquietan...
5 Por ejemplo, el día en que le enseñé mi ordenador, me dijo que aquello era un desastre
6 y empezó a reconfigurar y cambiar todos los parámetros;

Note

[1] Il proverbio completo cita **No hay rosas sin espinas ni paraíso sin serpiente**, *Non ci sono rose senza spine né paradiso senza serpente*, e indica che non c'è piacere senza pena, né gioia senza un briciolo di tristezza.

[2] **Enterarse de** vuol dire *sapere,* in riferimento a una notizia, un'informazione, ma ha anche il senso di *rendersi conto* e di *comprendere*: **estar enterado/a**, *essere al corrente*; **no darse por enterado/a**, *fare orecchie da mercante*; **Me he enterado del robo por la vecina**, *Ho saputo della rapina dalla vicina*; **¡Se va a enterar de quién soy yo!**, *Saprà chi sono io!*; **No molestaré, ni te vas a enterar de que**

Sessantesima lezione

Non ci sono rose senza spine

1 – Mari, *(che)* ho scoperto che adesso esci con un ragazzo.
2 – Sì, Damián. È uno sviluppatore o qualcosa di simile *(così)*. Io non me ne intendo di queste cose...
3 A volte mi racconta di programmazione, di software, di processori, di configurazione di reti, di compilatori e altre cose complicatissime.
4 È un ragazzo affascinante e molto attento. Ma ci sono alcune cose strane nel suo comportamento che mi inquietano...
5 Ad esempio, il giorno in cui gli ho mostrato il mio computer, mi ha detto che *(quello)* era un disastro
6 e ha cominciato a riconfigurare e cambiare tutti i parametri;

estoy, *Non darò fastidio, non ti accorgerai neanche che sono qui*; **No quiero acompañarte, ¿te enteras?**, *Non voglio accompagnarti, hai capito?*

3 **Salir con alguien** significa *uscire con qualcuno*, avere una relazione amorosa; quando questa finisce si dice **cortar con alguien**, *rompere con qualcuno*: **He cortado con mi novio**, *Ho rotto con il mio ragazzo*.

4 In ambito informatico le parole di provenienza inglese sono naturalmente onnipresenti, anche quando esiste un equivalente spagnolo; è il caso di **software** *[softguer]*, che può essere rimpiazzato da **programas, aplicaciones,** o **soporte lógico**; allo stesso modo, **hardware** *[jardguer]* può essere sostituito da **soporte físico**, o semplicemente **equipo**.

60 / Lección sesenta

7 le brillaban los ojos y tengo la impresión de que estaba tan emocionado o más que el día de nuestro primer beso.

8 – ¡No será para tanto! Estoy segura de [5] que exageras como de costumbre. Y de todos modos, nadie es perfecto.

9 – Está hecho todo un friki de la informática.

10 Para él, el acabose de lo romántico parece ser pasar una velada [6] en casa comiendo pizzas y jugando con los videojuegos.

11 – Todos los hombres son así…

12 – Pero tiene sobre todo una manía [7] que me pone de los nervios.

13 Cuando vamos a un bar, un restaurante o al [8] cine, me coge la mano…

14 – ¡Qué cariñoso!

15 – Mujer, cariñoso, cariñoso, tampoco… [9]

Osservazioni sulla pronuncia

(10) Nelle parole di origine italiana la doppia **zz** si pronuncia *[tz]*, es. una pizza *[pitsa]*, la mozzarella *[motsarela]* ecc., mentre nelle parole di origine anglosassone si pronuncia *[ss]*: un jacuzzi© *[yacussi]*; el jazz *[yass]*; un buzz *[bass]*…

Note

5 Le costruzioni verbali che reggono **de** + nome sono sempre seguite dalla preposizione, anche quando questa precede una frase intera: **Estoy contenta de tu llegada/de que vengas**, *Sono contenta del tuo arrivo/che tu venga*; **Los clientes se quejaron del ruido/de que las habitaciones eran ruidosas**, *I clienti si lamentarono del rumore/del fatto che le stanze fossero rumorose* (v. anche lezione 63).

6 Sapete già (v. lezione 30) che **una velada** indica *una serata*, con riferimento alla parte del giorno situata tra il calar del sole e il momento in cui si va a letto. Per riferirsi a *un ricevimento, un evento*, anche serale, si usa sempre **una fiesta**: **El viernes organizamos una fiesta**, *Venerdì organizziamo una festa*.

Sessantesima lezione / 60

7   gli luccicavano gli occhi e ho l'impressione che fosse tanto emozionato, o forse più, quanto il giorno del nostro primo bacio.
8 – **Non sarà la fine del mondo** *(Non sarà per tanto)*! Sono sicura che esageri come al solito. E in ogni caso, nessuno è perfetto.
9 – È *(fatto tutto)* un fanatico dell'informatica!
10   Per lui, il massimo del romanticismo sembra che sia passare una serata in casa a mangiare pizza e a giocare con i videogiochi.
11 – Tutti gli uomini sono così...
12 – Ma ha soprattutto una mania che mi dà sui nervi.
13   Quando andiamo al bar, al ristorante o al cinema, mi prende la mano...
14 – Che affettuoso!
15 – Cara mia, ma che affettuoso e affettuoso *(Donna, affettuoso, affettuoso, nemmeno)*...

---

7 Non confondete **tener una manía**, *avere una mania*, con **tener manía a alguien/algo**, *avere/provare antipatia per qualcuno/qualcosa*, **coger/tomar manía a alguien** vuol dire *prendere di mira qualcuno*: ¡**La profe me tiene manía!**, *La prof mi ha preso di mira!*

8 Generalmente in spagnolo non si ripete una preposizione davanti a una successione di parole della stessa categoria: **un producto para los niños y toda la familia**, *un prodotto per i bambini e per tutta la famiglia*; **El libro trata de amor y pasión**, *Il libro tratta di amore e passione*. Troverete altre informazioni nella prossima lezione di ripasso.

9 La ripetizione di una parola serve a rafforzare il senso della parola in questione e tende a precisare le cose e a metterle semanticamente in rilievo: **¡Esas cosas no las hace un hombre, hombre!**, *Quelle cose non le fa un uomo vero!*; **Guapa, guapa, no es, pero tiene mucho encanto**, *Non è proprio bella, ma ha molto fascino*; **Hablar, hablar, no hablaron; más bien gritaron**, *Non è che hanno parlato, hanno proprio gridato*.

cuatrocientos cincuenta y seis • 456

16 Me coge la mano y me la arrastra sobre la mesa o sobre el apoyabrazos de la butaca del cine
17 ¡como si estuviera moviendo un ratón sobre un tapete!
18 Y ya el colmo [10], lo que de verdad no soporto, es que, de vez en cuando, ¡me hace doble clic en los nudillos!
19 – Pero bueno... ¿Será [11] posible?

Note

10 **El colmo**, *il colmo*, indica il grado massimo ed ha valore positivo; in questo caso lo si può sostituire con **el sumun**, **el acabose** (frase 10), vedere **el no va más** (lezione 58, frase 3): **Para mí, el colmo de la elegancia en una mujer es llevar sombrero**, *Per me il massimo dell'eleganza per una donna è portare un cappello*. Tuttavia questo termine ha anche un carattere negativo quando esprime l'essere stufi: **el colmo de la mala fe**, *il colmo della mala fede*; **para colmo**, *per di più*; **ser el colmo**, *essere il colmo*.

11 Il futuro serve a esprimere sorpresa, estraneità o disapprovazione davanti a una situazione o a un fatto presente, passato o futuro, in

***

Ejercicio 1 – Traduzca

❶ Le tengo manía a la gente que habla en voz alta por el móvil. **❷** Para que te enteres, ¡no pienso ayudarte! **❸** Nos pasamos toda la velada recordando los viejos tiempos y contando anécdotas de nuestra juventud. **❹** Habíamos quedado para salir. Me tuvo esperando una hora y, cuando la llamé, me dijo que estaba cansada e iba a quedarse en casa. ¡Fue el colmo! **❺** Los nuevos tapetes brindan la precisión que se necesita en el manejo del ratón para una navegación óptima por la pantalla.

Sessantesima lezione / 60

16 Mi prende la mano e me la trascina sopra il tavolo o sopra il bracciolo della poltrona del cinema,
17 come se stesse muovendo un mouse sopra un tappetino!
18 E il colmo è, e davvero non lo sopporto, che di tanto in tanto mi fa un doppio clic sulle nocche!
19 – Ma no... Non ci credo! *(Ma bene, sarà possibile?)*

esclamazioni e domande: – **Voy a pedirle un aumento a mi jefe. – ¡No tendrás valor!**, – *Voglio chiedere un aumento al mio capo. – Non ne avrai il coraggio!*; – **¿Viste a Rosa en la fiesta? – Sí, ¿y querrás creer que ni me saludó?**, – *Hai visto Rosa alla festa? – Sì, e ci credi che non mi ha neanche salutato?*

***

Soluzioni dell'esercizio 1
❶ Provo antipatia per le persone che parlano a voce alta al cellulare.
❷ Perché tu lo sappia, non intendo aiutarti! ❸ Abbiamo passato tutta la serata ricordando i vecchi tempi e raccontando aneddoti della nostra giovinezza. ❹ Eravamo d'accordo per uscire. Sono stato ad aspettare un'ora e, quando l'ho chiamata, mi ha detto che era stanca e sarebbe restata a casa. È stato il colmo! ❺ I nuovi tappetini offrono la precisione che serve per maneggiare il mouse per un'ottima navigazione sullo schermo.

Ejercicio 2 – Complete

❶ Il tuo computer mostra segni evidenti di mal funzionamento che mi preoccupano, temo che tu debba riconfigurare tutti i parametri.

.... muestra .... de .... que me ...., me .... que ...... que ....

❷ Ana e Javier sono stati fidanzati, sono usciti insieme per tre anni e hanno rotto da poco per una storia di gelosia.

Ana y Javier ...., estuvieron .... , y .... hace .... por ....

❸ Si sono dati il primo bacio una sera d'estate sulla spiaggia. È stato il massimo del romanticismo *(romantico)*!

Se .... de ...... en .... ¡Fue .... de lo ....!

61

Lección sesenta y uno

Atrapada por la Red [1]

1 – ¿Qué estás haciendo en el ordenador, Aurora? ¿No tienes deberes?

2 – Estoy mirando una cosa en internet.

3 – ¡Cada dos por tres [2] estás pegada a las redes sociales! ¡No es posible, Aurora!

Note

[1] In maiuscolo **la Red** indica *la Rete*, cioè *Internet*. Una **red** indica invece un qualunque tipo di *rete*: **Cayó en la red de una secta**, *È caduto nella rete di una setta*.

[2] Molte espressioni contengono numeri: **ser un cero a la izquierda**, *essere uno zero assoluto*; **no ver tres en un burro**, *non vederci un*

❹ Mi innervosisce che tu passi le serate a giocare con i videogiochi! Esageri un po'!

¡ . . . . que te . . . . con . . . . ! ¡ . . . . un . . . . !

❺ Il mio vicino è fissato con gli animali e a casa sua ha un vero zoo, serpenti inclusi!

. . . . es . . . . de . . . . y . . . . en . . . . . . , ¡con . . . . incluso!

Soluzioni dell'esercizio 2

❶ Tu ordenador – signos evidentes – mal funcionamiento – inquietan – temo – tengas – reconfigurar todos los parámetros ❷ – fueron novios – saliendo juntos durante tres años – cortaron – poco tiempo – una historia de celos ❸ – dieron el primer beso una noche – verano – la playa – el sumun – romántico ❹ Me pone de los nervios – pases las veladas jugando – los videojuegos – Exageras – poco ❺ Mi vecino – un friki – los animales – tiene un verdadero zoo – su casa – serpientes –

Sessantunesima lezione

Presa dalla rete

1 – Cosa stai facendo al computer, Aurora? Non hai compiti?

2 – Sto guardando una cosa su Internet.

3 – Ogni due per tre sei attaccata ai social network! Non è possibile, Aurora!

---

tubo; **buscarle tres pies al gato**, *cercare il pelo nell'uovo*; **¡Choca esos cinco!**, *Dammi il cinque!*; **ser más chulo que un ocho**, *essere uno spaccone*; **meterse en camisa de once varas**, *fare il passo più lungo della gamba*; **cantarle las cuarenta a alguien**, *cantarne quattro a qualcuno*...

4 ¡Si perdieras menos tiempo en este tipo de sitios, sacarías mejores notas!

5 – ¡Mamá, este trimestre he aprobado [3] todas las asignaturas, no me han suspendido [4] ninguna.

6 ¡Incluso me han puesto dos sobresalientes [5]!

7 – ¡No te puedes pasar todo el santo día navegando por internet y chateando [6]!

8 – Mamá, solo un momento. Estoy actualizando mi perfil.

9 – Déjame ver lo que estás haciendo, que no me fío ni un pelo [7]… ¡Ah, veo que has colgado la foto del parque de atracciones en la que estamos en la montaña rusa!

10 – Sí. A todas mis compañeras de clase les ha molado cantidad. Me han dejado muchos comentarios en relación con [8] mi estado.

Note

3 **Aprobar** vuol dire *passare* (un esame), *essere promosso, avere la sufficienza*: **He aprobado inglés**, *Ho passato [l'esame di] inglese*; **Me han aprobado en química**, *Mi hanno promosso in chimica*. Si dice anche **sacar un aprobado**, *prendere la sufficienza*: **Saqué un aprobado en mates**, *Ho avuto la sufficienza in matematica*.

4 **Suspender**, *essere bocciato, essere respinto* (a un esame), *non avere la sufficienza*: **He suspendido física**, *Non ho passato fisica*; **Me suspendieron historia**, *Sono stato bocciato in storia*. Si dice anche **sacar un suspenso**, *prendere un'insufficienza*: **Saqué un suspenso en (ciencias) naturales**, *Ho preso un'insufficienza in scienze*.

5 Ecco la griglia delle valutazioni e dei voti in Spagna (notate che, a differenza della nostra, la sufficienza è 5): **Matrícula de Honor** = più del massimo (per ricompensare un percorso) ≈ *10 e lode*; **Sobresaliente** = 9-10/10 ≈ *ottimo*; **Notable** = 7-8/10 ≈ *buono*; **Bien** = 6/10 ≈ *discreto*; **Suficiente** = 5/10 ≈ *sufficiente*; **Insuficiente** = 0-4/10 ≈ *insufficiente*; **No Presentado** = *Non classificabile*.

Sessantunesima lezione / 61

4 Se tu perdessi meno tempo in questo tipo di siti, prenderesti dei voti migliori!

5 – Mamma, questo trimestre ho preso bei voti in tutte le materie, non ho avuto nessuna insufficienza.

6 Mi hanno anche dato *(mi hanno messo)* due 10!

7 – [Ma] non puoi passare tutto il santo giorno navigando in Internet e chattando!

8 – Mamma solo un momento, sto aggiornando il mio profilo.

9 – Fammi vedere quello che stai facendo, che non mi fido per niente *(né un pelo)*... Ah, vedo che hai caricato la foto del parco di divertimenti in cui siamo sulle montagne russe!

10 – Sì. A tutte le mie compagne è piaciuta un sacco. Hanno lasciato tanti commenti *(in riferimento)* al mio stato.

---

6 **Chatear** si dice anche **charlar**, **un chat**, *una chat* quindi si può tradurre con **una charla**; **un/a chateador/a** o **un/a chatero/a** indica *un/a partecipante a una chat* e **el chateo** è l'azione di chattare. Curiosamente, **un chato** è anche *un bicchiere di vino*, **el chateo** è il fatto di bere qualche bicchiere e **chatear** è dunque *bere un bicchiere di vino*: **Salimos a chatear**, *Siamo usciti a berci qualche bicchierino*.

7 **El pelo**, *il pelo, i capelli*, è protagonista di numerose espressioni: **a contrapelo**, *contropelo*; **con pelos y señales**, *con tutti i particolari*; **de medio pelo**, *da quattro soldi, di basso livello*; **no tener pelos en la lengua**, *non avere peli sulla lingua*; **no tener un pelo de tonto**, *essere molto sveglio*; **por los pelos**, *all'ultimo momento, al pelo*; **soltarse el pelo**, *scatenarsi*; **tirarse de los pelos**, *prendersi per i capelli*; **tomarle el pelo a alguien**, *prendere in giro*; **venir al pelo**, *arrivare al momento giusto*...

8 Attenzione! L'espressione è **en relación con** o **con relación a**, *in rapporto a*. Evitate l'errore frequente **en relación a*!

11 ¡Más de 25 amigos han hecho "Me gusta"!
¡Algunos hasta la han compartido en su muro!

12 – ¡Tienes 749 amigos! Pero, ¿cómo es posible?

13 – Pues los compañeros de la escuela y los de la clase de natación.

14 – ¡Aurora! ¿Qué significa "Tiene una relación"?

15 – Pues sí... Salgo con un chico de mi clase.

16 – ¡Aurora, quita eso inmediatamente! Si fueras un poco mayor, sería diferente, pero ¡eres todavía demasiado joven!

17 Y, para más inri [9], ¡todo el mundo estaba al corriente menos yo!

18 – ¡Mamá, tengo derecho a tener una vida privada como toda persona humana [10]!

19 – ¡A mí no me vengas con [11] tonterías, que todavía no has cumplido ni los 13!

20 Oye... ¿y eso? ¿Qué es esa fiesta de la foto? Pero ¡si es nuestra casa y nuestro salón!

21 ¿Quién es toda esa gente junto a [12] la que estás? ¿Cuándo fue eso? El fin de semana pasado... ¡Cuando te quedaste sola para "estudiar"!

22 Ahora entiendo las manchas en la alfombra, los arañazos en los muebles y el jarrón roto.

23 ¿Así que fue el perro quien los hizo jugando? Ya veo, ya... ¡Aurora, exijo una explicación!

Note

9 Ancora un'espressione proveniente dalla religione cristiana, allude a INRI (abbreviazione di "Iesus Nazarenus Rex Iudaeorum", *Gesù Nazareno Re dei Giudei*, iscrizione ironica che Ponzio Pilato avrebbe fatto scrivere sulla croce di Gesù.

10 Una persona humana, *una persona umana*... bisogna evitare questo genere di ripetizioni, chiamate pleonasmi. Per approfondire, l'appuntamento è alla prossima lezione di ripasso.

Sessantunesima lezione / 61

11 Più di 25 amici mi hanno messo un "mi piace"! Alcuni l'hanno addirittura condiviso sulla loro pagina!
12 – Hai 749 amici! Ma com'è possibile?
13 – Beh, i compagni di scuola e quelli del corso di nuoto.
14 – Aurora! Cosa vuol dire "Impegnata"?
15 – Eh, sì... Esco con un ragazzo della mia classe.
16 – Aurora, toglilo subito! Se tu fossi un po' più grande sarebbe diverso, ma sei ancora troppo giovane!
17 E come se non bastasse tutti ne erano al corrente tranne me!
18 – Mamma, ho diritto ad avere una vita privata come qualunque essere *(persona)* umano!
19 – Non venire a raccontarmi stupidate, *(che)* non hai ancora compiuto *(nemmeno)* 13 anni!
20 Senti ma... e cos'è questa festa nella foto? Ma, è la nostra casa, il nostro salotto!
21 Chi è tutta questa gente che è con te *(accanto alla quale stai)*? Quando è successo? Lo scorso fine settimana... quando sei rimasta [a casa] da sola per "studiare"!
22 Adesso capisco le macchie sul tappeto, i graffi sui mobili e il vaso rotto.
23 E così era stato il cane mentre giocava? Ho capito adesso... Aurora, esigo una spiegazione!

---

11 **A mí no me vengas con** serve a esprimere l'inefficacia o l'incredulità davanti ad argomenti o scuse del proprio interlocutore: **A mí no me vengas con lagrimitas**, *Non metterti a piagnucolare con me*; **A mí no me vengas con que no estabas al corriente**, *Non venirmi a dire che non lo sapevi*.

12 Attenzione! **Junto a**, *accanto a*, che esprime la prossimità, non è la stessa cosa di **junto con**, *insieme a*, che esprime una relazione: **Viven en una casa junto al mar**, *Vivono in una casa vicino al mare*; **Nuestro objetivo, junto con la calidad, es la competividad**, *Il nostro obiettivo, insieme alla qualità, è la competitività*.

Ejercicio 1 – Traduzca

1 Suelo chatear con los amigos por los bares del barrio. **2** La foto en que Rafa Nadal sube a la red ya está colgada en mi muro. **3** En la Red, cada dos por tres se producen ataques de ciberpiratas contra sitios del gobierno y empresas privadas. **4** La única asignatura que me suspendieron en junio fue matemáticas, el resto me las aprobaron. **5** Se cree imprescindible; en realidad es un cero a la izquierda.

***

Ejercicio 2 – Complete

1 Miguel non ha peli sulla lingua, e sarebbe capace di cantargliene quattro al suo capo.
Miguel no ………… en ……… y sería …… de ……………… a …….

2 Non so cosa fare riguardo alla faccenda delle macchie sul tappeto, dei graffi sui mobili e del vaso rotto.
No .. qué ……………………… de ………… en ………, ………… en ………… y el ……………

3 Se non passassi tutto il santo giorno navigando in Internet e chattando, prenderesti voti migliori.
Si ……… todo ……………………… por ……… y ………, ……………………….

4 Condivide le sue esperienze personali, le sue conoscenze, le sue riflessioni, i suoi dubbi e i suoi consigli con i suoi compagni di classe.
……… sus ………………………, sus …………, sus …………, sus …… y sus ……… con ………………

5 Il Comune, insieme a diverse organizzazioni imprenditoriali, promuoverà l'iniziativa di costruire una zona per il tempo libero accanto al porto.
……………, ……… diversas …………… ……………, ……………… de ………………de ………………

Sessantunesima lezione / 61

Soluzioni dell'esercizio 1

❶ Di solito vado nei bar del quartiere a bere un bicchiere di vino con gli amici. ❷ La foto in cui Rafa Nadal scende a rete è già caricata sulla mia pagina. ❸ In rete ogni due per tre ci sono attacchi di pirati informatici contro siti del governo e aziende private. ❹ L'unica materia che non ho passato a giugno è stata matematica, nelle altre sono stato promosso. ❺ Crede di essere indispensabile, in realtà è uno zero assoluto!

***

Soluzioni dell'esercizio 2

❶ – tiene pelos – la lengua – capaz – cantarle las cuarenta – su jefe ❷ – sé – hacer en relación con el asunto – las manchas – la alfombra, los arañazos – los muebles – jarrón roto ❸ – no pasaras – el santo día navegando – internet – chateando, sacarías mejores notas ❹ Comparte – experiencias personales – conocimientos – reflexiones – dudas – consejos – sus compañeros de clase ❺ El Ayuntamiento, junto con – organizaciones empresariales, impulsará la iniciativa – construir una zona – ocio junto al puerto

Lección sesenta y dos

El beneficio de la duda

1 – Mira lo que pone en este artículo de la primera página. Me parece demasiado gordo, ¡vaya bola [1]!
2 – Carlos, estos últimos días vienen dando la noticia en todas las teles tanto nacionales como internacionales.
3 – Razón de más para poner su veracidad en tela de juicio.
4 – ¡No me vas a venir de nuevo con lo de que todo es un inmenso complot! ¡Lo de la conspiración planetaria es un poco fuerte [2]!
5 – ¡Que no, Roberto! ¡Que aquí hay gato encerrado! Nos quieren dar gato por liebre. Hay algo que no cuadra [3].
6 – No todos los medios de comunicación [4] están a sueldo [5] de los lobbies de las multinacionales o de los políticos.

: Note

[1] Una **bola**, *una palla* in senso proprio, fa parte delle numerose espressioni figurate col senso di *una balla*, ma non solo: **contar/meter bolas**, *raccontare balle*; **correr la bola**, *spargere la voce*; **no dar pie con bola**, *non azzeccarne una*; **ir a su bola**, *fare di testa propria*... **Las bolas** sono anche un modo volgare di chiamare *i testicoli*, e anche in questo caso le espressioni non mancano: **en bolas**, *nudo/a*; **hinchar/tocar/romper las bolas**, *scassare le balle*...

[2] Nel linguaggio colloquiale **fuerte** può avere il senso di *incredibile, fantastico*: **¡Qué fuerte!**, *Forte!* Questo aggettivo ha un superlativo con due varianti, **fuertísimo/a** e **fortísimo/a**, *fortissimo/a*: **¡Tengo que contarte algo fuertísimo!**, *Devo dirti una cosa strepitosa!*

467 • **cuatrocientos sesenta y siete**

Sessantaduesima lezione

Il beneficio del dubbio

1 – Guarda quello che c'è in questo articolo in prima pagina. Mi sembra troppo grossa, che balla!
2 – Carlos, in questi ultimi giorni stanno dando la notizia su tutte le televisioni sia nazionali che internazionali.
3 – Ragione di più per mettere in dubbio *(in tela di giudizio)* la sua veridicità.
4 – Non tornerai sulla storia *(Non mi verrai di nuovo)* che è tutto un enorme complotto! È un po' forte [l'idea] della cospirazione planetaria!
5 – No, Roberto! Qui gatta ci cova *(c'è gatto rinchiuso)*! Vogliono darcela a bere *(dare gatto per lepre)*. C'è qualcosa che non torna *(non quadra)*!
6 – Non tutti i mezzi di comunicazione sono al soldo delle lobby delle multinazionali o dei politici.

3 **Cuadrar** si può tradurre con *quadrare, corrispondere, tornare*, a seconda dell'espressione: **¡Tu historia no me cuadra!**, *La tua storia non mi quadra!*; **Las cuentas no me cuadran**, *I conti non mi tornano*; **Su voz no cuadra con su físico**, *La sua voce non corrisponde al suo fisico*.

4 Sebbene esista, come in italiano, anche la parola **los media** per indicare *i mezzi di comunicazione*, si preferisce utilizzare **los medios de comunicación**.

5 **A sueldo** vuol dire *in cambio di soldi*: **estar a sueldo**, *essere al soldo*; **Este diputado trabaja a sueldo de los laboratorios farmacéuticos**, *Questo deputato lavora al soldo dei laboratori farmaceutici*; **un asesino a sueldo**, *un sicario*.

7   Y no me puedes negar que quedan todavía muy buenos periodistas íntegros que investigan con total independencia.
8   ¡No los puedes meter a todos en el mismo saco!
9 – Mira, he estado consultando varios sitios en internet, y la versión de lo que allí ha pasado dista [6] mucho de la del artículo.
10 – Las noticias de los medios tradicionales provienen por lo general de fuentes bien informadas.
11   Internet es poco digno de confianza, cualquiera puede publicar cualquier cosa en él.
12   ¡Viene cada majadería, que hay que ser la mar de [7] crédulo y mentecato para tragárselo!
13   Hay que aprender a separar el grano de la paja.
14 – ¡Que te digo que vivimos engañados!
15   Los sucesivos gobiernos no quieren que estemos al tanto [8] de la verdad, les conviene que permanezcamos en la ignorancia.
16 – Estoy de acuerdo contigo en que hay que ser crítico, ¡sin caer tampoco en la paranoia!
17 – Mira, Roberto, nos manipulan. ¡Hay que permanecer constantemente alerta!

Note

6 *Distar* indica una distanza fisica, nel tempo o nello spazio, *distare, essere lontano/a*; in senso figurato esprime la differenza, il fatto di *essere lontano* da un modo di essere, da un sentimento o da una azione: **El hotel dista pocos minutos a pie de importantes centros turísticos**, *L'hotel dista pochi minuti a piedi da importanti siti turistici*; **Su alegría dista mucho de ser sincera**, *La sua allegria è molto lontana dall'essere sincera*.

7 L'espressione colloquiale **la mar de** si traduce con *molto, un mare di* seguita da un nome; se seguita da un aggettivo o da un avver-

Sessantaduesima lezione / 62

7 E non *(mi)* puoi negare il fatto che esistano ancora molti bravi giornalisti integri che fanno inchieste in totale indipendenza.

8 Non puoi fare di tutta l'erba un fascio *(mettere tutti nello stesso sacco)*!

9 – Guarda, ho consultato diversi siti su Internet e la versione di quello che è successo è molto distante da quella dell'articolo.

10 – Le informazioni dei media tradizionali in genere provengono da fonti ben informate.

11 Internet è poco affidabile *(degno di fiducia)*, chiunque ci può pubblicare qualunque cosa.

12 Ci compare qualsiasi sciocchezza e bisogna essere davvero *(il mare di)* creduloni e mentecatti per bersi [tutto]!

13 Bisogna imparare a separare il grano dal loglio *(dalla paglia)*.

14 – Te l'ho detto che viviamo nella menzogna *(Che ti dico che viviamo ingannati)*!

15 I vari *(successivi)* governi non vogliono che siamo al corrente della verità, gli conviene lasciarci *(che restiamo)* nell'ignoranza.

16 – Sono d'accordo con te sul fatto che bisogna essere critici, senza però cadere nella paranoia!

17 – Ascolta, Roberto, ci manipolano. Bisogna stare sempre all'erta!

bio, invece, può essere tradotta con *molto*, oppure con la forma superlativa dell'aggettivo: **Había la mar de gente**, *C'era un mare di gente*; **¡Es la mar de fácil!**, *È facilissimo!*; **Dibuja la mar de bien**, *Disegna molto bene*.

8 Al tanto o al corriente, *al corrente*, si usa essenzialmente con i verbi **quedar, poner** o altri equivalenti: **¿Te han puesto ya al tanto/al corriente del asunto?**, *Ti hanno già messo al corrente della faccenda?*; **Os mantendremos al tanto/al corriente**, *Vi terremo al corrente*. **Estar al tanto** vuol dire *essere al corrente* ma anche *fare attenzione*: **¡Estate al tanto!**, *Stai attento!*

18 – Bueno, me llamaste para decirme algo, ¿no?
19 – Sí, pero aquí en la oficina [9] no. Mejor salgamos a la calle y acerquémonos al [10] parque.
20 ¡Quién sabe si no hay micrófonos ocultos por ahí! Más vale andar con pies de plomo.
21 – ¡Carlos, lo tuyo es de juzgado de guardia [11]! ¡Desconfías hasta de tu propia sombra!

Note

9 **Oficina** significa *ufficio*, da non confondere con *officina* che invece si traduce con **taller.**

10 **Acercarse a**, *avvicinarsi a*. Bisogna fare molta attenzione alle preposizioni rette dai vari verbi, dato che non coincidono sempre con quelle italiane. Per saperne di più l'appuntamento è alla prossima lezione di ripasso.

11 V. lezione 22, nota 11.

***

Ejercicio 1 – Traduzca

❶ Les entraron en el piso pero no se llevaron nada, y eso que había joyas y cosas de valor... ¡Aquí hay gato encerrado!
❷ ¡Hay que ser la mar de mentecato para tragarse esa bola!
❸ Hay que estar muy al tanto con algunos tenderos para que no te den gato por liebre. ❹ Tu explicación dista de ser verosímil. ❺ Ve con pies de plomo y no te confíes en exceso ya que eso podría perjudicarte gravemente.

Sessantaduesima lezione / 62

18 – Va bene, mi hai chiamato per dirmi qualcosa, no?
19 – Sì, ma non qui in ufficio. È meglio se usciamo per strada e ci avviciniamo al parco.
20   Chissà se *(non)* ci sono microfoni nascosti da qualche parte! Meglio andarci con i piedi di piombo.
21 – Carlos, il tuo è un caso grave *(è da tribunale di guardia)*! **Non ti fidi neanche della tua ombra!**

***

Soluzioni dell'esercizio 1
❶ Entrarono nel loro appartamento ma non rubarono niente, *(e)* nonostante il fatto che ci fossero gioielli e cose di valore... Qui gatta ci cova! ❷ Bisogna essere veramente dei mentecatti per bersi quella balla! ❸ Bisogna stare attenti con alcuni negozianti, per non farsi dare una cosa per l'altra. ❹ La tua spiegazione è lontana dall'essere verosimile. ❺ Vacci coi piedi di piombo e non essere troppo fiducioso, perché potrebbe nuocerti gravemente.

Ejercicio 2 – Complete

❶ Il governo chiede alla popolazione di restare all'erta per l'arrivo imminente di piogge torrenziali.

.... a .... que .... ante .. .. de ....

❷ Elena è molto degna di fiducia, non c'è motivo di mettere in dubbio la veridicità di quello che dice.

Elena ...., no .... para .... de .... de lo ....

❸ La finalità dei principali mezzi di comunicazione (televisione, radio, stampa e Internet) è quella di informare, educare, [permettere di] farsi un'opinione e divertire.

La finalidad de ... principales .... (.........., ..., ... e ....) es ...., ..., ... y ....

***

La televisione è arrivata tardi nelle case spagnole ed è stata a lungo sotto la tutela del regime franchista. Solo dopo il 1975, la morte del dittatore Franco e lo sviluppo della democrazia, la censura ha cessato di operare in modo sistematico e i media diretti da responsabili franchisti sono spariti.

*Oggi il paesaggio audiovisivo è costituito dai due canali pubblici della televisione nazionale (**TVE**), dai canali regionali di ogni Comunità autonoma (gestiti dai governi autonomi e in lingua locale, le loro trasmissioni raggiungono un successo considerevole), e da diversi canali privati, alcuni a pagamento.*

*La radio rimane un mezzo di comunicazione molto importante e molto popolare in Spagna. Esiste una radio nazionale (**RNE**), che dipende dal gruppo pubblico della radio e televisione (**RTVE**) e numerose stazioni radio private come **Cadena SER**, **Cadena Cope**, **Onda Cero** ecc. che possono esere classificate in funzione di diversi criteri: la portata dell'emissione (potenza), la tematica o il proprietario.*

*Una menzione speciale per la musica va a **Los 40 Principales**, una stazione radio che mette in programma la miglior musica che si fa in Spagna e sulla scena internazionale, e che tutte le settimane propone la classifica delle top 40.*

Sessantaduesima lezione / 62

④ Quanto all'informazione che troviamo su Internet, sebbene in gran parte provenga da fonti attendibili, bisogna saper separare il grano dal loglio.

En ...... a .... que .... en ....,
aunque .... , hay
que .... de ....

⑤ I sicari uccidono le persone freddamente, solo per denaro, come se si trattasse di un incarico qualunque, assegnato a un libero **professionista** *(di un lavoro fatto da un libero professionista)*.

.... a ...., solo .... ,
como si .... de ...., ... a ..
....

Soluzioni dell'esercizio 2

❶ El Gobierno pide – la población – permanezca alerta – la inminente llegada – lluvias torrenciales **❷** – es muy digna de confianza – hay razón – poner en tela – juicio la veracidad – que dice **❸** – los – medios de comunicación (televisión, radio, prensa – internet – informar, educar, forjar una opinión – entretener **❹** – cuanto – la información – encontramos – internet – en gran parte provenga de fuentes bien informadas – saber separar el grano – la paja **❺** Los asesinos a sueldo matan – personas fríamente – por dinero – se tratase – un encargo cualquiera, hecho – un profesional autónomo

***

*La stampa spagnola, e i media spagnoli in generale, sono molto dinamici e la loro diffusione sta aumentando. Esistono grandi giornali nazionali, ma anche la stampa regionale occupa un posto molto importante. Come ovunque le principali testate della stampa sono spesso associate alla tendenza politica, così: "**El País**" è più o meno vicino alle idee della sinistra, "**ABC**" pende chiaramente a destra; "**El Mundo**" sembrerebbe il più indipendente, ma con una certa tendenza a destra. Da notare che la stampa sportiva occupa un posto di primo piano: i giornali sportivi sono molto numerosi e molto letti.*

Lección sesenta y tres

Repaso – Ripasso

"Gettare la spugna", "avere la lingua lunga", "mettersi in ghingheri"... tante espressioni pittoresche e comuni che vi piacerebbe talvolta utilizzare in spagnolo. Ormai ne conoscete alcune, ma ce ne sono molte altre. È vero che a questo livello di apprendimento i modi di dire possono sembrare ancora inafferrabili, sia da usare che da capire. Ma non vi scoraggiate perché, in realtà, si ricade spesso sulle stesse espressioni e il senso di molte di esse si chiarisce dal contesto. È inutile memorizzarne elenchi interi, le frasi fatte si possono imparare solo "sul campo", ma eccovi qualche semplice consiglio: (1) munitevi di un buon dizionario spagnolo monolingue; (2) cercate innanzi tutto di comprendere il senso letterale che vi potrebbe aiutare a capire il legame tra il senso proprio e il senso figurato; (3) leggendo un libro, guardando un film ecc. cercate di cogliere queste espressioni e fate attenzione al modo in cui sono usate; e infine (4) createvi un glossario personale dove annotare coscienziosamente il senso e il contesto. Presto le espressioni idiomatiche spagnole non avranno più segreti e potrete inserirle nelle vostre conversazioni!

1 Le preposizioni

Le preposizioni sono delle parole invariabili che servono a introdurre un complemento indiretto, qualunque sia la sua funzione e la sua forma (nome, pronome, avverbio o infinito).
Ci concentreremo su alcune differenze o particolarità d'uso.

1.1 Le preposizioni spagnole e il loro significato principale

L'uso delle preposizioni differisce profondamente da una lingua all'altra, ma possiamo proporre il loro significato principale:
a, *a*; **ante**, *davanti*; **bajo**, *sotto*; **con**, *con*; **contra**, *contro*; **de**, *di, da*; **desde**, *da*; **durante**, *durante, per*; **en**, *in, dentro, su*; **entre**, *tra*; **hacia**, *verso*; **hasta**, *fino*; **incluso**, *anche, perfino*; **mediante**, *mediante, con l'aiuto di*; **para**, *per [fine]*; **por**, *per [causa]*; **según**, *secondo*; **sin**, *senza*; **sobre**, *su, sopra*; **tras**, *dietro, dopo*.
Construyeron un túnel bajo el mar, *Costruirono un tunnel sotto il mare*; **Lucharon contra el enemigo**, *Lottarono contro il nemico*;

Sessantatreesima lezione

Incluso yo lo podría hacer, *Perfino io lo potrei fare*.
Tuttavia non si deve dimenticare che sono numerosi i casi in cui non si usa la stessa preposizione nelle due lingue. Ecco qualche esempio:

– per indicare stato in luogo:
Esta noche nos quedamos en casa, *Stasera restiamo a casa*.

– per indicare un moto a luogo:
La próxima semana voy a Alemania,
La settimana prossima andrò in Germania.

– per esprimere un valore causale:
Se entusiasma siempre con sus viajes, *Si entusiasma sempre per i suoi viaggi*; **Mi amigo se preocupa por mis problemas**, *Il mio amico si preoccupa dei miei problemi*.

– per descrivere la finalità, l'uso:
¿Para qué sirve esto?, *A cosa serve questo?*

– con un senso distributivo:
Íbamos a ciento veinte por hora,
Andavamo a centoventi chilometri all'ora.

– per indicare un intervallo temporale:
Sale con Lucas desde hace mucho tiempo,
Esce con Lucas da molto tempo.

– con alcuni aggettivi o espressioni:
Es difícil/imposible de entender, *È difficile/impossibile da capire*; **Fuimos de vacaciones a Perú**, *Siamo andati in vacanza in Perù*; **No hizo nada en todo el día**, *Non ha fatto niente tutto il giorno*.

1.2 Uso della preposizione *de*

Quando la preposizione indica origine, provenienza e luogo di partenza, in italiano coincide spesso con *da*:

– Luogo da cui si proviene, origine, allontanamento:
El tren ha salido de Roma, *Il treno è partito da Roma*; **Descuelga el cuadro de la pared**, *Stacca il quadro dalla parete*; **Voy de Salamanca a Madrid**, *Vado da Salamanca a Madrid*.

La preposizione **de** però corrisponde a *di* in altri casi:
– Davanti a un nome proprio:
La ciudad de Toledo es antigua, *La città di Toledo è antica*.
– Quando c'è una relazione di luogo in senso proprio o figurato:
Sale de casa a las 7, *Esce di casa alle 7* (con l'idea di separazione).

1.3 L'uso di *por*

Ecco i principali usi di questa preposizione:

– Per esprimere la causa, il motivo: **Siempre luchó por sus ideas**, *Combatté sempre per le sue idee*; **Lo castigaron por haber mentido**, *Lo punirono per aver mentito*.

– Per esprimere un'idea di cambio: **Voy a cambiar este móvil por otro**, *Cambierò questo cellulare con un altro*; **Trabajo por dinero**, *Lavoro per i soldi*; **Hablaré por ti**, *Parlerò al tuo posto*.

– Per esprimere il mezzo o il luogo di passaggio: **Me enteré de la noticia por los periódicos**, *Ho saputo la notizia dai giornali*; **Los ladrones entraron por una ventana**, *I ladri entrarono dalla finestra*.

– Per indicare *dappertutto* e per indicare il passaggio attraverso un luogo: **Los niños corrían por el jardín**, *I bambini correvano per il giardino*; **Había revistas esparcidas por toda la habitación**, *C'erano riviste sparpagliate per tutta la stanza*.

– Per introdurre la persona o la cosa (l'agente) dalla quale è stata compiuta l'azione (voce passiva): **El edificio fue inaugurado por el alcalde**, *L'edificio è stato inaugurato dal sindaco*.

– Per indicare un momento o un luogo approssimativo: **Vendrá por Semana Santa**, *Verrà per Pasqua*; **Hay un restaurante japonés por el centro**, *C'è un ristorante giapponese in centro*.

– Per descrivere quello che c'è ancora da fare: **Tu cama está por hacer**, *Il tuo letto è da rifare*.

– Per descrivere qualcosa che è imminente: **Están por llegar**, *Stanno per arrivare*.

1.4 L'uso di *para*

Ecco i principali usi di questa preposizione:

– Per indicare *il fine:* **Te lo digo para que lo sepas**, *Te lo dico perché tu lo sappia*.

– Per indicare la destinazione, la meta: **Se fueron para México**, *Sono partiti per il Messico*.

– Per dire *per quanto riguarda, dal punto di vista di*: **Este libro es demasiado difícil para mí**, *Questo libro è troppo difficile per me*; **Sería un gran éxito para ellos**, *Sarebbe un gran successo per loro*.

– Per indicare un momento preciso del futuro: **Vendré para Navidad**, *Verrò per Natale*.

– Per indicare *un termine*: **Necesitamos las mercancías para finales de octubre**, *Abbiamo bisogno della merce per la fine di ottobre*.

– Per indicare un punto di vista, un paragone: **Para ser italiano, hablas muy bien español**, *Per essere italiano parli molto bene spagnolo*; **Está muy espabilada para su edad**, *È molto sveglia per la sua età*.

1.5 Le locuzioni preposizionali

Le locuzioni preposizionali sono costituite da più parole. L'elenco seguente non è esaustivo:

acerca de, *riguardo a*; **a causa de**, *a causa di*; **a favor de**, *a favore di, per*; **a fuerza de**, *a forza di*; **a lo largo de**, *lungo*; **a pesar de**, *nonostante*; **a través de**, *attraverso*; **además de**, *oltre a*; **al cabo de**, *dopo*; **al final de**, *alla fine di*; **al lado de**, *di fianco a*; **alrededor de**, *attorno, intorno a, verso*; **antes de**, *prima di, entro*; **cerca de**, *vicino a*; **debajo de**, *sotto*; **delante de**, *davanti a*; **dentro de**, *dentro, tra*; **después de**, *dopo*; **detrás de**, *dietro*; **en contra de**, *contro*; **en lugar de/en vez de**, *invece di*; **en medio de**, *in mezzo a*; **encima de**, *su, sopra*; **enfrente de**, *di fronte a, dirimpetto*; **frente a**, *di fronte a, davanti*; **fuera de**, *fuori da*; **lejos de**, *lontano da*; **por debajo de**, *al di sotto di*; **por encima de**, *al di sopra di*; **por medio de**, *per mezzo di*...

La granja se sitúa fuera de la aldea, *La fattoria è situata fuori dal villaggio*; **Vieron una luz al final del túnel**, *Videro una luce in fondo al tunnel*; **Lejos de obedecer, hizo todo lo contrario**, *Lungi dall'obbedire, fece tutto il contrario*; **El tren sale dentro de 5 minutos**, *Il treno parte tra 5 minuti*; **Tengo que enviar la solicitud antes del 10 de marzo**, *Devo inviare la domanda entro il 10 marzo*.

1.6 I verbi con una preposizione diversa dall'italiano

Alcuni verbi devono essere seguiti da una preposizione per introdurre il loro complemento. Sebbene in buona parte queste preposizioni siano le stesse per le due lingue, esiste qualche differenza.

Solamente i verbi che si usano con preposizioni diverse dall'italiano figurano nell'elenco, non esaustivo, qui di seguito:

alimentarse con, *nutrirsi di/con*
apostar por, *scommettere su*
complacerse en, *compiacersi di*
confiar en, *fidarsi di/aver fiducia in*
conformarse con, *accontentarsi di/rassegnarsi a*
contar con, *contare su*
contentarse con, *accontentarsi di*
creer en, *credere a/in*
desistir de, *rinunciare a*
empeñarse en, *ostinarsi a*
entretenerse en, *divertirsi a*
esforzarse con/en, *sforzarsi di*
fiarse de, *fidarsi di/aver fiducia in*
fijarse en, *fare attenzione a*
hacer bien en, *fare bene a*
hacer mal en, *fare male a*
influir en, *influire su*
inscribirse en, *iscriversi a*
insistir en, *insistere a*
interesarse en/por, *interessarsi di/a*
jurar por, *giurare su*
negarse a, *rifiutarsi di*
obstinarse en, *ostinarsi a*
ofrecerse a, *offrirsi di*
oler a, *avere un odore di, esserci odore di*
participar en, *partecipare a*
pensar en, *pensare a*
preguntar por, *chiedere di*
quedar en, *convenire a/accordarsi*
saber a, *avere il sapore di*

soñar con, *sognare di*
subir a, *salire su*
tener miedo a, *aver paura di*

Se conformaba con lo que tenía, *Si accontentava di quello che aveva*; **Haces bien en decírmelo**, *Fai bene a dirmelo*; **Se negó a ayudarme**, *Si rifiutò di aiutarmi*.

1.7 I verbi seguiti da una preposizione assente in italiano

A volte lo spagnolo utilizza una preposizione laddove questa è assente in italiano. Ecco qualche esempio:
atreverse a, *osare*; **cargar con**, *accollarsi, assumersi la responsabilità*; **convertirse en**, *diventare*; **enterarse de**, *sapere, apprendere* [una notizia], *rendersi conto*; **olvidarse de**, *dimenticarsi (di)*; **huir de algo**, *evitare qualcosa*; **sospechar de**, *sospettare (di)* ecc.
No se atrevía a pedir un aumento de sueldo a su jefe, *Non osava Ø chiedere un aumento di stipendio al suo capo*.

Non dimenticate che, in ogni caso, un verbo seguito dalla preposizione **de** lo sarà sempre, qualunque cosa ci sia dopo la preposizione: **Me olvidé de felicitarla por su cumpleaños**, *Mi sono dimenticato di farle gli auguri per il suo compleanno*; **Me olvidé de que era su cumpleaños**, *Mi sono dimenticato che era il suo compleanno*.

1.8 I verbi spagnoli non seguiti da preposizione

I verbi che esprimono un consiglio, un ordine, il divieto e il permesso, ma non solo, sono spesso seguiti da un infinito senza preposizione in spagnolo, mentre la si utilizza in italiano:
aconsejar, *consigliare di*; **acordar**, *mettersi d'accordo per*; **conceder**, *consentire a*; **concertar**, *convenire di/a*; **conseguir**, *riuscire a*; **decidir**, *decidere di*; **evitar**, *evitare di*; **impedir**, *impedire di*; **intentar**, *cercare di*; **mandar**, *ordinare di, dare l'ordine di*; **obedecer**, *obbedire a*; **ofrecer**, *offrirsi di*; **ordenar**, *ordinare di, dare l'ordine di*; **pedir**, *chiedere di*; **permitir**, *permettere di*; **prohibir**, *proibire di*; **recomendar**, *raccomandare di*; **soler**, *avere l'abitudine di*; **temer**, *temere di*…
Nos mandó Ø salir, *Ci ordinò di uscire*; **Hemos decidido Ø casarnos**, *Abbiamo deciso di sposarci*.

2 Il linguaggio degli SMS

Si tratta di un socioletto scritto che modifica le caratteristiche ortografiche, e perfino grammaticali, di una lingua al fine di ridurre la sua lunghezza, con lo scopo di non oltrepassare il numero di caratteri autorizzati per i messaggi SMS o per essere veloci durante l'inserimento del messaggio sulla tastiera di un telefono. Questa "lingua" è in costante evoluzione, ma ecco alcune regole che non dovrebbero subire molti cambiamenti:
- Non utilizzate gli accenti;
- Inserite i punti esclamativi e interrogativi solo alla fine della frase;
- Sopprimete tutte le vocali delle parole più comuni, **knd (cuando)**, *quando*, **t (te)**, *ti*; **m (me)**, *mi*;
- Sostituite "ch" con "x" e "ll" con "y", **mxo (mucho)**, *molto*; **ymam (llámame)**, *chiamami*;
- Riducete le frasi di uso frequente, **h lgo (hasta luego)**, *ciao*; **tq (te quiero)**, *ti amo*;
- Utilizzate tutte le volte che ne avete l'occasione i segni matematici, sia con il loro senso, **+o- (más o menos)**, *più o meno*; sia per il loro suono, **xq (porque)**, *perché*; **salu2 (saludos)**, *saluti*;
- Abbreviate più possibile le particelle più utilizzate, **tb (también)**, *anche*; **xo (pero)**, *ma*;
- Accettate gli acronimi inglesi, **OK (de acuerdo, vale)**, *OK*; **U (you = tú)**, *tu*;
- Usate gli emoticon più diffusi, **:-) (contento)**, *contento*; **:-((triste)**, *triste*; **:-O (asombrado)**, *sorpreso*; **;-) (guiño)**, *occhiolino*;
- Siate espressivi al massimo, **Zzz (me duermo)**, *mi addormento*.

3 Alcuni errori frequenti da evitare

Anche se non rischiate di trovarne in questo metodo, ecco alcuni vizi del linguaggio o modi scorretti di parlare molto frequenti:
- L'anfibologia: vizio del discorso che lo rende ambiguo, che lo può fare interpretare in due modi diversi e addirittura contrari: **Arturo fue al pueblo de Julián en su coche**, *Arturo è andato al paese di Julián con la sua auto* (A chi appartiene l'auto?);

Sessantatreesima lezione / 63

- **L'arcaismo**: uso di forme linguistiche obsolete o che sono sparite dall'uso corrente: **asaz** al posto di **bastante**, *abbastanza*;
- **Il barbarismo**: errore sia nella forma sia nel significato della parola (parola creata o alterata, deviata dal suo senso, impropria) ***una arradio**, invece di **una radio**, *una radio*;
- **Le parole straniere**: uso di una parola o di una costruzione presa in prestito da un'altra lingua e che ha un equivalente in spagnolo: ***un souvenir** al posto di **un recuerdo**, *un pensiero*;
- **Il volgarismo**: espressione, modo di dire proprio delle persone poco istruite: ***un abujero** invece di **un agujero**, *un buco*;
- **La metatesi**: inversione di fonemi o di una sillaba dentro una parola: ***una cocreta** invece di **una croqueta**, *una crocchetta*;
- **L'uso improprio**: uso di parole con senso diverso dal loro proprio: **examinar un tema con profundidad**, *esaminare un argomento con profondità*, al posto di **examinar el tema con detenimiento**, *esaminare il tema con attenzione*;
- **Il solecismo**: errore che infrange le regole della sintassi (tra cui il "loísmo" e il "laísmo", v. lezione 14): ***Habrán muchos invitados** invece di **Habrá muchos invitados**, *Ci saranno molti invitati*;
- **Il "dequeísmo"**: uso della preposizione **de** quando non ce ne sarebbe bisogno (v. lezione 35);
- **Il "queísmo"**: soppressione della preposizione **de** quando non si dovrebbe (v. lezione 35);
- **L'idiotismo**: costruzione o locuzione particolare a una lingua che ha senso nel suo complesso ma non per i suoi elementi presi singolarmente: **Déjeme que le diga**, *Mi lasci che le dica*, invece di **Permítame decirle**;
- **La cacofonia**: ripetizione troppo frequente delle stesse lettere o delle stesse sillabe: **Cuando estuviste, ¿viste a alguien?**, *Quando ci sei stata, hai visto qualcuno?*;
- **Il pleonasmo**: utilizzo di parole non necessarie: **la miel de abeja**, *il miele d'api*, invece di **la miel**, *il miele*;
- **La ridondanza** o **povertà lessicale**: utilizzo reiterato ed eccessivo delle stesse parole per esprimere idee diverse e per le quali esistono termini più specifici: **decir un discurso**, *dire un discorso*, invece di **pronunciar un discurso**, *pronunciare un discorso*.

63 / Lección sesenta y tres

▶ Diálogo de revisión

1 – Pedro, me he enterado por Jaime de que fuiste víctima de un robo.
2 – Así es, la cartera, las tarjetas de crédito, etc. Y para más inri también el móvil que me acababa de comprar,
3 un modelo con pantalla táctil. ¡Estoy la mar de furioso!
4 – ¡Qué fuerte! ¡Es el colmo de la mala suerte! ¿Cómo ocurrió? ¿Sabes quién fue?
5 – Ni la más remota idea. Un carterista, ¿quién iba a ser, si no?
6 – ¿No notaste nada? Claro que, sobre todo en las horas punta, cuando el metro va lleno hasta los topes y los pasajeros andan medio dormidos, es fácil...
7 – Solo pudo ser una mujer que estaba detrás de mí; una señora mayor, por eso no desconfié...
8 – Cada dos por tres se oye hablar de robos. No me vengas con que no te había avisado.
9 Además, tienes la manía de dejar el móvil asomando por el bolsillo.
10 ¡Estás brindando a los ladrones una ocasión de oro de que te roben!
11 – Y tú no me des la vara con lo de que ya te lo había dicho...
12 ¡Estaríamos apañados! Si no podemos viajar tranquilamente sin permanecer constantemente en alerta todo el rato...
13 – En el metro hay que estar siempre al tanto. Todo Dios lo sabe. ¿No perdiste nada importante?
14 – Eh, bien, bueno... tenía algunos mensajes de texto importantes,

Sessantatreesima lezione / 63

15 pero afortunadamente los archivos muy confidenciales del trabajo los guardo en el lápiz, y ese no se lo han llevado.
16 Y tampoco me robaron el portátil, pues lo llevaba en el maletín... ¡Pero el teléfono...!
17 – ¡No te pongas así! ¡Tampoco es para tanto!
18 Hay que reconocer que estas virguerías electrónicas contienen nuestra vida entera, fotos, música, etc., pero...
19 – Ese es precisamente el problema...
20 – ¿Cómo? ¡Aquí hay gato encerrado! Explícate...
21 – Digamos que, si por lo que fuera, el o los ladrones encontraran la contraseña y accedieran al contenido de mis mensajes y vídeos...
22 bueno, pues, que algunos pertenecen a la esfera de mi vida privada, ya sabes lo que quiero decir...

Traduzione

1 Pedro, ho saputo da Jaime che sei stato vittima di un furto. **2** È così, il portafogli, le carte di credito ecc. E come se non bastasse anche il cellulare che mi ero appena comprato, **3** un modello con touchscreen. Sono arrabbiato nero *(Sono il mare di furioso)*! **4** No *(Che forte)*! È il colmo della sfortuna! Com'è successo? Sai chi è stato? **5** Non ne ho la più pallida *(remota)* idea. Uno scippatore, chi poteva essere, se no? **6** Non hai notato niente? Certo che, soprattutto nelle ore di punta, quando la metro è piena zeppa e i passeggeri sono mezzi addormentati, è facile... **7** Può essere stata solo una donna che era dietro di me, una signora anziana, per quello non ho sospettato... **8** Ogni due per tre si sente parlare di furti. Non dirmi che non ti avevo avvisato. **9** E poi *(Inoltre)* hai la mania di lasciare sporgere il cellulare dalla tasca. **10** Stai offrendo ai ladri un'occasione d'oro per farti derubare *(che ti rubino)*! **11** E tu non scocciare con il [tuo] "Te l'avevo detto" *(con quello che già te l'avevo detto)*... **12** Ci mancherebbe altro! Se non possiamo viaggiare tranquillamente senza stare sempre in guardia tutto il tempo... **13** In metro bisogna sempre stare all'erta. Lo sanno tutti. Non hai perso niente di importante? **14** Eh, beh, avevo alcuni SMS importanti, **15** ma fortunatamente i file molto riservati del lavoro li conservo sulla chiavetta USB, e quella non l'hanno presa. **16** E non mi hanno neanche rubato il portatile, perché l'avevo nella valigetta, ma il cellulare...! **17** Non fare *(metterti)* così! Non esagerare *(Non è neanche così male)*! **18** Bisogna riconoscere che queste meraviglie elettroniche contengono la

Lección sesenta y cuatro

Un crisol de culturas

1 La llegada de los musulmanes a la Península Ibérica en el año 711 supuso la caída de Toledo, en manos de los visigodos hasta aquel entonces.
2 Durante el periodo califal, la ciudad se embelleció y enriqueció con nuevos edificios, en particular mezquitas.
3 En los siglos de la Reconquista, la sociedad de los reinos cristianos peninsulares era rudimentaria, de cultura muy limitada.
4 En el siglo XII, penetró en Al-Ándalus y en Sicilia un aluvión de escritos árabes [1], judíos [2] y griegos.

Note

[1] Per indicare un musulmano vissuto in Spagna tra il VIII e il XV secolo si usa il termine **moro/a**, *moro/a*: **La princesa mora se convirtió al cristianismo**, *La principessa mora si convertì al cristianesimo*. L'espressione **hay moros en la costa** significa *è un luogo pericoloso, teniamo gli occhi aperti*; al contrario, **no hay moros en la costa** significa *è libero, non c'è niente da temere*. Nel Levante spagnolo, la costa mediterranea della Spagna, nelle feste chiamate **Moros y Cristianos**, tutta la popolazione si traveste con costumi d'epoca e rivive gli scontri della Riconquista. Oggigiorno il termi-

nostra intera vita, foto, musica ecc., ma... **19** È proprio quello il problema... **20** Come? Qui gatta ci cova! Spiegati... **21** Diciamo che, se per qualunque ragione, il o i ladri trovassero la password e accedessero al contenuto dei miei messaggi e dei miei video... **22** beh, ecco, alcuni appartengono alla sfera della mia vita privata, sai già cosa voglio dire...

Sessantaquattresima lezione

Un crogiolo di culture

1 L'arrivo dei musulmani nella Penisola Iberica nel 711 comportò la caduta di Toledo, fino a quel momento nelle mani dei Visigoti.
2 Durante il periodo del califfato la città si abbellì e si arricchì di nuovi edifici, in particolare di moschee.
3 Nei secoli della Riconquista la società dei regni cristiani peninsulari era rudimentale, di cultura molto limitata.
4 Nel XII secolo penetrò in Al-Ándalus e in Sicilia una marea di scritti arabi, ebraici e greci.

---

ne **moro** è estremamente peggiorativo, allo stesso modo di *negro*. Colloquialmente **un moro** è anche *un macho*; nel gergo della droga, **bajar al moro** vuol dire *andare in Marocco per fare rifornimento di droga* (hashish).

2 Si chiama **la judería**, *il quartiere ebraico* che si trova in numerose città spagnole. Ricordiamoci che il 31 marzo 1492 i Re Cattolici firmarono **el Decreto de la Alhambra**, un editto col quale lasciavano agli ebrei di Spagna fino al 31 luglio per convertirsi o abbandonare il Paese. La lingua spagnola non ha potuto trattenersi dallo stigmatizzare queste comunità, **una judiada** indica *una carognata*. Piccola annotazione scherzosa, ricordiamoci che **una judía** indica *un'ebrea* ma anche... *un fagiolo*!

5 Se trataba de conocimientos traídos de todo el mundo antiguo, desde el ámbito grecolatino [3] hasta Persia y Babilonia gracias a la gran expansión del islam.

6 Reyes y obispos, conscientes de que esos conocimientos son imprescindibles para consolidar su liderazgo, deciden traducir al latín los volúmenes que los árabes atesoraban.

7 Obras que, en su mayor parte, versaban sobre materias científicas, disciplina en la que esa civilización poseía amplios conocimientos.

8 Cuando Alfonso VI de Castilla reconquista Toledo en 1085, establece un régimen [4] de tolerancia con los antiguos pobladores.

9 Dentro del núcleo urbano, comunidades de cristianos y judíos viven pacíficamente bajo dominio [5] musulmán,

10 y han adoptado incluso el lenguaje, el estilo de vida y la cultura árabes.

11 Alfonso VI impulsa la llamada Escuela de Traductores de Toledo (más que una escuela, un movimiento cultural) que alcanzará su máximo esplendor en tiempos de Alfonso X el Sabio [6].

Note

[3] Seguendo la stessa logica dei prefissi, combinando (senza trattino) il nome degli abitanti di un Paese con un'altra parola si forma una parola composta. **Hispano-**, è la radice che significa *spagnolo*: **hispanohablante**, *ispanofono*, **hispanófilo**, *ispanofilo*... I più comuni sono **italo-** = *italiano*; **franco-** = *francese*; **anglo-** = *inglese*; **germano-** = *tedesco*; **luso-** = *portoghese*; **chino-** o **sino-** = *cinese*... A volte serve qualche aggiustamento ortografico: **francorruso**, *francorusso*.

Sessantaquattresima lezione / 64

5 Si trattava di [opere contenenti] conoscenze provenienti *(portate)* da tutto il mondo antico, [a partire] dall'ambito greco-romano fino alla Persia e a Babilonia, grazie alla grande espansione dell'Islam.

6 I re e i vescovi, coscienti che queste conoscenze sono imprescindibili per consolidare il loro potere, decidono di tradurre in latino i volumi che gli arabi custodivano.

7 Opere che, per la maggior parte, vertevano su materie scientifiche, disciplina nelle quali quella civiltà possedeva un vasto sapere.

8 Quando Alfonso VI di Castiglia riconquista Toledo nel 1085, stabilisce un regime di tolleranza con gli antichi abitanti.

9 All'interno del nucleo urbano, comunità di cristiani ed ebrei vivono pacificamente sotto il dominio musulmano,

10 e hanno adottato anche il linguaggio, lo stile di vita e la cultura arabi.

11 Alfonso VI incoraggia la cosiddetta Scuola dei Traduttori di Toledo (più che una scuola è un movimento culturale) che raggiungerà il suo massimo splendore ai tempi di Alfonso X il Saggio.

---

4 Il plurale di **régimen**, *regime*, **regímenes**, è irregolare, dato che si produce uno slittamento dell'accento (dalla sillaba **re** alla sillaba **gi**). Gli altri due casi identici sono **espécimen** e **carácter** per i quali i plurali sono rispettivamente **especímenes** e **caracteres**.

5 El **dominio** corrisponde a *il dominio* ma anche a *la padronanza*: el **autodominio**, *l'autocontrollo*, el **dominio de un idioma**, *la padronanza di una lingua*. Il verbo corrispondente è **dominar**, *padroneggiare*.

6 **Sabio/a** vuol dire *saggio* ma anche *sapiente*. Allo stesso modo **la sabiduría** indica sia *la saggezza* sia *il sapere*.

12 El trabajo se organizaba en equipo mediante una cadena de traducciones sucesivas.

13 El arzobispo encargaba a los mozárabes [7] las traducciones del árabe al romance (castellano antiguo);

14 a su vez, los clérigos de la catedral de la ciudad, que conocían el latín, traducían del romance al latín.

15 Igualmente, los judíos de Toledo traducían del árabe al hebreo y del hebreo al latín.

16 Se tradujeron y difundieron las obras de Aristóteles, las matemáticas de Euclides, la astronomía de Ptolomeo, la medicina de Hipócrates y Galeno…

17 De igual manera se reciben saberes [8] propiamente musulmanes como la aritmética, el álgebra [9], la astronomía y la medicina de Rashid y Avicena.

18 Aquel movimiento permitió una divulgación prácticamente generalizada del saber oriental en Europa.

19 Y así fue como comenzó uno de los períodos más florecientes de Toledo, que fue bautizada la Ciudad de las Tres Culturas.

Note

[7] **Un/a mozárabe** indica un cristiano che vive in territorio musulmano e mantiene la propria religione. **Mozárabe** indica anche lo stile architettonico che si sviluppò in Spagna tra il X e l'XI secolo, caratterizzato dalla mescolanza di elementi visigoti e arabi, tra cui il ben riconoscibile arco a ferro di cavallo. Da non confondere con **un/a mudéjar**, musulmano che abitava in territorio cristiano, né con **un/a muladí**, cristiano convertito all'Islam.

[8] Alcuni infiniti hanno valore di sostantivo e pertanto si ammette il loro plurale: **el saber**, *il sapere* → **los saberes**; **el ser**, *l'essere* →

Sessantaquattresima lezione / 64

12 Il lavoro era organizzato per squadre, tramite una catena di traduzioni successive.
13 L'arcivescovo affidava ai mozarabi le traduzioni dall'arabo al "romance" (l'antico castigliano);
14 a loro volta i chierici della cattedrale della città, che conoscevano il latino, traducevano dal "romance" al latino.
15 Analogamente gli ebrei di Toledo traducevano dall'arabo all'ebraico e dall'ebraico al latino.
16 Si tradussero e divulgarono le opere di Aristotele, la matematica di Euclide, l'astronomia di Tolomeo, la medicina di Ippocrate e Galeno….
17 Allo stesso modo si ricevono conoscenze propriamente musulmane come l'aritmetica, l'algebra, l'astronomia e la medicina di Averroè e Avicenna.
18 Quel movimento permise una divulgazione praticamente generalizzata del sapere orientale in Europa.
19 E in questo modo *(così fu come)* cominciò uno dei periodi più fiorenti di Toledo, che venne battezzata Città delle Tre Culture.

---

los seres; **el deber**, *il dovere* → **los deberes**; **el poder**, *il potere* → **los poderes**; **el pesar**, *il dispiacere* → **los pesares**… Tuttavia non è possibile applicarlo a tutti i verbi: **el conocer**, *il conoscere* → *****los conoceres**; **el amar**, *l'amare* → *****los amares**…

9 **El álgebra** deriva dall'arabo "al-ğabr" che significa "l'unione" nel senso del ricomponimento di ciò che è stato rotto. Nelle lingue indoeuropee vi sono numerosi prestiti dall'arabo e in spagnolo queste parole cominciano spesso per "a-" o "al-", unico articolo determinativo presente in quella lingua. Gli abitanti della Penisola iberica, senza averne coscienza, hanno a volte conservato questo articolo determinativo ritenendolo parte integrante della parola stessa. Così, ad esempio, ad **algodón** e **azúcar** in spagnolo corrispondono *cotone* e *zucchero* in italiano.

cuatrocientos noventa • 490

Ejercicio 1 – Traduzca

① En el año 1391 se llevaron a cabo sangrientas matanzas en la judería de Toledo. ② En verano el pueblo recibe un aluvión de turistas. ③ La experiencia y los años le hacen a uno sabio. ④ Como no había moros en la costa, los grafiteros pintaron un muro. ⑤ La abuela me ha dicho que no te has portado bien.

***

Ejercicio 2 – Complete

① È forse il pittore più interessante della mostra per il suo straordinario dominio della tecnica e [per] la padronanza con la quale cattura i dettagli.

.. quizás . . . . de . . . . por ..
. . . . de . . . . y . . . . con la . . .
. . . .

② Il califfo mostrò grande interesse per la formazione del popolo, l'espansione della lingua araba e la diffusione dell'Islam; fece costruire grandi moschee, abbellì le città e migliorò il sistema di rifornimento idrico *(arrivo dell'acqua)*.

. . . . por . . . . , ..
. . . . de . . . . y . . . . ; . . . .
. . . . , ... y . . . .
. . . .

③ Nel secolo XI Toledo divenne un crogiolo di culture; cristiani, arabi ed ebrei vivevano insieme pacificamente e in perfetta armonia.

. . . . XI . . . . en . . . . ;
. . . . , ... y ..
. . . .

④ Il politico riconobbe che le recenti disfatte elettorali si dovevano in gran parte alla mancanza di leadership nel partito.

. . . . que . . . .
. . . . . . en . . . . a . . . . en . . . .

Sessantaquattresima lezione / 64

Soluzioni dell'esercizio 1

❶ Nel 1391 vennero compiute sanguinose uccisioni nel quartiere ebraico di Toledo. **❷** In estate il paese riceve un'ondata di turisti. **❸** L'esperienza e gli anni rendono saggia una persona. **❹** Siccome era tutto tranquillo, i writer dipinsero un muro. **❺** La nonna mi ha detto che non ti sei comportato bene.

***

❺ Purtroppo i casi di discriminazione e molestie morali e sessuali sono sempre più frequenti in ambito lavorativo.

.... y ....
.... más .... en ....

UN CRISOL DE CULTURAS

Soluzioni dell'esercizio 2

❶ Es – el pintor más interesante – la exposición – su extraordinario dominio – la técnica – la maestría – que capta los detalles **❷** El califa mostró gran interés – la educación del pueblo, la expansión – la lengua árabe – la difusión del islam; hizo construir grandes mezquitas, embelleció las ciudades – mejoró el sistema de llegada del agua **❸** En el siglo – Toledo se convirtió – un crisol de culturas; cristianos, árabes y judíos vivían juntos pacíficamente – en perfecta armonía **❹** El político reconoció – los recientes fracasos electorales se debían – gran parte – la falta de liderazgo – el partido **❺** Desgraciadamente los casos de discriminación – acoso moral y sexual son cada vez – frecuentes – el ámbito laboral

*Gli arabi invadono la Penisola iberica nel 711, dando vita allo spazio geografico chiamato **Al-Ándalus**. Dopo sette anni dal loro arrivo, tutta la Spagna è ormai sottomessa. Le truppe musulmane attraversano anche i Pirenei, ma sono vinte nel 732, nella battaglia di Poitiers, e respinte dai Franchi, guidati da Carlo Martello. Nell'XI e XII secolo, dopo aver raggiunto il suo apice, il Califfato di Cordova viene diviso in piccoli regni, chiamati taifa, fatto che permetterà alle armate cristiane di riconquistare lentamente il territorio spagnolo fino all'espugnazione di Granada per mano dei Re Cattolici nel 1492. La presenza araba nella penisola, durata otto secoli, ha lasciato numerose tracce soprattutto linguistiche. Le parole di origine araba (che cominciano spesso per **al-**) si trovano in tutti i settori, ma in particolare nell'agricoltura (**una acequia**, un canale di irrigazione, **un albaricoque**, un'albicocca, **el algodón**, il cotone...), nelle leggi e nell'organizzazione sociale (**un alcalde**, un sindaco, **el***

Lección sesenta y cinco

A rey muerto, rey puesto

1 – ¡Me caigo de sueño! ¡Estoy agotado! ¿Te vienes [1] a la cama, Diana?
2 – Un momento, Carlos. Termino de leer una cosa [2], un artículo sobre la infanta [3], y voy...

 Note

[1] In generale **venir** e **venirse** sono intercambiabili. Tuttavia si usa la forma non pronominale per indicare la destinazione o la meta del movimento: **Ha venido enfermo de la oficina**, *È tornato malato dall'ufficio* (ha finito il suo lavoro ed è tornato a casa, dove si è scoperto malato), e si usa la forma pronominale per insistere sull'idea di abbandono del luogo di origine: **Se ha venido enfermo de la oficina**, *È tornato malato dall'ufficio* (ha dovuto lasciare il lavoro prima della fine della giornata perché non stava bene). Come si nota dalla traduzione, in italiano questa differenza non esiste.

alquiler, l'affitto...), *nel campo delle scienze (***el álgebra***, l'algebra) e della medicina (***el alcohol***, l'alcol), ma anche nella vita di tutti i giorni (***un almacén***, un magazzino,* **una alfombra***, un tappeto,* **una almohada***, un cuscino...). Senza parlare dei nomi di città, di fiumi ecc. (***Almería***,* **Guadiana***,* **Guadalquivir***...).*
*L'apporto della cultura ebraica a quella spagnola è altrettanto vario in diversi settori (poesia, filosofia, astronomia, matematica...). Alcuni ebraismi che sono stati inglobati nella lingua, in particolare durante il Medioevo, sono ancora presenti nel parlato quotidiano. Sono parole che si riferiscono alla vita religiosa (***aleluya***, alleluia;* **amén***, amen;* **la cábala***, la cabala;* **un fariseo***, un fariseo...), ma non solamente (***un bálsamo***, un balsamo;* **el benjamín***, il più giovane di un gruppo...). Anche uno dei giorni della settimana conserva, proprio come l'italiano, il suo nome ebraico, si tratta di* **sábado***, sabato, dalla parola "šhabbāt" (riposo).*

Sessantacinquesima lezione

Il re è morto, viva il re!
(A re morto, re posto)

1 – Muoio di sonno! Sono distrutto! Vieni a letto, Diana?
2 – Un momento, Carlos. Finisco di leggere una cosa, un articolo sull'infanta, e arrivo...

2 Per indicare qualcosa di indefinito lo spagnolo usa spesso **una cosa** o **algo**. Curiosamente non esiste l'equivalente di *roba* italiana o di "stuff" inglese. Per un oggetto, una cosa o un affare esistono le parole **un chisme**, **un cachivache**, o **un chirimbolo** in Spagna e **un coso** in America latina, ma sono poco usati. *Tutta questa roba* si dice **todo esto**.

3 In Spagna e in Portogallo, **un/a infante/a** è un principe o principessa legittimi che non sono destinati a ereditare la corona. Questo termine indica meno comunemente anche un bambino molto piccolo. **Un infante** può anche indicare *un fante*, cioè un soldato o un membro dell'armata di fanteria.

3 – ¿Cómo puedes interesarte por los cotilleos sobre gente de esa calaña sin interés alguno [4] y que no sirve para nada?

4 – ¿Por qué te pones tan agresivo? La monarquía es necesaria y presenta muchas ventajas.

5 Mira, mientras que un Presidente de la República es una figura ideológica, de derechas o izquierdas [5], un monarca permanece neutro.

6 En momentos en que la sociedad pueda estar dividida en posiciones ideológicas enfrentadas,

7 el rey es un mástil que permanece siempre firme, dando cohesión y estabilidad a un país.

8 – ¡Paparruchas! Cualquier sociedad debería tener derecho a decidir todas y cada una [6] de las realidades que le afectan de manera democrática.

9 – Paradójicamente, aunque no estén elegidos por el pueblo, los reyes suelen gozar de una aceptación muy amplia entre la población.

10 Y de todos modos su puesto es simbólico y no tiene ninguna influencia sobre la política.

Note

[4] **Alguno/a**, se collocato dopo il nome, assume senso negativo ed equivalente a **ninguno/a**: **No hay impedimento alguno por mi parte**, *Non c'è alcun impedimento da parte mia*, equivale a **No hay ningún impedimento por mi parte**. Lo stesso vale nelle locuzioni avverbiali: **en parte alguna** (= en ninguna parte), *da nessuna parte*... Se queste si trovano dopo il verbo, quest'ultimo dev'essere preceduto da **no**: **No puedo aceptar esto en modo alguno**, *Non posso accettarlo in alcun modo*; se sono davanti al verbo, invece, non c'è il **no**: **En modo alguno puedo aceptar eso**. Si può utilizzare **ninguno/a** al suo posto, ma è meno frequente: **No he tenido problema alguno** o **ninguno**, *Non ho avuto nessun problema*.

[5] Notate l'uso del plurale per indicare lo schieramento politico: **ser de derechas/izquierdas**, *essere di destra/sinistra*.

Sessantacinquesima lezione / 65

3 – Come puoi interessarti ai pettegolezzi su gente di tale risma, senza alcun interesse e che non serve a niente?
4 – Perché sei *(ti poni)* così aggressivo? La monarchia è necessaria e presenta molti vantaggi.
5 Guarda, mentre un presidente della Repubblica è una figura ideologica, di destra o di sinistra, un monarca rimane neutro.
6 Nel momento in cui la società fosse *(possa essere)* divisa tra posizioni ideologiche contrastanti,
7 il re è una trave che rimane sempre salda, dando coesione e stabilità a un Paese.
8 – Fandonie! Qualunque società dovrebbe aver diritto a decidere tutte le realtà che la riguardano in modo democratico.
9 – Paradossalmente, sebbene non siano eletti dal popolo, i re, di solito, godono di un consenso molto ampio tra la popolazione.
10 E in ogni caso la loro posizione è simbolica e non ha alcuna influenza sulla politica.

6 Impossibile rendere in italiano l'insistenza dell'espressione **todos/as y cada uno/a** che si deve tradurre con *tutti/e* oppure con *ognuno*, mentre letteralmente l'espressione originale insiste su ciascuno degli elementi individualmente: **Todas y cada una de las habitaciones del hotel disponen de un jacuzzi**, *Tutte le camere/Ciascuna delle camere dell'hotel* (senza eccezioni) *dispongono di una jacuzzi*.

11 – Pues entonces, ¿qué más da que el cargo sea ocupado por una persona electa [7] democráticamente en vez de Fulano I o Zutano IV [8]?

12 Las monarquías actuales no acumulan suficientes méritos que justifiquen su necesidad.

13 – La persona que heredará la corona dedica todos sus años de educación a prepararse para desempeñar el cargo…

14 – El heredero de un rey puede resultar profesionalmente flojo, aun con todos sus años de preparación.

15 Si ese es el caso, no hay manera de cambiarlo por alguien más capacitado hasta su muerte o su renuncia en favor del siguiente heredero.

16 Por ello, la elección es mil [9] veces preferible a la herencia.

17 – Pero como su puesto está asegurado de por vida, el fin del rey no es la conservación del puesto, sino sus funciones.

18 Algunas de las acciones de un Presidente de la República se dirigirán inevitablemente a la reelección y no a su óptima ejercitación.

Note

7 **Electo** è il participio irregolare di **elegir**, *eleggere* (mentre la forma regolare è **elegido**). La forma irregolare si impone quando il participio è utilizzato come aggettivo: **El Presidente electo**, *Il presidente eletto*; mentre si preferisce la forma regolare per costruire i tempi composti dei verbi: **Han elegido a un nuevo alcalde**, *È stato eletto un nuovo sindaco* (v. anche lezione 21, paragrafo 2).

Sessantacinquesima lezione / 65

11 – E allora, cosa importa che l'incarico sia occupato da una persona eletta democraticamente invece di Tizio I o Sempronio IV?

12 Le monarchie attuali non accumulano meriti a sufficienza per giustificare la loro esistenza *(necessità)*.

13 – La persona che erediterà la corona dedica tutti i suoi anni di formazione a prepararsi per ricoprire quell'incarico...

14 – L'erede di un re può rivelarsi professionalmente scarso, malgrado tutti i suoi anni di preparazione.

15 [E] in questo caso, non c'è modo di sostituirlo con qualcuno più capace, fino alla sua morte o alla sua rinuncia in favore del successivo erede.

16 Per questo motivo l'elezione è mille volte meglio della successione *(eredità)*.

17 – Ma siccome il suo posto è assicurato per tutta la vita la finalità di un re non è la conservazione del posto, bensì le sue funzioni.

18 Alcune azioni di un presidente della Repubblica saranno rivolte inevitabilmente alla sua rielezione e non al miglior esercizio del suo mandato.

---

8 **Fulano, Mengano, Zutano, e... Perengano!** Questo quartetto indica in modo familiare una persona qualunque o uno sconosciuto, come i nostri *Tizio, Caio e Sempronio*... **Un fulano** indica *un tizio, uno sconosciuto*: **Un fulano ha preguntado por ti**, *Un tizio ha chiesto di te*. Ma attenzione! **Una fulana** indica *una baldracca, una prostituta!*

9 **Mil**, *mille*, è la cifra utilizzata dagli spagnoli per indicare un grosso numero: **Te lo he dicho mil veces**, *Te l'ho detto un milione di volte*; **Llegaron a las mil**, *Sono arrivati a notte fonda*; **Tampoco hay mil soluciones**, *Non ci sono infinite soluzioni*; **¡Mil perdones!**, *Mille scuse!*; **Hizo las mil y una**, *Ha fatto il diavolo a quattro*...

65 / Lección sesenta y cinco

19 – ¿Y qué me dices del costo de mantenimiento del tren de vida de la familia de marras [10]? ¡Lo que cuesta mantener a toda esa pandilla de zánganos [11]!

20 Además, el hecho de que un señor "nazca" con el derecho a ser rey, viola la primera regla de un Estado de derecho: la igualdad de todos...

21 – Creo que no vamos a sacar nada en limpio, corazón...

22 – Tienes razón, princesa [12]. No vamos a reñir por una nimiedad. Hala [13], vamos, que yo sí que te trataré como a una reina...

Note

10 *De marras*, *famoso/a*, indica qualcosa o qualcuno che è estremamente conosciuto: **Vino a verte el individuo de marras**, *È venuto a trovarti [quel] famoso tizio*. In generale la locuzione è usata con una punta di irritazione, che può essere sottolineata dall'uso di un diminutivo ironico della parola che accompagna: **¡Abuelo, que ya nos has contado mil veces tu aventurita de marras!**, *Nonno, ci hai già raccontato un milione di volte la tua famosa avventura!*

11 **Un zángano** è *un fuco*; la sua unica funzione nell'alveare è fecondare una giovane ape regina. Non raccoglie niente e non difende la colonia. Applicato a una persona questo termine indica un fannullone che vive alle spalle degli altri.

***

Ejercicio 1 – Traduzca

❶ El príncipe y las infantas asistieron a la ceremonia. ❷ Mientras la gente de su calaña dirija el país, la corrupción y las injusticias no desaparecerán. ❸ Últimamente voy de fiesta en fiesta: ayer en casa de Fulano, hoy en casa de Mengano, mañana en la de Zutano... ❹ El presidente de la comisión de marras tuvo que abstenerse de votar por estar actualmente investigado por el delito de enriquecimiento ilícito. ❺ ¿Alguien sabe para qué sirve este chirimbolo?

Sessantacinquesima lezione / 65

19 – E cosa mi dici del costo per il mantenimento del tenore di vita della famosa famiglia? Quanto costa mantenere tutta quella cricca di fannulloni!
20 Inoltre, il fatto che un signore "nasca" con il diritto di essere re, viola la prima regola di uno Stato di diritto: l'uguaglianza di tutti...
21 – Amore, credo che non caveremo un ragno dal buco...
22 – Hai ragione, principessa. Non litighiamo per un'inezia. Dai, andiamo, io sì ti tratterò come una regina...

12 **La princesa**, *la principessa*, è il femminile irregolare di **el príncipe**. Il principe ereditario della Corona spagnola dalla sua nascita, o da quando sarà designato come tale, porta il titolo di principe delle Asturie e riceve il trattamento di **Alteza Real**, *Altezza Reale*. La legge spagnola colloca le donne dietro i loro fratelli, anche se minori, nella linea di successione.

13 Non confondete **¡Hala!**, *Dai!*, con **ala**, *ala*. Altri omofoni riguardano la lettera h: **asta**, *asta, picca* - **hasta**, *fino a*; **atajo**, *scorciatoia, espediente* - **hatajo**, *branco, sfilza*; **aya**, *governante* - **haya**, *faggio, abbia*; **echo**, *butto* - **hecho**, *fatto*; **errar**, *sbagliarsi* - **herrar**, *ferrare*; **ojear**, *guardare* - **hojear**, *sfogliare*; **ola**, *onda* - **¡Hola!**, *Ciao!*; **onda**, *onda* - **honda**, *fionda*; **orca**, *orca* - **horca**, *forca, patibolo*; **uso**, *uso* - **huso**, *fuso*...

***

Soluzioni dell'esercizio 1

❶ Il principe e le infanti hanno assistito alla cerimonia. ❷ Fintanto che gente della sua risma dirige il Paese, la corruzione e le ingiustizie non spariranno. ❸ Ultimamente passo da una festa all'altra: ieri a casa di Tizio, oggi a casa di Caio, domani in quella di Sempronio... ❹ Il presidente della famosa commissione ha dovuto astenersi dal voto perché al momento è indagato per il reato di appropriazione indebita. ❺ Qualcuno sa a cosa serve questo aggeggio?

Lección sesenta y cinco

Ejercicio 2 – Complete

❶ Ha ereditato il titolo nobiliare da suo zio, ma è solo simbolico, non presenta alcun vantaggio per lui.

.... de ....., pero ....,
no .... para él.

❷ Mio padre era di destra e difendeva la monarchia, mia madre era di sinistra e preferiva la Repubblica… In casa c'erano discussioni animate ed era difficile restare neutrale.

.... y ...., ...
.... y .... ¡ ....
.... y .... !

❸ Ha occupato importanti incarichi pubblici nell'ambito dell'educazione e della cultura, ed è diventato Ministro dell'Educazione in due occasioni.

.... en ....
.... y ...., ... a .... en
....

***

La storia moderna ha spesso visto la Spagna oscillare tra monarchia e repubblica… Completata da Isabella di Castiglia e Ferdinando d'Aragona con l'espugnazione di Granada nel 1492, **la Reconquista**, la Riconquista, *prepara sotto l'insegna del cattolicesimo l'unificazione del regno. Parallelamente la scoperta dell'America da parte di Cristoforo Colombo, al servizio di Isabella, porta alla Spagna un impero coloniale di cui vengono sfruttate le ricchezze per consolidare la potenza del Paese. Con l'avvento degli Asburgo nel XVI secolo e l'ascesa al trono di Carlo V e poi di suo figlio Filippo II, la Spagna conosce il suo "Secolo d'Oro". Nel corso di questo periodo il dominio spagnolo così costituito raggiunge il suo apogeo e la sua più grande estensione territoriale. In declino a partire dal XVII secolo, il Paese si riprende dopo la guerra di successione spagnola e l'arrivo sul trono dei Borboni nel 1700 (a seguito dell'estinzione della casata degli Asburgo). A partire dal XIX secolo, se la guerra d'indipendenza contro l'occupazione napoleonica (1808-1814) rafforza il sentimento nazionale (nel 1808, Napoleone impone suo fratello*

❹ Molte ragazze hanno in mente il loro uomo ideale, continuano a sognare di incontrare il loro principe azzurro e sono disposte a sacrificarsi per amore.

.... en ...., ...
.... y .... a ....

❺ Dopo ore e ore di riunioni e dibattiti non abbiamo cavato un ragno dal buco. Sono sfinita!

Tras ..... y .... y ....
.... ¡ ....!

Soluzioni dell'esercizio 2

❶ Heredó el título de nobleza – su tío – es solo simbólico – presenta ventaja alguna – ❷ Mi padre era de derechas – defendía la monarquía mi madre era de izquierdas – prefería la República – en casa teníamos discusiones animadas – resultaba difícil permanecer neutral ❸ Desempeñó importantes cargos públicos – el ámbito de la educación – la cultura, y llegó – ser Ministro de Educación – dos ocasiones ❹ Muchas jóvenes tienen – mente a su hombre ideal, siguen soñando con encontrar su príncipe azul – están dispuestas – sacrificarse por amor ❺ – horas – horas de reuniones – debates no hemos sacado nada en limpio – Estoy agotada

***

*Giuseppe Bonaparte come re), si instaura però l'instabilità: scontri tra liberali e monarchici, progressisti e conservatori, colpi di stato a ripetizione (**pronunciamientos**). La Restaurazione dei Borboni mette fine alla breve prima Repubblica (1873-1874) e il parlamentarismo di facciata (1876) non resiste al colpo di stato di Primo de Rivera (1923). Il Paese vede quindi succedersi le dittature. Nel 1931, a seguito della vittoria dei repubblicani nelle elezioni, il re Alfonso XIII abbandona il Paese e viene proclamata la repubblica. La fragile seconda Repubblica (uscita dalle urne nel 1931) conduce alla guerra civile spagnola (1936-1939) vinta dal generale Franco, il cui regime, tra autarchia e aperture, riesce a durare trentasei anni. Alla morte del dittatore (1975), l'erede alla corona Juan Carlos I assicura, in stretta collaborazione con il capo del governo Adolfo Suárez, la "transizione" democratica del Paese (1976-1982), mentre ricompare la questione delle "nazionalità" e delle autonomie regionali, in particolare in Catalogna e nei Paesi Baschi. Nel 2014 Juan Carlos I abdica in favore di suo figlio, che diventa Felipe VI.*

Lección sesenta y seis

Si ves lo que quiero decir...

1 – ¿Tienes hora, Eugenia? ¿Dónde narices [1] estará Cristina? Quedamos a las diez y ya son las diez y media pasadas...

2 ¿Sabías que se casa el fin de semana que viene y me ha pedido que sea una de sus damas [2] de honor?

3 – ¿Es tu amiga colombiana, verdad?

4 – Sí, de Medellín. Íbamos al mismo curso en la facu [3].

5 Gracias a ella he conocido a varios sudamericanos. Encantadores, por cierto.

6 – Es realmente increíble que seamos casi 500 millones de personas hablando el mismo idioma, y que podamos entendernos sin mayor dificultad.

Note

[1] **Las narices** (al plurale), *il naso*, serve spesso come eufemismo per parole volgari e indica principalmente irritazione: **¿Qué narices** (o **coño**) **te pasa?**; *Che cavolo hai?* **¡Esto tiene narices** (o **huevos**)**!**, *Questo è il colmo!*; **estar hasta las narices** (o **el coño** o **los cojones**), *averne fin sopra i capelli*; **hacer algo por narices** (o **huevos**), *fare qualcosa che lo si voglia o no*; **hinchar las narices** (o **los cojones**), *avere la mosca al naso*; **tocarse las narices** (o **el coño** o **los cojones**), *girarsi i pollici*... Ma a volte ha senso accrescitivo: **un calor de narices**, *un caldo terribile*. Si ritrova questa parte del corpo anche in altre espressioni: **darse de narices con alguien**, *imbattersi in qualcuno*; **meter las narices en algo**, *ficcare il naso in qualcosa*...

[2] A differenza del suo corrispondente maschile, **el caballero**, *il cavaliere,* ma soprattutto *il signore*, **la dama** è un termine totalmente desueto. Si usa in formule fisse come **Damas y caballeros**, *Signore e signori*, e solamente in qualche espressione come **una**

Sessantaseiesima lezione

Se capisci quello che voglio dire...

1 – Hai l'ora, Eugenia? Dove cavolo sarà Cristina? Avevamo appuntamento per le dieci e sono già le dieci e mezza passate...
2   Sapevi che si sposa il prossimo fine settimana e mi ha chiesto di essere una delle sue damigelle d'onore?
3 – È la tua amica colombiana, vero?
4 – Sì, [è] di Medellín. Eravamo nello stesso corso all'Uni.
5   Grazie a lei ho conosciuto molti sudamericani. Affascinanti, oltretutto.
6 – È veramente incredibile che siamo quasi 500 milioni a parlare la stessa lingua e che possiamo capirci senza grandi difficoltà.

---

dama de honor, *una damigella d'onore* (in un matrimonio) o *la dama di corte* (della regina); **una dama de compañía**, *una dama di compagnia*; o ancora **la primera dama**, *la first lady* (consorte di un capo di Stato).

3   Nel linguaggio colloquiale si abbreviano quelle parole considerate troppo lunghe: **facu** (per la **facultad**, *la facoltà, l'università*); **cole** (per **colegio**, *scuola*); **boli** (per **bolígrafo**, *biro*); **profe** (per **profesor**, *professore*), **depre** (per **depresión**, *depressione*); **súper** (per **supermercado**, *supermercato*)... A volte queste abbreviazioni vengono generalizzate e finiscono per sostituire le forme complete: **cine**, *cinema* (per **cinematógrafo**, *cinematografo*); **metro**, *metro* (per **metropolitana**, *metropolitana*), **tele**, *tele* (per **televisión**, *televisione*)... Queste abbreviazioni riguardano generalmente i nomi, ma si usano anche per indicare gruppi di nomi (**finde** per **fin de semana**, *fine settimana*); aggettivi (**ridi** per **ridículo**, *ridicolo*; **tranqui** per **tranquilo**, *tranquillo*); locuzioni (**porfa** invece di **por favor**, *per favore*) ecc.

7 Porque, aparte la pronunciación y alguna que otra diferencia en el vocabulario, por lo demás…

8 – Sí y no… Algunas veces, en sus fiestas en las que prácticamente todos son colombianos, te juro que a veces no me entero de la misa la mitad [4]…

9 Mírala, ahí llega. ¡Hola, Cristina! Mira, te presento a Eugenia, una muy buena amiga.

10 – Encantada. Es un placer. ¿Cómo les [5] va? ¿Qué hubo? Estás muy churra [6], Julia.

11 Disculpen el retraso. ¡Hoy todo ha sido camello! Me despertó [7] a las cinco de la madrugada una especie de goteo.

12 Había un escape y el suelo estaba recubierto de agua. ¡Imagínate la vaina para encontrar un plomero [8] a esa hora!

13 – ¡Esto y los cerrajeros, cuando tienes una urgencia, te cuesta un dineral!

Note

4 **No enterarse de la misa la mitad** o **la media** vuol dire *non capire un tubo*, e **no saber de la misa la mitad** o **la media** significa *non capire di cosa si parla*. **Ir algo a misa** significa *essere vangelo, essere la sacrosanta verità*. *Andare a messa* si dice **ir a misa**.

5 In America la forma di cortesia al plurale, **ustedes**, sostituisce quasi sempre anche il **vosotros**, che si usa molto poco. Da cui l'uso di **les** e non di **os**.

6 **Churro/a** significa *bello/a* in alcune regioni dell'America latina, in particolare in Colombia. Più comunemente, per indicare la bellezza di una persona o di una cosa si usa **lindo/a**, preferendo questo termine a quelli peninsulari: **guapo/a** e **bonito/a**. **Fue una fiesta muy linda**, *È stata una gran bella festa*.

Sessantaseiesima lezione / 66

7 Perché, a parte la pronuncia e qualche altra differenza nel vocabolario, per il resto...

8 – Sì e no... A volte nelle *(sue)* feste in cui sono praticamente tutti colombiani, ti giuro che in certi momenti non capisco niente *(della messa la metà)*...

9 Guarda, eccola. Ciao, Cristina! *(Guarda)* Ti presento Eugenia, una cara amica.

10 – Ciao *(Incantata).* È un piacere. Come state? Come va? Come sei bella, Julia.

11 Scusate il ritardo. Oggi è stato tutto un casino! Una specie di gocciolio mi ha svegliato alle cinque del mattino.

12 C'era una perdita e il pavimento era ricoperto di acqua. Figurati la seccatura per trovare un idraulico a quell'ora!

13 – Loro *(Questo)* e i fabbri ti costano una fortuna quando c'è un'urgenza!

---

7 In America si preferisce l'uso del **pretérito indefinido** laddove in Spagna si utilizza invece il **pretérito perfecto** (dato che l'azione si colloca in un periodo di tempo che si prolunga fino al momento attuale, cioè, **hoy,** *oggi*): **Me he despertado a las cinco,** *Mi sono svegliato alle cinque.*

8 Ecco un esempio, tra gli altri, in cui a uno stesso significato corrispondono due termini diversi: *un idraulico* si dice **un plomero** in America e **un fontanero** in Spagna.

14 – Aunque no me gusta manejar [9], como llegaba tarde, decidí sacar el carro del parqueadero [10].

15 Me metí de cabeza en un trancón. Aquello no avanzaba, y además debí de olvidar el celular en casa porque no lo encontraba dentro de la cartera...

16 En aquel momento una buseta me dio por detrás y me dañó el bomper y el baúl.

17 Además pinché ¡y me tocó cambiar una llanta! Por suerte, un pisco me ayudó. Ahora tengo el carro varado...

18 – ¿Y cogiste [11] un taxi?

19 – ¿Perdón? Ah, sí... Pero antes tuve que pasar por donde el joyero [12], para recoger las argollas para la ceremonia...

20 Bueno, necesito tomar algo. Voy a pedirme un tinto [13]... ¡Camarero, por favor!

21 ¿Les provoca [14] algo? Pero, ¿por qué me miran con esa cara tan rara?

Note

[9] Capita frequentemente che parole che hanno un certo significato nello spagnolo standard abbiano un'accezione diversa in America latina. Ad esempio **manejar**, *maneggiare*; **un carro**, *un carro*; **una cartera**, *un portafogli* (frasi 14 e 15), in America significano rispettivamente *guidare*, *una macchina*, e *una borsetta*.

[10] Se la maggior parte delle parole usate in America latina sono comprese nella penisola, ce ne sono altre come **parqueadero** (frase 14), **trancón** (frase 15), **buseta** e **bomper** (frase 16) o ancora **pisco** (frase 17), per le quali uno spagnolo dovrà chiedere spiegazioni sul loro senso o cercarle in un dizionario.

Sessantaseiesima lezione / 66

14 – Siccome ero in ritardo ho deciso di prendere la macchina dal parcheggio, anche se non mi piace guidare.
15 Mi sono buttata alla cieca in un ingorgo. [E] non andava avanti, e poi devo aver dimenticato il cellulare a casa perché non lo trovavo nella borsetta...
16 In quel momento un minibus mi ha tamponato e mi ha danneggiato il paraurti e il bagagliaio.
17 Inoltre ho bucato, così ho dovuto cambiare una ruota! Per fortuna mi ha aiutato un tipo. Adesso ho la macchina bloccata...
18 – E hai preso un taxi?
19 – Scusa? Ah, sì... Ma prima sono dovuta passare dal gioielliere per prendere le fedi per la cerimonia...
20 Bene, ho bisogno di prendere qualcosa. Ordinerò un "tinto"... Cameriere, per favore!
21 Voi prendete *(avete voglia di)* qualcosa? Ma perché mi guardate con quella faccia strana?

11 **Coger**, *prendere*, è un verbo molto comune nella Penisola iberica, invece in America latina per *prendere*, ad esempio, un mezzo di trasporto utilizzate il verbo **tomar**, perché laggiù **coger** assume una connotazione sessuale – da bandire dal vostro vocabolario.

12 **Por donde** + commerciante, corrisponde a *dal* + commerciante; in Spagna si sarebbe detto **por** + negozio = **por la joyería**, *dal gioielliere*, *in gioielleria*.

13 L'equivoco della frase seguente deriva dal fatto che **un tinto** in Spagna indica *un bicchiere di vino rosso*, mentre in Colombia questo termine indica semplicemente *un caffè*.

14 **Provocar**, *provocare*, oltre Atlantico ha il senso di **apetecer**, *aver voglia* = *¿Os apetece algo? Me provoca comerme un buen banano*, *Avete voglia di qualcosa? Ho voglia di mangiarmi una buona banana*; *¿Te provoca?*, *Ti attira?*

22 – ¿Un tinto a estas horas? ¿No te parece un poco temprano para empezar a beber alcohol?
23 – ¡No, boba! ¡Si lo que quiero es lo que ustedes llaman un café solo!
24 – ¡Qué gracia! ¡Qué ganas de que sea el sábado! Y a ver, si cuando lances el ramo lo puedo coger…
25 – ¡Uy, Julia, evita decir esos horrores delante de mi madre, que se va a pensar que tengo amigas muy ordinarias [15]…!
26 – Y tú, Eugenia, si no tienes nada previsto, ¿por qué no vienes? Será algo sencillito, sin ceremonias…
27 – Mujer sí, con mucho gusto, pero… ¿habrá intérpretes?

Note

[15] **Ordinario/a**, *ordinario/a, banale,* significa anche *volgare, rozzo/a*: Tiene unos modales muy ordinarios, *Ha dei modi molto rozzi.*

***

Ejercicio 1 – Traduzca

❶ Ninguno de los que asistieron a la conferencia se enteró de la misa la media. ❷ La modelo hizo una pose de lo más ordinaria. ❸ Se fue antes de la hora y al doblar la esquina se dio de narices con el director. ❹ Después de haber leído las críticas, me provoca ir a ver esta película. ❺ Manejar este carro es relativamente fácil, lo difícil es parquearlo.

Sessantaseiesima lezione / 66

22 – Vino rosso a quest'ora? Non ti sembra un po' presto per cominciare a bere alcolici?
23 – [Ma] no, sciocca! *(Se)* Quello che voglio è quello che voi chiamate un caffè espresso!
24 – Che ridere *(grazia)*! Non vedo l'ora che arrivi *(Che voglia che sia)* sabato! E vediamo se quando lanci il bouquet lo riesco *(posso)* a prendere...
25 – Oh, Julia, evita di dire questi orrori davanti a mia madre, altrimenti penserà che ho [delle] amiche molto rozze...!
26 – E tu, Eugenia, se non hai niente in programma *(previsto)* perché non vieni? Sarà qualcosa di semplice, senza formalità...
27 – Certo *(Donna sì)*, con grande piacere, ma... ci saranno degli interpreti?

Soluzioni dell'esercizio 1

❶ Nessuno dei partecipanti alla conferenza ha capito qualcosa. ❷ La modella si è messa in *(ha fatto)* una posa alquanto volgare. ❸ Se n'è andato prima del tempo e girando l'angolo si è imbattuto nel direttore. ❹ Dopo aver letto le recensioni ho voglia di andare a vedere questo film. ❺ Guidare questa macchina è relativamente facile, la cosa difficile è parcheggiarla.

Lección sesenta y seis

Ejercicio 2 – Complete

① Una delle damigelle d'onore prese il bouquet che la sposa lanciò alle invitate nubili uscendo dal municipio.

.... de .... que ....
.... al ....

② Se hai un'urgenza, ad esempio una perdita, il fine settimana o un giorno festivo, far venire un idraulico o un fabbro costa una fortuna!

............, ..., ... o
............, ... a .... o .... ¡te
.... !

③ Avevamo appuntamento alle otto e arrivò con un'ora di ritardo. Come scusa disse che era dovuto passare in gioielleria.

.... a .... y .... de ....
.... que .... por ....

***

*Lo spagnolo parlato in America latina presenta alcune differenze rispetto a quello parlato nella penisola. I primi arrivati che hanno colonizzato quelle nuove terre provenivano essenzialmente dall'Andalusia e dalle isole Canarie, fatto che spiega le numerose influenze derivanti dalle parlate di quelle regioni. Anche i vari idiomi indigeni hanno lasciato le loro tracce sulla lingua. Per quello che concerne la pronuncia, il fenomeno che si osserva più facilmente è il **seseo**, cioè la pronuncia del suono della **zeta** peninsulare come una **s** [ss] (**cerveza**, birra [serbessa]). C'è anche il **yeísmo** o la pronuncia di **ll** come **y** (**caballo**, cavallo [kabayo]). Analogamente la **j** si pronuncia spesso come una **h** aspirata (**mujer**, donna [mu'er]). La **s** diventa un suono aspirato davanti a consonante (**mosca**, mosca [mo'ka]); può anche sparire completamente ([moka]). A volte cambia posizione anche l'accento tonico (**vídeo**, un video [bídeo] in Spagna, **video**, [bidéo] in America). Oltre Atlantico poi l'uso di accrescitivi e diminutivi è molto più frequente (**ahorita**, subito; **corriendito**, di corsa...). Viene privilegiato anche l'uso del **pretérito indefinido** a scapito del **pretérito perfecto** (**lo vi**, lo vidi, al posto di **lo he visto**, l'ho visto).*

Sessantaseiesima lezione / 66

❹ Ti giuro che è restato a guardarmi con una faccia così strana che mi sono messa a ridere.

...... que .... con .... que .. ..

❺ Siccome parla diverse lingue, è riuscito a trovare lavoro come interprete all'ambasciata.

Como ...., ... un .... en ....

Soluzioni dell'esercizio 2

❶ Una de las damas – honor cogió el ramo – la novia lanzó a las invitadas solteras – salir del ayuntamiento ❷ Si tienes una urgencia, por ejemplo un escape, el fin de semana – un día festivo, hacer venir – un fontanero – un cerrajero – cuesta un dineral ❸ Quedamos – las ocho – llegó con una hora – retraso. Dio como excusa – había tenido que pasar – la joyería ❹ Te juro – se me quedó mirando – una cara tan rara – me dio risa ❺ – habla varios idiomas, consiguió – trabajo de intérprete – la embajada

***

*In America si incontra la tendenza a utilizzare i verbi di movimento in forma riflessiva (**venirse**, venire; **entrarse**, entrare...). Quanto alle differenze nel lessico, le lingue locali hanno avuto una grande influenza e oggigiorno un gran numero di parole dello spagnolo standard hanno un'origine indigena, in particolare per nominare piante, animali o oggetti che erano sconosciuti in Europa (**el chocolate**, il cioccolato; **el aguacate**, l'avocado; **el tiburón**, lo squalo...). A volte parole che sono già presenti nello spagnolo standard acquisiscono delle accezioni diverse (**bregar**, lottare in Spagna, significa invece lavorare in America latina...). Allo stesso modo, numerose parole della vita quotidiana presentano delle differenze (**la patata**, la patata; **el zumo**, il succo; **el móvil**, il cellulare; **el ordenador**, il computer; **el coche**, la macchina; **el dinero**, i soldi; **el billete**, il biglietto; **situar**, situare/collocare si dicono rispettivamente **la papa**, **el jugo**, **el celular**, **la computadora**, **el carro**, **la plata**, **el boleto**, **ubicar**...). E il tutto resta perfettamente comprensibile all'insieme dei parlanti ispanofoni in tutto il mondo...*

quinientos doce • 512

Lección sesenta y siete

▶ Un sentimiento triste que se baila con pasión…

1 – ¡Bienvenido a España, Ricardo, y a nuestro programa de variedades. Sin más preámbulos, ¿qué es el tango para ti?
2 – Mirá [1], Guillermo, es una manera de vivir, sentir y concebir apasionadamente la existencia y el mundo…
3 – ¿Cuál es el origen de la palabra "tango"?
4 – Nadie lo sabe con certeza. Según algunas teorías, derivaría de "tang" que en alguna lengua africana significa palpar, tocar y acercarse.
5 – ¿Cuándo y dónde surgió esta danza [2]?
6 – A fines del siglo XIX, en los boliches [3] y los burdeles, en la noche, en la marginalidad, en los suburbios [4].

Osservazioni sulla pronuncia
(2) Notate la pronuncia della **ll**, più simile a "j(e)" in francese o a "sc(e)" in italiano piuttosto che al suono al quale lo spagnolo ci ha abituato.

Note

1 Gli argentini usano **vos** al posto di **tú** per darsi del tu (il **voseo**). All'imperativo affermativo, è sufficiente togliere la **r** dell'infinito e accentare l'ultima sillaba: **cantar**, *cantare* → **cantá**, *canta*; **comer**, *mangiare* → **comé**, *mangia*; **escribir**, *scrivere* → **escribí**, *scrivi*. Per l'imperativo negativo si usa la forma classica (le forme del congiuntivo), ma è anche possibile una variante con l'accento sull'ultima sillaba: **no cantes** o **no cantés**, *non cantare*; **no comas** o **no comás**, *non mangiare*; **no escribas** o **no escribás**, *non scrivere*.

2 **Baile**, *ballo*, è più popolare, libero e spontaneo di **danza**, *danza*, che è più sofisticata e studiata. **El baile** non ha i movimenti né le figure fisse che invece possiede **la danza**. Ma questi termini sono spesso intercambiabili e si parla di **los bailes** o **las danzas regionales** o fol-

Sessantasettesima lezione

67

Un sentimento triste che si balla con passione...

1 – Benvenuto in Spagna, Ricardo, e nel nostro spettacolo di varietà. Senza altri preamboli, cos'è per te il tango?
2 – Guarda, Guillermo, è un modo di vivere, sentire e concepire appassionatamente l'esistenza e il mondo...
3 – Qual è l'origine della parola "tango"?
4 – Nessuno lo sa con certezza. Secondo alcune teorie deriverebbe da "tang", che in una lingua africana significa palpare, toccare e avvicinarsi.
5 – Quando e dove è nato questo ballo?
6 – Alla fine del XIX secolo, nelle bettole e nei bordelli, nella notte, nella marginalità, nelle periferie.

clóricos/as, *balli regionali o folkloristici*, di **un baile de disfraces**, *un ballo in maschera*, o ancora di **una danza del vientre**, *una danza del ventre*. Tuttavia si dice **los bailes de salón**, *i balli da sala*; e **bailar un tango**, *ballare un tango*. L'espressione **¡Que me quiten lo bailado!** vuol dire *Chi ha avuto ha avuto, chi ha dato ha dato!*

3 **Un boliche** indica *una bettola* o qualunque locale che permette di incontrarsi per consumare una bevanda o per mangiare; ai nostri giorni indica essenzialmente *una discoteca*, ma anche *un bowling*.

4 Il termine più neutro per parlare delle zone di una città è **el barrio** o **la barriada**, *il quartiere*; tuttavia in America latina quest'ultima parola equivale a **un barrio de chabolas**, *una baraccopoli*. *I sobborghi, le periferie* sono chiamati **los suburbios, los arrabales** (frase 8) o **los barrios bajos**; da cui derivano gli aggettivi **arrabalero/a** e **barriobajero/a**, che indicano qualcosa di *periferico, popolare, dei bassifondi*: **No puedo soportar sus modales barriobajeros**, *Non posso sopportare i suoi modi volgari e rozzi*. **El barrio chino** ai giorni nostri è diventato il quartiere abitato dai cinesi, ma era tradizionalmente *il quartiere malfamato, il quartiere a luci rosse*, quello dove si trovavano le prostitute. **El otro barrio** è un modo colloquiale di dire *l'altro mondo*: **irse al otro barrio**, *andare all'altro mondo*...

7 – ¿Quiénes bailaban?
8 – En aquel entonces, solamente los estratos sociales humildes, los sirvientes e inmigrantes italianos y españoles de los arrabales.
9   Las parejas fundían los cuerpos fuertemente abrazados, un verdadero escándalo para la época, condenado por la Iglesia y prohibido por la policía.
10 Es curioso notar que el tango fue aceptado en Argentina vía Francia. La sociedad porteña [5] rechazaba el tango,
11 pero cuando se puso de moda en París, se puso también de moda en los salones de Buenos Aires.
12 – Primero era música y baile…
13 – Originariamente, los músicos tocaban el violín, la guitarra, la flauta, el arpa en algunos casos. A continuación se agregó el bandoneón [6].
14 Luego aparece tímidamente el cantante… Aparece Carlos Gardel y el cantante pasa a ser el personaje central.
15 – No se puede hablar del tango sin evocar el lunfardo [7]…
16 – Esta manera de hablar era al principio la jerga de los presos y los delincuentes, comúnmente hablado por la gente del puerto.

Note

[5] **Porteño/a** indica in origine qualcuno che è nato in una città di mare, o che la abita. È anche l'aggettivo per tutto ciò che fa riferimento alla città di Buenos Aires (capitale dell'Argentina): **las calles porteñas**, *le vie di Buenos Aires*. Da non confondere con **platense**, che indica tutto quanto ha a che fare con **La Plata**, capitale della provincia di Buenos Aires.

Sessantasettesima lezione / 67

7 – Chi ballava?
8 – In quell'epoca solamente le classi sociali umili, i servi e gli immigrati italiani e spagnoli dei sobborghi.
9 Le coppie fondevano i corpi strettamente abbracciati, un vero scandalo per l'epoca, condannato dalla Chiesa e proibito dalla polizia.
10 È curioso notare che il tango venne accettato in Argentina tramite la Francia. La società di Buenos Aires rifiutava il tango,
11 ma quando divenne di moda a Parigi, divenne di moda anche nelle sale di Buenos Aires.
12 – All'inizio era musica e ballo...
13 – In origine i musicisti suonavano il violino, la chitarra, il flauto [e] in certi casi l'arpa. In seguito si aggiunse il bandoneon.
14 Poi appare timidamente il cantante... Compare Carlos Gardel e il cantante diventa il personaggio principale.
15 – Non si può parlare del tango senza menzionare il lunfardo...
16 – All'inizio questo modo di parlare era il gergo dei detenuti e dei delinquenti, comunemente parlato dalla gente del porto.

---

6 Un **bandoneón** è uno strumento musicale ad aria con una tastiera, simile a una fisarmonica. Inventato in Germania nel 1854 da Hermann Uhlig, sarebbe arrivato a Buenos Aires tramite un marinaio inglese o irlandese che lo aveva scambiato con una bottiglia di whisky, per poi diventare lo strumento più emblematico del tango.

7 Gergo spagnolo influenzato da diversi idiomi, compresi i dialetti italiani, utilizzato nella città di Buenos Aires (v. nota culturale).

17 – ¿Cuáles son los grandes temas tratados por las letras de las canciones?
18 – Son los temas universales: las pasiones y los odios [8], la relación entre el hombre y la mujer, la madre, la amistad, la crítica social, e ¡incluso el fútbol!
19 – Esta danza es indisociable de la sensualidad...
20 – Si analizás [9] el sentido de la expresión corporal en los pasos del tango,
21 verás que pueden considerarse una dramatización estilizada del acto sexual o el duelo a cuchillo entre dos hombres.
22 – ¿Ha evolucionado mucho el tango? ¿Ha sabido modernizarse?
23 – El tanguero de la guardia vieja no quiere saber nada de lo que pasó después de los años 20.
24 Experiencias como la fusión del tango con la música electrónica o el rap ¡les ponen los pelos de punta!
25 Hoy vivimos una época brillante de redescubrimiento del tango en el mundo entero. Y su futuro se presenta muy halagüeño...
26 – Una cosa me intriga. Los hay que [10] dicen que el tango comenzó siendo bailado entre hombres. ¿Qué hay de cierto en ello?

Note

8 Il verbo che corrisponde a **el odio**, *l'odio*, è **odiar**, che ovviamente vuol dire *odiare*, ma che si usa anche per parlare di qualcosa che si può *detestare*: **Odio las lentejas**, *Odio le lenticchie*. **Detestar** esiste in spagnolo, ma si usa poco e gli si preferisce **aborrecer**: **Aborrezco a la gente que miente**, *Detesto la gente che mente*.

Sessantasettesima lezione / 67

17 – Quali sono i temi principali trattati nei testi delle canzoni?
18 – Sono i temi universali: le passioni e l'odio *(odi)*, la relazione tra l'uomo e la donna, la madre, l'amicizia, la critica sociale e addirittura il calcio!
19 – Questo ballo è inscindibile dalla sensualità…
20 – Se analizzi il senso dell'espressione corporea nei passi del tango
21 vedrai che si possono considerare una drammatizzazione stilizzata dell'atto sessuale o del duello all'arma bianca tra due uomini.
22 – Il tango si è evoluto molto? Ha saputo modernizzarsi?
23 – L'appassionato di tango della vecchia guardia non vuol saperne di quello che è successo dopo gli anni '20.
24 Esperienze come la fusione del tango con la musica elettronica o il rap gli fanno rizzare i capelli!
25 Oggi viviamo in un'epoca formidabile *(brillante)* di riscoperta del tango in tutto il mondo. E il suo futuro si presenta molto promettente…
26 – Una cosa mi intriga. C'è chi dice che il tango è cominciato come ballo tra uomini. Cosa c'è di vero in questo?

---

9 La coniugazione del **vos** al presente si forma sopprimendo la **i** nella forma tradizionale di **vosotros**: **vos analizás** (= **vosotros analizáis**).

10 Los/Las hay que… corrisponde a *c'è chi…*, *ce ne sono che…*: *De los nuevos productos, los hay que no sirven realmente para nada*, Dei nuovi prodotti ce ne sono che non servono a niente. Facendo riferimento a una persona può essere rimpiazzato da **hay quien/quienes…**: *Hay quienes no saben guardar un secreto*, C'è chi non sa tenere un segreto.

27 – Lejos de la familia, los inmigrantes buscaban en los prostíbulos [11] entretenerse un poco y olvidar por un rato la melancolía del exilio.

28 Los hombres bailaban entre ellos acompañando la melodía de alguna pequeña orquesta improvisada mientras esperaban que les tocara el turno…

29 ¿Qué, Guillermo, te animás y nos marcamos unos pasitos para el público aquí en el estudio?

30 – ¡Acepto encantado!

Note

[11] Il tango è nato in **los prostíbulos**, *i postriboli, le case chiuse*. Ci sono altre parole che indicano questo tipo di locali: **un burdel** (v. frase 6), **un lupanar**, **una casa de citas** o **de putas**… Le ragazze sono chiamate **las prostitutas**, *le prostitute*, o più volgarmente **las putas**, *le puttane*; la versione più moderna è **la chica de compañía**, **la call girl** o **la escort**; per essere politicamente corretti, la si chiamerà **una trabajadora sexual**, *una lavoratrice del sesso*. Per l'uomo che si prostituisce si usa **un prostituto**, *un prostituto*, **un puto**, **un acompañante**, **un escort** o **un taxi boy**; il termine **un gigoló** (pronunciato *[yigoló]*) è riservato ai prostituti eterosessuali. **El chulo** è *il protettore*. E **la madam** o **madama**… *la tenutaria di un bordello*!

***

Ejercicio 1 – Traduzca

❶ Las perspectivas son muy halagüeñas para las empresas del sector. ❷ Los taxis porteños aumentarán sus tarifas. ❸ No tengo un duro pero he dado la vuelta al mundo. ¡Que me quiten lo bailado! ❹ Me sorprendió el lenguaje barriobajero con el que se expresó. ❺ Como te atrevas a volver a hacerlo, ¡te mando al otro barrio!

Sessantasettesima lezione / 67

27 – Lontani dalla famiglia, gli immigrati cercavano di divertirsi un po' nei postriboli e dimenticare per un momento la malinconia dell'esilio.
28 Gli uomini ballavano tra loro accompagnando la melodia di qualche piccola orchestra improvvisata mentre aspettavano il loro turno...
29 Allora, Guillermo, ti lanci e facciamo qualche passo per il pubblico presente nello studio?
30 – Accetto con piacere *(incantato)*!

***

Soluzioni dell'esercizio 1

❶ Le prospettive sono molto incoraggianti per le imprese del settore. ❷ I taxi di Buenos Aires aumenteranno le loro tariffe. ❸ Non ho un soldo, ma ho girato il mondo. Chi ha avuto ha avuto, chi ha dato ha dato! ❹ Mi ha sorpreso il linguaggio rude con cui si è espresso. ❺ Se ti azzardi a rifarlo, ti mando all'altro mondo!

Ejercicio 2 – Complete

❶ Il Comune ha ordinato la demolizione di una baraccopoli.
.... la .... de .... de
....

❷ Detesto le ostriche dal giorno in cui mi hanno fatto stare male.
.... desde ...... en que .. sentaron ....

❸ Le dichiarazioni del politico mi hanno fatto rizzare i capelli.
.... del .... me .... de ....

❹ Sulla panchina del parco c'era una coppia abbracciata che si baciava appassionatamente.
En .... besándose
....

***

Quello che più colpisce ascoltando parlare un argentino è innanzi tutto la cadenza simile all'italiano, dato che gli immigrati provenienti dal nostro Paese sono stati i più numerosi. Anche la pronuncia di **ll** *e di* **y** *è molto caratteristica: ad esempio,* **yo** *ha una pronuncia simile a [scio] in italiano; l'Argentina, il Paraguay e l'Uruguay condividono questa pronuncia. Inoltre, si nota l'uso del* **vos** *invece del* **tú** *per dare del tu (il* **voseo**, *in uso anche in Spagna fino al XVI secolo), il cui plurale è* **ustedes** *(3ª persona) e non* **vosotros** *(2ª persona). La coniugazione dei verbi al presente in questo caso è particolare e si forma togliendo la* **i** *(quando c'è) alla 2ª persona del plurale:* **vos cantás** *(=* **vosotros cantáis**)*,* **vos podés** *(=* **vosotros podéis**)*,* **vos venís**. *Tuttavia il complemento oggetto è* **te** *e non* **os**: *¿***Vos cómo te llamás?**, *Come ti chiami? Analogamente, gli aggettivi e i pronomi possessivi corrispondenti sono* **tu** *e* **tuyo** *e non* **vuestro**, **vuestra**...

❺ Aspetta che sia il tuo turno per parlare.
   ¡...... hasta que .... el ....!

Soluzioni dell'esercizio 2
❶ El Ayuntamiento ha ordenado – demolición – un barrio – chabolas
❷ Aborrezco las ostras – el día – me – mal ❸ Las declaraciones – político – pusieron los pelos – punta ❹ – el banco del parque había una pareja abrazada – apasionadamente ❺ Espera – te toque – turno para hablar

***

Tutti gli argentini conoscono almeno qualche parola di **lunfardo**, *un gergo nato nelle baraccopoli di Buenos Aires alla fine del XIX secolo e usato all'inizio nell'ambiente della malavita e nei bassifondi del porto. Le sue differenze dallo spagnolo sono meramente lessicali, in quanto vi confluiscono elementi dall'inglese, dal francese, dall'italiano (compresi alcuni dialetti), dal tedesco e anche dallo spagnolo stesso. Altre parole nascono da metafore o da inversioni: una delle particolarità del* **lunfardo** *è* **el vesre** *(=* **revés**, *contrario), che consiste nell'invertire l'ordine delle sillabe di una parola:* **tango** *diventa* **gotán**, **barrio** *diventa* **rioba**, **mujer** *diventa* **jemur** *e così via...*
El lunfardo è diventato ormai una lingua popolare e la creazione di nuove parole è molto dinamica. Reso famoso dal tango, ha perso la sua funzione originaria e ha ottenuto il nulla osta definitivo, assumendo addirittura un certo carattere letterario.

Lección sesenta y ocho

Il dialogo seguente si ispira ai registri drammatici di un episodio di telenovela: abbiamo quindi utilizzato formule volutamente sdolcinate e ridicole per proporvi questa parodia.

Consumidos por el frenesí

1 – Graciela, mi amor eterno, olvida por favor todo lo pasado. Éramos jóvenes y rebeldes…
2 Las ardientes llamas de la pasión nos redujeron a cenizas. ¡Nuestro amor puede todavía renacer de ellas!
3 – No, Carlos Eduardo. No podré ser feliz mientras no dejes [1] a esa bruja cínica, perversa y manipuladora. Pide el divorcio. ¿A qué esperas?
4 – ¡No dejes que los celos nos destrocen de nuevo! Es mi esposa [2] de cara a [3] la galería. Pero dormimos en cuartos separados.
5 – ¿El dinero te ciega? Yo soy una pobre huérfana y ella y su familia son inmensamente ricos. ¿Nuestro amor no te basta?

Note

[1] Lasciare qualcuno o un'attività si dice **dejar** o **abandonar**: **Mi novia me ha dejado**, *La mia fidanzata mi ha lasciato*; **¿Por qué dejaste aquel trabajo?**, *Perché hai lasciato quel lavoro*? *Lasciare* un luogo si dice **irse de**, **salir de**: **A las 8 no me había ido todavía de la oficina**, *Alle 20 non avevo ancora lasciato l'ufficio*. **Quitar** vuol dire essenzialmente *togliere,* ma anche *derubare*: **Quita la etiqueta de los pantalones**, *Togli l'etichetta dai pantaloni*; **¡Me han quitado la cartera!**, *Mi hanno rubato il portafogli!*

Sessantottesima lezione

Consumati dalla frenesia

1 – Graciela, mio eterno amore, dimentica, per favore, tutto quello che è passato. Eravamo giovani e ribelli...

2 Le ardenti fiamme della passione ci hanno ridotti in cenere. [Ma] il nostro amore può ancora rinascere *(da esse)*!

3 – No, Carlos Eduardo. Non potrò essere felice finché non lasci quella strega cinica, perversa e manipolatrice. Chiedi il divorzio. Cosa aspetti?

4 – Non lasciare che la gelosia ci distrugga di nuovo! Lei è mia moglie davanti agli altri, ma dormiamo in camere separate.

5 – I soldi ti accecano? Io sono una povera orfana e lei e la sua famiglia sono immensamente ricche. Il nostro amore non ti basta?

---

2 Conosciamo perfettamente i termini **la esposa**, *la sposa*, e **la mujer**, *la donna*, per indicare *la moglie*. La si indica anche con **mi parienta** o **mi media naranja**, *la mia metà*. Ma sapete cosa sono **las esposas**? Non soltanto *le spose*, ma anche... *le manette*! Gli spagnoli associano alla vita di coppia, e in particolare al matrimonio, la prigione? Sia come sia, non confondete **desposado/a**, *sposato/a*, con **esposado/a**, *ammanettato/a*!

3 **De cara a** può avere un senso spaziale e significare *di fronte a*: **El profesor puso al alumno de cara a la pared**, *Il professore ha messo l'alunno con la faccia davanti al muro*. Questa locuzione indica anche lo scopo: **Me estoy preparando de cara a las oposiciones**, *Mi sto preparando in vista del concorso*; **Consejos de belleza de cara al verano**, *Consigli di bellezza in vista dell'estate*.

6 – Mi alma, tú eres mi razón de ser. Quiero verte, acariciarte, besarte y apretarte contra mi pecho...

7 Pero no me pidas lo imposible. No se puede vivir del aire [4]...

8 ¿Tú crees de verdad que si sintiera lo más mínimo por ella estaría aquí contigo?

9 – ¿Por qué te creí? ¡Yo hubiera sido capaz de matar con mis propias manos para que me pertenecieras por completo!

10 ¡Qué ingenua he sido! ¿Qué vanas esperanzas albergaba? Me has estado engañando desde el principio...

11 – ¿Engañarte [5] yo?

12 – ¡Sí, ingrato! ¡Amarte es echarles margaritas [6] a los cerdos!

13 – Graciela, mi amor... ¿hablarme tú así? ¡No tienes derecho!

14 – Te he dado todo lo que tengo, ¡todo! En los momentos más difíciles, siempre estuve allí para ti...

15 ¿Nunca te separarás de una vez por todas de esa zorra [7] pintarrajeada?

16 Durante noches enteras, mis lágrimas mojaron mi almohada...

Note

4 Si sa che **no se puede vivir del aire**, *non si può vivere d'aria*, allo stesso modo non è troppo consigliabile **trabajar por amor al arte**, *lavorare per la gloria*!

5 Quando si vuol mettere in evidenza il soggetto di un infinito, si può far seguire il verbo da un nome o un pronome: **¿Invitar Pedro?**

Sessantottesima lezione / 68

6 – Anima mia, tu sei la mia ragione di vita *(d'essere)*. Voglio vederti, accarezzarti, baciarti e stringerti al petto...
7 Ma non chiedermi l'impossibile. Non si può vivere d'aria...
8 Credi davvero che se provassi il minimo sentimento per lei starei qui con te?
9 – Perché ti ho creduto? Io sarei stata capace di uccidere con le mie stesse mani perché tu appartenessi totalmente a me!
10 Che ingenua sono stata! Che vane speranze nutrivo? Tu mi hai ingannata fin dall'inizio...
11 – Ingannarti, io?
12 – Sì, ingrato! Amarti è come gettare perle *(margherite)* ai porci!
13 – Graciela, amor mio... tu, parlarmi così? Non ne hai il diritto!
14 – Io ti ho dato tutto quello che ho! Tutto! Nei momenti difficili sono sempre stata al tuo fianco *(lì per te)*...
15 Non ti separerai mai, una volta per tutte, da quella zoccola imbellettata?
16 Per notti intere le mie lacrime hanno bagnato il cuscino...

¿Cuándo has visto tú eso?, *Pedro che invita? Quando mai si è visto?*; ¿Ayudarte yo? ¡Ni lo sueñes!, *Aiutarti io? Neanche per sogno!*

6 Una variante dell'espressione è, come in italiano, **echarle perlas a los cerdos**, *gettare perle ai porci*, mentre un altro modo per esprimere lo stesso concetto è: **no está hecha la miel para la boca del asno** o **del burro** (lett. il miele non è fatto per la bocca dell'asino).

7 In spagnolo **un zorro** è *una volpe*. Al maschile, in senso figurato, questa parola serve a indicare *una persona scaltra*; in cambio, il femminile **una zorra** indica *una donna di facili costumi*! **No tener ni zorra (idea)** è un modo molto colloquiale per dire *non sapere assolutamente niente*.

17 Pero ¿cómo poder olvidarte si cada vez que te olvido empiezo a recordarte?

18 El amor le dijo al odio: "¿Por qué me odias tanto?" y el odio le contestó: "Porque una vez amé demasiado". ¡Pierdo el juicio [8]!

19 – ¡Mi vida, dame una última oportunidad!

20 – ¡No! ¡Ella o yo! La solución es cruel y drástica, pero solo te queda una cosa por hacer [9]...

21 – ¡No puedo, amada mía! Aquel lúgubre día del accidente, entre llantos, dolor y desconsuelo, ¡le prometí que nunca la abandonaría!

22 – ¡Quédate pues con esa arpía estéril! A partir de ahora seremos dos extraños.

23 No pensaba decírtelo todavía, pero el fruto de nuestro amor desgraciado, un corazoncito ha empezado a latir en mis entrañas...

24 ¡Te juro ante la eternidad que la criatura [10] nunca sabrá quién es su padre!

25 Continuará...

Note

8 Si trova la parola **el juicio** nel senso di *senno, ragione*, in molte espressioni: **perder el juicio**, *perdere l'uso della ragione*; **(no) estar en su (sano) juicio**, *(non) essere in possesso delle proprie facoltà*... **La muela del juicio** indica *il dente del giudizio*. **La cordura** indica *il buon senso, la saggezza*, in opposizione a **la locura**, *la follia*; **estar cuerdo/a** vuol dire *essere sano/a di mente*.

9 **Algo por hacer** indica *qualcosa da fare* che è restato in sospeso; **algo que hacer** indica *qualcosa da fare* che bisogna fare obbligatoriamente; **algo para hacer** indica *qualcosa da fare* che bisogna assolutamente fare nel più breve tempo possibile. **No tengo nada que hacer**, *Non ho niente da fare*; **Dame algo para hacer**, *Dammi qualcosa da fare*. Le ultime due espressioni sono spesso intercambiabili: *¿En este lugar hay algo que o para hacer?*, *Cosa c'è da fare da queste parti?*

Sessantottesima lezione / 68

17 Ma come poterti dimenticare se ogni volta che ti dimentico comincio a ricordarti?

18 L'amore disse all'odio: "Perché mi odi tanto?", e l'odio gli rispose: "Perché una volta amai troppo." Io perdo la ragione!

19 – Vita mia, dammi un'ultima opportunità!

20 – No! O lei o me! La soluzione è crudele e drastica, ma ti resta solo una cosa da fare…

21 – Non posso, mia amata! Quel lugubre giorno dell'incidente, tra pianti, dolore e sconforto, le giurai che non l'avrei mai abbandonata!

22 – Resta con quella sterile arpia allora! A partire da questo momento saremo due estranei.

23 Non pensavo di dirtelo ancora, ma il frutto del nostro amore disgraziato, un cuoricino ha cominciato a battere nel mio ventre…

24 Ti giuro *(sull'eternità)* che la creatura non saprà mai chi è suo padre!

25 Continua…

10 **Una criatura** indica *un neonato*, o anche *un bambino piccolo*. **Un/a crío/a**, *un/a bimbo/a*: *Para Navidad vinieron mi hermano, mi cuñada y sus dichosos críos*, A Natale sono venuti mio fratello, mia cognata e i loro terribili bambini. **Criar** vuol dire *allattare* ma anche *allevare*: **Me criaron mis abuelos**, Mi hanno cresciuto i miei nonni.

Ejercicio 1 – Traduzca

❶ Su comportamiento no es el de una persona cuerda. ¡Ha perdido el juicio! ❷ No entienden nada de vinos. Ofrecerles uno de muy buena calidad es echar margaritas a los cerdos. ❸ Había dos coches de policía al lado de dos jóvenes esposados. ❹ No tengo ni zorra de cómo funciona esto. ❺ ¿Estás realmente dispuesto a trabajar por amor al arte?

***

Ejercicio 2 – Complete

❶ Le fiamme dell'incendio hanno ridotto in cenere un edificio che ospitava orfani.
……… del …………… a …………… que ……… a ……….

❷ La gelosia ti rende cieco e distruggerà il tuo matrimonio. Ascolta bene quello che ti dico: tua moglie non ti tradisce con nessuno!
……… te …… y ……………………. ………… lo que ……: ¡……… no ……………!

❸ Siccome suo marito russa, certe notti sarebbe capace di ucciderlo con le sue stesse mani o di soffocarlo con un cuscino; per questo dormono in letti separati.
…. su …………., algunas …………… de …….. con ……………………… con ………….; por eso …………………….

❹ Sua moglie l'ha lasciato e lui ha dovuto andarsene da casa sua. Poco tempo dopo ha lasciato il lavoro e ha abbandonato il Paese per cambiare radicalmente vita.
………… y ………… de …….. Al poco tiempo …. ……… y …….. el …. para …………………….

Soluzioni dell'esercizio 1

❶ Il suo comportamento non è quello di una persona sana di mente. Ha perso la ragione! ❷ Non se ne intendono per niente di vini. Offrirgliene uno di buona qualità è come gettare perle ai porci. ❸ C'erano due auto della polizia di fianco a due giovani ammanettati. ❹ Non ho la più pallida idea di come funziona questa cosa. ❺ Sei veramente disposto a lavorare per la gloria?

***

❺ Era una bimba innocente e ingenua, ma è diventata un'arpia cinica e manipolatrice.
Era . . . . e . . . . , ... en . . . . y . . . .

Soluzioni dell'esercizio 2

❶ Las llamas – incendio redujeron – cenizas un edificio – albergaba – huérfanos ❷ Los celos – ciegan – van a destrozar tu matrimonio Escucha bien – te digo – tu esposa – te engaña con nadie ❸ Como – marido ronca – noches sería capaz – matarlo – sus propias manos o asfixiarlo – una almohada – duermen en camas separadas ❹ Su mujer lo dejó – tuvo que irse – su casa – dejó su trabajo – abandonó – país – cambiar radicalmente de vida ❺ – una cría inocente – ingenua, pero se convirtió – una arpía cínica – manipuladora

*Le **telenovelas** sono molto popolari in Spagna e in America latina. In questi interminabili sceneggiati televisivi melodrammatici con innumerevoli episodi e una trama contorta a volontà, si ritrovano spesso personaggi alla ricerca di un membro della famiglia (un padre o un bambino abbandonato), storie d'amore tra persone di diverse classi sociali, storie di eredità e ovviamente personaggi detestabili che maltrattano una sfortunata eroina disillusa. Gli sceneggiatori non lesinano gli sforzi per tenere sulle spine per molte settimane la casalinga al di sotto dei 50 anni (e non solo). Quasi tutte le **telenovelas** si concludono con un matrimonio, o in ogni caso con un lieto fine; c'è una sorta di morale all'interno della storia, i personaggi buoni che fanno il bene, alla fine sono sempre ricompensati per le loro buone azioni; al contrario i cattivi il più delle volte pagano per i loro misfatti.*

Lección sesenta y nueve

Haciendo castillos en el aire...

1 – ¡Hola, Enrique! ¿Cuándo llegaste de Viña del Mar?

2 – Ayer por la tarde. Solo hay 4 horas de diferencia con Chile pero aún siento el desfase [1] horario...

Note

[1] Un **desfase** contiene la parola **fase**, *fase* e indica una mancanza d'accordo o di adattamento alle idee o alle circostanze del momento: **Tu desfase en informática es grande y debes actualizarte**, *Il tuo ritardo in informatica è grande e ti devi aggiornare*. **Desfasado/a** vuol dire *disorientato/a, sfasato/a*: **Los diálogos y los subtítulos estaban completamente desfasados**, *I dialoghi e i sottotitoli erano completamente sfasati*; **Tus ideas se han quedado desfasadas**, *Le tue idee sono superate*.

*Ma le **telenovelas** sono soprattutto una lente d'ingrandimento puntata su una società in pieno cambiamento e per questo si appropriano spesso dei temi sociali: la povertà, l'ineguaglianza, la discriminazione, la violenza e la droga... I telespettatori in questo modo si possono facilmente identificare con uno o più personaggi. Da quarant'anni, grazie all'immenso successo popolare ottenuto oltre le frontiere dell'America latina, l'esportazione di **telenovelas** è un'industria florida e costituisce un formidabile vettore di diffusione della cultura popolare latinoamericana. È anche essenzialmente grazie a queste serie che gli spagnoli hanno "scoperto" gli accenti dell'America latina. In effetti numerose parole ed espressioni sono diventate familiari e sono anche entrate a far parte dello spagnolo peninsulare. In tutte le università del mondo nascono corsi e centri di studio in cui questo fenomeno sociale viene sviscerato.*

Sessantanovesima lezione

Facendo castelli in aria...

1 – Ciao, Enrique! Quando sei tornato da Viña del Mar?
2 – Ieri pomeriggio. Ci sono solo 4 ore di differenza con il Cile, ma sento ancora la differenza di fuso orario...

3 – Según tengo entendido, es un lugar de ensueño. Pero estás blanco como la leche [2]... ¿No aprovechaste para tomar un poco el sol [3]?

4 – Ya sabes lo que son estas ferias [4], Fernando. ¡Te hallas en un lugar paradisiaco y finalmente no sales del recinto ferial!

5 – ¿Y qué tal el salón?

6 – El balance es muy positivo. Presentamos nuestras últimas novedades y realizamos numerosas demostraciones de nuestro producto estrella.

7 Además, en el marco del encuentro los organizadores llevaron a cabo un programa de actividades muy completo

8 que incluía conferencias, seminarios, mesas redondas, talleres prácticos y presentaciones a cargo de renombrados ponentes internacionales y expertos.

9 Este año había más expositores que en las ediciones anteriores. La mayoría sudamericanos.

10 – Hablar un mismo idioma facilita el establecimiento de las relaciones humanas y es por ende [5] una ventaja extraordinaria a la hora de [6] hacer negocios.

Note

2 Si dice anche **blanco como el papel** o **la cera** (lett. come la carta/la cera). Altre espressioni riguardano i colori: **ponerse rojo como un tomate**, *diventare rosso come un pomodoro*; **saber/tener gramática parda**, *essere abile nel destreggiarsi* (lett. sapere/avere la grammatica marrone); **pasar del rosa al amarillo**, *cambiare umore repentinamente* (lett. passare dal rosa al giallo); **comerse un marrón**, *assumere un incarico che dà fastidio* (lett. mangiare un marrone); **pasarlas moradas**, *vedersela brutta* (lett. passarle viola) ecc.

3 **Broncearse**, *abbronzarsi*, con identico significato, si può dire ma non è molto usato. **Ponerse moreno/a**, *diventare scuro/nero*, fa

Sessantanovesima lezione / 69

3 – Per quanto ne so è un posto da sogno. Ma sei bianco come una mozzarella *(il latte)*... Non ne hai approfittato per prendere un po' di sole?

4 – Sai anche tu come sono queste fiere, Fernando. Ti trovi in un posto celestiale e alla fine non esci dai confini *(recinto)* dello spazio espositivo!

5 – E com'è andato il salone?

6 – Il bilancio è molto positivo. Abbiamo presentato le nostre ultime novità e abbiamo realizzato numerose dimostrazioni del nostro prodotto di punta.

7 Inoltre, nel contesto dell'incontro gli organizzatori hanno proposto un programma di attività molto completo

8 che includeva conferenze, seminari, tavole rotonde, laboratori pratici e presentazioni da parte di noti relatori internazionali ed esperti.

9 Quest'anno c'erano più espositori che nelle edizioni precedenti. La maggior parte sudamericani.

10 – Parlare la stessa lingua aiuta a stabilire relazioni umane e pertanto è un vantaggio straordinario al momento di fare affari.

riferimento al fatto di prendere colore grazie al sole. E non dimenticate che **estar moreno/a** vuol dire *essere abbronzato/a*, ma **ser moreno/a** vuol dire *essere scuro/a di capelli e di pelle*.

4 Oltre a intendere *una fiera* e *una festa popolare* (ad esempio la celebre **Feria de Abril** che si tiene tutti gli anni a Siviglia), **una feria** indica anche *un salone*: **la feria del libro**, *il salone del libro*; **una feria de muestras**, *una fiera campionaria*.

5 Por ende è un'espressione colta che significa *quindi, perciò, pertanto*: **La demanda ha aumentado y, por ende, los precios han subido**, *La domanda è aumentata e quindi i prezzi sono aumentati*.

6 A la hora de vuol dire *nel momento di, quando*: **A la hora de pagar me di cuenta de que me habían robado el monedero**, *Al momento di pagare mi sono reso conto che mi avevano rubato il borsellino*; **¡Marta siempre es la primera a la hora de salir!**, *Marta è sempre la prima quando è il momento di uscire!*

quinientos treinta y cuatro

69 / Lección sesenta y nueve

11 – Así es. Aunque hay que tener muy en cuenta las peculiaridades y la idiosincrasia [7] de cada país.
12 – América Latina es un socio [8] comercial fundamental de la Unión Europea,
13   y España es un interlocutor privilegiado por sus fuertes vínculos históricos pero también económicos. E incluso por su ubicación geográfica…
14 – ¿Estableciste contactos profesionales interesantes?
15 – Sí. Fue también la ocasión de encontrar a un buen número de proveedores, así como a clientes reales y potenciales, algunos muy prometedores…
16   Me presentaron al director ejecutivo [9] de la principal empresa petrolera de México. Fijamos una cita y todo fue sobre ruedas.
17   Fernando, no se lo digas a nadie, pero mi jefe no va a tardar en encontrar mi carta de dimisión sobre la mesa…
18 – ¿Y eso? ¡Qué notición! ¡Te lo tenías bien guardado!

Osservazioni sulla pronuncia

(16) La lettera **x** si pronuncia generalmente *[ks]*, come nella parola italiana "taxi". Tuttavia in certi nomi di ambito geografico, come **México**, **Texas**, **Oaxaca**, **Xalapa** ecc. si pronuncia come la **jota**. Davanti a consonante si pronuncia invece *[s]*: **extraño** *[estragno]*. Infine, nello spagnolo parlato la **x** è spesso pronunciata *[ss]*: **examen** *[essamen]*.

Note

7 **La idiosincrasia** indica la personalità, il temperamento distintivo e caratteristico di un individuo o di una collettività: **La hospitalidad forma parte de la idiosincrasia de los pueblos mediterráneos**, *L'ospitalità fa parte del carattere dei popoli mediterranei*. È una parola molto frequente in spagnolo, al contrario dell'italiano *l'idiosincrasia*. Un termine curioso per riferirsi al carattere nazionale

Sessantanovesima lezione / 69

11 – Assolutamente sì *(È così)*. Anche se bisogna tener ben presenti le peculiarità e le caratteristiche di ciascun Paese.
12 – L'America latina è un partner commerciale fondamentale per l'Unione Europea,
13 e la Spagna è un interlocutore privilegiato a causa dei suoi forti vincoli storici ma anche economici. E anche per la sua posizione geografica…
14 – Hai stabilito dei contatti professionali interessanti?
15 – Sì. È stata anche l'occasione per incontrare un buon numero di fornitori, così come clienti reali e potenziali, alcuni [dei quali] molto promettenti…
16 Mi hanno presentato l'amministratore delegato della principale compagnia petrolifera del Messico. Abbiamo fissato un appuntamento ed è filato tutto liscio come l'olio.
17 Fernando, non dirlo a nessuno, ma il mio capo non [dovrà] aspettare molto [prima] di trovare la mia lettera di dimissioni sulla scrivania…
18 – Ma come *(E quello)*? Che notizia! L'avevi nascosto bene!

spagnolo è **carpetovetónico/a**, che deriva da Carpetani e Vettoni, i nomi di due popoli preromani della Penisola iberica.

8 **Un/a socio/a** indica *un membro* di un club ecc., ma anche *un/a socio/a* nel mondo del lavoro e degli affari. Per indicare *un partner, un collaboratore* si usa anche **un/a colaborador/a**: Los principales colaboradores para nuestras acciones humanitarias son las asociaciones locales, *I partner principali per le nostre azioni umanitarie sono le associazioni locali*. *Le parti sociali* sono **los interlocutores** o **los agentes sociales**. Un'altra parola di facile traduzione è *un partenariato*, che si può rendere con **una asociación, una colaboración** o **una cooperación**.

9 Il titolo di **director/a ejecutivo/a** corrisponde al nostro *amministratore delegato*. Si sente usare spesso anche il corrispondente inglese CEO ("Chief Executive Officer").

quinientos treinta y seis • 536

19 – Sí, pero tú haz como que no sabes [10] nada… Mira, con la prima, compraré un chiringuito en la playa y alquilaré también tumbonas y sombrillas…

20 Con los beneficios, me agenciaré un terrenito para construir un camping…

21 Un par de buenas temporadas y lo podré revender a buen precio para adquirir un hotelito en la costa…

22 Y ya me veo en poco tiempo a la cabeza de un señor [11] imperio de hoteles de lujo…

23 – Bien… sí… Volviendo al pedido de los mexicanos, ¿cuándo empiezan la producción nuestras fábricas?

24 – No, pero si el trato todavía no lo hemos cerrado… Se lo están pensando… Deberían darnos una respuesta de hoy en ocho [12]…

25 – ¿No estarás tú vendiendo la piel del oso antes de haberlo cazado?

Note

[10] **Hacer como que** + indicativo serve a indicare un modo di fare qualcosa comparandola a una situazione ipotetica ed equivale alla costruzione **hacer como si** + congiuntivo imperfetto: **Cuando el jefe entra en su despacho, hace como que trabaja** (= como si trabajara), *Quando il capo entra nel suo ufficio fa finta di lavorare* (lett. come se lavorasse); **Cuando nos ve, hace como que no nos conoce** (= como si no nos conociera), *Quando ci vede fa finta di non conoscerci* (lett. come se non ci conoscesse).

[11] Ricordatevi che **señor/a** si usa davanti a un nome in modo da farlo risaltare o da intensificarne una qualità: **Nos trajeron unas señoras sandías del pueblo**, *Ci portarono delle signore angurie dal paese*;

Sessantanovesima lezione / 69

19 – Sì, ma tu fai finta di *(come che)* non sapere niente... Guarda, con la liquidazione comprerò un chiosco sulla spiaggia e noleggerò anche sdraio e ombrelloni...

20 Con i guadagni mi prenderò un piccolo terreno per costruire un campeggio...

21 [Dopo] un paio di buone stagioni lo potrò rivendere a un buon prezzo per acquistare un alberghetto sulla costa...

22 E dopo un po' di tempo mi vedo già alla testa di un *(signor)* impero di hotel di lusso...

23 – Bene... sì... [Ma] tornando all'ordine dei messicani, quando cominciano la produzione le nostre fabbriche?

24 – No, ma *(se)* non abbiamo ancora concluso il contratto... ci stanno pensando... dovrebbero darci una risposta tra una settimana *(da oggi in otto)*...

25 – Non è che stai vendendo la pelle dell'orso prima di averlo ucciso *(cacciato)*?

Vive en una señora casa, *Abita in una magnifica casa*; Tiene una señora gripe, *Ha una gran bella influenza*. Tuttavia non lo si usa con parole con un senso vicino come caballero, dama, hombre, mujer...: *Don Carlos es un señor caballero, bisogna dire Don Carlos es todo un caballero, *Don Carlos è un perfetto gentiluomo*.

12 De hoy en... è un'espressione molto comune per esprimere il tempo: de hoy en ocho, *tra una settimana*; de hoy en quince, *tra due settimane*; de hoy en adelante, *d'ora in avanti*...

Ejercicio 1 – Traduzca

❶ El sonido y las imágenes de la película estaban desfasados. ❷ Las pasamos moradas para encontrar el recinto ferial. ❸ El amor no detiene el deseo y, por ende, no garantiza la fidelidad. ❹ Me acabo de comprar un señor abrigo para ir bien caliente este invierno. ❺ El respeto de la naturaleza y la hospitalidad forman parte de la idiosincrasia de los pueblos indígenas.

Ejercicio 2 – Complete

❶ Cerchiamo partner commerciali per sviluppare il nostro prodotto di punta e, per il momento, il bilancio è molto positivo.

.... para ....
.... y, ... momento, ... muy ....

❷ Non prendo il sole e rimango sempre sulla sdraio sotto l'ombrellone, e ciò nonostante divento nero!

....
.........; y ....¡me ....!

❸ Quest'anno alla fiera campionaria c'erano meno espositori e visitatori, per cui ho potuto assistere ad alcune conferenze, un paio di tavole rotonde e alcuni laboratori pratici animati da esperti internazionali.

.... en .... menos .... y
..........., por lo que ...., un par de .... y .... por
....

❹ Nell'ambito della sua visita il presidente ha ricordato i forti legami storici che esistono tra i due (entrambi) Paesi.

En ...., ... los ....
.... que .... ambos ....

Sessantanovesima lezione / 69

Soluzioni dell'esercizio 1
❶ Il suono e le immagini del film erano sfasati. **❷** È stata un'impresa trovare il quartiere fieristico *(il recinto della fiera)*. **❸** L'amore non trattiene il desiderio e quindi non garantisce la fedeltà. **❹** Mi sono appena comprato un signor cappotto per restare bene al caldo quest'inverno. **❺** Il rispetto della natura e l'ospitalità fanno parte del carattere dei popoli indigeni.

❺ Quando concluderemo il contratto e riceveremo l'ordine, le fabbriche potranno cominciare la produzione.

.... y ...., ...

Soluzioni dell'esercizio 2
❶ Buscamos socios comerciales – desarrollar nuestro producto estrella – por el – el balance es – positivo **❷** No tomo el sol y me quedo siempre en la tumbona debajo de la sombrilla – sin embargo – pongo moreno **❸** Este año – la feria de muestras había – expositores – visitantes – pude asistir a algunas conferencias – mesas redondas – unos talleres prácticos animados – expertos internacionales **❹** – el marco de su visita, el presidente recordó – fuertes vínculos históricos – existen entre – países **❺** Cuando cerremos el trato – recibamos el pedido, las fábricas podrán empezar la producción

Lección setenta

¿Y ahora qué?

1 Una vez finalizado este método, ¿como seguir aprendiendo y mejorar tus destrezas [1] lingüísticas?
2 Si deseas llegar a ser bilingüe (o casi), ¡más te vale tomar nota y seguir los siguientes consejos!
3 Fíjate un objetivo claro. Tener una meta concreta y clara para aprender otro idioma (un viaje en perspectiva, un romance [2], ser aficionado [3] a la literatura, etc.) te va a estimular.

Note

[1] **La destreza** indica sia *la destrezza* che *l'abilità*. Un sinonimo in questo caso è **la habilidad**.

[2] **Un romance** indica *una relazione* sentimentale breve. Si usa anche molto spesso **un ligue** per indicare *un flirt* e, al tempo stesso, la persona oggetto di quel sentimento: **Fue un ligue que duró poco tiempo**, *È stata una relazione che è durata poco tempo*; **¿Conoces ya a su nuevo ligue?**, *Conosci il suo nuovo flirt?* Il verbo corrispondente è **ligar**, *rimorchiare*. E non si può finire senza evocare **el amor de verano**, *l'amore estivo*…

[3] Nel termine **un/a aficionado/a** si riconosce la parola **la afición**, *l'affetto, l'inclinazione* o *la passione per qualcosa*, dunque questa parola indica *un amatore,* qualcuno che fa un'attività dilettantistica, ma anche qualcuno che è appassionato di qualcosa. Notate che

Settantesima lezione

E adesso (che)?

1 Una volta concluso questo metodo, come continuare a imparare e a migliorare le tue abilità linguistiche?
2 Se desideri diventare bilingue (o quasi), meglio prendere nota e seguire questi *(i seguenti)* consigli!
3 Fissati un obiettivo preciso *(chiaro)*. Avere uno scopo concreto e chiaro per imparare un'altra lingua (la prospettiva di un viaggio, una storia d'amore, [o il fatto di] essere appassionato di letteratura ecc.) ti stimolerà.

il termine è passato nel vocabolario italiano con il senso di *tifoso sportivo*, ma anche di *ammiratore fanatico*, *sostenitore acceso* di qualcosa o qualcuno. Si può essere, ad esempio, **un aficionado a la pintura**, *un appassionato di pittura*. Alcune parole spagnole sono entrate nella lingua italiana, ma in genere hanno un senso più ristretto di quello che hanno nella lingua di origine. Ad esempio, **un patio** in spagnolo indica un qualunque *cortile*, mentre in italiano definisce il cortile interno di una casa, circondato da un porticato, con un giardino al centro, tipico delle case ispaniche o di ispirazione ispanica.

Lección setenta

4 Repasa el material estudiado en el curso [4] y repítelo varias veces.

5 Trata de modificar los ejemplos y reformularlos para construir nuevas frases a partir de ellos.

6 Practica regularmente. El cerebro es un músculo y, como todo músculo, debes ejercitarlo.

7 Poco importa qué herramientas uses para aprender el idioma, lo importante es que practiques con regularidad.

8 Mejora tu comprensión escrita y enriquece tu vocabulario buscando textos de asuntos [5] que te interesen.

9 Intenta leer el texto completo, para ver qué has entendido globalmente.

10 Al final podrás buscar los términos desconocidos en el diccionario.

11 Saca partido [6] de cualquier ocasión para practicar el idioma y ganar así en fluidez.

12 No hace falta que vayas al extranjero, puedes ir al restaurante mexicano de la esquina [7] e intentar pedir la comida en español.

Note

4 **La clase** indica *la classe*, *l'aula*, ma anche l'insegnamento che vi viene impartito, *il corso* e ogni sua *lezione*: **la clase de recuperación**, *il corso di recupero*; **las clases particulares**, *le lezioni private*; **ir a clase**, *andare a lezione*; **dar clase**, *fare lezione* [il professore]… **El curso** si usa anche per indicare l'insieme degli insegnamenti di una materia (**un curso audiovisual de inglés**, *un corso audiovisivo di inglese*) e *l'anno scolastico* (**El curso comienza en septiembre**, *L'anno scolastico comincia a settembre*).

5 **Un asunto** indica *un argomento*, e *l'oggetto* di un messaggio, ma anche *un affare* nel senso di una cosa astratta o concreta alla quale una o più persone sono interessate: **Eso es asunto mío**, *Sono fatti*

Settantesima lezione / 70

4 Ripassa il materiale studiato durante il corso e ripetilo più volte.

5 Cerca di modificare gli esempi e di riformularli per costruire nuove frasi partendo da essi.

6 Fai regolarmente pratica. Il cervello è un muscolo e, come tutti i muscoli, devi tenerlo in esercizio.

7 Poco importa che strumenti usi per imparare la lingua, l'importante è che tu faccia pratica con regolarità.

8 Migliora la tua comprensione scritta e arricchisci il tuo vocabolario cercando testi su argomenti che ti interessano.

9 Cerca di leggere un testo completo, per vedere cosa hai capito globalmente.

10 Alla fine potrai cercare i termini sconosciuti nel dizionario.

11 Approfitta di qualunque occasione per praticare la lingua e acquisire *(guadagnare)* così fluidità.

12 Non è necessario andare all'estero, puoi andare al ristorante messicano all'angolo e cercare di ordinare i piatti in spagnolo.

---

miei; ¡Métete en tus asuntos!, *Occupati dei fatti tuoi!*; **tomar cartas en el asunto**, *intervenire nella questione*.

6 **El partido**, oltre a *la partita* e *il partito* [politico], indica anche *il profitto*. Riguardo agli eventuali benefici di un matrimonio si parla anche di **un buen/mal partido**, *un buon/cattivo partito*.

7 **La esquina**, *l'angolo*, indica l'angolo sporgente: **Me di un golpe con la esquina del mueble**, *Ho picchiato nello spigolo di un mobile*; ma anche *l'angolo di una strada*. Ritroviamo questa parola in numerose espressioni: **la farmacia que hace esquina**, *la farmacia all'angolo*; **a la vuelta de la esquina**, *girato l'angolo*; **al doblar la esquina**, *girando l'angolo della strada*... **El rincón**, *l'angolo*, indica l'angolo rientrante: **Puse una planta en un rincón del salón**, *Ho messo una pianta nell'angolo del salotto*.

quinientos cuarenta y cuatro • 544

13 Escucha con atención para familiarizarte con la prosodia del idioma.
14 Para ello, ve películas españolas o televisión en versión original, o escucha canciones y trata de comprender las letras de tu cantante hispano preferido.
15 Intenta entablar conversación en cualquier situación; al principio será tedioso, pero poco a poco te irás soltando y sintiendo más cómodo.
16 Encuentra interlocutores cuya lengua materna [8] sea el español para intercambiar con ellos.
17 En determinados sitios web como los foros, los chats y las redes sociales podrás encontrar gente con intereses similares con la cual establecer contacto.
18 Hay también muchas personas que buscan aprender tu lengua y estarán encantadas de hacer un intercambio de idiomas.
19 ¡Relájate [9]! Nadie se va a molestar por que hagas el esfuerzo de expresarte en su idioma aunque hagas faltas.
20 Bien al contrario, la mayoría de la gente será paciente contigo, te apoyará y te animará a seguir.

Note

8 **Paternal**, *paterno/a*, indica ciò che si riferisce all'amore del padre, e **paterno/a**, *paterno/a*, ciò che è in rapporto con il padre anche se non implica l'affetto. Curiosamente il dizionario della **Real Academia Española** non fa distinzione con il suo corrispettivo femminile e la parola **maternal**, *materno/a* rimanda a **materno/a**, *materno/a*, come se fossero parole intercambiabili. Anche se si può dire indifferentemente **el instinto maternal/materno**, *l'istinto materno*, bisognerà tuttavia fare la stessa differenza che con

Settantesima lezione / 70

13 Ascolta con attenzione per familiarizzare con la prosodia della lingua.

14 Per [fare] questo guarda film spagnoli o la televisione in lingua originale, o ascolta canzoni e cerca di capire i testi del tuo cantante ispanico preferito.

15 Cerca di intavolare un discorso in qualunque situazione; all'inizio sarà noioso, ma a poco a poco ti scioglierai e ti sentirai più a tuo agio.

16 Trova interlocutori la cui lingua madre sia lo spagnolo per conversare *(scambiare)* con loro.

17 Su determinati siti web come forum, chat e social network potrai incontrare persone con interessi simili [ai tuoi], con le quali [potrai] stabilire un contatto.

18 Ci sono anche molte persone che cercano di imparare la tua lingua e saranno felici di fare uno scambio linguistico.

19 Rilassati! Nessuno si arrabbia se fai uno sforzo per esprimerti nella sua lingua, anche se fai degli errori.

20 Al contrario, la maggior parte della gente sarà paziente con te, ti appoggerà e ti incoraggerà a continuare.

---

il maschile: è preferibile dire **la transmisión materna de enfermedades** anziché **la transmisión maternal de enfermedades**, *la trasmissione delle malattie per via materna*.

9 **Relajarse** vuol dire *rilassarsi*, ma anche *lasciarsi andare*. Nel primo caso il sostantivo corrispondente è **la relajación** o **el relax**, *il relax, la distensione*; nel secondo caso è ancora **la relajación** o il termine colloquiale **el relajo**, *la confusione, il degrado, la corruzione*.

21 Aprende de los errores que cometes. No te avergüences si hablas aún con titubeos.
22 Ser políglota solo puede considerarse algo positivo.
23 A partir de ahora el mundo te pertenece, tienes la posibilidad de comunicarte con gente a la que hasta hace poco la barrera del idioma te impedía entender.
24 En adelante estás en condiciones de captar todos los matices y las especificidades de universos culturales muy alejados del tuyo
25 y ¡saber por fin lo que contiene exactamente el plato de la carta que estás pidiendo!
26 En cualquier caso, esto no es una despedida [10], sino un hasta pronto…

Note

[10] **La despedida** è *l'addio*, ma indica anche la festa che viene organizzata per l'occasione, chiamata **la fiesta de despedida**, *la festa d'addio*. **Una despedida de soltero/a** indica *l'addio al celibato/nubilato*. **Despedir** significa *accomiatarsi*: **Fuimos a despedirlo a la**

***

Ejercicio 1 – Traduzca

❶ Se topó con su jefe justo al doblar la esquina. **❷** Aurora es la única del grupo que siempre liga cuando salimos. **❸** Los casos contra la salud pública han obligado a las autoridades a tomar cartas en el asunto de la falsificación de medicamentos. **❹** Varios invitados se despidieron a la francesa. **❺** Los niños salen al patio durante el recreo matinal.

21 Impara dagli errori che commetti. Non vergognarti di parlare *(ancora)* con qualche esitazione.

22 Essere poliglotta si può considerare solo come qualcosa di positivo.

23 A partire da adesso il mondo ti appartiene, hai la possibilità di comunicare con gente che fino a poco tempo fa la barriera della lingua ti impediva di capire.

24 [D'ora] in avanti sei nelle condizioni di cogliere tutte le sfumature e le specificità di universi culturali molto lontani dal tuo

25 e di sapere, finalmente, cosa contiene di preciso il piatto del menù che stai ordinando!

26 In ogni caso, questo non è un addio, ma un arrivederci...

---

estación, *Siamo andati a salutarlo alla stazione*; e **despedirse** è *congedarsi*. Attenzione! **Despedirse a la francesa** vuol dire *andarsene alla chetichella,* senza salutare nessuno, un'abitudine poco cortese... che noi italiani attribuiamo agli inglesi: *filarsela all'inglese*!

***

Soluzioni dell'esercizio 1

❶ Girando l'angolo si è imbattuto nel suo capo. ❷ Aurora è l'unica del gruppo che rimorchia sempre quando usciamo. ❸ Le vicende contro il servizio sanitario hanno costretto le autorità a intervenire nella questione della contraffazione dei farmaci. ❹ Diversi invitati se la filarono all'inglese. ❺ I bambini escono in cortile durante la ricreazione del mattino.

quinientos cuarenta y ocho

Ejercicio 2 – Complete

❶ Il nuovo sistema educativo scommette sul pieno sviluppo della personalità degli alunni, su un'educazione completa che stimoli le conoscenze, le abilità e i valori morali nella vita personale, familiare, sociale e professionale.

.... por .... de ..
.... de ...., por .... que
fomenta ...., ... y .... en ......
..........., ..., ... y ....

❷ Aveva i postumi [di una sbronza] perché la notte prima aveva festeggiato con gli amici l'addio al celibato e aveva bevuto più del dovuto.

.... porque .... con ...
.... la .... y .... de ....

❸ Mio nonno dice che ai giorni nostri i principi morali si sono rilassati molto.

.... que ...... los .... se ...
....

❹ La maggior parte dei medici raccomandano di dare esclusivamente latte materno fino ai sei mesi perché questo apporta tutti i nutrienti di cui il bebè ha bisogno.

.... de ....
.... los .... porque .... los
.... que ....

❺ Questo investimento ti permette di ottenere il massimo profitto coi tuoi risparmi a breve termine.

.... te .... el .... a ....
a ....

Settantesima lezione / 70

Soluzioni dell'esercizio 2

❶ El nuevo sistema educativo apuesta – el pleno desarrollo – la personalidad – los alumnos – una educación integral – conocimientos, destrezas – valores morales – la vida personal, familiar, social – profesional ❷ Tenía resaca – la noche anterior había celebrado – los amigos – despedida de soltero – había bebido más – la cuenta ❸ Mi abuelo dice – hoy día – principios morales – han relajado mucho ❹ La mayoría – los médicos recomiendan dar exclusivamente leche materna hasta – seis meses – esta aporta todos – nutrientes – el bebé necesita ❺ Esta inversión – permite sacar – máximo partido – tus ahorros – corto plazo

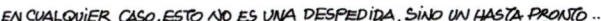

Indice grammaticale

La prima cifra rimanda al numero della lezione, la seconda alla nota oppure al paragrafo se si tratta di una lezione di ripasso (queste ultime sono segnalate in grassetto) e le lettere identificano rispettivamente:
T = *titolo;* **N** = *nota;* **NC** = *nota culturale.*

A

Abbreviazioni: 20,15; 22,NC; 59,8; 66,3

Accenti
al plurale: 6,1
facoltativi: 3,13
parole straniere di origine latina: 15,10

Accrescitivo: 12,6; 13,8

Aggettivi
di negazione: 4,10
cambio di significato: **7,2.1**
medio + aggettivo: 57,3

Anfibologia: **63,3**

Apocope: 32,3
   recente: 33,5

Arcaismo: **63,3**

Articoli
di origine araba **al-**: 64,9
assenza di articoli: 43,13
davanti a nomi di Paesi: 6,4
davanti a nomi propri di persona: 8,5
lo que (rafforzativo): 53,4
neutro: 3,2; 8,4; 9,4; 9,11; **14,1**; 52,2
soppressione dopo **a**, **con**, **de**, **en** e davanti a **que**: 52,12

aun + gerundio: 33,8

Avverbi
di negazione: 4,10
-mente: 15,8

B
Barbarismo: **63,3**

C
caber: 30,8

Cacofonia: **63,3**

ci (pronome): 10,8; **14,2.4**

coger: 66,11

Comparativi
di uguaglianza: 13,6
di minoranza: 13,11
di maggioranza: 13,1

Complemento
oggetto: 6,13; 16,11; 32,5
di termine: 38,5

Concordanza
dei tempi: 30,10; 31,2; 34,3; **35,1.1**; 39,2; 39,6; 41,2
di nome: 33,11; **35,3.1**

Condizionale
non utilizzo: 32,9

Condizione
realizzabile: 23,14
non realizzabile o non realizzata: 25,9; **28,1.1**
congiunzioni e locuzioni congiuntive: 25,9
de + condizione: 25,3

Congiuntivo
presente: **21,1**

imperfetto: **21,1.4**
futuro: **21,1.4**
in proposizioni principali: **35,1.2**
esperar + ~: 18,9
ripetizione: 16,2; **21,1.3**
verbo principale sottinteso: 32,6; 34,1

Congiunzioni e locuzioni congiuntive
coordinanti: **49,3.1**
completive: **49,3.2**
circostanziali: **49,3.3**
a fin de que: 47,7
a la que: 52,3
aunque: 44,7
cuando: 45,5
en cuanto: 52,3
hasta que: 45,5
con l'indicativo/congiuntivo: 44,7; **49,3.4**
mientras: 24,5
mientras que: 24,5; 46,6
ni... ni: 47,2
no obstante: 46,5
para que: 45,3
por más + nome + **que**: 46,3
por más que + verbo: 46,3
por mucho que + verbo: 46,3
por mucho/a + nome + **que**: 46,3
por muy + aggettivo + **que**: 46,3
sino: 8,7; 10,6
si no: 8,7
tan pronto como: 3,3; 52,3

Costar: 1,7; **7,2.4**; 19,4

cuando:
con il futuro: 18,9
con il congiuntivo: 18,9; 45,5
con l'indicativo: 45,5

cui (il/la ~; di ~): 6,8; **7,6.3**; 32,8

D

Darsi del tu e del Lei: 1,1; **7,1**
  in America latina: 66,5

Data (esprimere la ~): 6,7

deber: 2,10; **7,3**; 19,9
  + **de**: 19,9

Diminutivi: 3,8; 10,9; 13,8; 20,8

Discorso
  diretto: **42,1**
  indiretto: 36,1; **42,2**
  indiretto, modifiche: 37,10; 39,2; 39,6; 41,2; **42,2.1**; **42,2.2**; **42,2.8**
  indiretto, modifiche ai pronomi personali e possessivi: **42,2.6**
  indiretto, modifiche ai riferimenti spaziali e temporali: **42,2.7**
  indiretto, frase interrogativa: 36,9; 38,10; **42,2.4**
  indiretto, frase esclamativa: 41,4; **42,2.5**
  indiretto, verbo reggente: 41,7
  indiretto, verbo reggente al passato: **42,2.2**
  indiretto, verbo reggente al presente: **42,2.1**

diventare: **7,6.1**

doler: **7,2.4**; 19,4

E

echar:
  + **de menos**: **14,3.7**
  (se) + a: 34,2

Enfasi: 34,6
  lo que + verbo (+ soggetto): 53,4

estar: **7,2.1**; **49,2**
  + aggettivo, cambio di significato: **7,2.1**; **49,2.2**
  + **a punto de** + infinito: 5,11
  + participio passato: 43,10; **49,2.1**
  + **para** + nome: 36,14

   + **por**: 46,1
risultato: 6,5; **7,2.1**; 43,10

Esclamazione: 5,3; 8, 9; 41,4; **42,2.5**

Etnonimo: 6,3

F

Femminile: 45,1
   irregolare: 65,12

Futuro **7,2.3**
   indicativo: 5,4
   congiuntivo: 19,3; **21,1.4**
   prossimo: 5,9
   probabilità: 5,4; **7,2.3**
   sorpresa, estraneità o disapprovazione: 60,11

G

Gerundio
   negativo: 15,5
   perifrasi: 6,12

Gradi dell'aggettivo: v. *Comparativo, Superlativo*

gustar: 7,2.4; 19,4

H
haber: hay que + infinito: **7,3**

I
Idiotismo: **63,3**

Imperativo
   affermativo: **28,2.3**
   formazione: 22,7; 23,5
   infinito: 23,1
   negativo: 23,5; **28,2.4**
   uso: **28,2.1**
   ripetizione: 29,2; **35,2**

Imperfetto
indicativo: **14,3.3**
v. anche *Congiuntivo*

Impersonale: 4,2; 4,4; **7,5**; 50,9

Impropri (usi ~): **63,3**

in, da + negozio: 43,2; 66,12

Indefiniti
algo por/para/que + infinito: 68,9
alguno/a con valore negativo: 65,4

Infinito
con valore di sostantivo: 64,8
a + ~ (ordine, invito): 20,12
al + ~ (temporale): 19,10; 44,10
de + ~ (condizione): 25,3
composto o passato: 9,8; **14,3.6**
lo de + ~: 52,2
mettere in evidenza il soggetto: 68,5
perifrasi: 6,12
valore imperativo: 23,1; **28,2.6**

L
llevar: 2,12; **7,6.2**; 34,11

M
Metatesi: **63,3**

N
ne (pronome): **14,2.5**

Negazione: 4,10
ni... ni: 47,2

Nomi
composti: 16,12
in apposizione: 50,4; **56,1**

propri: 12,1
preceduti da **no**: 30,7

Numerali: 9,3

O

Obbligo: **7,3**

ojalá: 17,10

P

para: 20,15

Parole straniere: 15,10; 46,2; **49,1**; **63,3**

Participio
passato: 6,5
presente: v. *Gerundio*
estar + ~ passato: 43,10; **49,2.1**
medio + ~ passato: 57,3
ser + ~ passato: **49,2.1**
tener + ~ passato: 23,13
lo + ~ passato: **14,1**
doppio ~:16,9; **21,2**; 44,4; 65,7

Passato
prossimo: 8,1; **14,3.1**; 66,7
remoto: **14,3.2**; 66,7
trapassato remoto: 10,18; **14,3.5**

Passivo: 6,5

Peggiorativo: 5,2

Perifrasi:
seguir/continuar + gerundio: 6,12
seguir/continuar + **sin** + infinito: 6,12

Pleonasmo: **63,3**

Plurale
  irregolare: 64,4
  dell'infinito con valore di sostantivo: 64,8
  nomi: 6,1; 15,10
  nomi in apposizione: 50,4; **56,1**
  nomi stranieri: 46,2; **49,1**

Posizione: **7,2.1**

Possessivi **7,4**
  aggettivi ~ atoni: 3,11
  aggettivi ~ tonici: 3,2; 3,11
  pronomi ~: 3,2

Possesso:
  ser: **7,2.1**

Povertà lessicale: **63,3**

Prefissi **21,3.1**
  in-: 8,3
  re-: 6,10; 19,7

Preposizioni **63,1**
  significato principale: **63,1.1**
  a: 6,13; 16,11; 32,5; 41,8
  assenza: 18,1; 34,13; 41,6; **63,1.2**; **63,1.7**
  de: 4,3; 6,7; 31,3; **63,1.2**
  dequeísmo: **35,3.2**
  detrás de: 33,9
  due preposizioni: 25,8
  differenze: 11,9; 36,13; 62,10; **63,1.6**
  locuzioni preposizionali: **63,1.5**
  non ripetizione: 60,8
  para: 57,4; **63,1.4**
  por: 17,11; 46,1; 57,5; **63,1.3**
  por delante de: 33,9
  por detrás de: 33,9
  queísmo: **35,3.2**

Presente
   indicativo: **7,2.2**
   narrativo o storico: 6,2; **7,2.2**
   v. *Congiuntivo*

Progressivo (*stare + gerundio*): **7,2.1**

Pronomi
   negativi: 4,10
   personali davanti a preposizione: 53,5
   relativi: 3,6; 50,5; **56,2**
   relativi, soggetto: **56,2.1**
   relativi, complemento oggetto: **56,2.2**
   relativi, complemento di specificazione: **56,2.3**
   relativi, complemento di termine: **56,2.4**
   relativi, complementi indiretti: **56,2.5**
   relativi, complemento di luogo: **56,2.6**
   relativi, complemento di tempo: **56,2.7**
   relativi con antecedenti impliciti: 51,2
   cuyo: 6,8; **7,6.3**
   laísmo: 8,10; **14,2.3**
   leísmo: 10,15; **14,2.1**
   loísmo: **14,2.2**
   enclitici (dopo l'imperativo): 23,2

Q

que:
   discorso indiretto, domande: 38,10

quedar: 4,8; 23,6
   + **para**: 37,6
   + **por**: 46,1

quedarse: 4,9

querer: 31,1

R

Ripetizione 60,9; **63,3**
   di un congiuntivo: 16,2; **21,1.3**

    di un imperativo: 29,2; **35,2**
    non ripetizione di una preposizione: 60,8

S

se:
    impersonale: **7,5**; 50,9

sentir:
    + indicativo: 53,9
    + congiuntivo: 53,9

ser: **7,2.1**; 43,16; **49,2**
    + aggettivo, cambio di significato: 4,11; **7,2.1**; 43,4; 43,5; **49,2.2**
    + participio passato: **49,2.1**
    forma passiva: 6,5; **7,2.1**

si:
    condizionale: 23, 14
    discorso indiretto: 36,9

sí:
    avverbio: 33,7
    pronome: 50,7

Soggetto
    inversione con il verbo: 16,3

Solecismo: **63,3**

soler: 50,3

Suffissi
    accrescitivi: 12,6; 13,8; **21,3.3**
    altri: **21,3.4**
    diminutivi: 3,8; 10,9; 13,8; **21,3.2**
    -aje: 13,10
    -ante/a: 45,1
    -ata: 20,6
    -azgo: 16,7
    -ente/a: 45,1
    -ista: 13,2

-ito/a, -illo/a: 20,8

Superlativi irregolari: 50,8

T
tener: 16,11
   que + infinito: **7,3**
   semiausiliare: 23,13

tocar: 20,2; 38,8

traer: 34,11

V
Verbi
   con una preposizione diversa dall'italiano: **63,1.6**
   non seguiti da preposizione: **63,1.8**
   seguiti da una preposizione in spagnolo assente in italiano: **63,1.7**
   difettivi: 50,3; 52,14; 53,7; 55,2; **56,3**
   pronominali o riflessivi: 8,8; 32,4

volver:
   a: 19,7

Voseo: 67,1; 67,9

Volgarismo: **63,3**

Y
ya: 32,10; 44,5

Indice delle espressioni

Allertare

¡Fuego! *Al fuoco!* 40, T
¡Hay moros en la costa! *(colloq.)*
È un luogo pericoloso, teniamo gli occhi aperti! 64, N1
¡No hay moros en la costa! *(colloq.)*
È libero, non c'è niente da temere! 64, N1

Caratteri e reazioni

¡A lo hecho, pecho! *Quel che è fatto è fatto!* 33, N6
¡Andas mal de la azotea! *(colloq.) Ti manca una rotella!* 22, 12
Borrón y cuenta nueva. *Voltiamo pagina.* 25, T
echar rayos (y centellas) *(colloq.) dare in escandescenze* 29, N1
estar vivo/a y coleando *(colloq.) essere vivo e vegeto* 43, 6
¡Ha sido más el susto que otra cosa! *(colloq.)*
È stato più lo spavento che altro! 37, 4
hacer la pascua a alguien *(colloq.) seccare qualcuno* 31, N9
no dar crédito a lo que uno oye
non credere alle proprie orecchie 50, 18
no dar crédito a sus oídos
non credere alle proprie orecchie 50, N11
no dar crédito a sus ojos *non credere ai propri occhi* 50, N11
¡Parece que no ha roto un plato en su vida!
Ha una faccia da angioletto! 8, 13
¡Que me/te/etc. quiten lo bailado! *(colloq.)*
Chi ha avuto ha avuto, chi ha dato ha dato! 67, N2
¡Que no llegue la sangre al río! *Ora basta, calmiamoci!* 20, 20
vender la piel del oso antes de haberlo cazado,
vendere la pelle dell'orso prima di averlo ucciso 69, 25

Complimentarsi e felicitarsi

¡Enhorabuena! *Congratulazioni!* 1, 1
estar de buen ver *(colloq.) avere un bell'aspetto* 8, 16

Consigli e raccomandazioni

¡No escarmientas! *Non impari la lezione!* 11, 17
¡Que no cunda el pánico! *Niente panico!* 32, 20

Detti e saggezza popolare

¡A rey muerto, rey puesto! *Il re è morto, viva il re!* 65, T
Antes se pilla a un mentiroso que a un cojo.
Si riconosce prima un bugiardo che uno zoppo. 15, T
Donde fueres, haz lo que vieres.
Quando sei a Roma fai come i romani. 19, 3
¡El que ríe el último, ríe mejor! *Ride bene chi ride ultimo!* 17, 12
¡Hablando del Papa de Roma, por la puerta asoma! *(colloq.)*
Si parla del diavolo e ne spuntano le corna! 58, 14
Hombre prevenido, vale por dos.
Uomo avvisato mezzo salvato. 19, N8
Las cuentas claras y el chocolate espeso.
Patti chiari amicizia lunga. 20, 6
¡Más vale maña que fuerza! *Val più l'ingegno che la forza!* 13, 15
¡Más vale prevenir que curar!
Prevenire è meglio che curare! 40, N12
No hay rosas sin espinas ni paraíso sin serpiente.
Non c'è rosa senza spine, né paradiso senza serpenti. 60, N1
quedarse para vestir santos *(colloq.)* rimanere zitelle 30, 21
Quien mucho abarca, poco aprieta.
Chi troppo vuole nulla stringe. 51, N10
¡Se vuelve la tortilla! *(colloq.)* *La ruota gira!* 17, 12

Esprimere giudizi, esprimere sentimenti

Allá tú/él/vosotros/etc. *Vedi tu/Veda lei/Vedete voi/ecc.* 31, 8
¡Aquí hay gato encerrado! *(colloq.) Qui gatta ci cova!* 62, 5
¡Es coser y cantar! *Facile come bere un bicchiere d'acqua!* 34, 15
¡Es echarle margaritas/perlas a los cerdos!
È come gettare perle ai porci! 68, 12; 68, N6

¡Es el no va más! *(colloq.) È il non plus ultra!* 58, 3
¡Es pan comido! *(colloq.) È un gioco da ragazzi!* 48, 22
¡Es un palo! *(colloq.) È una lagna!* 34, N14
¡Está hecho una birria! *(colloq.) È un orrore!* 36, 10
estar como unas pascuas *(colloq.) essere al settimo cielo* 31, N9
¡Huele a rayos! *(colloq.) Sa di cattivo!* 29, N1
me cuesta lo suyo (+ infinito)
faccio una fatica immane a (+ infinito) 19, 4
¡Me salen de rechupete! *Mi vengono benissimo!* 18, 4
Me/Te/Le importa un pepino *(colloq.)*
Non me ne/Non te ne/Non gliene importa un fico secco. 43, N14
¡Ni hablar del peluquín! *(colloq.) Non se ne parla!* 37, 15
¡No es nada del otro jueves! *(colloq.)*
Non sembra la fine del mondo! 53, N8; *Cose dell'altro mondo!* 53, 16
No está el horno para bollos. *Tira una brutta aria!* 2, 3
No está hecha la miel para la boca del asno.
Non bisogna gettare perle ai porci. 68, N6
¡No hay color! *Non c'è paragone!* 54, 12
Nunca llueve a gusto de todos.
È impossibile accontentare tutti. 29, 13
poner verde a alguien *(colloq.) parlar male di qualcuno* 33, N1
que no veas *(colloq.) a morte* 52, 7
¡Sabe a rayos! *(colloq.) Ha un cattivo sapore!* 29, N1
¿Seguro que...? *Sicuro che...?* 37, 3

Il modo

con las manos en la masa *(colloq.) con le mani nel sacco* 44, N1

Il meteo

¡Hace un frío que pela! *Fa un freddo cane!* 29, 4

I soldi

no tener una peseta *(colloq.) non avere una lira* 47, N4

Il tempo

de Pascuas a Ramos *(colloq.) a ogni morte di Papa* 31, N9
del año catapún *(colloq.) ai tempi che Berta filava* 10, N1
en tiempos de Maricastaña *(colloq.) ai tempi che Berta filava* 10, T

I luoghi

donde Cristo perdió el gorro/los clavos *(colloq.)*
a casa del diavolo 37, NC1
Hogar, dulce hogar. *Casa dolce casa.* 22, N1

Esprimere nervosismo, disaccordo

¡Alto ahí! *Fermo là!* 11, 19
¡Con la música a otra parte! *Cambia aria!* 54, T
¡Dale que dale! *(colloq.) Dai e dai!* 13, 6
¡Dale que te pego! *(colloq.) Dai e dai!* 13, N4
dar palo hacer algo *(colloq.)*
essere una noia dover fare qualcosa 48, N3
¿En serio? *Davvero?* 8, 9
¡Es mi menda! *(colloq.) È il sottoscritto!* 13, 11
estar harto/a de (+ nome o infinito) *(colloq.)*
averne abbastanza, essere stufo di (+ nome o infinito) 47, 9
¡Esto tiene narices! *(colloq.) Questo è il colmo!* 66, N1
¡Hostia! *(colloq.) Accidenti!* 37, NC1
¡Jobar! *(colloq.) Caspita!* 37, 7
¡Métete en tus asuntos! *(colloq.) Fatti gli affari tuoi!* 27, N5
¡Ni peros ni peras! *Non c'è ma che tenga!* 17, 11
¡Ostras! *(colloq.) Accidenti!* 37, 1
¡Otro gallo (me/te/etc.) cantaría! *(colloq.)*
Sarebbe un'altra storia!, Sarebbe un'altro paio di maniche! 25, 19
¡Para el carro! *(colloq.) Smettila!* 48, 15
¡Qué (+ nome) **ni qué niño muerto!** *(colloq.) Ma che...!* 13, 12
¡Qué paliza! *(colloq.) Che faticata!* 38, 4
Que si patatín, que si patatán... *(colloq.)*
E com'è e come non è... 13, 15

¡Que te parta un rayo! *(colloq.) Che ti venga un colpo!* 29, N1
¿Quién demonios...? *(colloq.) Che diavolo...?* 22, 12
¡Rayos, truenos y centellas! *(colloq.) Tuoni, fulmini e saette!* 29, T
¡Válgame Dios! *Mio Dio!* 8, 15
¡Vete a freír churros! *(colloq.) Vai a quel paese!* 19, N5
¡Y vuelta a empezar...! *E ci risiamo!* 55, 23

Cortesia, vita in società

¡Choca esos cinco! *(colloq.) Dammi il cinque!* 61, N2
¡Jesús! *Salute!* 37, NC1
¿Qué es de tu vida? *(colloq.) Cosa fai?* 8, 19
¿Qué hubo? *(Am. lat.) Come va?* 66, 10
Quédese con la vuelta. *Tenga il resto.* 43, N13
¿Quién tiene la vez? *A chi tocca?* 43, 9
¡Te toca! *Tocca a te!* 38, N8

Bibliografia

Ecco una bibliografia succinta e assolutamente non esaustiva, che vi proponiamo per facilitarvi nell'approfondimento della lingua spagnola.

Dizionari monolingue

Real Academia Española, *Diccionario de la lengua española*, Madrid, Espasa, 2014 (23ª edizione).
È l'opera di riferimento dell'Accademia Reale spagnola, istituto il cui compito consiste nel normalizzare la lingua. La versione elettronica http://www.rae.es/ permette di accedere al contenuto della 23ª edizione e in particolare alla coniugazione completa normalizzata dei verbi spagnoli.

Real Academia Española y Asociación de Academias de la Lengua Española, *Diccionario panhispánico de dudas*, Madrid, Santillana, 2005.
Quest'opera offre i chiarimenti riguardanti le attuali norme e risponde ai dubbi linguistici più frequenti (ortografici, lessicali, grammaticali e sintattici). Disponibile online http://www.rae.es/recursos/diccionarios/dpd.

Diccionario de uso del español de América y España, Vox, Barcellona, 2002.
Questo dizionario presenta tutte le varianti dello spagnolo della Penisola iberica e d'oltreoceano.

Martínez de Sousa, José, *Diccionario de usos y dudas del español actual*, Trea, 2008 (4ª edizione).
Riferimento stilistico per giornalisti, scrittori, traduttori, professionisti della scrittura e anche per tutte le persone che cercano di esprimersi correttamente.

Diccionario Clave, Ediciones SM, 2012.
Dizionario dello spagnolo attuale. La versione elettronica è consultabile su http://clave.smdiccionarios.com/app.php.

Dizionari bilingue

I grandi dizionari Garzanti, Dizionario spagnolo-italiano, italiano-spagnolo, Garzanti linguistica, 2009.
Ha un lemmario ampio e aggiornato che include nuove parole e significati provenienti dalla lingua d'uso e dai linguaggi settoriali. Con un ricco corredo di indicazioni grammaticali e di pronuncia.

Grande dizionario di spagnolo, spagnolo-italiano, italiano-spagnolo, Zanichelli, 2012.
Opera ricca che registra il lessico contemporaneo senza trascurare gli arcaismi utili per la comprensione dei testi letterari. L'opera contiene informazioni grammaticali e note di civiltà.

Grande dizionario Hoepli spagnolo, Milano, Hoepli, 2009.
Uno dei maggiori dizionari bilingue spagnolo-italiano, italiano-spagnolo con versione online:
http://www.grandidizionari.it/Dizionario_Italiano-Spagnolo.aspx?idD=4

Grammatiche e opere di riferimento

CARRERA DÍAZ, MANUEL, *Grammatica spagnola*, Laterza, 2012.
Questa grammatica è un grande e completo ritratto dello spagnolo contemporaneo, con una speciale attenzione a quegli aspetti che, nonostante l'apparente somiglianza, costituiscono invece differenze importanti nei confronti dell'italiano.

ODICINO, RAFFAELLA, CAMPOS, CECILIA, SÁNCHEZ, MARJORIE, *Gramática española,* UTET, 2014.
Grammatica in spagnolo esaustiva e completa, utile per gli studenti di tutti i livelli. Facile da consultare ed efficace per lo studio individuale degli studenti di madrelingua italiana.

LOZANO ZANOHERO, MARÍA, *Gramática de referencia de la lengua española,* Hoepli, 2010.
Opera in lingua spagnola ma pensata principalmente per italofoni. È manuale di riferimento, risolve i dubbi grammaticali in maniera immediata e permette una rapida consultazione grazie a numerosi schemi, tabelle ed esempi di riferimento.

FAGGION PATRIZIA, *Verbi spagnoli. Tutti i verbi regolari e irregolari*, Vallardi, 2002
Opera di riferimento completa sulla coniugazione dei verbi spagnoli. Nella sezione introduttiva sono spiegate le differenze e le similitudini tra italiano e spagnolo. Un verbo per pagina, con tutte le coniugazioni disposte in modo chiaro e leggibile.

- http://coniugazione.reverso.net/coniugazione-spagnolo.html
Questo sito vi aiuta a coniugare i verbi spagnoli e anche a ritrovare l'infinito corrispondente a partire da un verbo già coniugato.

Opere letterarie

Per coloro che non osano ancora affrontare i grandi classici della letteratura ispanica, esistono numerose versioni commentate integrali o ridotte e/o facilitate.
Tra le molte case editrici che pubblicano testi adattati con esercizi e note di lettura che aiutano a collocare l'opera nel suo contesto storico-sociale, proponiamo la Black Cat - Cideb e la Hoepli:
- http://www.blackcat-cideb.com/228-catalogo-spagnolo
- http://www.hoepliscuola.it/collana-leggere/138/spagnolo.aspx.

Infine, se siete pronti a lanciarvi alla scoperta delle letteratura spagnola vi consigliamo di consultare il sito *Cervantes Virtual* che ha catalogato la maggior parte dei classici spagnoli e li propone gratuitamente. Li trovate all'indirizzo:
- http://www.cervantesvirtual.com/bib/portal/bne/

Lessico spagnolo-italiano

In questo lessico troverete i nuovi termini utilizzati in questo corso di perfezionamento. Ogni parola è accompagnata dalla sua traduzione e dal numero della lezione in cui compare per la prima volta. Certe parole si possono tradurre in vari modi, ma viene indicato solamente il senso legato al contesto della lezione o quello dato nelle Note. Se una parola è comparsa con significati diversi in più lezioni, troverete il riferimento alle diverse lezioni.
Questo lessico vi propone la parola nella sua forma "neutra" (all'infinito per i verbi, al maschile singolare per i nomi e gli aggettivi, seguiti dai suffissi del femminile).
Di seguito l'elenco delle abbreviazioni utilizzate:

agg.	aggettivo	*m.*	maschile
avv.	avverbio	*n.*	nome
CO	complemento oggetto	*pegg.*	peggiorativo
CdT	complemento di termine	*pl.*	plurale
colloq.	colloquiale	*poss.*	possessivo
f.	femminile	*prep.*	preposizione
fig.	senso figurato	*pron.*	pronome
inf.	infinito	*sing.*	singolare
interr.	interrogativo	*sost.*	sostantivo
iron.	ironico	*v.*	verbo
lett.	letterale	*volg.*	volgare

A

a la que	appena 3
abandonar	abbandonare, lasciare 68
abanico	ventaglio 31
abanico (un ~ de)	una selezione di 31
abarcar	abbracciare, comprendere (contenere), coprire 51
abolir	abolire 55
abollado/a	ammaccato/a 37
abonar	pagare, concimare 20
abonarse	abbonarsi, aderire 20
aborrecer	detestare 11
abrazado/a	abbracciato/a 67
abrelatas *(m. sing.)*	apriscatole 16
abstemio/a	astemio/a 31
abuchear	fischiare 41
abue *(colloq.)*	nonnina 10
acabar *(+ gerundio)*	finire per *(+ infinito)* 2
acabose (ser el ~) *(colloq.)*	essere il massimo 60
acalorarse	accalorarsi 57
acariciar	accarezzare 68
aceite	olio 34
acequia	canale di irrigazione 64
acertar	indovinare 48
acervo	patrimonio 54
achicharrarse	abbrustolire 29
aclararse (no ~ con algo) *(colloq.)*	non raccapezzarsi con qualcosa 34
aclararse (no ~) *(colloq.)*	non capire niente 34
aclararse *(colloq.)*	chiarire 34
aclimatación	adattamento 19
acogedor/a	accogliente 22
acordarse de	ricordarsi di 10
actualización	aggiornamento 59
actualizar	attualizzare, sincronizzare, aggiornare 61
adelantar	sorpassare 27
adjunto	allegato 59
adorno	ornamento 27
aerogenerador	aerogeneratore 33
afán	ardore, zelo, brama, desiderio 41
afán de poder	brama di potere 41
afear	deturpare 25
afectar	riguardare 65
afición	tifoseria 41; inclinazione, passione, affetto per qualcosa o qualcuno 70

aficionado/a	amatore, ammiratore, sostenitore, tifoso/a 70
afiliado/a (estar ~ a algo)	far parte di qualcosa 17
agarrar	afferrare 13
agencia de notación	agenzia di rating 48
agenciarse	prendersi 69
agenda (una ~ muy apretada)	un'agenda molto piena 18
agobiado/a	oberato/a 4
agobiar	stancare, sfinire 11
agobiar *(colloq.)*	scocciare 11
agobiarse	angosciarsi, stressarsi 11
agobio	oppressione 22
agosto (hacer su ~) *(colloq.)*	fare affari d'oro 38
agotado/a	distrutto/a 65
agraciado/a	grazioso/a 49
agraciado/a (poco ~)	con poca grazia 36
agradable	piacevole 13
agua (quedar en ~ de borrajas) *(colloq.)*	restare lettera morta 25
aguacate	avocado 66
aguafiestas *(colloq.)*	guastafeste 29
agujero	buco 13
ahijado/a	figlioccio 18
ahorrador/a	risparmiatore 20
ahorro	risparmio 47, 48
aire libre	aria aperta 3
aire (vivir del ~)	vivere d'aria 68
aislarse	isolarsi 9
ajado/a	invecchiato/a 22
ajeno (lo ~)	la roba d'altri 38
ajeno/a	altrui, estraneo/a *(agg.)* 38
ajetreado/a	affaccendato/a, movimentato/a 18
ajustado/a	aderente 36
alargar	prolungare 15
alarma (dar la ~)	dare l'allarme 38
albaricoque	albicocca 64
albergar	nutrire 68
alcalde	sindaco 64
alcista	al rialzo 48
alcornoque *(colloq. pegg.)*	testa di rapa (insulto) 5
aldea	villaggio 29
alegría	leggerezza 20
alerta (permanecer ~)	stare all'erta 62
alfombra	tappeto 13
álgebra	algebra 64
algodón	cotone 64
alijo	partita, carico 41

alivio	sollievo 39
alma	anima 68
almeja	vongola 43
almirantazgo	ammiragliato 16
almohada	cuscino 65, 68
alojamiento	alloggio 2
alquilar	affittare 2
alquiler	affitto 64
alrededores	dintorni 3
alta (dar el ~)	dare l'autorizzazione a riprendere il lavoro 15
altar	altare 41
aluvión	marea 64
alza	rialzo, aumento 48
alza (al ~)	verso l'alto, in aumento 24
amante de algo	amante di 31
amarillo (pasar del rosa al ~)	cambiare d'umore repentinamente 69
ambages (sin ~)	senza difficoltà 51
ambientazo *(colloq.)*	atmosfera 54
amén de	oltre a 40
amén (en un decir ~)	in un baleno 40
amenaza	minaccia 4
amígdalas	tonsille 39
amigo/a *(agg.)*	amichevole 45
amigo/a de lo ajeno *(iron.)*	ladro/a 38
amigote *(colloq. pegg.)*	amicone 20
amor de verano	amore estivo 70
anclado/a	ancorato/a 52
andar por los (+ *numero*) *(colloq.)*	essere sui *(numero)* anni 36
andrajoso/a	straccio/a 36
anfitrión/ona	ospite (colui o colei che invita), padrone/a di casa 18
angustia	angoscia, ansia 42
animar	incoraggiare 70
ánimo (sin ~ de ofender)	non voler offendere 53
años mozos	gioventù 10
ansia	angoscia, bramosia 45
ansia (tener ~ de algo)	avere desiderio di qualcosa 45
antaño	un tempo 10
antigualla *(pegg.)*	anticaglia 22
apañado/a	adatto/a, esperto/a 59
apañado/a (estar ~) *(colloq.)*	essere a posto; stare freschi/e 59
apañárselas *(colloq.)*	cavarsela 13
apearse (no ~ del burro) *(colloq.)*	non ammettere i propri errori, non darla vinta 37
apetecer (+ CdT)	aver voglia 19

aplastar	schiacciare 5
aplicación	applicazione 58
aplicaciones	software 60
apoyabrazos	braccioli 60
apretar	premere 44; stringere 68
aprobado (sacar un ~)	prendere la sufficienza 61
aprobar	essere promosso, avere la sufficienza 61
aprovechar	approfittare 15
apuesta	scommessa 33
apuesto/a	bello/a 10
apuntar	iscrivere 15
apuro (estar en ~s)	grosso guaio, urgenza 38
apuro (me da ~ + *infinito*)	trovarsi nei guai 38
apuro (pasar ~s)	mi imbarazza *(+ infinito)* 38
apuro (poner a alguien en un ~)	avere delle difficoltà 38
apuro (sacar a alguien de un ~)	mettere qualcuno in imbarazzo 38
aquejar	togliere qualcuno dai guai 38
arañazo	affliggere 25
archivo	graffio 61
argolla *(Am. lat.)*	archivio, documento 59
Aristóteles	fede nuziale 66
armar	Aristotele 64
arpegio	montare 23
arpía *(colloq.)*	arpeggio 54
arrabal	arpia 54, 68
arrabalero/a	sobborgo, periferia 67
arrancar	popolare, periferico/a, dei bassifondi 67
arrasado/a	partire 5; strappare 22
arrastrar	trascinato/a 24
arrastre	trascinare 59
arreglar	traino 33
arreglárselas *(colloq.)*	aggiustare 13
arriba (de ~ abajo)	cavarsela 13
	da cima a fondo, dalla testa ai piedi, dall'inizio alla fine 12
arriesgado/a	rischioso/a 31
arruinarse	rovinarsi 48
arzobispo	arcivescovo 64
as	asso 59
as (sacarse un ~ de la manga)	togliere un asso dalla manica 59
as (tener un ~ en la manga)	avere un asso nella manica 59
asado	arrosto 44
asarse de calor *(colloq.)*	morire di caldo 29
ascensión	ascensione, salita 15
ascenso	promozione (professionale) 15
asesino/a en serie	serial killer 41

asesino/a a sueldo	sicario 62
asignatura pendiente	materia in sospeso, esame a settembre, qualunque problema in sospeso 25
asimismo	anche 1
asociación	partenariato 69
asolar	devastare 40
asomar	apparire, spuntare, sbirciare 58
asomarse	affacciarsi, spuntare, mostrarsi 58
aspecto	aspetto (viso) 4
aspecto (mal ~)	brutta cera 4
asta	asta, picca 65
asunto	argomento, oggetto, affare 70
atajo	scorciatoia, espediente 65
atasco	ingorgo 27
atención (llamar la ~ a alguien)	richiamare l'attenzione di qualcuno 16
atender a alguien	occuparsi di qualcuno, servire 45
atesorar	custodire 64
ático	attico 18
atosigar	assillare 11
atraco	rapina 27, 47; aggressione 47
atraco a mano armada	rapina a mano armata 47
atraco *(colloq.)*	furto 47
atractivo/a	grazioso/a 45
atronador/a	assordante 57
atropellar	investire 27
auditoría	revisione contabile 25
auge (económico)	boom economico 30
auge (estar en ~)	essere in auge 30
aunar	unire 55
autodominio	autocontrollo 64
autónomo/a	lavoratore/lavoratrice autonomo/a 15
avalancha	valanga 3
avasallar	spingere 22
AVE	treno ad alta velocità 57
ave	uccello 57
avejentado/a	vecchio/a 36
aventurero/a	avventuroso/a 3
avergonzarse	vergognarsi 70
averiguar	scoprire 4, 45
Avicena	Avicenna 64
avisar	mettere in guardia 19
aviso	avviso 50
aya	governante 65
azotea	terrazza che si trova sopra un immobile 22
azotea (estar mal de la ~) *(colloq.)*	non avere le rotelle a posto 22
azúcar	zucchero 64

B

bacalao	baccalà 44
bacalao (cortar el ~) *(colloq.)*	avere il coltello dalla parte del manico 17
bacteriólogo/a	batteriologo/a 51
baile de disfraces	ballo in maschera 67
baja	congedo per malattia 15
baja por maternidad	congedo di maternità 15
baja (dar la ~ a alguien)	mettere qualcuno in malattia 37
baja (darse de ~)	mettersi in malattia 15
baja (estar de ~)	essere in malattia 15
bajada de bandera	inizio corsa 27
bajar *(colloq.)*	scaricare 11; scaricare (da Internet) 59
bajar a	scendere per 17
bajista	al ribasso 48
balance	bilancio 69
balbucir	balbettare 53
baldosa	piastrella 23
bañador	costume da bagno 29
banca	settore bancario 47
banco	istituto bancario 47
bandoneón	bandoneon 67
banquete de órdago *(colloq.)*	banchetto eccellente 48
baraja	mazzo di carte 44
barajar	manipolare, mescolare (le carte), vagliare, ipotizzare 44
barba (por ~) *(colloq.)*	a testa 20
barranco	precipizio, burrone 3
barranquismo	canyoning 3
barrera	barriera 70
barriada	quartiere 67
barrio chino	quartiere cinese 67
barrio chino *(colloq.)*	quartiere malfamato, a luci rosse 67
barrio de chabolas	baraccopoli 67
barrios bajos	quartieri popolari 67
barrio (el otro ~) *(colloq.)*	l'altro mondo 67
barrio (irse al otro ~) *(colloq.)*	andare all'altro mondo 67
barriobajero/a	dei bassifondi 36; popolare, periferico/a 67
bártulos	arnesi 13
base de datos	data base 50
bastoncillo	cotton fioc 34; bastoncino 50
basura	spazzatura 34
batacazo	colpo 37
batacazo (pegarse un ~)	prendersi un colpo 37
batuta (llevar la ~) *(colloq.)*	avere il coltello dalla parte del manico 17

baúl *(Am. lat.)*	bagagliaio 66
bautizar	battezzare 64
baza (meter ~ en algo) *(colloq.)*	ficcare il naso 27
beca	borsa di studio 15
becario/a	borsista, stagista in azienda 15
bendito/a	benedetto/a 32
beneficiarse a alguien *(colloq.)*	avere rapporti sessuali con qualcuno 8
beneficiarse de algo	approfittare di qualcosa 8
bestia	asino 54
bestia (a lo ~) *(colloq.)*	in modo esagerato, selvaggiamente 32
bestia *(colloq.)*	bruto 32
bicho *(colloq.)*	bestiola, insetto, piccola peste 32
bicicarril	pista ciclabile 25
billete	biglietto 66
billón	un milione di milioni 24
bioquímico/a	biochimico 51
birra *(colloq.)*	birra 20
birria (ser una ~) *(colloq. pegg.)*	essere un orrore 36
birria *(colloq. pegg.)*	schifezza 36
birrioso/a *(colloq. pegg.)*	schifoso/a 36
blanco/a como el papel *(colloq.)*	bianco come un cencio 69
blanco/a como la cera *(colloq.)*	bianco come la cera 69
blanco/a como la leche *(colloq.)*	bianco come il latte 69
bloque de pisos	condominio 39
bobo/a	sciocco/a 66
boca abajo	prono/a 39
boca arriba	supino/a 39
bocata *(colloq.)*	panino 20
bochorno	afa, vergogna 29
bochornoso/a	afoso/a, vergognoso/a 29, 55
bodega	cantina (locale di una casa), cantina (azienda vinicola) 31
boga (en ~)	in voga 44
bola (contar/meter ~s) *(colloq.)*	raccontare balle 62
bola (correr la ~) *(colloq.)*	spargere la voce 62
bola (en ~s) *(colloq.)*	nudo/a 62
bola (hinchar/romper las ~s) *(volg.)*	scassare le balle 62
bola (ir a su ~) *(colloq.)*	fare di testa propria 62
bola (no dar pie con ~) *(colloq.)*	non azzeccarne una 62
bolas *(volg.)*	balle (testicoli) 62
boleto *(Am. lat.)*	biglietto 66
boli *(colloq.)*	biro 66
boliche	bowling, discoteca, bettola 67
bolsa	borsa 48
bolsillo	tasca 20
bomper *(Am. lat.)*	paraurti 66

bonito *(sost.)*	tonno 43
bono basura	titolo spazzatura 47
bono del Estado	titolo di Stato 48
bordear	costeggiare 6
bote *(colloq.)*	cassa comune 20
botón (clicar con el ~ derecho)	cliccare col tasto destro 59
boyante	in ascesa 55
brazo (ir del ~)	convolare a nozze 41
bregar	lottare 66
bregar *(Am. lat.)*	lavorare 66
brevedad (con la mayor ~ posible)	nel minor tempo possibile 45
brindar	offrire, brindare, fare un brindisi 58
brindarse a hacer algo	proporsi per fare qualcosa 58
broncearse	abbronzarsi 69
bruja	strega 68
brujo	stregone 54
buceo	immersione 2
buey	bue 55
bullicio	chiasso 3
burbuja	bolla 24
burdel	bordello, casa chiusa 67
burro (no apearse del ~) *(colloq.)*	non darla vinta 37
bursátil	della Borsa 48
buseta *(Am. lat.)*	minibus 66

C

caballero	cavaliere, signore 66
caballerosamente	cavallerescamente 30
caballete	cavalletto 13
caber	essere necessario 30; starci 43
caber (dentro de lo que cabe)	nei limiti del possibile 38
cabestrillo (en ~)	al collo 37
cabezazo	colpo di testa 12
cachivache *(pegg.)*	roba, aggeggio 22, 65
cachondearse *(colloq.)*	prendersi gioco di 58
cachondeo (estar de ~) *(colloq.)*	prendersi gioco di 58
cachondeo (tomar algo a ~) *(colloq.)*	non prendere sul serio 58
cachondeo *(colloq.)*	baldoria 58
cachondo/a *(volg.)*	eccitato/a, arrapato/a 58
cachondo/a *(colloq.)*	spiritoso/a, burlone/a 58
caco *(colloq.)*	ladro 38
caja (~ de herramientas)	cassetta degli attrezzi 13
caja fuerte	cassaforte 38
cajero	bancomat 47
calaña *(pegg.)*	risma 65
calavera	teschio 16

calderilla	spicciolo 43
caldo	vino 31; brodo 43
calentamiento global	riscaldamento globale 33
calle (poner a alguien de patas en la ~) *(colloq.)*	sbattere fuori qualcuno 18
callejero/a *(agg.)*	randagio/a, ambulante 26
calzada	carreggiata 25
cambiante	cangiante 9
cambio	resto 43
cambio (en ~)	in cambio, al posto di 11
camello (ser ~) *(colloq.) (Am. lat.)*	essere complicato 66
camilla	lettino 39
camisa (meterse en ~ de once varas) *(colloq.)*	fare il passo più lungo della gamba 61
cancelar	annullare 4
cantimplora	borraccia 3
capacitado/a	qualificato/a, idoneo/a 65
capirote	cappuccio 5
capricho	capriccio 9, 20
cara a cara	faccia a faccia 11
cara de pocos amigos *(colloq.)*	faccia ostile 36
cara (de ~ a la galería)	all'apparenza 68
cara (de ~ a)	di fronte a, in vista di 68
cara (echarle ~) *(colloq.)*	far finta di niente 45
cara (poner mala ~) *(colloq.)*	fare il muso 19
cara (tener (mucha) ~) *(colloq.)*	avere la faccia tosta 19
cara (tener buena/mala ~) *(colloq.)*	avere una bella/brutta faccia 19
carabela	caravella 6
carajillo	caffè corretto 20
caravana	carovana 30
cargar	caricare (dal proprio dispositivo su Internet) 59
cargo	posto 65
cargo (a ~ de)	da parte di 69
cargo (estar a ~ de)	essere a capo 50
cargo (hacerse ~ de)	farsi carico di, rendersi conto di 38
cariño *(colloq.)*	tesoro 43
cariñoso/a	affettuoso/a 60
carné de conducir	patente 27
carne picada	carne trita 43
carne (en ~ y hueso)	in carne e ossa 11
carne (poner ~ de gallina)	far venire la pelle d'oca 54
carnicería	macelleria 43
carpeta	cartella 59
carpetovetónico/a	riferito a ciò che è considerato molto spagnolo e si oppone a qualunque influenza straniera 69

carril-bici	pista ciclabile 25
carro	carro 66
carro *(Am. lat.)*	macchina 66
carro de la compra	trolley per la spesa 43
carta de presentación	lettera di presentazione 16
carta (tomar ~s en el asunto) *(colloq.)*	intervenire nella questione 70
cartera	portafogli 66
cartera *(Am. lat.)*	borsetta 66
carterista	borseggiatore/trice 41
cartoncillo	cartoncino 48
casa de citas	casa chiusa 67
casa de huéspedes	pensione 18
casa de putas *(volg.)*	bordello 67
casa rural	agriturismo 3
casar	sposarsi 8; armonizzarsi, andare bene insieme 22
casarse en segundas nupcias	risposarsi 8
casco antiguo	città vecchia 25
casco histórico	centro storico 25
castaño (pasar de ~ oscuro) *(colloq.)*	oltrepassare i limiti 27
catalogarse	definirsi 15
catar	degustare, assaggiare 31
cava	spumante 23
cazadora	giubbotto 36
cazatalentos	cacciatore di teste 16
cegar	accecare 68
cejijunto/a	dalle sopracciglia folte 36
celos	gelosia 68
celosía	persiana, gelosia 26
célula madre	cellula staminale 56
celular *(Am. lat.)*	cellulare 58
ceniza	cenere 68
céntimo	centesimo 25
cera (blanco/a como la ~) *(colloq.)*	bianco/a come la cera 69
cerciorarse	sincerarsi, assicurarsi 45
cerebro	cervello 51
ceremonia (sin ~s)	senza formalità 18
cero (ser un ~ a la izquierda) *(colloq.)*	essere uno zero assoluto 61
cerrado/a	folto/a 36
cerrajero/a	fabbro 66
cerrar	chiudere 45
certidumbre	certezza 45
certificado de residencia	certificato di residenza 19
certitud	certezza 45
cesta de la compra	paniere della spesa 43

quinientos ochenta y cuatro •584

chabacano/a	volgare 36
chalé	chalet 43; villa 48
chanchullo *(colloq.)*	intrallazzo 25
chaparrón	acquazzone 27
chapuza *(colloq.)*	lavoretto, lavoro raffazzonato, porcheria, lavoro mal fatto 13
charcutería	salumeria 43
chasco	delusione 11
chat	chat (Internet) 11, 61
chatarra	rottame 34
chateador/a *(colloq.)*	partecipante a una chat 61
chatear	bere un bicchiere di vino 61
chatear *(colloq.)*	chattare 61
chateo	il fatto di bere qualche bicchiere 61
chateo *(colloq.)*	azione di chattare 61
chatero/a *(colloq.)*	un/a partecipante a una chat 61
chato	bicchiere di vino 61
cheque	assegno 47
chequeo	checkup 39
chicle	gomma da masticare 44
chiflar *(colloq.)*	adorare 11
chino (engañar a alguien como a un ~) *(colloq.)*	imbrogliare qualcuno 58
chino (hablar en ~) *(colloq.)*	parlare arabo 58
chino (trabajar como un ~) *(colloq.)*	lavorare come uno schiavo 58
chirimbolo	attrezzo 23; aggeggio, roba 65
chiringuito	chiosco 69
chisme *(colloq.)*	aggeggio 10; coso 22, 65; roba 65
chispa	scintilla 5
chiste verde	barzelletta spinta 33
chollo *(colloq.)*	affarone 2
choque	scontro 37
chorizo *(colloq. pegg.)*	ladro 38
chorrada *(colloq.)*	idiozia, stupidata 54
chubasquero	impermeabile 29
chulapo	dandy popolare madrileno 52
chulo	sbruffone 52; protettore 52, 67
chulo/a (más ~ que un ocho) *(colloq.)*	sbruffone 61
chulo/a *(colloq.)*	arrogante, divertente, carino/a, 52
chupar	succhiare 18
chupito	bicchierino 20
churro (como ~s) *(colloq.)*	a palate 19
churro (venderse como ~s) *(colloq.)*	vendersi come il pane 19
churro/a *(Am. lat.)*	bello/a 66
cielo *(colloq.)*	tesoro, caro/a 10
ciencia ficción	fantascienza 52
ciencia (a ~ cierta)	con certezza 31, 51

cierre (echar el ~)	chiudere bottega 30
cigala	scampo 43
cigarra	cicala 43
cine (de ~) *(colloq.)*	molto bene 30
cintura	vita 36
cintura (quitarse la ropa de ~ para arriba)	mettersi a torso nudo 39
cita (dar ~ a alguien)	dare appuntamento a qualcuno 11
civilizadamente	civilmente 37
cizaña (meter ~)	seminare zizzania 26
claqué	tip tap 58
clase	classe, aula, corso, lezione 70
clase de recuperación	corso di recupero 70
clase (dar ~)	fare lezione 70
clase (ir a ~)	andare a lezione 70
clavo	chiodo 13
clérigo	chierico 64
clic (hacer ~ en el botón derecho)	fare clic col tasto destro 59
clic (hacer ~)	cliccare 59
clic (hacer doble/dos veces ~)	fare doppio clic 59, 60
clicar	cliccare 59
clínica veterinaria	clinica veterinaria 32
cliquear	cliccare 59
cobrar	essere pagato, incassare, ricevere (un salario) 17; far pagare 43
cocer	cuocere 44
coco *(colloq.)*	spauracchio (senso figurato) 1
código de la circulación	codice della strada 37
coger	prendere (un aereo, un treno ecc.) *(Spagna)* 4
coincidencia	coincidenza 50
cojo/a	zoppo/a 15
cojón (estar hasta los cojones) *(volg.)*	averne fin sopra i capelli 66
cojón (hinchar los cojones) *(volg.)*	avere la mosca al naso 66
cojón (tocarse los cojones) *(volg.)*	girarsi i pollici 66
cola	fila 3
cola (hacer ~)	fare la coda 43
colaboración	partenariato 69
colaborador/a	partner 69
colchón	materasso 13
cole *(colloq.)*	scuola 66
colega	collega 11
colega *(colloq.)*	amico 11
cólera *(m.)*	colera 51
cólera *(f.)*	collera 51
cólera (montar en ~)	arrabbiarsi, andare su tutte le furie 51

quinientos ochenta y seis • 586

colgado/a (quedarse ~) *(colloq.)*	bloccarsi 59
colgar	attaccare, mettere 59
colgar *(colloq.)*	caricare (qualcosa dal proprio dispositivo su Internet) 59
colgarse *(colloq.)*	bloccarsi 59
colilla	mozzicone 25, 40, 50
colisión en cadena	tamponamento a catena 37
collarín	collare ortopedico 37
colmado	negozio di alimentari 8
colorista	colorato/a 46
cómic	fumetto 52
comida basura *(colloq.)*	cibo spazzatura 34
cómodo/a	comodo 47
cómodo/a (ponerse ~)	mettersi comodo 47
compaginar	conciliare 16
compañero/a de clase	compagno di scuola 61
compañero/a de trabajo	collega 18
compañero/a sentimental	compagno/a di vita, fidanzato/a 41
compañía aseguradora	compagnia assicurativa 40
comparación (no tener punto de ~ con)	non esserci possibilità di paragone con 54
compartir	condividere 37
competencia	concorrenza 46
compilador	compilatore 60
comportamiento incívico	comportamento incivile 25
compresa	assorbente 34
comprobar	verificare 20, 37
comprometer	compromettere 16
comprometerse	impegnarsi 16
compromiso	compromesso, impegno 16
computadora *(Am. lat.)*	computer 66
comunidad de propietarios	assemblea condominiale 39
concejal/a	consigliere municipale 25
concienciarse	prendere coscienza 17, 34
concienzudamente	coscienziosamente 41
concurso	concorso, gioco televisivo 15
confesar	ammettere 37; confessare 41
confianza	confidenza 31
confiar en alguien/algo	aver fiducia in qualcuno/qualcosa 8
configuración de redes	configurazione di reti 60
conllevar	comportare 47
coñazo (dar el ~) *(volg.)*	rompere le palle 54
coñazo *(volg.)*	rottura di palle 54
coño (estar hasta el ~) *(volg.)*	averne fin sopra i capelli 66
coño (tocarse el ~) *(volg.)*	girarsi i pollici 66
coño *(volg.)*	cazzo, figa 54

conocer (darse a ~)	farsi conoscere 12
conocido/a	conoscente (amico) 38
conseguir	riuscire a 57
consiguiente	conseguente 24
consulta	ambulatorio, visita 39
consultor/a	consulente 15
consultorio	ambulatorio 39
consumidor/a	consumatore/trice 45
contagio	contaminazione 25
contaminación	inquinamento 25
contraseña	password 59
contratación	contratto 15
contratar	assumere 16
contrato fijo	contratto a tempo indeterminato 17
control (dirigido/a por ~ remoto)	telecomandato/a 59
convencido/a	convinto/a 6
convenio	accordo 41
convertirse	convertirsi, diventare 1
cooperación	partenariato 69
copiar y pegar	copia e incolla 59
cordura	buon senso, saggezza 68
coro (cantar a ~)	cantare in coro 17
corredor/a de bolsa	mediatore finanziario 48
correo basura *(colloq.)*	posta indesiderata 34
corruptela	corruttela 25
cortar con alguien *(colloq.)*	rompere con qualcuno 60
cortarse el pelo	farsi tagliare i capelli 44
cortejar	corteggiare 10
corto/a (no quedarse ~) *(colloq.)*	restare indietro 8
cosa	cosa, roba 65
cosechar	raccogliere 12
cosilla *(colloq.)*	cosa 20
coso *(Am. lat.)*	aggeggio, roba 65
costa (a ~ de alguien)	sulla pelle di qualcuno 17
costa (a ~ de)	a costo di, a scapito di 55
costa (a toda ~)	a tutti i costi 55
costar	costare 1
costar (+ CdT)	far fatica 1
coste	costo 40
coste (de bajo ~)	a basso costo, low cost 40
costilla	costola 37
costo *(Am. lat.)*	costo 40
costumbre	abitudine 19
costumbrista	popolare 9
cotilleo *(colloq.)*	pettegolezzo 65
cotizar	quotare 48

criar	allattare, allevare 68
criatura	neonato, bambino piccolo 68
crío/a	bimbo/a 68
crisol	crogiolo 64
cristo *(colloq.)*	persona conciata male, povero cristo 37
cristo (ir hecho un ~) *(colloq.)*	essere conciato male 37
cristo (ni ~) *(colloq.)*	nessuno 37
cristo (todo ~) *(colloq.)*	tutti 37
crueldad	crudeltà 55
cruzarse	incrociare, imbattersi 8
cuadrar	quadrare, corrispondere, tornare 62
cuadrar (no ~)	non quadrare, non tornare 62
cuadro (ir pintado/a como un ~) *(colloq.)*	essere dipinto/a come una tavolozza 36
cuarenta (cantarle las ~ a alguien) *(colloq.)*	cantarne quattro a qualcuno 61
cuarto (dormir en ~s separados)	dormire in camere separate 68
cubalibre	Coca e rum 20
cubata de ginebra *(colloq.)*	Coca e gin 20
cubata de güisqui *(colloq.)*	Coca e whisky 20
cubo de la basura	pattumiera 34
cuchilla de afeitar	lamette 34
cuchitril	tugurio 22
cuenta	account 59
cuenta de ahorro	conto di risparmio 47
cuenta de crédito	conto di credito 47
cuenta (tener en ~)	considerare 1
cuento chino *(colloq.)*	frottola 58
cuerdo/a (estar ~)	essere sano/a di mente 68
cuernos (poner los ~ a alguien) *(colloq.)*	mettere le corna a qualcuno 8
cuesta	pendio 5
cuidado (con sumo ~)	con la massima attenzione 50
cuidadoso/a	attento/a, scrupoloso/a 40
culto/a	colto/a, erudito/a 54
cumbre	vertice 41
cumplido	complimento 8
cura	prete 32
currante/a *(colloq.)*	lavoratore/trice 17
currar *(colloq.)*	lavorare 17
currículo/curriculum	curriculum, CV 15
curro *(colloq.)*	lavoro 17
cursillo	corso 13
curso	corso, anno scolastico 70
cutre *(colloq.)*	squallido/a, misero/a, schifoso/a, tirchio/a 22

cuyo/a	il cui, la cui 6

D

D.O. (denominación de origen)	D.O.C. 31
D.O.C. (denominación de origen calificada)	D.O.C.G. 31
dama de compañía	dama di compagnia 66
dama de honor	damigella d'onore 66
dama (primera ~)	first lady 66
debilidad	debolezza 16
debilidad (sentir ~ por)	avere un debole per 52
década	decennio 18
decenio	periodo di dieci anni 18
decorativo/a	decorativo/a 22
deficiente	carente 46
defraudar	tradire le aspettative, deludere 12; frodare 40
dehesa	pascolo 55
dejar de	smettere di 1
deje	accento, intonazione 36
deje (un ~ de)	una nota di 36
demacrado/a	emaciato/a 36
demandar	chiedere, fare causa, imputare 45
demorar	rallentare 45
deparar	avere in serbo 44
departamento	dipartimento 45
Departamento de Atención al Cliente	Servizio Clienti 45
dependiente/a	commesso/a 45
deportiva *(sost.)*	scarpa da tennis 36
depósito (~ a plazo)	deposito a termine 48
depre *(colloq.)*	depressione 66
derrochador/a	spendaccione/a 20
derrotismo	disfattismo 51
desafiar	sfidare 1
desafío	sfida 1
desaforado/a	travolgente 53
desalojar	evacuare 4
desarrollador/a	sviluppatore/trice 60
desarrollo sostenible	sviluppo sostenibile 16, 33
descarga	download 59
descargar	scaricare (da Internet) 59
desconfiado/a	diffidente 8
desconsuelo	sconforto 68
descorchar	stappare 23
descubrir	scoprire 6

desecho	residuo 34
desembarcar	sbarcare 6
desembuchar *(colloq.)*	vuotare il sacco 38
desempeñar	ricoprire (un incarico), occupare (un posto) 55
desempeño	esercitare una funzione, prestazione 55
desempleo	disoccupazione 24
desencadenar	scatenare 40
desfasado/a	sfasato/a, disorientato/a, vecchiotto/a 69
desfase horario	sfasamento di orario 69
desgarrar	strappare 54
desgastado/a	logoro/a 36
desgaste	degrado, usura 33
desgracia (caer en ~)	cadere in disgrazia 9
desguace	demolizione 37
deshacerse	sbarazzarsi 22
despacho	studio 4, ufficio 47
despedida	arrivederci 16; addio 16, 70
despedida de soltera	addio al nubilato 70
despedida de soltero	addio al celibato 70
despedir	licenziare 16
despedirse	congedarsi, accomiatarsi 70
despedirse a la francesa *(colloq.)*	filarsela all'inglese 70
despedirse de algo *(colloq.)*	dare l'addio a qualcosa 31
desperdicio	avanzo 34
desperfecto	danno, guasto 39
despido	licenziamento 16, 24
despoblamiento	spopolamento 30
desposado/a	sposato/a 68
despotricar contra *(colloq.)*	inveire contro 27
desprender	staccare 50
destacado/a	importante 41
destacar	spiccare, risaltare 52
destacar algo	mettere in evidenza qualcosa 52
destacar (cabe ~)	bisogna sottolineare 40
destacarse de/por	distinguersi da/per 52
destino	destinazione 2
destreza	destrezza, abilità 70
destrozo	danno 37
desvalijar	svaligiare 38
desván	soffitta 10
desvencijado/a	sgangherato 22
detrás (ir por ~ de)	essere alle spalle di, restare dietro 33
deuda	debito 24
deuda (contraer ~s)	indebitarsi 9
diantre	diamine 34

dichoso/a	felice, gioioso/a 8, 18
dichoso/a *(colloq.)*	insopportabile 18; maledetto/a 18, 27
dignidad	dignità 55
dilación (sin más ~)	senza altro ritardo 41
dimisión	dimissione 69
dimitir	dimettersi 16
dineral	fortuna 66
Dios (no haber ni ~) *(colloq.)*	non esserci nessuno 58
Dios (todo ~) *(colloq.)*	tutti 58
diplomado/a (ser ~ universitario/a)	essere laureato 15
dirección de empresas	gestione d'impresa 15
director/a de teatro/de cine	regista teatrale/cinematografico/a 50
director/a ejecutivo/a	direttore esecutivo 69
discusión	discussione, litigio 57
discutir	litigare 57
diseño	design 22
disfrazar	mascherarsi 32
disfrutar a tope *(colloq.)*	godersela fino in fondo 57
disgusto	dispiacere 8
dislocado/a	slogato/a 37
disminuir	diminuire 47
dispensar	distribuire 32
distar	distare, essere lontano 62
doblar	girare 5
doler	far male 7
domiciliación	domiciliazione 47
dominar	dominare, padroneggiare 1, 64
dominguero/a	della domenica, guidatore/trice della domenica 27
dominio	dominio, padronanza 64
dormido/a (medio ~)	mezzo addormentato/a 57
dos (cada ~ por tres)	ogni due per tre 61
dramatización	drammatizzazione 67
duelo	duello 67
duende	fascino, il qualcosa in più 54
dulce	dolce 31
duplicarse	raddoppiare 24
duradero/a	duraturo 46
duro	pezzo da cinque pesetas 47

E

echar(se) (~ a + infinito)	cominciare a, mettersi a (+ verbo all'infinito) 34
echar (de menos)	aver nostalgia 10
ecológico/a	bio 43
económicas	economia (e commercio) 15

edad (la ~ del pavo) *(colloq.)*	età difficile, adolescenza 2
efecto invernadero	effetto serra 33
eficaz	efficace 48
eficiente	efficiente 48
ejercitación	esercizio, esercitazione 65
ejercitar	esercitare 70
ejército (ingresar en el ~)	entrare nell'esercito 39
electo/a	eletto/a 65
elegir	scegliere 1
emailear *(colloq.)*	inviare una mail 58
embarazada	incinta 8
embelesado/a (quedarse ~) *(colloq.)*	restare rapito/a 53
embellecer	abbellire 25
embutido	insaccato 44
eme (mandar a alguien a la ~) *(colloq.)*	mandare qualcuno al diavolo 37
emocionado/a	emozionato/a 60
empalmar	assicurare la coincidenza tra due mezzi di trasporto, concatenare (le attività) 18
empapado/a	imbevuto/a, impregnato/a 34
empatar	pareggiare 41
empedernido/a	incallito/a 11
empeño	impegno 45
empeño (no cejar en su ~ (de))	proseguire nello sforzo (di) 45
empeño (poner ~ en algo)	mettere impegno in qualcosa 45
empeño (poner el ~)	impegnarsi 45
empeño (tener ~ en hacer algo)	essere deciso a fare qualcosa 45
empleado/a de la limpieza	uomo/donna delle pulizie 41
empresa de servicios domésticos y asistencia domiciliaria	impresa di servizi domestici e assistenza domiciliare 15
empresarial	imprenditoriale 46
empujar	spingere 1, 40
emulsificación	emulsificazione 44
encantado/a (estar ~)	essere felice 70
encargo	incarico 9
encasquillarse	incepparsi 8
enchufar	collegare, inserire la spina 58
encierro	rilascio dei tori per le vie di una città 5
ende (por ~)	quindi, pertanto, perciò 69
endeudamiento	indebitamento 24
enfado de órdago *(colloq.)*	arrabbiatura colossale 48
enfermar	ammalarsi 39
enfermedad	malattia 9
enfrascado/a	essere coinvolto/a 52
enfrascado/a en	trascinato da 52

enfrascarse en	rimanere imbottigliato/a, essere trascinato/a, coinvolto/a 52
enfrentado/a	contrastante 65
engalanar	agghindare 32
engañar	ingannare 68
engañar (~ a alguien como a un chino) *(colloq.)*	imbrogliare qualcuno alla grande 58
enganchado/a	agganciato/a 52
enganchado/a (quedarse ~) *(colloq.)*	essere dipendente, innamorato/a, coinvolto/a 52
enganchado/a *(colloq.)*	drogato/a, dipendente 52
engordar	ingrassare 11
enhorabuena	congratulazioni 1
enriquecedor/a	fonte di arricchimento 45
enriquecer	arricchire 70
enriquecerse	arricchirsi 17
ensayar	provare 16
ensueño (de ~)	da sogno 48
entablar	intavolare 70
entender de algo	intendersene di qualcosa 31
entender (no ~ ni papa) *(colloq.)*	non capire niente 58
enterado/a (estar ~ de algo)	essere al corrente di qualcosa 60
enterado/a (no darse por ~)	fare orecchie da mercante 60
enterarse de algo	sapere, rendersi conto di qualcosa, comprendere qualcosa 60
entorno	ambiente 9
entrañas	ventre, interiora 68
entretener	distrarre 13
entrevista	colloquio 16
envase	imballaggio 34
envejecimiento	invecchiamento 30
envenenar	avvelenare 8
envidiable	invidiabile 55
equipo	hardware 60; squadra 64
equivocarse	sbagliarsi 23
errar	sbagliare, sbagliarsi 65
Ertzainza	forza di polizia che dipende dal governo autonomo basco 38
esbozado/a	abbozzato/a 9
escándalo (armar un ~) *(colloq.)*	fare una scenata 5
escaparse	scappare 3
escape	fuga, perdita 13, 66; fuga di gas, perdita d'acqua 39
escaquearse	filarsela 20
escarlatina	scarlattina 39
escarmentar con algo	imparare la lezione da qualcosa 29

escaso/a	scarso/a 45
escayola	gesso 37
escena	scena 50
escenario	scenario 50
escenario del crimen	scena del crimine 50
escopeta	fucile 8
escotado/a	scollato/a 20
escote	scollatura 20
escote (pagar a ~)	pagare ognuno la sua parte 20
escritorio	scrivania, desktop 59
esferificación	sferificazione 44
esgrimir	usare, servirsi 55
espada	spada, matador 55
espaldarazo (dar el ~)	accettare, riconoscere 12
espanto	spavento 27
espanto (estar curado/a de ~) *(colloq.)*	essere vaccinato, non meravigliarsi di niente 27
esparcido/a	sparpagliato/a 10
esparcir	spargere 44
especia	spezia 51
especie	specie 51
espera	attesa 3
espirar	espirare 39
esposado/a	ammanettato/a 68
esposas	manette 68
esquiar	sciare 3
esquina	angolo (sporgente) 70
esquina (a la vuelta de la ~)	girato l'angolo 70
esquina (al doblar la ~)	girando l'angolo della strada 70
esquina (hacer ~)	all'angolo 70
establecerse	costituirsi 15
estado	stato 61
estallar	scoppiare 25
estampado	stampato (tessuto) 22
estancia	soggiorno 2
estandarte	stendardo 5
estante	mensola, scaffale, ripiano 38
estantería	scaffale (mobile) 38
estar (no ~ para + *sost.*) *(colloq.)*	non essere dell'umore di (+ verbo), non essere in vena di (+ verbo) 36
estilizado/a	stilizzato/a 67
estilizar	stilizzare 36
estilo	stile 19
estrato	classe sociale 67
estrenar	inaugurare 26
estreno	prima di una rappresentazione/ proiezione pubblica di uno spettacolo 26

estrés	stress 34
estribillo	ritornello 54
estropajo	strofinaccio 41
estropearse	sciuparsi, rovinarsi, rompersi 13
estruendo	fracasso 44
ETT (empresa de trabajo temporal)	agenzia interinale 15
Euclides	Euclide 64
examinar	auscultare, esaminare 39
expectativa	aspettativa 15
experto/a financiero/a	esperto/a di finanza 48
expirar	spirare, decedere 39
explotar	sfruttare 17
expositor/a	espositore 69
expresarse	esprimersi 70
expresión culta	espressione colta 54
extasiarse	estasiarsi 53
extintor	estintore 53
extrañarse	sorprendersi 4
extranjero/a	straniero/a 1
extraviarse	perdersi 26
extremidad	estremità 23

F

fabada	piatto asturiano con fave 44
fábrica	fabbrica 69
facu *(colloq.)*	università 66
falla	statua gigante di cartapesta 5
fallar	sbagliare 31
familiarizarse	familiarizzarsi 70
farándula (el mundo de la ~)	mondo dello spettacolo 41
fatal	molto male, terribile 20
faz	faccia 57
feligrés/esa	parrocchiano/a 32
felpudo	zerbino 38
feria	fiera, salone, festa popolare 69
feria de muestras	fiera campionaria 69
ferviente	fervente 55
festejar	festeggiare 16
ficha	scheda 50
fichero	file 59
fiel	fedele 32
fiera (ponerse hecho/a una ~) *(colloq.)*	furia (infuriarsi, diventare una -) 2
fiesta de despedida	festa d'addio 70
fiesta (tener la ~ en paz)	mantenere la calma 2
financiación	finanziamento 45

finde *(colloq.)*	fine settimana 66
firme	solido 65
firmemente	energicamente 15
flan (temblar como un ~) *(colloq.)*	tremare come una foglia 38
flechazo	colpo di fulmine 11
flojo/a	scarso/a, mediocre 65
floreciente	fiorente 64
fluidez	fluidità 70
foco (de calor)	fonte (di calore) 40
fogón	fornello 44
folclórica	ballerina/cantante di flamenco 41
folleto	opuscolo 2
fomentar	incoraggiare 25
fontanero/a	idraulico/a 66
forastero/a	forestiero (non nativo del luogo in cui si trova) 19
formación académica	formazione accademica 15
forrarse *(colloq.)*	arricchirsi 17
fortaleza	punto di forza 16
fraganti (in ~) *(colloq.)*	sul fatto, in flagrante 8
fregar	lavare (i piatti) 2
freír	friggere 44
fresco/a	non congelato/a, appena fatto 43
fresco/a (estar ~)	essere freddo/a 43
fresco/a (ser ~) *(colloq.)*	essere sfacciato/a 43
friki (ser un/a ~ de) *(colloq.)*	essere maniaco/a di 36
friki *(colloq.)*	bizzarro/a, stravagante, eccentrico/a, originale 36
frío/a (quedarse ~) *(colloq.)*	rimanere impassibile 50
friolera (la ~ de) *(colloq.)*	la bellezza di, la bazzecola di 24
frutería y verdulería	fruttivendolo 43
fuego (pegar ~)	appiccare il fuoco 40
fuente bien informada	fonte ben informata 62
fuerte *(colloq.)*	incredibile 62
fulana *(colloq. pegg.)*	prostituta, baldracca 65
Fulano	Tizio 65
fulano *(pegg.)*	tipo 65
funcionalidad	funzionalità 58
funerala (a la ~) *(colloq.)*	occhio pesto 37

G

gafe *(colloq.)*	menagramo, uccello del malaugurio 5
gajes del oficio	inconvenienti/imprevisti del mestiere 44
gala (hacer ~ de)	mostrare, vantarsi 51
galardonar	insignire 51
galimatías *(colloq.)*	insensatezza, senza senso 58

gamba	gambero 43
gana	voglia 20
ganar	vincere 12; guadagnare 17
gato (dar ~ por liebre) *(colloq.)*	darla a bere 62
gelificación	gelificazione 44
gemelo/a	gemello/a 8
genio	genio 9
genio (estar de mal ~)	essere di cattivo umore 9
genio (tener mal ~)	avere un pessimo carattere 9
genotipado	genotipizzazione 50
gente mayor	persone anziane 57
genuinamente	autenticamente 54
gestión	gestione, pratica 45
gestor/a	amministratore/trice 45
gol (marcar un ~)	segnare un gol 55
golpe (dar ~s)	urtare 23
golpear	colpire 41
gorrón/ona	scroccone/a 20, 53
goteo	gocciolio 66
gozar	godere 32, 47
gracioso/a	buffo/a, divertente 19, 45
gramática (saber ~ parda) *(colloq.)*	essere abile nel destreggiarsi 69
granel (a ~)	sfuso 43
granja	fattoria 10
grano (separar el ~ de la paja)	separare il grano dal loglio 62
grato/a	piacevole 10
grecolatino/a	greco-romano/a 64
grito (a ~ limpio) *(colloq.)*	grido a squarciagola 37
gualdo/a	giallo oro 46
guardar	conservare 10
guardar en...	inviare a, salvare (informatica) 59
guardia vieja	vecchia guardia 67
guardia (bajar la ~)	dormire sugli allori 33
Guardia Civil	forze di sicurezza a statuto militare 38
guay *(colloq.)*	grande, forte 23
guion	copione, sceneggiatura 50
guisar	cucinare 44
guiso	sugo 44
gusano	verme 43

H

habilidad	abilità 9
hablante	parlante 1
hacer (a medio ~)	a metà 57
¡Hala!	Dai! 65
halagüeño/a	promettente 67

hallar	trovare 39
hallazgo	ritrovamento, scoperta 16
hardware	hardware 60
harpía *(colloq.)*	megera 54
harto/a (estar ~)	essere stufo/a 4
hatajo	branco, sfilza 65
haya	faggio 65
hebreo	ebraico 64
heredar	ereditare 65
heredero/a	ereditiero/a 65
hermandad	confraternita 5
herramienta	attrezzi 23; strumento 70
herrar	ferrare 65
hervir	bollire 44
hijo/a de papá *(colloq. pegg.)*	figlio/a di papà 57
hincapié (hacer ~ en)	insistere, sottolineare 40
Hipócrates	Ippocrate 64
hipoteca	mutuo 24
hispánico/a	ispanico/a 51
hispano/a	ispanico, latino 51
Hispanoamérica	parte delle Americhe in cui si parla spagnolo 6
hispanófilo/a	ispanofilo 64
hispanohablante	ispanofono 64
hispanoparlante	ispanofono 1
historial	storico, fascicolo 39
historial académico	curriculum accademico 39
historial clínico	cartella clinica 39
historial médico	anamnesi 39
historial profesional	curriculum professionale 39
hogar	focolare, casa 22; famiglia 44
hogar (sin ~)	senzatetto 22
hogareño/a	casalingo/a 11
hoguera	fuoco 40; rogo, falò 51
hojear	sfogliare 65
hombre mayor	signore anziano 57
hombro (manga por ~) *(colloq.)*	sottosopra 38
honda	fionda 65
hora punta	ora di punta 27
hora (a la ~ de)	nel momento di, quando 69
hora (las veinticuatro ~s del día)	24h/24 3
hora (pedir ~)	chiedere/fissare un appuntamento 4
hora (tener ~)	avere un appuntamento 4
horca	forca, patibolo 65
hortera	di cattivo gusto, fuori moda, cafone 22
hoy en día	oggigiorno 1

hoy (de ~ en adelante)	d'ora in avanti 69
hoy (de ~ en ocho)	tra una settimana 69
hoy (de ~ en quince)	tra due settimane 69
hueco	buco 18
huelga	sciopero 4, 18
huella	impronta 38, 50
huérfano/a	orfano/a 68
huerto	orto 43
huésped	ospite (colui che è invitato) 18
huésped (casa de ~es)	pensione 18
huesudo/a	ossuto 36
huevo (hacer algo por ~s) *(volg.)*	fare qualcosa che si voglia o no 66
humo	fumo 44
huracán	uragano 41
huso	fuso 65

I

Iberoamérica	parte delle Americhe in cui si parla spagnolo o portoghese 6
idea (no tener la más remota ~ de algo) *(colloq.)*	non avere la più pallida idea di qualcosa 59
igual (dar/ser ~)	essere lo stesso, essere indifferente 23
ileso/a	illeso/a, indenne 37
imailear *(colloq.)*	inviare una mail 58
imparable	inarrestabile 40
impasible (quedarse ~) *(colloq.)*	rimanere impassibile 50
improviso (de ~)	all'improvviso 8
impuesto	tassa 25
inauguración	inaugurazione 18, 53
incautarse (de)	sequestrare 41
incertidumbre	incertezza 45
inclusive	incluso/a, compreso/a 51
inconformismo	anticonformismo 9
incorregible	incorreggibile 11
incriminatorio/a	incriminante 50
inculcar	inculcare 54
índice	indice 19
índole	indole, tipo, carattere 1
indultar	graziare 55
inexorablemente	inesorabilmente 44
infancia	infanzia 10
infante	bimbo piccolo, infante 65
infante/a	infante/a 65
infantil	infantile 39
influjo	influsso 9
informe	rapporto 39, 50

ingresar	entrare, ricoverare, essere ricoverato, accedere 39
ingreso	deposito, versamento, incasso 47
inmiscuirse en algo	immischiarsi in qualcosa 8
inri (para más ~) *(colloq.)*	come se non bastasse 61
instrucción (instrucciones)	istruzioni per l'uso 58
insuficiente	insufficiente 61
intercambio	scambio 41, 70
interiorista	decoratore/trice d'interni 22
intermitente	lampeggiante 27
invadir	invadere 4
inversor/a	investitore/trice 48
investigación	indagine 50; inchiesta, ricerca 51
Investigación y Desarrollo	Ricerca e Sviluppo 46
investigador/a	ricercatore/trice, investigatore/trice 51
investigar	fare ricerca, investigare 51
invitado/a de lujo	invitato/a di lusso 26
IPC (índice de precios al consumo)	indice dei prezzi al consumo 24
ir bien	andare bene 29
irrepetible	irripetibile, unico 50
irse	andarsene 68
islam	Islam 64

J

jarrón	vaso 61
jauja	paese della cuccagna 19
jauja (¡es ~!)	è il paese di Bengodi! 19
jaula	gabbia 32
jerga	gergo 67
jota (ni ~) *(colloq.)*	niente 27
joya	gioiello 38
joyero/a	gioielliere 66
jubilación	pensionamento 12
jubilarse	andare in pensione 12
judería	quartiere ebraico 64
judía	fagiolo 43, 64
judía verde	fagiolino 44
judiada *(pegg.)*	carognata 64
judío/a	ebreo/a 64
juego de llaves de repuesto	mazzo di chiavi di riserva 38
juego (a ~ con)	intonato/a a 22
juerguista *(colloq.)*	festaiolo/a 6
jugo *(Am. lat.)*	succo 66
juicio	processo 50; senno, ragione 68
juicio (estar en su ~)	essere in possesso delle proprie facoltà 68

juicio (estar en su sano ~)	essere in possesso delle proprie facoltà 68
juicio (no estar en su ~)	non essere in possesso delle proprie facoltà 68
juicio (no estar en su sano ~)	non essere in possesso delle proprie facoltà 68
junto con	insieme a 61
jurar	giurare 66
juzgado de guardia	tribunale di turno 22
juzgado (ser de ~ de guardia) *(colloq.)*	essere da denuncia 22; essere intollerabile, essere grave 62

K

katiuska	stivale di gomma 29

L

laboral	di lavoro 16
lado (echarse a un ~)	farsi da parte 5
ladrón/ona	ladro/a 21
laísmo	uso del pronome "la" invece di "le" 8, 14
langostino	gamberetto 43
lápiz	matita 59
lápiz de memoria, lápiz USB	chiavetta USB 59
lata de bebida	lattina 34
lata (dar la ~) *(colloq.)*	rompere le scatole 34
Latinoamérica	America latina, parte delle Americhe in cui si parlano lingue romanze 6
latir	battere 68
lavabo	bagno 4
leche (blanco/a como la ~) *(colloq.)*	bianco come una mozzarella 69
leísmo	uso del pronome "le" invece di "lo" 10, 14
lejía	candeggina 41
lejos (a lo ~)	in lontananza 5
lengua materna	lingua madre 70
lenguaje culto	linguaggio colto 54
letra	testo 67
letra del Tesoro	buoni del Tesoro 48
liar *(colloq.)*	confondere 26
liarse a hacer algo	mettersi a fare q.c. 11
libro de poemas	raccolta di poesie 52
libro electrónico	e-book 52
liderazgo	leadership 16
liebre (dar gato por ~) *(colloq.)*	darla a bere 62
lienzo	tela 13
ligar *(colloq.)*	rimorchiare 70
ligue *(colloq.)*	persona con la quale si ha un flirt 70

limpiador	detergente 34
limpieza general	pulizie generali 13
limpio (no sacar nada en ~)	non cavare un ragno dal buco 65
lindo *(Am. lat.)*	bene 66
lindo/a	bello/a 66
linterna	torcia 58
liquidar	liquidare 47
lisiarse	farsi male 13
listo/a (ser ~)	essere sveglio, intelligente 23
listo/a *(sost. colloq.)*	furbo/a 20
llama	flamma 40
llamado *(Am. lat.)*	chiamata 58
llamar (+ CdT) *(colloq.)*	attirare 3
llanta *(Am. lat.)*	ruota 66
llanto	pianto 68
llave de memoria	chiavetta USB 59
llover chuzos de punta *(colloq.)*	piovere come Dio la manda 27
locura	follia 68
lograr	riuscire, raggiungere, farcela a 57
logro	risultato, successo 57
loncha	trancio 43
loro	pappagallo 32
lujo	lusso 26
lujo asiático *(colloq.)*	lusso esagerato 26
lujo (con todo ~ de)	con enormità 26
lujo (darse el ~ de)	permettersi di 26
lupa	lente 40
lupanar	lupanare 67
luz (dar ~ verde)	dare il via libera 51
luz (dar a ~)	dare alla luce 51
luz (sacar a la ~)	pubblicare, tirar fuori 51
luz (tener luces)	essere intelligente 51
luz (ver la ~)	vedere la luce, uscire 51

M

macarra *(colloq.)*	delinquente, bullo 36
madam *(colloq.)*	tenutaria di un bordello 67
madama *(colloq.)*	tenutaria di un bordello 67
madrugada	mattina presto (prima dell'alba) 4
madrugador/a	mattiniero/a 4
madrugar	alzarsi molto presto 4
madurez	maturità 53
maestro	direttore d'orchestra, maestro di scuola, musicista 54
majadería	sciocchezza 62
malentendido	malinteso 19

manazas *(colloq.)*	maldestro/a 13
mancha	macchia 41, 61
manejar	maneggiare 66
manejar *(Am. lat.)*	guidare 66
manga (por hombro) *(colloq.)*	sottosopra 38
manga *(f.)*	manica 52
manga *(m.)*	manga 52
mango (tener la sartén por el ~) *(colloq.)*	tenere il coltello dalla parte del manico 17
manía	mania 60
manía (coger/tomar ~ a alguien) *(colloq.)*	prendere di mira qualcuno 60
manía (tener ~ a alguien/algo) *(colloq.)*	provare antipatia per qualcuno 60
manitas *(colloq.)*	bravo/a nel bricolage 13
mano (echar una ~) *(colloq.)*	dare una mano 59
mano (llegar a las ~s) *(colloq.)*	venire alle mani 37
mano (pedir la ~)	chiedere la mano 10
mano (ser la ~ derecha de alguien)	essere il braccio destro di qualcuno 26
mano (tener ~ izquierda)	saperci fare 26
manos (pillar con las ~s en la masa) *(colloq.)*	prendere con le mani nel sacco 8
manta (liarse la ~ a la cabeza) *(colloq.)*	fare il grande passo 30
mantenimiento	mantenimento 65
mar (la ~ de + agg./avv.) *(colloq.)*	molto, un mare di 62
mar (la ~ de + nom.) *(colloq.)*	molto, un mare di 62
marcarse	fare 67
marco	contesto 69
maridaje	abbinamento 31
maridar con algo	sposarsi bene con qualcosa (parlando di oggetti o cibi), abbinarsi 31
mariscada	piatto di frutti di mare 43
marras (de ~) *(colloq.)*	famoso/a 65
marrón (comerse un ~) *(colloq.)*	assumere un incarico che dà fastidio 69
marujear *(colloq.)*	spettegolare 8
marujeo *(colloq.)*	fare pettegolezzi 8
más (el no va ~) *(colloq.)*	il non plus ultra 58
mascota	animale da compagnia 32
mástil	trave, albero maestro 65
matadero	macello, mattatoio 55
maternal	materno/a 70
materno/a	materno/a 70
matiz	sfumatura 9, 70
matrícula de honor	lode 15
matrimonio (contraer ~)	sposarsi 9

matutino/a	del mattino 57
mayor (~es)	adulti, persone grandi, anziani 57
media naranja	dolce metà 68
médico/a de cabecera	medico di base 39
medida (a ~)	su misura 48
medio (~s de comunicación)	mezzi di comunicazione, media 62
medioambiental	ambientale 33
megafonía	altoparlante 4
mejillón	cozza 44
mejorar	migliorare 1
memoria USB	chiavetta USB 59
Mengano	Caio 65
menos (cuando ~)	almeno, come minimo 15
menos (echar algo de ~)	avere nostalgia di qualcuno 10
mensaje de texto	messaggio di testo, SMS 58
mensajería instantánea	messageria istantanea 58
mentiroso/a	bugiardo/a 15
menudo/a	minuto/a, piccolo/a; che bello/a *(esclamazione)* 8
merecido/a	meritato/a 18
merluza	merluzzo 43
mero/a	mero, puro e semplice 51
mesa redonda	tavola rotonda 69
mesita de centro	tavolino 22
metomentodo *(colloq.)*	impiccione/a 27
mezquita	moschea 64
michelín *(colloq.)*	rotolini (di grasso) 36
mientras que	mentre 24
mil (a las ~) *(colloq.)*	a notte fonda 65
mil (hacer las ~ y una) *(colloq.)*	fare il diavolo a quattro 65
milagro (de ~)	per miracolo 37
mileurista *(colloq.)*	giovane laureato/a che guadagna 1.000 €/mese 17
minar	minare 25
minifalda	minigonna 36
mínimo (como ~)	almeno, come minimo 15
mínimo (lo más ~)	per niente 16
mío (lo ~) *(colloq.)*	ciò che mi appartiene, ciò in cui sono bravo, ciò che mi è congeniale, il mio pane *(colloq.)* 3
mirar	guardare 1
misa (ir a ~) *(colloq.)*	andare a messa 66
misa (ir algo a ~) *(colloq.)*	essere vangelo 66
misa (no enterarse de la ~ la media) *(colloq.)*	non capire un tubo 66

misa (no enterarse de la ~ la mitad) *(colloq.)*	non capire un tubo 66
misa (no saber de la ~ la media) *(colloq.)*	non capire di cosa si parla 66
misa (ser de ~) *(colloq.)*	essere di chiesa, essere devoto/a 8
mitómano/a	mitomane 11
mochila	zaino 3
modo (en ~ alguno)	in alcun modo 65
mojar	bagnare 68
molar *(colloq.)*	andare matto per 11
molestia (tomar la ~)	prendersi la briga 34
monstruosidad	mostruosità 55
montaña rusa	montagne russe 61
montar	montare 23
monte	monte, bosco, foresta, boscaglia 40
monte alto	foresta di alberi di alto fusto 40
monte bajo	boscaglia di arbusti 40
montón	sacco, mucchio 5
montón (del ~) *(colloq.)*	mediocre, ordinario 36
montón (un ~) *(colloq.)*	tantissimo 5
morado/a (pasarlas moradas) *(colloq.)*	vedersela brutta 69
morbo	morbo, morbosità 55
morbo (dar ~) *(colloq.)*	eccitare 55
morbo (tener ~) *(colloq.)*	attrarre, eccitare 55
moreno/a (estar ~)	essere abbronzato/a 69
moreno/a (de pelo)	bruno/a 36
moreno/a (de piel)	olivastro/a 36
moreno/a (ponerse ~)	abbronzarsi, diventare nero 29, 69
moreno/a (ser ~)	essere scuro di capelli e di pelle 69
morirse por hacer algo	morire dalla voglia di fare qualcosa 11
moro *(colloq. pegg.)*	musulmano 64
moro *(colloq.)*	macho 64
moro/a	moro/a 64
mortal de necesidad *(colloq.)*	fatale, terribile 22
movido/a	movimentato/a 5
mozárabe	mozarabe 64
mozos de escuadra	forza di polizia che dipende dal governo autonomo catalano 38
muchedumbre	folla 3
mudéjar	musulmano che abitava in territorio cristiano 64
muela del juicio	dente del giudizio 68
muestra	campione 50
mujer mayor	donna anziana 57

muladí	cristiano convertito all'Islam 64
multa (poner ~)	multare, dare una multa 34
multimillonario/a	miliardario 41
música culta	musica classica 54

N

nada (un/a + *sost.* + de ~)	un/a + sost. + da niente 37
nariz (darse de narices con alguien) *(colloq.)*	imbattersi in qualcuno 66
nariz (de narices) *(colloq.)*	fantastico 66
nariz (estar hasta las narices) *(colloq.)*	averne fin sopra i capelli 66
nariz (hacer algo por narices) *(colloq.)*	fare qualcosa che si voglia o no 66
nariz (hinchar las narices) *(colloq.)*	avere la mosca al naso 66
nariz (meter las narices en algo) *(colloq.)*	ficcare il naso in qualcosa 66
nariz (tocarse las narices) *(colloq.)*	girarsi i pollici 66
navaja	coltello a serramanico 36
navegante	navigatore/trice 6
navegar por Internet	navigare in Internet 61
nazareno/a	penitente 5
necesidad (de ~) *(colloq.)*	terribile 22
negado/a total *(colloq.)*	completamente negato/a 13
negarse a	rifiutarsi 8
nervio (poner a alguien de los ~s) *(colloq.)*	dare sui nervi 60
neurona	neurone 51
nimiedad	inezia 65
niñato *(colloq. pegg.)*	sbarbatello, giovanotto, ragazzino 57
nocturno/a	notturno, serale 57
nómina	busta paga, organico 47
nómina (estar en ~)	far parte del personale 47
notable	notevole 56
notable	buono 61
novela	romanzo 11, 52
novela corta	racconto 52
novela policíaca	giallo 52
noviazgo	fidanzamento 16
núcleo urbano	centro urbano 64
nudillo	nocca 60
nupcias (casarse en segundas ~)	sposarsi in seconde nozze 8

O

obispo	vescovo 64
obra maestra	capolavoro 9, 53
obstante (no ~)	tuttavia 46
obviamente	ovviamente 19
ocho (de hoy en ~)	tra una settimana 69

ocho (más chulo/a que un ~) *(colloq.)*	spaccone 61
ocio	tempo libero 2
ocio (actividades de ~)	attività ricreative 2
ocurrírsele	saltare in mente 10
odiar	odiare, detestare 67
ofenderse	risentirsi 19
oferta de empleo	offerta di lavoro 15
oferta pública de adquisición	offerta pubblica di acquisizione 48
oficina	ufficio 59
oído	orecchie, udito 12
oído (abrir los ~s)	aprire le orecchie 12
oído (hacer ~s sordos)	fare orecchie da mercante 12
ojalá (+ imperfecto/ pluscuamperfecto de subjuntivo)	se solo, magari 17
ojalá (+ presente de subjuntivo)	purché, che 17
ojear	guardare, adocchiare 65
oler a algo	avere l'odore di qualcosa 44
oncogén	oncogeno 51
onda (estar en la misma ~) *(colloq.)*	essere sulla stessa lunghezza d'onda 11
opa	OPA 48
opa amistosa	OPA amichevole 48
opa hostil	OPA ostile 48
operación quirúrgica	intervento chirurgico 57
operador/a	operatore/trice 58
operarse	farsi operare 44
oposición	opposizione, resistenza 15
oposiciones	concorso pubblico 15
órdago (de ~) *(colloq.)*	enorme 48
ordenata *(colloq.)*	PC 20
ordinario/a	ordinario/a, banale, volgare 66
ordinario/a *(colloq.)*	rozzo/a 66
orilla	riva 26
otorgar	dare, concedere 55

P

pabellón	padiglione 12
padecer	contrarre, soffrire 9
padecer (de)	avere (parlando di una malattia), soffrire (di) 39
padre (de ~ y muy señor mío) *(colloq.)*	colossale, memorabile 38
página (primera ~)	prima pagina 62
paja (separar el grano de la ~)	separare il grano dal loglio 62
palabra	parola 1
palabra culta	parola colta 54
paladar	palato 44

paladar (tener el ~ delicado)	avere il palato fino 44
paliza	bastonata, sculacciata, fallimento 38
paliza (dar la ~ a alguien) *(colloq.)*	attaccare bottone, disturbare qualcuno 38
paliza (darse una ~ haciendo algo) *(colloq.)*	fare una sfacchinata 38
palmadita (dar una ~ en la espalda)	dare una pacca sulla spalla 23
palo	bastone 34
palo (a ~s)	a bastonate 34
palo (dar ~ hacer algo) *(colloq.)*	essere una noia da fare 48
palo (llevarse un ~) *(colloq.)*	essere un duro colpo 48
palpar	palpare 67
pamplina *(colloq.)*	baggianata 13
pañal	pannolino 34
pancarta	striscione 17
pandilla	cricca 65
panel	pannello 4
pantalla	schermo 50
pantalla azul de la muerte *(colloq.)*	schermo blu 59
pantalla plana	schermo piatto 38
pantalla táctil	touchscreen 58
pantallazo azul *(colloq.)*	schermo blu 59
pantallazo *(colloq.)*	screenshot 59
papa (ni ~) *(colloq.)*	per niente 58
papa (no entender ni ~) *(colloq.)*	non capire niente 58
papa *(Am. lat.)*	patata 58, 66
paparrucha *(colloq.)*	fandonia 65
papel de cocina	carta da cucina 34
papel (blanco/a como el ~) *(colloq.)*	bianco come un lenzuolo 69
paperas	orecchioni 39
para con	con, nei confronti di 25
parachoques	paraurti 37
parado/a	fermo/a, in piedi 5
paradójicamente	paradossalmente 65
parador de turismo/nacional	hotel tipico di lusso 2
parámetro	parametro 60
parchís	pachisi 34
pareja	compagno/a 30
parienta *(colloq.)*	sposa 68
paro	disoccupazione 24
parque de atracciones	parco di divertimenti 61
parqueadero *(Am. lat.)*	parcheggio 66
parra (subirse a la ~) *(colloq.)*	uscire dai gangheri 37
párroco	parroco 32
parte	constatazione 37
parte amistoso	constatazione amichevole 37
parte facultativo	bolletino medico 37

parte meteorológico	bolletino meteorologico 37
parte (dar ~)	informare 37
parte (en ~ alguna)	da nessuna parte 65
partidario/a	sostenitore/trice 31
partido	partita, partito, profitto 70
partido (sacar ~)	approfittare 70
pasada (ser una ~) *(colloq.)*	essere il massimo 3
pasatiempos	passatempi 11
pascua (y santas ~s) *(colloq.)*	e buona notte 31
paseo (dar un ~)	fare una passeggiata 3
paso subterráneo	sottopassaggio 26
paso (abrirse ~)	farsi strada 6
paso (con el ~ de los años)	col passare degli anni 9
paso (cortar el ~)	tagliare la strada 37
paso (dar ~ a algo)	far posto a qualcosa 9
paso (dar los primeros ~s)	fare i primi passi 9
pasta *(colloq.)*	grana 48
pasto (ser ~ de)	essere in preda a 40
pata (¡qué mala ~!) *(colloq.)*	che scalogna! 18
pata (estirar la ~) *(colloq.)*	tirare le cuoia 18
pata (meter la ~) *(colloq.)*	fare una gaffe 18
pata (poner a alguien de ~s en la calle) *(colloq.)*	sbattere fuori qualcuno 18
pata (tener mala ~) *(colloq.)*	avere sfortuna 18
patada	pedata 36
patada (darse de ~s con) *(colloq.)*	fare a pugni con, non stare bene con 36
patearse *(colloq.)*	percorrere 3
paternal	paterno/a 70
paterno/a	paterno/a 70
patio	cortile 70
pavo (la edad del ~) *(colloq.)*	l'adolescenza 2
paz (tener la fiesta en ~)	calmarsi 2
pecho (a ~ descubierto)	a mani nude 33
pecho (sacar ~) *(colloq.)*	andare a testa alta 33
pecho (tomarse algo a ~) *(colloq.)*	prendersela per qualcosa, prendere qualcosa a cuore 33
pechuga	petto (di pollo) 43
pedazo de *(colloq.)*	razza di 5
pedido	ordine 69
pegadizo/a	orecchiabile 54
pegado/a *(colloq.)*	attaccato/a 61
pegar	picchiare 8; incollare 22
pegar (copiar y ~)	copia e incolla 59
pegar *(colloq.)*	intonarsi, andare insieme 22
película de vaqueros	western 30
película del oeste	western 30

pelo (a contra ~) *(colloq.)*	contropelo 61
pelo (con ~s y señales) *(colloq.)*	nei minimi dettagli 36
pelo (de medio ~) *(colloq. pegg.)*	da quattro soldi 61
pelo (no fiarse ni un ~) *(colloq.)*	non fidarsi per niente 61
pelo (no tener ~s en la lengua) *(colloq.)*	non avere peli sulla lingua 61
pelo (no tener un ~ de tonto) *(colloq.)*	essere molto sveglio 61
pelo (poner los ~s de punta a alguien) *(colloq.)*	fare rizzare i capelli a qualcuno 67
pelo (por los ~s) *(colloq.)*	per un pelo 61
pelo (soltarse el ~) *(colloq.)*	scatenarsi 61
pelo (tirarse de los ~s) *(colloq.)*	prendersi per i capelli 61
pelo (tomarle el ~ a alguien) *(colloq.)*	prendere in giro qualcuno 61
pelo (venir al ~) *(colloq.)*	arrivare al momento giusto 61
pelota	palla 19
pelota *(colloq.)*	ruffiano 19
pen	chiavetta USB 59
peña *(colloq.)*	banda 20
pepino	cetriolo 43
pepita	seme 43
pérdida (no tener ~) *(colloq.)*	non potersi sbagliare 26
peregrino/a	pellegrino/a 3
perfil	profilo 16, 50, 61
permiso parental	congedo parentale 15
pero (encontrar ~s) *(colloq.)*	trovare da ridire 17
pero (sin poner ~s) *(colloq.)*	senza sollevare obiezioni 17
pero *(colloq.)*	obiezione 17
perorata	predica, tiritera, pappardella 57
perro (tiempo de ~s) *(colloq.)*	tempo da lupi 29
persona (~s mayores)	persone anziane 57
perspectiva (con la ~)	col senno di poi 10
pesadilla	incubo 1
pesadilla (de ~) *(colloq.)*	da incubo, spaventoso/a 9
pesar *(sost.)*	dispiacere 64
pescadería	pescheria 43
pescado de roca	scorfano 43
pescaíto frito	frittura di pesce 44
petrolero/a	petrolifero/a 69
pie (andar con ~s de plomo) *(colloq.)*	andare coi piedi di piombo 62
pie (buscarle tres ~s al gato) *(colloq.)*	cercare il pelo nell'uovo 61
pie (no dar ~ con bola) *(colloq.)*	non azzeccarne una 62
piedra (dejar a alguien de ~) *(colloq.)*	lasciare qualcuno senza parole 8
piedra (quedarse de ~) *(colloq.)*	rimanere di sasso, di stucco 50
pies (con ~ de plomo) *(colloq.)*	con i piedi di piombo 62
pieza clave	elemento chiave 50

pijo/a *(colloq. pegg.)*	fighetto/a 57
pillar *(colloq.)*	prendere 5, 15
pincel	pennello 13
pincelada	pennellata 9
pinchar	bucare (ruota) 66
pinche	sguattero, aiutante 44
pincho *(colloq.)*	chiavetta USB 59
pinitos	primi passi 52
pinitos (hacer sus ~ como) *(colloq.)*	fare i primi passi come 52
pintarrajeado/a	imbellettato/a 68
piratear	piratare 59
pirenaico/a	dei Pirenei 30
pirrarse (~ por algo) *(colloq.)*	impazzire per 11
pisar	calpestare, pestare 5
pisco *(colloq.) (Am. lat.)*	tipo 66
pista de aterrizaje	pista d'atterraggio 4
pitar (irse pitando) *(colloq.)*	scappare 11
plaga	flagello, piaga 40
plagado/a	infestato/a, pieno/a 40
plancha	ferro da stiro 59
plancha *(colloq.)*	gaffe 5
planchar	stirare 59
plantado/a (dejar ~ a alguien) *(colloq.)*	piantare in asso qualcuno 53
plantado/a (quedarse ~) *(colloq.)*	restare impalato 53
plantilla	organico 16
plantón (dar ~ a alguien) *(colloq.)*	dare buca a qualcuno 11
plasmar	raffigurare 9
platense	che si riferisce a La Plata (capitale della provincia di Buenos Aires) 67
plaza	arena 55
plazo (a corto ~)	a breve termine 16, 24
plazo (a largo ~)	a lungo termine 48
plazo (a medio ~)	a medio termine 48
plomero/a *(Am. lat.)*	idraulico 66
plusvalías	plusvalore 48
poco (por ~)	per poco 5
poder con algo	riuscire a, farcela 23
poder con alguien	sopportare 23
poder (no ~ con alguien)	non poter sopportare 23
polen	polline 31
Policía Foral	forza di polizia che dipende dal governo autonomo di Navarra 38
polideportivo	centro sportivo 25
polvo (en ~)	in polvere 44
ponente	relatore/trice 69

ponerse	tramontare (sole, luna) 1
por entre	in mezzo a 25
porfa *(colloq.)*	per favore 66
portarse bien	comportarsi bene 64
portarse mal	comportarsi male 64
portátil	(computer) portatile 38
porteño/a	nativo o abitante di una città portuale, abitante di Buenos Aires 67
portero automático	citofono 22
pos (en ~ de)	alla ricerca di 30
postre	dolce 18
potenciar	potenziare 25, 41
práctica	pratica 13
prácticas en empresa	stage in azienda 15
precariedad	precarietà 17
precipitarse	precipitarsi 50
precursor/a	precursore 9
prenda	capo d'abbigliamento 36
presencial (testigo ~)	testimone oculare 36
presupuesto	budget, preventivo 2
prevenido/a	preparato/a 19
primero (a la primera)	al primo colpo 23
pringado/a *(colloq.)*	persona che si lascia abbindolare o vittima di abusi 34
pringoso/a	unto 34
prisa(s)	fretta 27
prisión (ingresar en ~)	essere incarcerato/a 39
probeta	provetta 50
problematizar	rendere problematico 53
procesador	processore 60
procesión	processione 5
producto estrella	prodotto di punta 69
profe *(colloq.)*	prof(essore) 66
proferir	proferire 36
profesional	professionista 22
programa informático	programma 50
programación	programmazione 60
programas	software 60
prometido/a (estar ~)	essere fidanzato/a 10
promoción	promozione 15, 45
propina	mancia 27
pronto (tan ~ como)	(non) appena 3, 10
propósito	obiettivo 23
prostíbulo	postribolo, bordello 67
proveedor/a	fornitore/trice 4, 69
provisto/a	provvisto/a 16

provocar	provocare 66
provocar *(Am. lat.)*	aver voglia 66
Ptolomeo	Tolomeo 64
puchero	tegame 44
puenting	bungee jumping 3
puerto	porto 6
puerto (llegar a buen ~)	andare in porto 17
puesto	posto (di lavoro) 15
puesto/a (ya ~)	già che c'ero 15
puñado (un ~ de algo)	un pugno di qualcuno 12
puñetazo	pugno 37
puñetazo (a ~ limpio) *(colloq.)*	fare a pugni 37
puñetero/a (ser ~) *(colloq.)*	essere un/una rompiscatole 47
puñetero/a *(colloq.)*	maledetto/a, dannato/a 47
punto (~ de sutura)	punto di sutura 37
punto (estar a ~ de)	stare per 5
pureza	purezza 53

Q

quebrado/a	fallito/a 24
quebrar	fallire 15
quedar bien	fare buona impressione 23, 31
quedar mal	fare cattiva impressione 23, 31
quedar con alguien	avere appuntamento con qualcuno 4
quedar (haber quedado ya)	avere già un appuntamento 18
queja	lamentela 45
quema	rogo 22; bruciatura, incendio 40
quemadura	bruciatura, ustione 40
quemarropa (a ~)	a bruciapelo 11
quiebra (en ~)	fallimento 47
quince (de hoy en ~)	tra due settimane 69
quirófano	sala operatoria 39
quitar	togliere 2; impedire 34; togliere, derubare 68
quitarse algo de la cabeza	dimenticare qualcosa 2

R

racha	periodo 48
racha (estar de ~)	avere la fortuna dalla propria parte 48
racha (tener una buena ~)	avere fortuna 48
racha (tener una mala ~)	essere in un periodo sfortunato 48
radiación	radiazione 51
ramo	mazzo 66
rapapolvo (echar un ~) *(colloq.)*	dare una lavata di capo 38
raro	strano 10
rasguño	graffio 37

rastrojo	stoppia 40
rata *(colloq.)*	tirchio/a 20
rato	momento, attimo 67
ratón	mouse 59
raudal (a ~es)	in gran quantità 24
rayo	fulmine 29
raza	razza 6
reacio/a	restio/a 34
realizarse	realizzarsi 16
realzar	mettere in risalto 22
rebañar	intingere 54
rebaño	gregge 4
rebeca	cardigan 29
recalcar algo	sottolineare qualcosa 23
recalificación	riqualificazione 24
recargo	maggiorazione 47
recaudar fondos	raccogliere fondi 18
recibo	bolletta 47
recién hecho/a	appena fatto/a 43
recinto ferial	confine dello spazio espositivo 69
reconfigurar	riconfigurare 60
recorrer	percorrere 3
recorte	taglio 24
recoveco	meandro 1
recuerdo (remoto ~)	vago ricordo 59
Red	rete, Internet 61
red	rete 61
reductor/a	riduttore/trice 44
reelección	rielezione 65
reencontrarse	ritrovarsi 6
reestructuración	ristrutturazione 16
reformar	ristrutturare 22
regenerar	rigenerare 57
registrado/a	registrato/a 50
regocijarse	rallegrarsi 55
reguero	scia 24
reguero (correr como un ~ de pólvora)	spandersi a macchia d'olio 24
rehén	ostaggio 47
rehusar	rifiutare 16
reiniciar	riavviare 59
reino	regno 1
relajación	confusione, degrado, corruzione 70
relajante	rilassante 2
relajarse	rilassarsi, lasciarsi andare 70
relajo *(colloq.)*	confusione, degrado, corruzione 70

relato	novella, racconto 52
rellenito/a *(colloq.)*	grassottello/a 36
relleno/a	rotondo/a (grasso) 36
remodelarse	rinnovarsi 12
remoto/a	lontano/a 59
renacer	rinascere 68
rencontrarse	ritrovarsi 6
reñir	litigare 65
renombre	fama, celebrità 44
renovable	rinnovabile 33
renovar	rinnovare 22
renta	reddito 24
rentabilidad	rendita 47
repartir	smistare, ripartire 45
repasar	ripassare 59
requerimiento	requisito 16
resaltar (es preciso ~)	si deve sottolineare 40
residencia para mayores	residenza per gli anziani 25
retar	sfidare 1
reto	sfida 1
retrasar	ritardare 19
retraso	ritardo 4
retratista	ritrattista 9
retrato robot	identikit 36
retroceder	retrocedere 4
revalorizarse	recuperare valore 48
revisión	controllo medico, revisione 39
rey (quedar como un ~) *(colloq.)*	essere un signore 31
reyerta	rissa 41
rezumar	trasudare 53
ridi *(colloq.)*	ridicolo 66
rienda (llevar las ~s)	tenere le redini 25
rifa	lotteria 18
rincón	angolo (interno) 70
riñón (costar un ~) *(colloq.)*	costare un occhio della testa 58
robar	rubare 38
rociar	aspergere 32
rodaja	trancio, fetta 43
rodríguez (estar de ~) *(colloq.)*	lavorare d'estate e restare solo in città 8
rojigualdo/a	rosso e oro 46
rojo/a (ponerse ~ como un tomate) *(colloq.)*	diventare rosso come un pomodoro 69
rollo	rotolo 20
rollo (mal ~) *(colloq.)*	brutta situazione 20
rollo (ser un ~) *(colloq.)*	essere un mattone, essere pesante 20
rollo (tener un ~ con alguien) *(colloq.)*	avere una storia con qualcuno 20

romance	romanzo (antico castigliano) 64; relazione amorosa 70
románico/a	romanico, romanzo/a 1
rompecabezas	rompicapo 23
ronda	turno 20
rondar	essere vicino 8, 36
ropa de abrigo	abbigliamento invernale 13
ropa para caballeros	abbigliamento da uomo 26
ropa (quitarse la ~ de cintura para arriba)	mettersi a torso nudo 39
rosa (pasar del ~ al amarillo)	cambiare d'umore repentinamente 69
rostro	volto 45
rostro (echarle ~) *(colloq.)*	far finta di niente 45
rostro (tener ~) *(colloq.)*	essere spudorato/a 45
roto/a (medio ~)	mezzo rotto 57
rubio/a de bote *(colloq.)*	falso/a biondo/a 36
rueda (sobre ~s) *(colloq.)*	liscio come l'olio 69
ruedo	arena 41; parte centrale dell'arena 55
rumbo a	verso 6

S

saber	sapere 1
saber a algo	avere il sapore di, sapere di 44
sabiduría	saggezza, sapere 64
sabio/a	saggio/a, sapiente 64
sacacorchos	cavatappi 16, 58
sacar	ritirare 47
sacar (no ~ nada en limpio)	non cavare un ragno dal buco 65
saco (meter en el mismo ~) *(colloq.)*	fare di tutta l'erba un fascio 62
salchicha	salsiccia 43
salir	lasciare 68
salpicar	infangare 25
salvajada	bestialità 55
salvo/a y sano/a	sano/a e salvo/a 37
sandía	anguria 43
sándwich	sandwich 20
sanseacabó *(colloq.)*	basta 20
santiamén (en un ~)	in un battibaleno 13
sarampión	morbillo 39
sartén (tener la ~ por el mango) *(colloq.)*	tenere il coltello dalla parte del manico 17
sección de caballeros	reparto uomo 26
secreto a voces *(colloq.)*	segreto di Pulcinella 8
secuenciador	sequenziatore 50
secuenciar	sequenziare 57
seguir *(+ gerundio)*	continuare a + infinito 6

semejante	simile 16
señal (con pelos y ~es) *(colloq.)*	per filo e per segno 36
señal (ser buena ~)	essere un buon segno 27
sencillo/a	semplice 1
senderismo	trekking 2, 53
senderista	escursionista, praticante del trekking 53
sendero	sentiero 53
sendero (salir de los ~s trillados)	uscire dai sentieri battuti 53
sendos	ciascuno 50
señor mayor	signore anziano 57
señor (de padre y muy ~ mío) *(colloq.)*	colossale 38
señora mayor	signora anziana 57
sequía	siccità 29, 40
ser (sea como sea)	sia come sia 16
serpiente de cascabel	serpente a sonagli 32
servicios	servizi 4
seseo	pronuncia della zeta come "s" 66
sesión (iniciar una ~)	cominciare una sessione 59
sexo débil	sesso debole 13
si (que ~ no)	altrimenti 8
sibarita	buongustaio 44
sierra	montagna 2
siglo	secolo 1
simulador	simulatore 16
sinfín (un ~ de)	un'infinità di 32
sinvergüenza	sfacciato, delinquente 25
sirviente/a	servo/a 67
situar	collocare 66
sobremanera	particolarmente, oltremodo 52
sobremesa	dopopranzo 55
sobresaliente	ottimo 61
socio/a	membro (di un club), socio 69
soez	osceno/a 36
sofrito	salsa di verdure 44
software	software 60
sol de justicia	sole che spacca le pietre 29
sol (tomar el ~)	prendere il sole 69
soler hacer algo	aver l'abitudine di fare qualcosa 11
soltar	sciogliere 48
soltarse	sciogliersi, cavarsela 70
solterón	scapolone 30
solterona	zitella 30
solución (no haber mil soluciones) *(colloq.)*	non avere infinite soluzioni 65
solventar	risolvere 45
sombrilla	ombrellone 69

sopetón (de ~)	all'improvviso 45, 53
soporte físico	hardware 60
soporte lógico	software 60
sordera	sordità 9
sospechar	sospettare 46
spanglish	mescolanza linguistica tra lo spagnolo e l'inglese 1
subir *(colloq.)*	caricare (dal proprio dispositivo su Internet) 59
suburbio	periferia, sobborgo 67
suceso	avvenimento, cronaca 41
sueldo (estar a ~)	essere al soldo 62
suelto	moneta, spiccioli 43
suelto/a	sciolto 9; in libertà 32
suerte	sorte 55
suerte que	per fortuna 8
suficiente	sufficiente 61
sufrir	soffrire, patire 41; subire 44
sumamente	estremamente 9
sumar	sommare 23
sumo (a lo ~)	al massimo, tutt'al più 9, 50
sumo/a	sommo, supremo 50
sumun (el ~)	il colmo 60
suntuoso/a	sontuoso/a 22
súper *(colloq.)*	supermercato 66
superación	superamento 45
superventas	best seller, successo 52
supervivencia	sopravvivenza 55
suspender	essere bocciato, prendere un'insufficienza 61
suspenso (sacar un ~)	prendere un'insufficienza 61
susto	spavento 5, 8
susto de órdago *(colloq.)*	fifa blu 48
susto (dar un ~)	spaventare 37
susto (llevarse un ~)	aver paura 37

T

tabla de multiplicar	tabellina 59
tableta	tablet 58
tacaño/a	taccagno/a 31
tajada	fetta 43
talla (dar la ~)	essere all'altezza 12
taller	studio 13; laboratorio 69
tamaño	dimensione 24
tambalearse	traballare 5
tanguero/a	appassionato/a di tango 67

tanto (estar al ~)	essere al corrente 62
tapete	centrino 22; tappetino 60
tapiz	arazzo 9
tarjeta de crédito	carta di credito 47
taquillero/a	di cassetta 52
tarea	compito 38, 51
tasa de cambio	tasso di cambio 47
tasa de desarrollo	tasso di sviluppo 47
tasa de interés	tasso d'interesse 47
tasa de natalidad	tasso di natalità 47
tasa de paro	tasso di disoccupazione 47
tauromaquia	tauromachia 55
tebeo	fumetto 52
tebeo (estar más visto que el ~) *(colloq.)*	essere trito e ritrito 52
teclado	tastiera 59
tedioso/a	noioso/a 70
tela (poner algo en ~ de juicio)	mettere in dubbio qualcosa 62
teléfono celular *(Am. lat.)*	cellulare 58
teléfono inalámbrico	telefono portatile, cordless 58
teleoperador/a	teleoperatore/trice 45
teñirse	tingersi 36
tentador/a	allettante 18
término medio	via di mezzo 29
ternera	vitello 43
tiburón	squalo 66
tierno/a	morbido/a 32
tiesto	vaso (di fiori) 26
timador/a	truffatore/trice 41
timar	truffare, raggirare 41
timo	truffa, raggiro 41
tinto	bicchiere di vino rosso 66
tinto *(Am. lat.)*	caffè 66
típico (lo ~)	le solite cose 38
tipo	tasso 47
tipo de cambio	tasso di cambio 47
tipo de interés	tasso d'interesse 24, 47
tiro (a ~ limpio) *(colloq.)*	con profusione di colpi 37
titubeo	esitazione 70
titular	titolo di giornale 41
tocar hacer algo a alguien)	essere il turno di qualcuno di fare qualcosa 20
tocho *(colloq.)*	mattone 52
todos y cada uno/a	ciascuno/a, tutto 65
todoterreno	fuoristrada (4x4); persona versatile 48
tomadura de pelo *(colloq.)*	presa in giro 53

tomar	prendere (un aereo/un treno ecc.) *(Amer. lat.)* 4
tomate (ponerse rojo/a como un ~) *(colloq.)*	diventare rosso come un pomodoro 69
tope	cima 57
tope (a ~) *(colloq.)*	a fondo, al massimo 57
tope (estar a ~ de trabajo) *(colloq.)*	essere oberato di lavoro 57
tope (estar a ~) *(colloq.)*	essere pieno/a zeppo/a 57
tope/a (lleno hasta los ~s) *(colloq.)*	pieno come un uovo 57
tópico	luogo comune 53
toque (dar un ~ a alguien) *(colloq.)*	far sapere a qualcuno 18
torcer	svoltare 26
torcerse	girare male/andare male 4; prendere una brutta piega 37
torero/a (saltarse algo a la torera)	non far caso a qualcosa 55
tornillo	vite 23
toro (~ de lidia)	toro da combattimento 55
toro (a ~ pasado) *(colloq.)*	a posteriori 55
toro (coger el ~ por los cuernos) *(colloq.)*	prendere il toro per le corna 55
toro (el mundo de los ~s)	il mondo della tauromachia 41
toro (ir al ~) *(colloq.)*	andare al dunque 55
toro (soltarle a alguien el ~) *(colloq.)*	dire a qualcuno il fatto suo 55
toro (ver los ~s desde la barrera) *(colloq.)*	restare neutrale 55
toros (los ~s)	la corrida 55
tos ferina	pertosse 39
trabajador/a temporal	lavoratore/lavoratrice interinale 15
trabajar por amor al arte	lavorare per la gloria 68
trabajo basura *(colloq.)*	lavoro senza prospettive 34
trabajo de chinos *(colloq.)*	lavoro da certosino 58
trancón *(Am. lat.)*	ingorgo 66
tranqui *(colloq.)*	tranqui 59; tranquillo 66
transferencia	bonifico 47
trascender	trascendere 53
trasladarse	trasferirsi, traslocare 9
traslado	trasferimento 30
trasto	cosa inutile, cianfrusaglia 22
trato (cerrar un ~)	concludere un contratto 69
trayectoria	percorso 16
tremendo/a	terribile 38
tremendo/a *(colloq.)*	enorme 38
tres (cada dos por ~)	ogni due per tre 61

tres (no ver ~ en un burro) *(colloq.)*	non vederci un tubo 61
triplicarse	triplicare, essere tre volte di più 24
tropa	truppa 9
trozo	pezzo 50
tubo de ensayo	provetta 50
tumbarse	sdraiarsi 39
tumbona	sdraio 39, 69
turno (de ~) *(colloq.)*	di turno 20
tuteo	dare del tu 1

U

ubicar *(Am. lat.)*	collocare 66
universidad (ingresar en la ~)	accedere all'università 39
urbanícola *(colloq.)*	cittadino/a 30
urbanita *(colloq.)*	cittadino/a 30
urbe	città 12

V

vacuna	vaccino 51
vaina *(colloq.) (Am. lat.)*	seccatura, casino 66
valla	recinzione 4
vaqueros	jeans 36
vara (dar la ~ con algo) *(colloq.)*	rompere le scatole per qualcosa 59
varado/a *(Am. lat.)*	bloccato/a 66
varios/as	vari(e) 1
varón	ragazzo, maschio 30
velada	serata 30, 60
ventaja	vantaggio 1
ventanilla	finestrino della macchina 27
veracidad	veridicità 62
veraneante	villeggiante 24
veranear	passare le vacanze estive 24
veraneo	villeggiare 24
verbena	sagra, festa popolare 10
verdulería (frutería y ~)	fruttivendolo 43
vergonzoso/a	vergognoso/a 19
versar	trattare, vertere 45, 64
versión original	versione originale 70
vespertino/a	pomeridiano 57
vesre *(lunfardo)*	contrario 67
vestido/a (medio ~)	mezzo vestito 57
veta	vena 9
vez	turno 43
vez (de una puñetera ~) *(colloq.)*	una buona volta 47
vez (pedir la ~)	chiedere chi è l'ultimo 43

seiscientos veintidos • 622

vez (perder la ~)	perdere il turno 43
vez (tener la ~)	essere il turno di qualcuno 43
vida (de por ~)	per la vita 65
videojuego	videogioco 10, 60
viejo verde	vecchio maiale 33
viejo/a (llegar a ~)	diventare vecchio 3
viento (ir ~ en popa)	avere il vento in poppa 27
vigilar	controllare, sorvegliare 4
vínculo	vincolo 69
vino de crianza	vino invecchiato tre anni di cui uno in botte 31
vino de gran reserva	vino invecchiato tre anni in botte o bottiglia e almeno uno in botte 31
vino de reserva	vino invecchiato due anni in botte e tre in bottiglia 31
virguería (hacer ~s) *(colloq.)*	fare meraviglie, fare virtuosismi 58
virguería *(colloq.)*	una meraviglia 58
virulé (a la ~) *(colloq.)*	pesto, nero, di traverso 37
visigodo/a	visigoto/a 64
visita de médico *(colloq.)*	visita breve 39
vista (no perder algo de ~)	non perdere di vista qualcosa 48
vistazo	colpo d'occhio 12
viudo/a	vedovo/a 8
vividor/a	parassita, approfittatore/trice, amante della vita 31
vivienda	abitazione 24
vivo (en ~ y en directo)	dal vivo e in diretta (come se si fosse lì) 54
vivo (en ~)	dal vivo 54
vivo/a (estar ~)	essere vivo/a 43
vivo/a (ser ~)	essere vivace, intelligente 43
volante *(m.)*	impegnativa 39
voseo	uso di "vos" invece di "tú" per dare del tu 67
VPO (vivienda de protección oficial)	case popolari 25
vuelta	resto 27, 43
vuelta (a la ~ de la esquina)	girato l'angolo 70
vuelta (dar ~s a algo)	girare qualcosa 23
vuelta (dar la ~ a algo)	girare qualcosa 27
vuelta (dar la ~)	dare il resto 27
vuelta (dar mil ~s a) *(colloq.)*	essere mille volte meglio di 54
vuelta (dar una ~ de campana)	ribaltarsi 37
vuelta (dar una ~)	fare un giro 27
vuelta (darse la ~)	voltarsi 27
vulgar	banale, volgare 23, 53

Y

yacer	giacere 50
yacimiento	sito, giacimento 16
yeísmo	pronuncia di "ll" come "y" 66

Z

zanahoria	carota 44
zángano	fuco 65
zángano/a *(colloq.)*	fannullone/a 65
zarpar	salpare 18
zarrapastroso/a *(colloq.)*	trasandato/a 36
zarzuela	sorta di operetta o opera comica spagnola; specialità culinaria catalana a base di pesce e verdure 54
zorra	donna di facili costumi 68
zorro	volpe 68
zumo	succo 66
Zutano	Sempronio 65

Lo spagnolo
con Assimil, è anche:

Lo spagnolo - Collana Senza Sforzo

Quaderno di esercizi Spagnolo (3 livelli)

Lo slang spagnolo

Kit di conversazione Spagnolo - Collana Evasioni

Assimemor - 4 giochi di memoria per lo spagnolo

MISTO
Carta da fonti gestite
in maniera responsabile
FSC® C006037

Questo libro rispetta le foreste!

Perfezionamento dello spagnolo
Stampato in Italia - ottobre 2019
Stampa: Vincenzo Bona s.p.a. - Torino